U0754601

法韵华章 北京知识产权法院十年探索丛书

创意之翼

北京知识产权法院著作权典型案例

刘双玉 主编

人民法院出版社

图书在版编目（CIP）数据

创意之翼 ：北京知识产权法院著作权典型案例 / 刘
双玉主编. -- 北京 ：人民法院出版社，2024. 9.
（法韵华章 ：北京知识产权法院十年探索丛书）.
ISBN 978-7-5109-4258-7

Ⅰ. D923.415

中国国家版本馆CIP数据核字第20245JY454号

创意之翼——北京知识产权法院著作权典型案例

（法韵华章：北京知识产权法院十年探索丛书）

刘双玉　　主编

策划编辑	赵　刚　陈晓璇	
责任编辑	张　奎	
封面设计	东合社	
出版发行	人民法院出版社	
地　　址	北京市东城区东交民巷 27 号（100745）	
电　　话	（010）67550673（执行编辑）　　67550558（发行部查询）	
	65223677（读者服务部）	
客 服 QQ	2092078039	
网　　址	http：//www. courtbook. com. cn	
E - mail	courtpress@ sohu. com	
印　　刷	三河市国英印务有限公司	
经　　销	新华书店	

开　　本	787 毫米×1092 毫米　　1/16	
字　　数	498 千字	
印　　张	29.5	
版　　次	2024 年 9 月第 1 版　　2024 年 9 月第 1 次印刷	
书　　号	ISBN 978-7-5109-4258-7	
定　　价	100.00 元	

经德秉智知公正　十年逐梦采华芝

——北京知识产权法院"京知十年"系列图书序

创新是引领发展的第一动力，保护知识产权就是保护创新。党的十八大以来，以习近平同志为核心的党中央将创新驱动发展战略上升为国家战略，知识产权保护迅速成为驱动高质量发展的内生动力。知识产权专门法院是通过集中管辖和专门机制，确保党中央知识产权司法保护政策落实的有力工具，在知识产权保护体系中发挥关键作用。经中央深改组第三次会议决策和十二届全国人大常委会第十次会议决定，北京知识产权法院作为全国首批三家（北京、上海、广州）知识产权法院之一，于2014年11月6日率先挂牌运行，承载着探索知识产权审判机制改革和提升知识产权司法保护水平的职责使命，肩负着党和人民对知识产权司法服务保障高质量发展的殷切嘱托和热切期待。

在全国知识产权审判体系中，北京知识产权法院的特殊性在于受理的近八成案件是集中管辖直接关系我国知识产权质量的全国范围内专利、商标、植物新品种、集成电路布图设计等知识产权授权确权第一审行政案件；专属管辖直接关系社会主义市场竞争秩序维护的全国范围内不服国务院反垄断执法机构行政处罚决定的第一审行政案件；指定管辖直接关系人民医药可及性的全国范围内药品专利链接相关民事纠纷案件。因此，我院在国内知识产权司法保护体系中具有特殊的基础性和枢纽性作用。自成立以来，我们始终坚持不忘初心、牢记使命，通过一大批备受国内外关注、记录时代发展的首例案件、典型案件、高价值案件的审理，向社会传递科技向善、文化自信、公平竞争的创新理念。

经德秉智，知公致正。在习近平法治思想指引下，我们秉持首善标准，注重守正创新，一步一个脚印，借创新发展之东风，创司法保护新天地。十年来，我院培育起专业化水平较高的、以高级法官为主体的近70人的法官队伍，组建了药品专利链接、数据保护、植物新品种、计算机软件等6个前沿领域的办案专班，培养了一批全国和北京市审判业务专家和首都青年法学家；通过精心部署，我们在北京市科技创新主阵地"三城一区"的科学城、科技园区设立了9个巡回审判庭和法官工作站，主动服务保障国家创新驱动发展战略；我们还创建了14名两院院士组成的创新保护专家委员会，充实了超过120人的技术调查官力量，确保大量高价值技术类案件公正高效审理。十年来，我院审结了各类知识产权案件近20万件，发布了19批200余件典型案例，75起标杆性案件被最高人民法院评选为全国典型案件；先后荣获中央和省部级奖项的专题调研有15项，出版集体和个人专著13册，法官们在核心期刊发表论文近50篇，连续多年在全国知识产权实务部门的学术研究成果排名中位居首位，赢得了国内外广泛赞誉与深度认同。

春华秋实，尽采华芝。本次图书编辑工作，对过去十年，既是一种纪念，更是一种感谢；对未来十年，既是一个起点，更是一种嘱托。这套"京知十年"系列图书共6册，合计超过220万字，记述了京知人善作善成的智慧和久久为功的努力，既有严肃的司法判决，也有活跃的学术探索，还有深刻的问题反思，更有务实的改革举措。其中，《法界之新——司法审判研究与体制探索》集中了十年间数据、种业、共享经济、国际贸易、惩罚性赔偿、商业秘密等领域的前沿和疑难问题研究成果，体现了京知人在践行职责使命过程中的深入思考和持续探索。《法官之智——理论与实践探索论文集》挑选了十年间全院干警在学术研究、改革创新、队伍建设方面的所思所悟，反映了京知人在干事创业过程中的躬耕精神和创新智慧。四册典型案例精选了专利、商标、竞争垄断和著作权四大领域的经典案例，用裁判要旨提炼了法官办案思路和办案规则，并用法官评析的方式抒发了办案心路历程和司法情怀。

大鹏之动，非一羽之轻也；骐骥之速，非一足之力也。看着案头厚厚的图书文稿，我作为图书总主编感到压力和动力并存，信任与感激同在！衷心感谢上级领导和社会各界十年来一以贯之的鼎力支持！感谢京知人默默耕耘、任劳任怨的倾情奉献！要特别感谢人民法院出版社领导和编辑们的大力支持和辛勤付出！由于时间仓促、能力有限，书中错误及疏漏之处在所难免，敬请广大读者批评指正！

总主编：刘双玉

目　录

【作品及作品类型的认定】

【程序事项】

1. 李某等诉北京某公司著作权权属、侵权纠纷案

——数学题题干及解题方式是否构成
《著作权法》意义上的作品

关键词 著作权 作品认定 数学题题干 思想和表达

基本案情

李某、尤某诉称：李某与尤某共同享有著作《强化班讲义微积分》《强化班讲义线性代数》《VIP 精品强化小班讲义（上）》《VIP 精品强化小班讲义（下）》《冲刺班讲义》（以下简称涉案五本书）的著作权。北京某公司将上述著作分解为作业、答案及 PPT 等文件，通过电子邮件、QQ 群下载、淘宝销售等方式销售给学员。上述行为侵犯了李某与尤某的著作权，故将该公司诉至法院，请求判令北京某公司：（1）停止侵权；（2）公开赔礼道歉；（3）赔偿经济损失 20 万元；（4）赔偿为本案支付的律师费 1 万元；（5）承担本案诉讼费用。

北京某公司辩称：第一，李某、尤某主张涉案五本书的著作权没有事实和法律依据。其中三本书没有署名，是非正式出版物，因此不能证明是先于被诉侵权材料形成；其中两本虽然进行了署名，但也是非正式出版物，书内页注明李某、尤某各自撰写的部分，本案中没有任何题目涉及尤某的著作权，因此尤某的全部诉讼请求应予驳回。在有署名的两本书中，本案仅涉及《VIP 精品强化小班讲义（上）》中 15 道题。15 道题题目不具有独创性，因为涉案图书只是对现有题目和材料的编排，编排方式独创性非常小，关于题目的解法是通过适用相关公式和定理，解题思路和方法很有限，不存在自由表达空间，因此解法也不享有著作权。第二，李某、尤某所举证据不能证明我方侵权及有任何获利。电子文档是我方老师自己编撰的，且作为课后作业免费向学员提供。二原告主张的题目中有考研真题，且使用数量占比只有6%，因此是合理使用。我方即便有收益，也是经营教学活动所得，不是因为侵权所得，因此二原告的索赔额计算不合理。第三，我方未造成李某、尤某精神损害，因此不应当赔礼道歉。第四，律师费没有证据原件，我方不认可，律师费开具的发票抬头与李某、尤某没有关系。第五，我方不应承担诉讼费。综上，北京某公司不同意原告的诉讼请求。

一审法院经审理查明：

《强化班讲义微积分》《强化班讲义线性代数》《冲刺班讲义》三本书封面及内页均未署名著作权人，封面上方标有"××国内首家北大校外经双考试辅导机构"及带有"××"的图标。《VIP精品强化小班讲义（上）》及《VIP精品强化小班讲义（下）》两本书封面署名李某、尤某著，封面上方标有"××国内首家北大校外经双考试辅导机构"及带有"××"的图标。两本书均由微积分和线性代数两部分组成，且均标明微积分部分李某著、线性代数部分尤某著。

北京某公司认为，《强化班讲义微积分》《强化班讲义线性代数》《冲刺班讲义》三本书非正式出版物且未显示成稿时间及署名，不能证明由二原告享有著作权。根据《VIP精品强化小班讲义（上）》及《VIP精品强化小班讲义（下）》两本书的署名情况，微积分部分内容由李某著、线性代数部分由尤某著，而本案75道题仅涉及微积分，故尤某不是适格原告。

李某、尤某在庭审过程中明确，涉案75道题均为微积分部分内容，但涉案五本书均为李某、尤某不可分的共同作品。

2010年4月10日，北京某公司（甲方）与李某就撰写《微积分》讲义签订《撰稿合同》，约定甲方聘任李某老师担任《微积分》讲义的独立撰稿人。

2011年6月15日，北京某公司（甲方）与尤某就撰写《线性代数》讲义签订《撰稿合同》，约定甲方聘任尤某老师担任《线性代数》讲义的独立撰稿人。

北京某公司认为，上述两份合同中约定的讲义名称不能与涉案五本书直接对应，故对其证明效力不予认可。

（2015）京东方内民证字第 2873 号公证书显示：2015 年 3 月 28 日，使用李某、尤某的委托代理人刘某的账号登录 QQ 聊天软件，点击 QQ 群"唯实春季数学提高班"，从该群文件中下载了六个文档：附件一《不定积分与定积分（作业）》、附件二《不定积分与定积分（作业答案）》、附件三《导数与微分（作业）》、附件四《导数与微分（作业答案）》、附件五《函数基础，极限与连续（作业）》、附件六《函数基础，极限与连续（作业答案）》。李某、尤某主张，上述六个文档中使用了涉案五本书中 75 道题及解题方式。北京某公司认可"唯实春季数学提高班"系其开设的 QQ 群，上述六个文档系其课件；但该公司指出，其将涉案 75 道题的题目及解题方式使用在《作业》及《作业答案》中，属于为教学目的的合理使用，且均来源于已公开发表的参考书目。

针对北京某公司提交的参考书目及题目来源，李某、尤某认为北京某公司使用的数学题大多数与参考书目中的题并非完全一致。

李某、尤某提交了刘某与程某于 2015 年 3 月 26 日的录音，以证明北京某公司使用涉案五本书的内容向学员授课，并收取费用，每个学员 2500元。北京某公司认可该录音的真实性，但指出李某、尤某取证存在欺骗和隐瞒，故对该证据证明目的不认可。

庭审过程中，李某、尤某申请刘某作为证人出庭作证。刘某表示，其曾在北京某公司开办的培训班上课，并交纳了 2500 元学费，但一个星期后经同学介绍到北京某公司开办的培训班上课，发现北京某公司使用的讲义内容与李某、尤某的相同。北京某公司认为该证人与李某、尤某存在利害关系，故对该证言证明力不予认可。

李某、尤某还提交了其与浙江某律师事务所就本案签订的《法律服务委托合同》，以及 1 万元代理费发票一张，付款单位为北京某公司。北京某公司认为，代理费发票的付款人并非本案原告，故不认可该费用与本案的关联性。

二审中另查明，涉案 44 道题目系在数学公式的基础上对其进行的演绎、组合及运用，表现形式为数字和数学符号的组合，整体较为简短。李某、尤某所主张的具有独创性的涉案75道题解题方式系以泰勒公式为基础推导而出，在求解极限未定式题目时，让学生通过记忆泰勒公式特定分支计算结果从而直接替代题目中的函数，将题目中的函数转化为简单幂函数之间的运算，从而解出题目。

在涉案数学题解题方式中，有部分"注释性解法说明"，但多为极为简短的文字，如"夹逼准则""洛必达""莱布尼兹公式""两边全微分""用'取对数微分法'""注意：……""分解为一次分式"等；或文字与数字、字母的结合，如"$x = 0$ 为可去间断点""限定 $x < 0$""自变量数 y，v"等；或单纯的符号、数字或符号和数字的组合，如"↑""→0""$\sim x^2$""＊"等。

北京市海淀区人民法院于 2015 年 12 月 30 日作出 2015 年海民（知）初字第 15873 号民事判决：驳回李某和尤某全部诉讼请求。宣判后，李某、尤某提起上诉。北京知识产权法院于 2017 年 5 月 25 日作出（2016）京 73 民终 472 号民事判决：驳回上诉，维持原判。

裁判理由

法院生效裁判认为：

一、涉案 44 道数学题题干是否构成《著作权法》意义上的作品

涉案 44 道数学题题干系考研代表性例题，主要由数学符号、字母、数字构成，形式简短，属于对高等数学公式的基本推导和运用。具体表现为在数学公式的基础上对题干中方程式或代数式的变量系数、常数或结构进行一定程度的变换以考查微积分初学者对相关公式的掌握和运用。

虽然涉案数学题题干体现了李某、尤某一定的智力判断和选择，但是该判断和选择仅是在数学公式基础上的常规变换，缺乏基本的创造高度，不具有独创性。

然而，需要指出的是，一审法院适用《著作权法》第五条第三项，认定涉案数学题题干不具有独创性。该条款规定，《著作权法》不适用于公式。然而本案数学题题干系对公式的推导和运用，并非公式本身。一审法院直接适用《著作权法》第五条第三项规定，混淆了公式和运用公式推导

演绎出的题目，适用法律有误，二审法院予以纠正。

二、涉案数学题的解题方式是否构成《著作权法》意义上的"作品"

李某、尤某所主张的具有独创性的解题方式以泰勒公式为基础推导而出，让学员通过记忆泰勒公式特定分支计算结果从而直接替代题目中的函数，将题目中的函数转化为简单幂函数之间的运算，最终解出题目。该解题方式所运用的思路与常规解题思路相比具有一定不同之处。然而，该解题方式所运用的思路属于思想范畴，一旦给予保护将造成对思想的垄断，不利于科学的发展，因此不应受到《著作权法》保护。而根据该解题思路所对应的涉案解题方式，即该思想的表达，大部分仅仅是数字、字母和数学符号的组合，或文字与数字、字母的结合，如"$x=0$ 为可去间断点""限定 $x<0$"，其受到表达形式本身的限制，系唯一或有限的，因此应被视为思想不能受到《著作权法》保护，而少数单独出现的文字亦多为极为简短的文字，如"夹逼准则""洛必达""莱布尼兹公式""两边全微分"等，多为微积分计算里的通用公式或术语，并不具有独创性。因此，本案的解题方式同样不能受到《著作权法》保护，未构成《著作权法》意义上的作品。

据此，涉案数学题题干及解题方式均不构成《著作权法》意义上的作品，故李某、尤某对其不享有著作权，北京某公司未侵犯其著作权。

裁判要旨

《著作权法》保护的是思想的表达，并不保护思想本身。原因在于，《著作权法》保护作品专有权的根本目的在于鼓励创作，促进社会文化和科学事业的繁荣和创造力的进步。如果允许对思想进行著作权保护，则任何人未经许可均不得使用他人的思想，亦无法利用同一思想展开创作，这将会造成对思想的垄断，束缚思想的传播，阻碍后人吸收利用前人思想创造出新的作品，从而阻碍社会文化和科学事业的繁荣和创造力的进步，违背了《著作权法》立法宗旨。一般而言，思路、观念、理论、构思、创意、概念、操作方法等，属于思想的范畴，不受《著作权法》的保护。需要指出的是，虽然《著作权法》保护思想的表达，但是如果一种思想实际上只有一种或者非常有限的几种表达，那么保护表达同样会产生思想垄断的后果，故在这种情况下，思想与表达已不可分，这种表达也被视为思想，从而不能受到保护。

关联索引

2010 年《中华人民共和国著作权法》第五条第三项

2013 年《中华人民共和国著作权法实施条例》第三条

一审：北京市海淀区人民法院 2015 年海民（知）初字第 15873 号（2015 年 12 月 30 日）

二审：北京知识产权法院（2016）京 73 民终 472 号（2017 年 5 月 25 日）

法官评析

《著作权法》并不保护抽象的思想、观念、理论、构思、创意、概念、工艺、系统、操作方法、技术方案，而只保护以文字、音乐、美术等各种有形的方式对思想的具体表达。① 这是《著作权法》的基本原理，如果允许对思想进行著作权保护，则任何人均不得未经许可使用他人的思想，亦无法利用同一思想展开创作，这将会造成对思想的垄断，束缚思想的传播，阻碍后人吸收利用前人思想创造出新的作品，从而阻碍社会文化和科学事业的繁荣和创造力的进步，违背了《著作权法》的立法宗旨。

区分思想和表达，往往是判断侵权的前提条件。一般而言，思路、观念、理论、构思、创意、概念、操作方法等，属于思想的范畴，不受《著作权法》的保护。《著作权法》第五条第三项中规定了通用公式不适用《著作权法》，一审判决即根据该条规定认定高等数学题题干不构成作品。然而，本案数学题题干系对公式的推导和运用，并非公式本身。一审法院直接适用《著作权法》第五条第三项规定，混淆了公式和运用公式推导演绎出的题目的概念，适用法律有误，二审予以纠正。虽然高等数学题题干不属于《著作权法》第五条第三项规定的数学公式本身，但是由于受到数学语言自身的限制，仅仅由数学符号、字母、数字构成，形式简短，属于对高等数学公式的基本推导和运用。虽然其可以体现作者一定的智力判断

---

① 王迁：《著作权法》（第二版），中国人民大学出版社 2023 年版，第 57 页。

和选择，但是该判断和选择仅是在数学公式基础上的常规变换，仍然属于思想的范畴，不构成可以获得著作权保护的作品。

著作权保护上关于思想和表达关系的问题，还涉及"混同原则"的应用。"思想"和"表达"的混同是指在某些情况下，对某种"思想"只有一种或者极其有限的表达，在这种情况下，原本不受保护的"思想"和原本受保护的"表达"混在了一起，无法在两者之间划出明确的界限。如果将规则的语言描述作为"表达"加以《著作权法》上的保护，会导致"表达"所依附的"思想"本身也被垄断。高等数学题的解题方式属于思想的表达，但是该解题方式所运用的思路属于思想而非表达。即使本案涉及的解题思路与常规解题思路相比具有不同之处，但由于该解题思路所对应的解题方式受到表达形式本身的限制，解题方式的表达系唯一或有限的，这些解题方式的表达也会被视为思想，同样不能受到《著作权法》的保护。涉案数学题题干及解题方式均不构成《著作权法》意义上的作品，故李某、尤某对其不享有著作权，北京某公司未侵犯其著作权。

当前市场上存在着大量数学讲义、教科书、教辅书籍等，其中的代表性例题往往属于对数学公式的基本推导和运用，较难认定其独创性。在以往侵犯著作权的案件中少有涉及数学题题干及解题方式，本案运用《著作权法》思想和表达二分法，明确了相关内容的保护边界。

一审法院合议庭成员 王婧玲　刘君婕　张　敏
二审法院合议庭成员 姜　颖　张晰昕　周丽婷
编写人 屈　伟

2. 甲某公司诉北京某公司侵害著作权纠纷案

——时事新闻的认定

关键词 著作权 时事新闻 单纯事实消息 复制权 独创性
合理使用

基本案情

北京某公司一审诉称：北京某公司经新京报社授权，获得了《新京报》刊载文字作品的复制权、信息网络传播权及获酬权。北京某公司发现甲某公司未经北京某公司许可，在其运营的增值服务"中国移动手机报—新闻早晚报"（号码为10658000）向用户发送含有北京某公司作品的信息《公益慈善组织透明度平均分35.49》（以下简称《新京报》文章）。甲某公司的上述行为侵犯了北京某公司的合法权利，故诉至法院请求判令甲某公司：（1）停止在手机早晚报上使用北京某公司享有权利的文字作品；（2）在《新京报》、新京报网和甲某公司网站公开书面赔礼道歉；（3）赔偿北京某公司经济损失及合理支出101500元（其中包括经济损失10万元及公证费等合理支出1500元）；（4）承担本案诉讼费用。庭审中，北京某公司明确表示放弃第一项、第二项诉讼请求。

甲某公司一审辩称：《新京报》文章属于时事新闻，不属于《著作权法》保护的作品范围，原著作权人没有禁止转载，故甲某公司属于合理使用；北京某公司取得的权利属于财产性权利，无权要求甲某公司赔礼道歉；甲某公司使用字数约为200字，北京某公司主张的赔偿标准过高。综上，请求驳回北京某公司的全部诉请。

一审法院经审理查明：

2015年3月31日，《新京报》A16版刊载李某某署名文章《公益慈善组织透明度平均分35.49》。北京某公司提交了新京报社与李某某（合同乙方）签订的《新京报社劳动合同书》，载明该社在与职工签订劳动合同时约定职工在劳动合同存续期间内接受该社工作任务或委托，创作完成的作品为职务作品（包括但不限于进入新京报社稿库的作品，在《新京报》及新京报网刊载的作品），该作品由该社享有著作权，乙方享有署名权。

2012年1月1日，新京报社出具《许可及授权委托书》，载明：新京报社就2012年1月1日至2015年12月31日期间的《新京报》刊载之文字作品、摄影作品和美术作品的复制权、信息网络传播权和获取报酬权，以及推广、宣传和授权第三人使用的权利，在下列范围内许可和授权给北京某公司：（1）数字报刊；（2）手机报；（3）互联网/移动/无线媒体，但须能够将使用作品的地域范围限定在中华人民共和国境内；（4）触摸媒体。该文项下一切未专门授予北京某公司的权利均属新京报社所有。新京报社同意，如有任何个人、企事业单位、社会团体或其他组织的任何行为被北京某公司合理认为构成侵害作品之版权、信息网络传播权、获得报酬权抑或侵害新京报社或北京某公司对作品的权利，北京某公司可以自己的名义采取其认为合理或必要的措施并提起权利主张或诉讼。

北京市东方公证处于2014年6月27日对"新京报"网站上的相关内容进行了公证，显示首页网址为www.bjnews.com.cn的网站上"关于版权"中显示：该网站上刊载的所有内容，包括但不限于文字报道、图片、声音、录像、图表、标志、标识、广告、商标、商号、域名、软件、程序、版面设计、专栏目录与名称、内容分类标准，均受有关法律的保护，为新京报社及/或相关权利人专属所有或持有。使用者将新京报社提供的内容与服务用于商业、营利、广告性目的时，需征得新京报社及/或相关权利人的书面特别授权，注明作者及文章出处"新京报"，并按有关法律的规定向权利人支付版税。凡未经新京报社的明确书面特别授权，任何人不得变更、发行、播送、转载、复制、重制、发动、散布、表演、展示或利用《新京报》的局部或全部的内容、或服务、或在非《新京报》所属的服务器上做镜像，否则以侵权论，依法追究相关法律责任。

10658000是甲某公司运营的"中国移动手机报—新闻早晚报"增值业

务号码。经申请，北京市东方公证处于2015年4月28日对甲某公司未经许可使用北京某公司享有权利的作品情况进行证据保全，过程为：打开手机，浏览保存的信息，打开3月31日手机报，载有《公益慈善组织财务信息最不透明》一文，载明"据新京报"字样。经比对，该文章出自北京某公司权利文章，版面字数约为240字。

本案诉讼中，北京某公司表示因其无证据证明手机用户可以重新阅读特定日期的手机报，故其放弃停止侵权这一诉讼请求。甲某公司则表示手机用户无法查看以前的文章。

另查，北京某公司为包括本案在内的三个案件诉讼支出公证费4500元，北京某公司在本案中主张1500元。

一审法院认为：甲某公司侵犯的是北京某公司依法享有的复制权。甲某公司的使用行为系移动增值服务的商业性使用，而新京报网已经明确禁止转载，故甲某公司的抗辩不符合2010年修正的《著作权法》第二十二条合理使用的范畴。关于停止侵权和赔礼道歉一节，鉴于北京某公司无证据证明甲某公司侵权行为持续且放弃第一项、第二项诉讼请求，一审法院对此不持异议。关于赔偿数额，一审法院综合作品的知名度、甲某公司行为的主观过错、使用情况等酌情确定。关于北京某公司主张的合理支出，一审法院根据合理性和必要性的原则酌情确定。综上，一审法院判决如下：一、自判决生效后十日内，甲某公司赔偿北京某公司经济损失300元及合理支出1500元；二、驳回北京某公司其他诉讼请求。

甲某公司不服一审判决，在法定期限内向北京知识产权法院提起上诉称：（1）《新京报》文章属于《著作权法》第五条所规定的时事新闻，不属于《著作权法》保护的客体，即使我公司转载《新京报》文章中的部分内容，亦不会构成对被上诉人著作权的侵犯。（2）《新京报》文章以及我公司转载部分均来源于其他机构于2015年3月24日发布的《中国公益慈善透明度观察报告2013—2014年度》，故被上诉人对此不享有著作权，我公司对该文章的使用亦不会构成对被上诉人著作权的侵犯。（3）我公司对该文章的使用系出于报道时事新闻目的，因此，该行为属于《著作权法》第二十二条第一款第三项规定的合理使用行为，不会构成对被上诉人著作权的侵犯。（4）公证人员未对公证用手机进行清洁度检查，该手机中所显示内容可能由被上诉人所预置，《新京报》文章及发送号码均存在被篡改的可能性，因此，涉案公证书不能证明我公司实施了被诉侵权行为。（5）《新京报》文章仅有 240 字，根据《使用文字作品支付报酬办法》第十三条规定的付酬标准，本案赔偿数额应为 50 元，一审法院判令我公司赔偿经济损失 300 元，该数额过高。此外，被上诉人提交的票据不能证明其与包括本案在内的三个案件的关联性，因此，一审法院判令我公司支付合理支出 1500 元，于法无据。综上，一审判决认定有误，请求法院依法撤销一审判决，并判决驳回被上诉人的全部诉讼请求。

二审法院经审理查明：

双方当事人对一审判决中所查明事实并无异议，二审法院予以确认。

二审诉讼过程中，甲某公司提交《中国公益慈善透明度观察报告2013—2014 年度》（以下简称《观察报告》）作为新证据，用以证明北京某公司对《新京报》文章不享有著作权。北京某公司对该报告的真实性不持异议。

经查，《新京报》文章全文 700 余字，上诉人文章约 240 字，后者的文字表述与前者的相应部分基本相同。将该部分内容与《观察报告》相比可以看出，其或者采用了与《观察报告》相同或基本相同的文字表述，或者仅是将《观察报告》表格中的数据用简明文字予以表述。

二审庭审中，双方当事人均认可被诉侵权行为系甲某公司向手机用户发送北京某公司享有著作权的文章的行为。

北京市东城区人民法院于 2015 年 7 月 3 日作出（2015）东民（知）初字第 7634 号民事判决：一、自判决生效后十日内，甲某公司赔偿北京某公司经济损失 300 元及合理支出 1500 元；二、驳回北京某公司其他诉讼请求。宣判后，甲某公司提出上诉。北京知识产权法院于 2015 年 12 月 29 日作出（2015）京知民终字第 1697 号民事判决：一、撤销北京市东城区人民法院作出的（2015）东民（知）初字第 7634 号民事判决；二、驳回北京某公司的全部诉讼请求。

裁判理由

法院生效裁判认为：

一、《新京报》文章是否属于《著作权法》第五条规定的时事新闻

《著作权法》第五条规定"本法不适用于：……（二）时事新闻"，对于何为时事新闻，《著作权法实施条例》第五条规定，"时事新闻，是指通过报纸、期刊、广播电台、电视台等媒体报道的单纯事实消息"。《最高人民法院关于审理著作权民事纠纷案件适用法律若干问题的解释》（以下简称《著作权案件司法解释》）第十六条规定："通过大众传播媒介传播的单纯事实消息属于著作权法第五条第（二）项规定的时事新闻。"由上述规定可知，《著作权法》第五条中时事新闻的含义与通常语境下时事新闻的含义并不相同，其特指"单纯事实消息"，只有构成"单纯事实消息"的时事新闻才被排除在《著作权法》的保护之外，除此之外的其他情形，则仍可能构成受《著作权法》保护的作品。

因《著作权法》《著作权法实施条例》及《著作权案件司法解释》中对于"单纯事实消息"均无相关界定，故对这一概念需要结合立法部门的相关说明作进一步理解。全国人大常委会法制工作委员会民法室编写的《中华人民共和国著作权法释解》一书指出，《著作权法》之所以不适用于时事新闻，其主要原因在于"时事新闻反映一种客观事实的存在，它不属于作品的范围……如一则新闻……只是反映了客观存在的事实，谁都可以报道这个消息"[1]。由此可见，《著作权法》不对时事新闻提供保护的主要目的在于避免报道者对"事实"本身的垄断。

基于上述考虑，通常情况下，如果一则新闻仅用"最为简明的语言或文字"记录了该新闻事实的"各基本构成要素"（时间、地点、人物、事件等），则此类新闻属于单纯事实消息，不受《著作权法》保护。但"如果在时事新闻中报道者夹叙夹议地对时事新闻进行了整理、加工，以综述、评论等表达方式进行报道，这样的报道，报道者付出了自己的创造性劳动，应当享有著作权，受著作权法保护"[2]。

---

[1] 姚红主编：《中华人民共和国著作权法释解》，群众出版社 2001 年版，第 66 页。该书由《著作权法》的立法部门全国人大常委会法制工作委员会民法室编写，客观上反映了《著作权法》立法过程中立法部门对每一条款的具体意见。

[2] 姚红主编：《中华人民共和国著作权法释解》，群众出版社 2001 年版，第 66 页。

之所以作此认定，主要考虑因素在于如果一则新闻仅用"最为简明的语言或文字"记录了该新闻事实的"各基本构成要素"（时间、地点、人物、事件等），则意味着他人对这一事实的记录均必然会涉及同样的要素，并使用与之基本相同的语言或文字，除此之外并无其他选择。如对此类新闻提供保护，必然影响他人对该客观事实的使用。

此外，从《著作权法》基本原理角度分析，独创性是著作权对其保护客体的基本要求。但上述情形的新闻报道显然已属于事实与表达相混同的情形，报道者在该报道中所采用的语言或文字均属于报道该事件所必不可少的语言或文字，无法体现出报道者自己的独创性劳动，不符合独创性的基本要求。

具体到本案，《新京报》文章《公益慈善组织透明度平均分35.49》虽系对北京大学公众参与研究与支持中心发起的公益慈善组织测评活动的描述，但报道中并非仅仅使用了最简洁的语言文字，亦并不仅仅涉及该事件的基本要素，而是对该事件进行了相应整理、加工（包括依据不同标准对公益慈善组织的测评结果进行分类总结、对测评机构负责人的采访，等等）。可见，该文章已不属于单纯事实消息，未构成《著作权法》第五条所规定的时事新闻。上诉人认为该文章属于《著作权法》第五条所规定的时事新闻的上诉理由不能成立，二审法院不予支持。

当然，二审法院认定《新京报》文章未构成时事新闻，应受《著作权法》保护，并不意味着二审法院认定该文章的全部为被上诉人所独创，亦不意味着二审法院认定被上诉人有权禁止他人使用该文章中的任一部分，被上诉人仅有权禁止他人使用此文章中具有独创性的部分，对该事实的认定笔者将在下文中予以评述。

二、上诉人是否实施了被诉侵权行为

上诉人主张公证过程中使用的是被上诉人代理人的手机，且未进行清洁度检查，该手机中所显示内容可能由被上诉人所预置，被诉侵权文章及发送号码均存在被篡改的可能性，故涉案公证书不能证明被诉侵权内容系由上诉人所发送。

对此，二审法院认为，公证过程中是否需要对公证用计算机或手机进行清洁，取决于是否有清洁的必要性及可行性。本案中，被诉侵权行为系向用户手机发送短信内容的行为。但该发送行为仅为一次性行为，用户除在手机上保存该内容之外，并无其他方式获得该内容，上诉人对此亦予认可。在此情况下，如果要求被上诉人代理人对其手机进行清洁，则将意味着被上诉人难以对被诉侵权内容提供证据。这一客观情形使得对于公证用手机进行清洁既无必要，亦不可行。

当然，未进行清洁的手机确实存在预置被诉侵权内容的可能性，但该可能性是否确为事实，取决于上诉人的举证。本案中，上诉人虽否认被诉侵权内容系由其所发送，但在其认可该号码为其所有的情况下，未举证证明其在被诉侵权行为发生日通过该号码所发送信息的具体内容，亦未提交任何其他反证，而仅是对公证用手机的清洁度质疑，这一情形显然难以证明公证用手机中事先预置有被诉内容。鉴于此，上诉人认为其并未实施被诉侵权行为的上诉理由不能成立，二审法院不予支持。

三、上诉人实施的被诉侵权行为是否构成对被上诉人著作权的侵犯

本案中，被上诉人主张被诉侵权行为构成对其信息网络传播权的侵犯，一审判决则认定该行为侵犯被上诉人的复制权。虽然被上诉人在本案中并未提出上诉，但考虑到被诉侵权行为的性质较为特殊，此类案件在司法实践中极少涉及，故二审法院仍对此予以评述。

（一）被诉侵权行为是否属于《著作权法》调整的行为

本案中，被上诉人所主张的侵权行为是上诉人向手机用户发送信息的行为，因该行为涉及作品的传输，而《著作权法》第十条著作权各权项中与作品传输有关的权项仅为第十条第十一项广播权及第十二项信息网络传播权，故二审法院现首先对该行为是否属于上述两权项调整的行为予以评述。

《著作权法》第十条第十一项规定，广播权是指"以无线方式公开广播或者传播作品，以有线传播或者转播的方式向公众传播广播的作品，以及通过扩音器或者其他传送符号、声音、图像的类似工具向公众传播广播的作品的权利"。由上述规定可知，广播权调整三种行为：无线广播行为、有线转播行为以及公开播放广播的行为。其中，"无线广播"为初始广播

行为，后两种行为均是在接收到无线信号后对无线广播的转播。因本案并不涉及转播行为，因此，认定其是否可受广播权调整的关键在于该传播行为可否被认定为"无线广播"。对于何为"无线广播"，立法机关对此的解释是，其一般是指广播电台、电视台的广播行为。如果首次广播采用的是有线方式，则不属于广播权的调整范围。① 本案中，因被诉侵权行为系上诉人将存储于其服务器中的被诉侵权文章向用户发送的行为，该传播行为属于互联网传播行为，这一过程中并未采用广播电台、电视台的无线广播方式，因此，该行为并不符合广播权有关初始传播应是无线广播的限定，不属于广播权的调整范围。

《著作权法》第十条第十二项规定，信息网络传播权是指"以有线或者无线方式向公众提供作品，使公众可以在其个人选定的时间和地点获得作品的权利"。由该规定可知，适用信息网络传播权调整的传播行为应具有交互式特点。但本案中，上诉人实施的行为是单方向用户发送信息的行为，用户仅能被动接受，而无法选择获得该内容的时间及地点，因此，该行为不具有交互式特点，不属于信息网络传播权的调整范围。

在被诉侵权行为无法适用广播权与信息网络传播权调整的情况下，下一步需判断的是如果将该行为视为合法行为是否明显有失公平。

将被诉侵权行为与广播权所调整的广播行为相比，两行为的实质均是向公众传播信息的行为，其差别主要在于采用的技术手段不同（即本案被诉内容的传播采用的是互联网传播方式，但广播行为则采用的是广播电台、电视台的无线传播方式）。原则上，著作权具体权项的设置与划分应以"行为"本身的特点，而非该行为所采用的具体"技术手段"作为依据，仅仅是技术手段的不同不足以对行为的定性产生影响。这一原则在《著作权法》第十条相关财产权项的规定中均有明确体现。例如，复制权调整的是他人未经许可将作品制作成一份或多份的行为，至于行为人采用的是印刷、录音、录像还是其他手段则在所不论。② 又如，信息网络传播权调整的是交互式的传播行为，至于行为采用的是有线方式或是无线方

---

① 参见姚红主编：《中华人民共和国著作权法释解》，群众出版社 2001 年版，第 96 页。
② 《著作权法》第十条第五项规定，复制权，是指"以印刷、复印、拓印、录音、录像、翻录、翻拍等方式将作品制作一份或者多份的权利"。

式，同样不会影响该行为性质的认定。由此可见，我国《著作权法》中对广播权采用的以技术手段作为划分依据的做法系立法原因所致。这一情形意味着，在被诉侵权行为与广播行为的行为性质并无实质不同，仅技术手段有所不同的情况下，不适宜认定被诉侵权行为具有合法性，否则将明显有失公平。

鉴于此，二审法院需要进一步考虑的问题便在于，除上述传播类权项外，是否有其他权项可用以禁止被诉侵权行为的发生，且这一权项的适用在赔偿责任的承担上不会对权利人产生不利影响。基于上述考虑，目前具有适用可能性的有两个条款：一为《著作权法》第十条第十七项的兜底条款，二为《著作权法》第十条第五项的复制权。

对于《著作权法》第十条第十七项这一兜底性权利条款的适用原则上应采用严格标准，以避免对权利法定原则造成不当影响。原则上，只有在任何权项均无法适用于被诉侵权行为的情况下，才有必要考虑适用该兜底条款进行调整。因此，本案中首先需考虑该行为是否可以适用复制权调整。

《著作权法》第十条第五项规定的复制权，是指"以印刷、复印、拓印、录音、录像、翻录、翻拍等方式将作品制作一份或者多份的权利"。"简单地讲，复制权就是将作品制成有形复制品的行为"①。本案中，被诉侵权行为是上诉人向用户发送信息的行为，该行为的实施虽然通常会以上诉人将《新京报》文章复制在其服务器中为前提，但因该行为并非本案被诉侵权行为，故本案中仅需考虑的是上诉人复制之后进行的后续传播行为。尽管该后续传播行为的实质是传播行为，但不可否认的是，该发送行为会在用户手机中形成新的复制件，本案被上诉人所作公证即是对于用户手机中所存储内容进行的公证。在这一过程中，用户虽然可以选择是否定制手机报服务，但只要定制了该服务，其对手机中复制件的形成并无任何控制能力，可见该复制行为的实施者为信息发送方，即上诉人，而非用户。在此情况下，认定被诉侵权行为构成复制行为亦无不可，适用复制权相关规定亦可达到停止被诉侵权行为的效果。此外，适用复制权调整被诉侵权行为，在赔偿数额计算方面亦不会产生不利于被上诉人的后果。在侵

---

① 姚红主编：《中华人民共和国著作权法释解》，群众出版社2001年版，第87页。

犯复制权案件中，复制数量是计算赔偿数额的重要考量因素，而在传播类权项赔偿数额的计算中，则主要考虑的是传播范围。针对被诉侵权行为而言，因每个用户手机中均会形成单独的复制件，该数量与传播范围基本重合，故对被诉侵权行为适用复制权相关规定进行调整不会影响被上诉人所获赔偿数量的计算。

综上，二审法院认为，虽然被诉侵权行为实质上仍为传播行为，但适用复制权相关规定对其进行调整亦无不当。在现有权项可以适用的情况下，《著作权法》第十条第十七项并无适用必要。据此，一审法院认为被诉侵权行为侵犯了被上诉人的复制权，该认定并无不当。

（二）被诉侵权文章是否使用了《新京报》文章中具有独创性的表达

《著作权法实施条例》第二条规定，作品"是指文学、艺术和科学领域内具有独创性并能以某种有形形式复制的智力成果"。虽然独创性是作品获得著作权保护的前提，但一个完整的作品并非仅能包括作者独创性的表达，很多情况下，其亦可能包括不受《著作权法》保护的客体（如《著作权法》第五条所规定的情形），或其他作者的独创性表达。因此，在文字作品的侵权比对中，不仅需要考虑被诉侵权文章是否与著作权人的文章使用了基本相同的文字，还需要考虑该部分文字是否属于著作权人具有独创性的表达。如果该部分文字并非著作权人独创性的表达，则著作权人无权禁止他人使用。

本案中，因上诉人主张《新京报》文章系来源于他人的《观察报告》，被上诉人对该文章并不享有著作权，故本案中的侵权比对不仅涉及《新京报》文章与被诉侵权文章的比对，同时亦需将《新京报》文章与《观察报告》进行对比，以确定被诉侵权文章中是否使用了《新京报》文章中独创性的部分。

将被诉侵权文章与《新京报》文章进行对比可以看出，该文章虽并未使用《新京报》文章的全部，但复制了《新京报》文章中的相应段落。

在此情况下，将该部分文字与《观察报告》进行对比，《新京报》文章中该部分文字或者采用了与《观察报告》相同或基本相同的文字表述，或者仅是将《观察报告》表格中的数据用简明文字予以表述。可见，该部分文字并非该文章作者的独创性表达，其无权禁止他人使用。

综上，虽然被诉侵权文章均来源于《新京报》文章，但鉴于该部分内容并非该文章作者的独创性表达，故该使用行为并不构成对被上诉人著作权的侵犯。基于此，上诉人的相关上诉理由成立，二审法院予以支持。一审判决基于一审证据所作出的认定虽然无误，但因二审程序中上诉人提交的新证据足以改变本案认定结论，故二审法院对一审判决认定的结论予以纠正。

四、被诉侵权行为是否属于《著作权法》第二十二条第一款第三项规定的合理使用行为

虽然二审法院已认定被诉侵权行为并未构成对被上诉人著作权的侵犯，但在上诉人主张其行为构成合理使用的情况下，二审法院仍有必要对该上诉理由予以回应。

《著作权法》第二十二条第一款第三项规定："为报道时事新闻，在报纸、期刊、广播电台、电视台等媒体中不可避免地再现或者引用已经发表的作品的，可以不经著作权人许可，不向其支付报酬。"

该条款中对于作品的使用行为设置了多个限制条件，其中之一为该使用行为应以"为报道时事新闻"为目的。对于何为以"为报道时事新闻"为目的，在《著作权法》以及《著作权法实施条例》中并无具体说明，而该条款的设置亦是为了履行公约义务①的情况下，《保护文学和艺术作品伯尔尼公约》（1971 年文本）第十条之二第二款的具体内容以及世界知识产权组织编写的《保护文学和艺术作品伯尔尼公约（1971 年巴黎文本）指南》中的解释可作参考。上述文件中记载，"时事新闻报道的主要目的是让公众有一种参与其中的感觉"②，从而有必要"复制和向公众提供在事件发生过程中看到或听到的文字或艺术作品"③。可见，该条款目的在于解决

---

① 姚红主编：《中华人民共和国著作权法释解》，群众出版社 2001 年版，第 159 页。

② 《保护文学和艺术作品伯尔尼公约（1971 年巴黎文本）指南》（附英文文本），刘波林译，中国人民大学出版社 2002 年版，第 51 页。

③ 《伯尔尼公约》第十条之二第二款规定："在用摄影或电影手段，或通过广播或对公众有线传播报道时事新闻时，在事件过程中看到或听到的文学艺术作品在为报道目的正常需要范围内予以复制和公之于众的条件，也由本同盟各成员国的法律规定。"

"在报纸、期刊、广播电台、电视台等媒体中引用他人已经发表的作品"①的合理使用问题。依据上述规定，如果该引用或再现行为系为报道时事新闻所"不可避免"，则该行为无须获得著作权人许可，以"鼓励传播新闻，促进信息交流"②。

具体到本案，将上诉人文章与《新京报》文章相比可以看出，二者均系针对同一事件（即北京大学公众参与研究与支持中心于 2015 年 3 月 24 日发布了《中国公益慈善透明度观察报告 2013—2014 年度》）的报道。《新京报》文章显然并不属于在该事件发生过程中客观出现的作品，上诉人对于该文章的使用并不属于为报道这一事件而对该事件中所出现的"他人作品"的使用，因此，上诉人这一行为不属于《著作权法》第二十二条第一款第三项所指情形。上诉人的相关上诉理由不能成立，二审法院不予支持。

裁判要旨

如果报道者对新闻事件的报道仅涉及该事件的基本构成要件，且使用的是最为简明的语言或文字，他人对该事件的报道必然会使用相同或基本相同的语言或文字，则该新闻报道属于《著作权法》第五条规定的"时事新闻"。

关联索引

2010 年《中华人民共和国著作权法》第五条，第十条第五项、第十一项、第十二项、第十七项，第二十二条第一款第三项

2013 年《中华人民共和国著作权法实施条例》第二条

一审：北京市东城区人民法院（2015）东民（知）初字第 7634 号（2015 年 7 月 3 日）

二审：北京知识产权法院（2015）京知民终字第 1697 号（2015 年 12 月 29 日）

---

① 姚红主编：《中华人民共和国著作权法释解》，群众出版社 2001 年版，第 160 页。
② 姚红主编：《中华人民共和国著作权法释解》，群众出版社 2001 年版，第 160 页。

法官评析

本案审理焦点之一在于《新京报》所刊载文章《公益慈善组织透明度平均分 35.49》是否属于时事新闻。

本案适用的是 2010 年《著作权法》，该法第五条规定，"本法不适用于：……（二）时事新闻"。对于何为时事新闻，《著作权法实施条例》第五条对此有所论及，该条款中规定，"著作权法和本条例中下列用语的含义：（一）时事新闻，是指通过报纸、期刊、广播电台、电视台等媒体报道的单纯事实消息"。在 2020 年《著作权法》中已将上述规定整合，其第五条规定，"本法不适用于：……（二）单纯事实消息"。

上述规定意味着，只有构成"单纯事实消息"的时事新闻才被排除在《著作权法》的保护之外，除此之外的其他情形，即便与事实相关，亦并非不受保护，而是可能构成时事新闻作品从而获得《著作权法》保护。

这一含义在《保护文学和艺术作品伯尔尼公约》（以下简称《伯尔尼公约》）的相关规定以及解释中亦可见一斑。《伯尔尼公约》第 2.8 条中规定，"本公约的保护不适用于日常新闻或纯属报刊消息性质的社会新闻"，而《保护文学和艺术作品伯尔尼公约（1971 年巴黎文本）指南》中则指出："公约做出这一款规定，说明它并不打算保护单纯的新闻或各类事实，因为这类素材并不具备可以被确认为作品的要件。另一方面，采访记者和其他记者用于报道和评论新闻的文字如果包含充分的智力创作成分，足以看作文学和艺术作品，则是受到保护的。"[1] 由此可知，《伯尔尼公约》实质上亦是将时事新闻与时事新闻作品进行了区分。

鉴于只有构成单纯事实消息的时事新闻才不受《著作权法》保护，故如何理解单纯事实消息是此类案件认定的关键。因《著作权法》及《著作权法实施条例》中对于"单纯事实消息"均无相关界定，故对这一概念只能结合《著作权法》的基本原理予以理解。

《著作权法》之所以不对单纯事实消息提供保护，其根本原因在于，《著作权法》仅保护表达，而不保护事实。"时事新闻作为一种事实，是不

---

[1] 《保护文学和艺术作品伯尔尼公约（1971 年巴黎文本）指南》（附英文文本），刘波林译，中国人民大学出版社 2002 年版，第 21 页。

为《著作权法》所调整的"①。因此，《著作权法》这一规定的目的在于避免作者通过获得对时事新闻的《著作权法》保护，而客观上获得对事实本身的垄断。"按照《著作权法》的原理，不能因为第一个人报道了某一客观事实，他人就不能再去报道"②。

在具体案件的审理过程中，单纯事实消息的认定无疑需要一种相对有效的判断方法。通常情况下，如果一则新闻仅用最为简明的语言记录了该新闻事实的各构成要素（时间、地点、人物、事件等），因他人对这一事实的记录必然也会采用基本相同的表达，故此时应认定其属于单纯事实消息。原因在于，"简单的语言表达很容易与被描述的事实发生'混合'。正如'思想'与'表达'发生混合时，'表达'不能受到保护一样，当'事实'与'表达'发生混合时，'表达'也不能受到保护"③。

以金报中心诉国联公司案④为例，涉案文章《克里斯·卢埃林：国际期刊联盟在电子时代的新发展》是对第 36 届世界期刊大会第二天活动的介绍，内容包括议题、出席人员、克里斯·卢埃林发言的照片和发言全文。这一文章整体较长，但因其仅是用最为简单的文字记载了该事件的必要因素，任何他人要记录该事实时不可避免地要采用这一表达，因此，此时便存在事实与表达的混合。如认定其构成作品，则意味着任何人如果报道这一事实，均须经过原告许可，这一结果显然使得作者通过著作权的保护客观上获得了对这一新闻事实的垄断，这显然与《著作权法》仅保护表达而不保护事实的基本原理相悖。正因如此，法院认定，该文系"按照时间、地点、顺序对客观事实进行叙述，没有作者发挥的余地，也没有个性表达的空间"，因此，不构成作品。

具体到本案，《新京报》文章《公益慈善组织透明度平均分 35.49》虽系对北京大学公众参与研究与支持中心发起的公益慈善组织测评活动的描述，但报道中并非仅仅使用了最简洁的语言文字，亦并不仅仅涉及该事件的基本要素，而是对该事件进行了相应整理、加工（包括依据不同标准对公益慈善组织的测评结果进行分类总结、对测评机构负责人的采访，等

---

① 胡康生主编：《中华人民共和国著作权法释义》，法律出版社 2002 年版。
② 李明德、许超：《著作权法》，法律出版社 2009 年版，第 54 页。
③ 王迁：《知识产权法教程》，中国人民大学出版社 2011 年版，第 60 页。
④ 参见北京市海淀区人民法院（2009）海民初字第 13593 号民事判决书。

等）。可见，该文章已不属于单纯的事实消息，未构成《著作权法》第五条所规定的"时事新闻"。

实践中，仅仅报道单纯事实消息的情形较为少见，多数情况下作者均会在该消息中增加其个性化的"独创性"表达因素，而对此个性化要素而言，不同的作者显然具有不同的选择，对其提供保护并不会客观上产生保护事实的效果，故此种情况下应认定其并非单纯事实消息。如在王某案①中，《买断经营向生活用品辐射，使滨城出现不少怪现象》一文虽然也是针对当时在大连商场发生的因商家买断经营而产生的社会现象予以报道，但其同时亦对所报道事件给予相应的评价，鉴于"新闻报道如果不是单纯的'单纯事实消息'，而是加入了以文艺手法创作的新闻评论，其中具有独创性的表达成分仍然是受著作权保护的"②，故该文章符合《著作权法》的规定，应获得保护。

需要指出的是，新闻报道可能涉及文字作品、口述作品、摄影作品、美术作品及电影作品等多个作品类型，但原则上仅文字作品与口述作品可能构成单纯事实消息。文字及口头表达是人类最为基本的表达方式，对于事实最基本构成要素的最为简单的表达通常会采用上述两种表述方式，故对于上述两类作品的保护最为可能导致客观上对于事实的保护，从而被认定构成单纯事实消息。

但对于摄影作品、美术作品以及电影作品等，情况则会有所不同。因上述类型作品的构成要素（如光线、取景、角度等）相对复杂，不同的作者即便报道同一事实，其对构成要素的选择亦具有较多的选择空间，故上述作品通常不会构成单纯事实消息。

如在涉及陈某某照片的案件③中，法院认为："就摄影作品而言，即使其内容系反映时事，通常亦体现了拍摄者对于拍摄时机、角度、构图等的选择，具有作品的独创性，而且使用照片亦非传播时事性消息或相关事实所必需。"因此，涉案的关于陈某某抵京的照片不属于时事新闻。

需要强调的是，新闻本身价值的高低与该新闻是否可以获得《著作权

---

① 参见北京市第一中级人民法院（2001）一中知初字第 256 号民事判决书。
② 王迁：《知识产权法教程》，中国人民大学出版社 2011 年版，第 60 页。
③ 参见北京市第一中级人民法院（2010）一中民终字第 10328 号民事判决书。

法》保护并不具有必然联系。新闻本身的价值通常在于其快捷性、独家性等，此类新闻即便其仅仅是对事实的最为简单的描述，因该事件本身所具有的新闻价值，以新闻本身的判断标准而言其亦会具有较高的新闻价值。但这一判断标准却并不适用于《著作权法》。《著作权法》保护的是表达，而非事实，该事实是否具有很高的新闻价值，与是否构成作品均无关。当然，法律并不排除对此提供其他角度的保护。如《保护文学和艺术作品伯尔尼公约（1971 年巴黎文本）指南》指出："新闻和事实尽管不受著作权保护，但也不是可以任随抄袭和盗版的。对寄生行为可以采取其他的防范方法。例如，对从竞争对手那里窃取而不是向通讯社订购新闻的报社，可以根据反不正当竞争法提起诉讼。"①

二审法院合议庭成员　芮松艳　杨　钊　宋　堃
编写人　芮松艳

---

① 《保护文学和艺术作品伯尔尼公约（1971 年巴黎文本）指南》（附英文文本），刘波林译，中国人民大学出版社 2002 年版，第 21 页。

3. 北京某科技有限公司诉北京某技术有限公司、某处侵害著作权纠纷案*

——音乐喷泉喷射效果的呈现之作品类型认定

关键词 著作权 作品认定 作品类型 音乐喷泉喷射效果的呈现

基本案情

原告北京某科技有限公司（以下简称某科技公司）起诉称：某音乐喷泉项目的设计及喷泉编曲工作为我公司于 2013 年完成，被评为"中国十大音乐喷泉"，并获得了某喷泉水景委员会颁发的"中国喷泉水景行业设计创新奖"。2015 年 6 月 14 日，某处发函称，某音乐喷泉需要进行整体改造，希望实地考察某音乐喷泉项目。之后，某处要求我公司详细介绍喷泉项目的相关情况，并实地观看了喷泉喷射演示。演示结束后某处表示非常满意该喷泉的整体效果，并表示希望将改装工程交由我公司完成。此后，某处提出想继续考察我公司所做的其他喷泉作品，因此 2015 年 6 月我公司又配合某处参观了其他音乐喷泉项目。考察期间，某处负责人多次向我公司表示希望将某音乐喷泉交给我公司进行完成，向我公司工作人员索要了某音乐喷泉的详细设计图纸及气动水膜的设计数据、实验视频等详细资料，称其介绍考察情况及推荐我公司完成某音乐喷泉项目时需要提供以上材料，虽然某处索要的资料涉及某喷泉项目的核心内容，属于商业机密并

＊ 本案裁判文书获第四届全国知识产权优秀裁判文书评选活动特等奖、北京法院 2019 年优秀裁判文书网上互评活动二等奖，本案例获全国法院系统 2018 年度优秀案例分析评选活动三等奖，本案入选 2018 年度北京法院知识产权司法保护十大案例、AIPPI 中国分会 2018 年度中国版权行业十大热点案件等。

拥有多项专利及知识产权，但考虑到其多次催告并承诺资料只作汇报推荐所用、不对外进行传播，我公司将喷泉的核心资料（包含详细设计图纸、气动水膜的设计数据、实验视频等）发送给了某处负责人。之后某处负责人以某音乐喷泉项目可能有变化、具体需等领导确定为由，与我公司失去联系并删除了我公司工作人员的联系方式。随后某音乐喷泉项目进行了招标，最终北京某技术有限公司（以下简称某技术公司）中标了某音乐喷泉的改造项目。此后某处开始了某音乐喷泉的改造施工。2016 年 4 月底，某音乐喷泉正式改造完成并对外正式表演。此时我公司才发现，其选用的音乐曲目《倾国倾城》《风居住的街道》所编排出的音乐喷泉表演效果，与我公司某喷泉项目所创作的《倾国倾城》《风居住的街道》音乐喷泉喷射效果完全一致，不仅如此，某音乐喷泉的水膜点阵布局及气动水膜装置也与我公司为某音乐喷泉所设计的方案完全相同。某技术公司、某处的行为严重侵犯了我公司所拥有的《倾国倾城》《风居住的街道》音乐喷泉编曲的著作权。故诉至法院，请求：（1）某技术公司、某处立即停止使用我公司所创作的《倾国倾城》《风居住的街道》音乐喷泉作品；（2）某技术公司、某处于曾就侵权成果进行宣传的媒体进行公开道歉；（3）某技术公司、某处赔偿我公司经济损失 20 万元；（4）某技术公司、某处赔偿我公司合理支出 8 万元。

被告某技术公司辩称：某科技公司不是涉案两个音乐作品的著作权人。某音乐喷泉项目的中标方是某股份公司。某科技公司申请登记的著作权作品与某音乐喷泉项目无任何关系，登记类别是电影及以类似电影拍摄方法的作品，某音乐喷泉项目设计及施工都是某股份公司。我公司与某处并未使用涉案两首音乐作品。某音乐喷泉项目是公众免费观赏的项目，不构成侵权。

被告某处辩称：（1）某音乐喷泉项目必须经正规的招投标程序，公平公正地确定最终设计及施工方。我处没有也不可能作出希望将某音乐喷泉改造工程交由某科技公司完成的表示。（2）某音乐喷泉建于 2003 年，基础模型早已确定，此次招投标也属于改造项目，故不可能按某模型来重新设计施工。（3）某科技公司所提供资料为自荐所需基本资料。考察结束后，某科技公司也应邀参与了某音乐喷泉改造项目的招投标。从招投标程序来看，某科技公司向招标单位负责人递交投标所需的基本资料属于报名前提条件，而提供真实的投标文件更是某科技公司应尽的法定义务。但基于某科技公司提供虚假业绩的行为被揭穿而被招标中心取消投标资格，其原因在于某科技公司自己。（4）某音乐喷泉项目完成人为某股份公司，并非某科技公司设计施工完成。我处并未侵犯某科技公司的著作权。

法院经审理查明：

一、有关作品权属的证据和事实

某科技公司提供国家版权局作品登记证书显示，作品名称：《水上花园》——音乐喷泉系列作品；作品类别：电影和以类似摄制电影方法创作的作品；制片者：某科技公司；著作权人：某科技公司；创作完成时间：2014年4月15日；首次公映时间：2014年4月25日；登记日期：2016年4月28日。作品说明书载明了创作过程：首先确定艺术主题，根据艺术主题解析音乐，然后根据音乐编排舞蹈并将舞蹈分解，水舞设计师根据这些分解的舞蹈汇编水舞图谱，然后将舞蹈动作转换为程序命令，并将程序命令写入数控软件，最后进行综合调试。该系列作品从2014年3月开始创作，最终于2014年4月15日正式完成。

二、有关侵权的证据和事实

2016年4月25日，某科技公司向公证处申请进行保全证据公证。公证书显示：2016年5月3日，登录互联网，在地址栏输入，显示在"×××"频道上，有"视频：此景只应天上有 世界最美某音乐喷泉（二）"；播放可知喷泉曲目为《风居住的街道》；视频的右上角有：某技术公司，联系电话。视频长度2分57秒，视频内容为某音乐喷泉表演《风居住的街道》一曲的音乐喷泉表演视频录像。在地址栏输入，显示在"×××"频道上，有"视频：此景只应天上有 世界最美某音乐喷泉（四）"；播放可知喷泉曲目为《倾国倾城》；视频的右上角有：某技术公司，联系电话。视频长度2分57秒，视频内容为某音乐喷泉表演《倾国倾城》一曲的音乐喷泉表演视频录像。某技术公司、某处否认以上两个视频是其上传。某处表示某音乐喷泉从未演出过以上两首音乐喷泉曲目。

某科技公司、某技术公司等参加了某音乐喷泉提升完善项目的招标，最终某技术公司中标。某频道曾有关于某音乐喷泉事件的专题采访视频，该节目中电视台采访了某处。其承认在某音乐喷泉改造前曾对某喷泉进行过考察，但否认拿了喷泉平面图和视频等核心资料，表示核心技术不是去看下就能拿到的，去看时也会带着摄像机去拍，回来比对分析。对记者有关两地音乐喷泉就《倾国倾城》《风居住的街道》两首音乐喷泉曲目在呈现方式、喷泉编排效果等方面相似的提问，其表示仔细去看会有不同，刻意放大肯定会有相同的地方，不少水型国外早就有，只是借鉴，没有抄袭，是完全不一样的东西，是相互学习的过程，而不是抄袭的过程。

北京市海淀区人民法院于 2017 年 5 月 22 日作出（2016）京 0108 民初 15322 号民事判决：一、自本判决生效之日起，被告某技术公司、被告某处停止涉案侵权行为，停止使用原告某科技公司创作的《倾国倾城》《风居住的街道》音乐喷泉作品；二、自本判决生效之日起三十日内，被告某技术公司、被告某处在一家全国发行的报纸上，向原告某科技公司公开致歉（声明内容须经本院审核，逾期不履行，本院将依原告申请，在相关媒体公布判决书主要内容，费用由被告某技术公司、被告某处共同承担）；三、自本判决生效之日起十日内，被告某技术公司、被告某处向原告某科技公司赔偿经济损失及诉讼合理支出共计 9 万元；四、驳回原告某科技公司的其他诉讼请求。宣判后，某技术公司、某处不服提起上诉。北京知识产权法院于 2018 年 6 月 26 日作出（2017）京 73 民终 1404 号民事判决：驳回上诉，维持原判。

裁判理由

法院生效裁判认为：

一、关于本案能否适用《著作权法》第三条第九项规定的认定

我国《著作权法》第三条是关于法定作品类型的规定；而《著作权法实施条例》第二条是关于作品概念的规定，确立了作品的一般构成要件。究竟是先进行作品一般构成要件的认定还是先进行法定作品类型的判断，构成作品是否以归入法定作品类型为前提等问题的解决，究其根源，在于对《著作权法》第三条以及《著作权法实施条例》第二条的理解和解释。

我国《著作权法》在确定著作权保护客体的具体内容时，借鉴了《保护文学和艺术作品伯尔尼公约》（以下简称《伯尔尼公约》）的有关规

定。《著作权法》第三条首先列举了八种典型的作品类型，并以"法律、行政法规规定的其他作品"兜底，为新类型作品预留了空间。但是，《中华人民共和国著作权法释义》（以下简称《著作权法释义》）针对"法律、行政法规规定的其他作品"解释时称："这是指除了上述八项著作权的客体外，由法律、行政法规规定的著作权的其他客体。为什么要规定这一项？一是随着文化和科学事业的发展，有可能出现新的思想表达形式，如计算机软件是随着现代科学技术的发展而出现的，现在已有越来越多的国家将其列入著作权客体，今后还有可能出现新的思想表达形式，需要列入著作权客体给予保护。二是有可能将现在尚未作为一著作权客体的作品列入著作权客体，如有些国家将原来不属于著作权客体的录音制品，后来作为著作权客体给予保护。需要指出的是，能否作为著作权法所称的其他作品，必须由法律、行政法规规定，不能由其他规范性文件规定，以保证法制的统一。"由此可见，我国《著作权法》在制定时，为当时尚未列入但以后可能列入法定类型的作品预留了空间。但由于这种"其他作品"有"法律、行政法规规定"所设定条件的限制，特别是《著作权法释义》明确强调了必须由法律、行政法规规定，这意味着在立法之初就明确限制了司法对该条款进行扩大解释适用。所以，在目前尚无法律、行政法规明确增加了其他具体作品类型的情况下，在司法裁判中适用该条款是立法明确排除的。因此，二审法院对一审判决适用"法律、行政法规规定的其他作品"的法律条款予以纠正。

二、关于涉案音乐喷泉喷射效果的呈现是否构成作品的认定

首先，涉案音乐喷泉喷射效果的呈现是设计师借助声、光、电等科技因素精心设计的成果，展现出一种艺术上的美感，属于"文学、艺术和科学领域内的智力成果"范畴；设计师通过对喷泉水型、灯光及色彩的变化与音乐情感结合的独特取舍、选择、安排，在音乐高亢时呈现出艳丽的色彩与高喷的水柱，在音乐舒缓时呈现出柔和的光点与缓和的摆动，柔美与高亢交相呼应，使观赏者能够感受到完全不同于简单的喷泉喷射效果的表达，具有显著的独创性；通过水型、照明、激光、投影、音响、监控等相应喷泉设备和控制系统的施工布局及点位关联，由设计师在音乐喷泉控制系统上编程制作并在相应软件操控下可实现同样喷射效果的完全再现，满

足作品的"可复制性"要求。因此，涉案音乐喷泉喷射效果的呈现符合《著作权法实施条例》第二条规定的作品的一般构成要件，属于《著作权法》保护的作品的范畴。

其次，由于涉案音乐喷泉喷射效果的呈现是动态的，其可能与电影作品和以类似摄制电影的方法创作的作品相关。但是，《著作权法实施条例》第四条第十一项规定："电影作品和以类似摄制电影的方法创作的作品，是指摄制在一定介质上，由一系列有伴音或者无伴音的画面组成，并且借助适当装置放映或者以其他方式传播的作品。"涉案音乐喷泉喷射效果的呈现虽然表现为连续活动的画面，但此种画面不符合"摄制在一定介质上"的摄制手段和固定方式。鉴于"摄制在一定介质上"是《著作权法实施条例》明确限定的电影作品和以类似摄制电影的方法创作的作品的构成要件，在非必要情况下，司法保持谦抑而不进行突破扩张也是法律解释应当遵循的规则。

三、涉案音乐喷泉喷射效果的呈现具有属于美术作品的解释余地

《著作权法实施条例》第四条第八项规定："美术作品，是指绘画、书法、雕塑等以线条、色彩或者其他方式构成的有审美意义的平面或者立体的造型艺术作品。"涉案音乐喷泉喷射效果的呈现具有属于美术作品的解释余地。

从文义解释的角度看，《著作权法实施条例》有关"美术作品"的规定虽然由绘画、书法、雕塑列示其保护范畴，但"等"字意味着其并非封闭的。根据"美术作品"的含义解析其构成要件，包括如下几个方面：第一，美术作品是"造型艺术作品"，通过造型来进行思想的表达；第二，美术作品的构成要素可以是线条、色彩这些典型要素，但不排除其他方式；第三，美术作品具有审美意义，是一种具有美感的艺术性表达；第四，美术作品既可以是平面的呈现，也并不排除立体的形式。由此可见，《著作权法实施条例》有关"美术作品"的规定并未限制其表现形态和存续时间。虽然司法实践中出现的典型美术作品如绘画、书法、雕塑一般都是静态的、持久固定的表达，但法律规定的要件中并未有意排除动态的、存续时间较短的造型表达。涉案音乐喷泉喷射效果的呈现虽然不像传统的

绘画、书法或者雕塑一样呈现静态的造型，其所展现的水型三维立体形态及投射在水柱上的灯光色彩变化等效果也并非持久地固定在喷泉水流上，但是，涉案音乐喷泉喷射效果的呈现是一种由优美的音乐、绚烂的灯光、瑰丽的色彩、美艳的水型等包含线条、色彩在内的多种要素共同构成的动态立体造型表达，这种美轮美奂的喷射效果的呈现显然具有审美意义。在动静形态、存续时间长短均不是美术作品构成要件有意排除范围的情况下，认定涉案音乐喷泉喷射效果的呈现属于美术作品的保护范畴，并不违反法律解释的规则。

法律的解释要顺应科技的发展、跟上时代的步伐。虽然喷泉的产生和发展历史悠久，但像涉案音乐喷泉喷射效果的呈现这样集声、光、色、形俱美的艺术造型表达，在我国却是近几年随着人民精神生活的丰富才发展起来的。用袅袅动听的音乐寄托美、用婀娜多姿的水舞展现美、用绚丽斑斓的灯光衬托美、用灿烂缤纷的色彩描绘美，涉案音乐喷泉喷射效果的呈现将音乐的情感、灯光色彩的绮丽与水型的变换交织在一起，造就了美轮美奂的动态艺术造型表达。因此，突破一般认知下静态的、持久固定的造型艺术作为美术作品的概念束缚，将涉案音乐喷泉喷射效果的呈现认定为美术作品的保护范畴，有利于鼓励对美的表达形式的创新发展，防止因剽窃抄袭产生的单调雷同表达，有助于促进喷泉行业的繁荣发展和与喷泉相关作品的创作革新。

四、关于某技术公司、某处是否侵犯涉案作品的著作权以及责任承担的认定

根据《著作权法》第四十七条第五项的规定，剽窃他人作品的，应当根据情况，承担停止侵害、消除影响、赔礼道歉、赔偿损失等民事责任。本案中，确定被控侵权的视频所示音乐喷泉喷射效果的呈现是否构成了对涉案作品的剽窃，需要对视频与某喷泉的《倾国倾城》《风居住的街道》视频所示音乐喷泉喷射效果的呈现是否构成实质性相似进行判断。当二者构成实质性相似时，如果在后视频所示音乐喷泉喷射效果的呈现的编创者具有接触涉案作品的可能性，则推定排除视频所示音乐喷泉喷射效果的呈现为其独立创作的可能，即可认定构成剽窃行为。通过对比两个视频可以发现，配合《倾国倾城》《风居住的街道》音乐的节奏、曲调、力度、速

度等要素及其变化，两个视频中的音乐喷泉在灯光色彩、变化及跑动路径，气爆阵型、喷射时间及跑动路径，水膜阵型及运动路径，一维、二维造型、摆动及渐落方式等融合音乐、灯光、色彩、水舞动作等方面的音乐喷泉喷射效果的呈现已经构成了实质性相似。加之从某科技公司与某处工作人员的微信和邮件内容来看，某处确实获得了某科技公司的一些音乐喷泉相关资料。据此，可以排除公证的视频所示的音乐喷泉喷射效果的呈现为某技术公司或某处独立创作完成的可能性。故依据现有证据可以认定公证的视频所示的在某音乐喷泉喷放的《倾国倾城》《风居住的街道》音乐喷泉喷射效果的呈现即为涉案作品。某技术公司和某处未经某科技公司许可在某音乐喷泉喷放涉案作品且未署名著作权人为某科技公司，已经构成了《著作权法》第四十七条第五项规定的剽窃行为。

《侵权责任法》第八条规定："二人以上共同实施侵权行为，造成他人损害的，应当承担连带责任。"某技术公司与某处两个侵权行为主体，基于共同的意思联络，未经某科技公司许可建设相关设施、配置相应软件，再现了涉案音乐喷泉喷射效果的呈现，侵害了某科技公司对涉案作品享有的著作财产权和著作人身权。并且，某技术公司和某处的侵权行为与某科技公司的损害后果间亦具有法律上的因果关系。故某技术公司与某处的上述行为已经构成《侵权责任法》第八条规定的共同侵权行为，依法应当承担连带责任。就侵权责任的承担方式，根据《著作权法》第四十七条第五项的规定，某技术公司、某处应当承担停止侵害、消除影响、赔礼道歉、赔偿损失等民事责任。但对于赔偿数额，各方当事人未提供有效证据证明某科技公司的实际损失或某技术公司、某处的违法所得。而根据涉案作品的性质以及使用方式，也难以确定实际损失或违法所得。故一审判决对赔偿数额进行酌定并判决某技术公司、某处承担停止侵权、赔偿经济损失及诉讼合理支出9万元、公开致歉的民事责任并无不妥，二审法院予以维持。

裁判要旨

本案中，涉案音乐喷泉喷射效果的呈现是设计师借助声、光、电等科技因素精心设计所展现出的一种艺术美感表达，属于"文学、艺术和科学领域内的智力成果"范畴；设计师通过对喷泉水型、灯光及色彩的变化与音乐情感结合而进行取舍、选择、安排，呈现出富有美感的与其他喷泉不同的表达,具有显著的独创性;通过相应喷泉设备和控制系统的施工布局及点位关联,由设计师在音乐喷泉控制系统上编程制作并在相应软件操控下可实现同样喷射效果的完全再现,满足作品的"可复制性"要求。故涉案音乐喷泉喷射效果的呈现符合作品的一般构成要件。

就涉案音乐喷泉喷射效果的呈现属于何种法定作品类型,虽然《著作权法》第三条第九项规定"法律、行政法规规定的其他作品"的目的与《伯尔尼公约》的规定一样,是为了起到兜底条款的作用,但是,由于该条款明确了必须以法律、行政法规的规定为前提,且《著作权法释义》明确排除了法律适用中的扩张解释,故该条款的适用尚存在障碍。在这种情况下,法官在法律适用过程中应当遵循法律解释的逻辑进行法律的解释。本判决运用文义解释、价值解释等解释方法对涉案相关条款进行了解释,认为涉案音乐喷泉喷射效果的呈现是一种由灯光、色彩、音乐、水型等多种要素共同构成的动态立体造型表达,这种美轮美奂的喷射效果的呈现显然具有审美意义,符合美术作品的构成要件,属于美术作品的保护范畴。

关联索引

《中华人民共和国侵权责任法》第八条

2010 年《中华人民共和国著作权法》第三条、第十七条、第二十二条、第四十七条第五项

2013 年《中华人民共和国著作权法实施条例》第二条、第四条

2013 年《计算机软件保护条例》第二条

2002 年《最高人民法院关于审理著作权民事纠纷案件适用法律若干问题的解释》第十八条

一审:北京市海淀区人民法院(2016)京 0108 民初 15322 号(2017年 5 月 22 日)

二审:北京知识产权法院(2017)京 73 民终 1404 号(2018 年 6 月 26 日)

法官评析

本案被称为"中国喷泉著作权纠纷第一案",涉及音乐喷泉喷射效果的呈现是否构成作品、属于何种作品类型的认定难题,相关规则的确定将对类似案件的审理以及喷泉相关产业的创新发展产生深刻影响。本案的典

型法律意义包括以下四个方面：

一、阐释了作品认定与法定作品类型认定之间的关系

我国有关"作品"的法律规定体现在《著作权法》第三条及《著作权法实施条例》第二条之中。其中，《著作权法》第三条规定了法定作品类型："本法所称的作品，包括以下列形式创作的文学、艺术和自然科学、社会科学、工程技术等作品：（一）文字作品；（二）口述作品；（三）音乐、戏剧、曲艺、舞蹈、杂技艺术作品；（四）美术、建筑作品；（五）摄影作品；（六）电影作品和以类似摄制电影的方法创作的作品；（七）工程设计图、产品设计图、地图、示意图等图形作品和模型作品；（八）计算机软件；（九）法律、行政法规规定的其他作品。"《著作权法实施条例》第二条规定了作品的一般概念并确立了作品的一般构成要件："著作权法所称作品，是指文学、艺术和科学领域内具有独创性并能以某种有形形式复制的智力成果。"

在上述规定的基础上，对于常见客体而言，在认定其是否构成作品的同时就可明确其法定作品类型的归属，这意味着，将某一客体归入法定作品类型的同时即可结合该类作品的特点确定其是否符合作品的一般构成要件。因此，在审判实务中，判断某一客体是否构成作品与判断其法定作品类型是同时进行的。由于《著作权法》第三条规定的法定作品类型是根据典型类型作品的表现形式所进行的归纳和列举。所以，认定是否构成作品与判断作品类型的思维路径一致性在审判中被自觉地运用，从未被作为一个问题提起。例如，认定一张照片是否构成作品，一般结合"摄影作品"的特点进行作品构成要件的判断。

然而，伴随着科技的发展，在文学、艺术和科学领域出现了一些并非法律规定的典型类型作品的客体，但又是富有美感的、能被人们所感知的独创性表达，由此引起了作品认定与法定作品类型判断之间的顺序关系的讨论，即究竟是先进行作品一般构成要件的认定还是先进行法定作品类型的判断，构成作品是否以归入法定作品类型为前提，等等。问题的解决在于对《著作权法》第三条以及《著作权法实施条例》第二条的理解和解释。

二、阐明了《著作权法》第三条兜底条款适用的局限性

对于《著作权法》第三条的理解可以溯及《伯尔尼公约》。《伯尔尼公约》第二条第一款规定："'文学和艺术作品'一词包括文学、科学和艺术领域内的一切成果，不论其表现形式或方式如何，诸如书籍、小册子和其他文字作品；讲课、演讲、讲道和其他同类性质作品；戏剧或音乐戏剧作品；舞蹈艺术作品和哑剧；配词或未配词的乐曲；电影作品和以类似摄制电影的方法表现的作品；图画、油画、建筑、雕塑、雕刻和版画作品；摄影作品和以类似摄影的方法表现的作品；实用艺术作品；与地理、地形、建筑或科学有关的插图、地图、设计图、草图和立体作品。"《保护文学和艺术作品伯尔尼公约（1971年巴黎文本）指南》在解释"受保护作品"时称："'文学和艺术作品'这一表述必须理解为包括一切能够受到保护的作品。为了说明这一点，第二条第一款对作品进行了列举。使用'诸如'二字，表明这一列举完全是一种示例，而不是详尽的；它只是给各国立法者提供若干指导。但实际上作品的主要种类全部都列举出来了。""由于仅仅列举示例，公约准许成员国超出这一范围，而将文学、科学和艺术领域内的其他产物也作为受保护的作品对待。"可见，《伯尔尼公约》采取的是既列举典型作品类别又有兜底范围的立法模式。

我国《著作权法》在确定著作权保护客体的具体内容时，借鉴了《伯尔尼公约》的有关规定。《著作权法》第三条首先列举八种典型的作品类型，并以"法律、行政法规规定的其他作品"兜底而为新类型作品预留了空间。但是，《著作权法释义》针对"法律、行政法规规定的其他作品"解释时称："这是指除了上述八项著作权的客体外，由法律、行政法规规定的著作权的其他客体。为什么要规定这一项？一是随着文化和科学事业的发展，有可能出现新的思想表达形式，如计算机软件是随着现代科学技术的发展而出现的，现在已有越来越多的国家将其列入著作权客体，今后还有可能出现新的思想表达形式，需要列入著作权客体给予保护。二是有可能将现在尚未作为一著作权客体的作品列入著作权客体，如有些国家将原来不属于著作权客体的录音制品，后来作为著作权客体给予保护。需要指出的是，能否作为著作权法所称的其他作品，必须由法律、行政法规规定，不能由其他规范性文件规定，以保证法制的统一。"由此可见，我国《著

作权法》在制定时，为当时尚未列入但以后可能列入法定类型的作品预留了空间。但由于这种"其他作品"有"法律、行政法规规定"所设定条件的限制，特别是著作权法释义明确强调了必须由法律、行政法规规定，这意味着在立法之初就明确限制了司法对该条款进行扩大解释适用。所以，在目前尚无法律、行政法规明确增加了其他具体作品类型的情况下，在司法裁判中适用该条款是立法明确排除的。因此，本案一审判决适用"法律、行政法规规定的其他作品"条款确属法律适用错误。

三、阐述了认定并非典型类型作品的客体是否构成作品的裁判思路

在兜底条款的适用存在障碍的情况下，判断不属于典型类型作品的客体是否构成作品时，法官应当遵循法律解释的逻辑进行法律的解释，作为法律适用的前提。

涉案音乐喷泉喷射效果的呈现是设计师借助声、光、电等科技因素精心设计的成果，展现出一种艺术上的美感，属于"文学、艺术和科学领域内的智力成果"范畴；设计师通过对喷泉水型、灯光及色彩的变化与音乐情感结合的独特取舍、选择、安排，在音乐高亢时呈现出艳丽的色彩与高喷的水柱，在音乐舒缓时呈现出柔和的光点与缓和的摆动，柔美与高亢交相呼应，使观赏者能够感受到完全不同于简单的喷泉喷射效果的表达，具有显著的独创性；通过水型、照明、激光、投影、音响、监控等相应喷泉设备和控制系统的施工布局及点位关联，由设计师在音乐喷泉控制系统上编程制作并在相应软件操控下可实现同样喷射效果的完全再现，满足作品的"可复制性"要求。因此，涉案音乐喷泉喷射效果的呈现符合《著作权法实施条例》第二条规定的作品的一般构成要件，属于《著作权法》保护的作品的范畴。

在《著作权法》第三条规定的法定作品类型中，从字面含义即可知，涉案音乐喷泉喷射效果的呈现显然与文字作品、口述作品、音乐作品、戏剧作品、曲艺作品、舞蹈作品、杂技艺术作品、建筑作品、摄影作品以及工程设计图、产品设计图、地图、示意图等图形作品和模型作品相去甚远，根据一般的生活常识即可判断其与上述法定作品类型不相关。

由于涉案音乐喷泉喷射效果的呈现是动态的，其可能与电影作品和以

类似摄制电影的方法创作的作品相关。但是，《著作权法实施条例》第四条第十一项规定："电影作品和以类似摄制电影的方法创作的作品，是指摄制在一定介质上，由一系列有伴音或者无伴音的画面组成，并且借助适当装置放映或者以其他方式传播的作品。"涉案音乐喷泉喷射效果的呈现虽然表现为连续活动的画面，但此种画面不符合"摄制在一定介质上"的摄制手段和固定方式。鉴于"摄制在一定介质上"是《著作权法实施条例》明确限定的电影作品和以类似摄制电影的方法创作的作品的构成要件，在非必要情况下，司法保持谦抑而不进行突破扩张也是法律解释应当遵循的规则。

由于涉案音乐喷泉喷射效果的呈现需要借助计算机软件的编辑，可能会与计算机软件这一作品类型相关。但是，根据《计算机软件保护条例》第二条的规定，计算机软件是指计算机程序及其有关文档。而在实现涉案音乐喷泉喷射效果的呈现时，编辑环节涉及的计算机软件作为一个工具软件，与本案无关，但借助工具软件形成的计算机程序是与涉案音乐喷泉喷射效果的呈现密切相关的。然而，该程序与水型、照明、激光、投影、音响、监控等相应喷泉设备和控制系统的配合所实现的涉案音乐喷泉喷射效果的反复呈现，既非计算机程序本身亦非有关文档。至于借助工具软件形成的程序是否构成一个独立于涉案音乐喷泉喷射效果的呈现之外的作品，不在本案的审理范围之内。

四、通过对"美术作品"的法律解释，认定音乐喷泉的艺术呈现效果构成美术作品

法律的适用离不开法律的解释，没有正确的法律解释，就没有正确的法律适用。随着科学技术的不断发展，著作权客体的类型也会发生变化，立法当初不能预测的作品类型也是成文法天生的局限性所在。但是，成文法规定的概括性和抽象性也为法律适用提供了解释的空间。《著作权法实施条例》第四条第八项规定："美术作品，是指绘画、书法、雕塑等以线条、色彩或者其他方式构成的有审美意义的平面或者立体的造型艺术作品。"涉案音乐喷泉喷射效果的呈现具有属于美术作品的解释余地。

从文义解释的角度看，《著作权法实施条例》有关"美术作品"的规定虽然由绘画、书法、雕塑列示了其保护范畴，但"等"字意味着其并不

是封闭的。根据"美术作品"的含义解析其构成要件，包括如下几个方面：第一，美术作品是"造型艺术作品"，通过造型来进行思想的表达；第二，美术作品的构成要素可以是线条、色彩这些典型要素，但不排除其他方式；第三，美术作品具有审美意义，是一种具有美感的艺术性表达；第四，美术作品既可以是平面的呈现，也并不排除立体的形式。由此可见，《著作权法实施条例》有关"美术作品"的规定并未限制其表现形态和存续时间。虽然司法实践中出现的典型美术作品如绘画、书法、雕塑一般都是静态的、持久固定的表达，但法律规定的要件中并未有意排除动态的、存续时间较短的造型表达。涉案音乐喷泉喷射效果的呈现虽然不像传统的绘画、书法或者雕塑一样呈现静态的造型，其所展现的水型三维立体形态及投射在水柱上的灯光色彩变化等效果也并非持久地固定在喷泉水流上，但是，涉案音乐喷泉喷射效果的呈现是一种由优美的音乐、绚烂的灯光、瑰丽的色彩、美艳的水型等包含线条、色彩在内的多种要素共同构成的动态立体造型表达，这种美轮美奂的喷射效果呈现显然具有审美意义。在动静形态、存续时间长短均不是美术作品构成要件有意排除范围的情况下，认定涉案音乐喷泉喷射效果的呈现属于美术作品的保护范畴，并不违反法律解释的规则。

从法律解释的价值追求而言，进行法律解释时应当顺应《著作权法》的立法目的。《著作权法》通过对具有独创性的表达给予了保护，鼓励文学、艺术和科学领域创作的积极性，促使更多高质量的作品得以产生和传播，丰富人民群众的精神文化生活。伴随着科学技术的发展，人们进行思想表达的载体随之扩展，创作的丰富性和多样性进而得到提升。在文学、艺术和科学领域，美的表达和呈现方式更是殊态异姿、各极其妍，甚至完全超乎以往形成的固有思维认知和概念体系。以前无法想象的素材选择、创作形式、表现样态等运用在美的创作中拓展出了前所未有的作品表现力和感染力。在这样一种文化大繁荣大发展的背景下，如果机械地拘泥于法律条文和惯常认知，不仅会囿于法律局限故步自封，与立法原意相背离，而且将挫伤权利人积极投入和努力创造的动力，导致抄袭模仿盛行，最终影响的是广大公众从中受益。因此，法律的解释要顺应科技的发展、跟上时代的步伐。虽然喷泉的产生和发展历史悠久，但像涉案音乐喷泉喷射效果的呈现这样集声、光、色、形于一体的艺术造型表达，却是近几年随着我国人民精神生活的丰富才发展起来的。用袅袅动听的音乐寄托美、用婀娜多姿的水舞展现美、用绚丽斑斓的灯光衬托美、用灿烂缤纷的色彩描绘美，涉案音乐喷泉喷射效果的呈现将音乐的情感、灯光色彩的绮丽与水型的变换交织在一起，造就了美轮美奂的动态艺术造型表达。因此，突破一般认知下静态的、持久固定的造型艺术作为美术作品的概念束缚，将涉案音乐喷泉喷射效果的呈现认定为美术作品的保护范畴，有利于鼓励对美的表达形式的创新发展，防止因剽窃抄袭产生的单调雷同表达，有助于促进喷泉行业的繁荣发展和与喷泉相关作品的创作革新。

一审法院合议庭成员 李　颖　梁铭全　袁　卫
二审法院合议庭成员 张晓霞　高　玲　李志峰
编写人 杨　振

4. 某公司诉深圳市某公司、许昌市某台、吴桥县某团著作权权属、侵权纠纷案[*]

——杂技艺术作品的认定及其著作权保护范围

关键词 著作权 作品类型 杂技艺术作品 独创性

基本案情

原告某公司诉称：某公司享有《俏花旦——集体空竹》作品的著作权，任何人不得侵犯。吴桥县某团未经某公司授权，没有合法取得《俏花旦——集体空竹》作品相关著作权，从表演的背景音乐、演员服装、动作组合、表演形式等方面都擅自抄袭和部分篡改了某公司已经多次公开表演的《俏花旦——集体空竹》，并在许昌市某台举办的晚会上公开表演，并得到了收益，侵犯了某公司的著作权；许昌市某台未经授权，擅自录制、播出侵权视频并在深圳市某公司的微信软件和视频网站对涉案作品进行了传播、推广和宣传，扩大了侵权范围，是情节严重的侵权行为；深圳市某公司作为侵权视频的传播主体理应有审查视频的责任，但没有尽到应尽义务去删除侵权视频，根据相关法律规定也应当承担连带责任。三被告涉案行为已经严重侵犯了某公司作品的著作权以及商业利益和传播艺术价值，造成一定的商誉和经济损失。据此，某公司诉至一审法院，请求：（1）判令三被告停止其涉案侵权行为（其中，深圳市某公司涉案行为侵犯某公司著作权中的信息网络传播权，许昌市某台涉案行为侵犯某公司著作权中的

---

[*] 本案系全国首例认定杂技节目构成杂技艺术作品的案件，入选最高人民法院发布的2021年度中国法院十大知识产权案件、最高人民法院公报案例。

信息网络传播权、放映权和广播权，吴桥县某团涉案行为侵犯某公司著作权中的表演权、署名权、修改权、保护作品完整权、获得报酬权）；（2）判令三被告在人民法院指定的媒体进行公开道歉；（3）判令三被告共同向某公司赔偿损失共计 10 万元；（4）判令三被告向某公司支付律师费 3 万元；（5）判令三被告向某公司支付公证费 6000 元；（6）判令三被告向某公司支付为维护某公司知识产权其他必要花费 2555 元；（7）判令三被告承担本案的全部诉讼费用。

被告深圳市某公司辩称：（1）原告主张保护的权利基础难以确定。原告证据不包括申请著作权登记时所提交的支持性材料，不能证明著作权证书登记的内容，登记范围难以确认，故原告起诉的权利基础及其是否属于《著作权法》意义上的杂技艺术作品均难以确定。（2）我公司为网络服务提供者。微信公众号服务及视频 App 服务均系向公众号所有者、注册用户使用者等提供信息存储空间服务，供其通过信息网络向公众提供各类信息。我公司向许昌市某台运营的"××许昌"微信公众号提供信息存储空间，向视频 App 用户（QQ 号为×××，以下简称上传者）提供视频信息存储空间。（3）我公司未对上传者提供的涉案视频作任何修改、删减，根据深圳市某公司的后台记录显示，涉案视频已于我公司收到原告起诉状之前被上传者删除。（4）我公司作为网络服务提供者，不知道也没有合理理由应当知道涉案视频侵权。我公司已尽己所能地维护相应权利人的合法权益。我公司在运营软件、网站的显著位置设置"知识产权保护平台"，权利人如有证据证明所上传的内容侵权，我公司核实后会提供删除及上传者信息披露服务。但原告在起诉前并未通过我公司所提供的途径通知我公司。（5）关于原告主张微信公众号"××许昌"侵权内容，目前已无法查询到微信公众号"××许昌"及侵权内容。综上，我公司作为网络服务提供者，符合《信息网络传播权保护条例》第二十二条规定的各项条件，即使涉案视频侵权，答辩人也不应当承担赔偿责任。

被告许昌市某台辩称：我方的节目录制有合法授权，吴桥县某团的节目与原告主张的节目有一定的相似性，包括背景音乐相同、名称相似。但我方在录制节目时并不知情、没有过错，不应当承担赔偿责任。根据我国《著作权法》的相关规定，我方的行为不构成侵权。如果涉案节目构成侵权，也是因吴桥县某团的节目模仿原告所导致，应当由吴桥县某团承担责任。我方愿意配合原告消除影响,但现在涉案网络上已经没有了涉案侵权节目传播,因此原告主张停止侵权已经没有了事实依据。综上,请求法院驳回原告的全部诉讼请求。

被告吴桥县某团辩称:(1)原告的《俏花旦——集体空竹》本身不是原创作品,原告也是抄袭了别人的作品。原告在起诉书中已经承认其空竹节目抄袭了"王氏天桥杂技"。"王氏天桥杂技"的传承人、王氏天桥的后人,即我方张某的老师王某合。原告的节目所使用的服装抄袭了中国戏曲中的"旦角",有中国戏曲视频为证。(2)原告主张其创作了涉案杂技艺术作品的背景音乐,我方承认双方杂技艺术作品使用的背景音乐相同。但原告如果真的创作了该音乐还放至网上,是诱导别人上当,然后进行起诉的恶意行为。(3)我方从来没有见到过原告的节目,只看过沧州杂技团的《俏花旦抖空竹》,我方是按照沧州杂技团的节目排演,有视频为证。(4)原告在起诉书中承认我方节目存在多处失误,原告在这点上给被告作了书面证明,即被告的节目与原告的节目不一样,只是名字一样。全国几百家杂技团的节目都叫"俏花旦抖空竹"。抖空竹是民间传统文化,决不允许任何单位和个人注册。(5)涉案《俏花旦》是以空竹为主的一台节目,以服装、音乐为辅,这台节目不穿同样的服装、使用不同的音乐,照常能演出,甚至用了别的音乐比现有的演出效果更好,如果节目没有了"空竹",只有音乐和服饰,就不能被人当作杂技欣赏。(6)原告所谓"诉讼维权",实质是抢注行为。本来杂技节目相似率就很高,如果谁都注册成自己的,不利于民间传统文化技艺的发展。(7)直到2010年《著作权法》修正之前,并没有法律规定杂技能进行著作权注册,这是当时的国情所致。杂技是一个特殊的行业,杂技表演需要多年练功,如果一个杂技演员苦练了十几年的节目被别人抢注了而被判侵权,则原告的诉讼行为是在坑害同行。综上,吴桥县某团不同意原告的全部诉讼请求。

法院经审理查明:编号为0000××××《著作权登记证书》载明:申请人某公司提交的文件符合规定要求,对由其于2004年创作完成(编导何某某、张某某,作曲杜某,服装宋某),并于2005年2月公演的杂技作品《俏花旦——集体空竹》(法国版),申请人以著作权人身份依法享有著作权(作者署名权除外),登记号为:2007-L-××××,发证日期为2007年8月31日。

原告某公司（甲方）与何某某、张某某（乙方）分别签订了《某公司杂技作品〈滕韵——十三人顶碗〉和〈俏花旦——集体空竹〉编导著作权归属协议》，约定甲方对委托作品享有著作权，著作权的财产权全部归甲方，上述委托作品著作权的人身权中，乙方享有署名权，其他权利乙方同意由甲方行使。

原告某公司（甲方）与杜某（乙方）签订了《某公司杂技作品〈俏花旦——集体空竹〉音乐创作著作权归属协议》，约定甲方对委托作品享有著作权，著作权的财产权全部归甲方，上述委托作品著作权的人身权中，乙方享有署名权，其他权利乙方同意由甲方行使。

原告某公司（甲方）与北京某中心（乙方）签订了《某公司杂技作品〈俏花旦——集体空竹〉和〈圣斗·地圈〉服装制作合同书》，约定甲方委托乙方完成 2013 年摩纳哥参赛节目《俏花旦——集体空竹》的服装制作，甲方对委托乙方制作的服装成品享有著作权。

杂技节目《俏花旦——集体空竹》曾获得 2004 年第六届中国武汉光谷国际杂技艺术节"黄鹤金奖"、2005 年"第二十六届法国明日国际杂技节"最高奖"法兰西共和国总统奖"、2007 年中央电视台春节联欢晚会"观众最喜爱的春节联欢晚会节目（戏曲曲艺类）"评选一等奖、2010 年世界知识产权组织金奖（中国）作品奖、2013 年第三十七届摩纳哥蒙特卡罗国际马戏节"金小丑"奖。

2017 年 1 月 17 日，许昌市某台举办了标题为《2017 年许昌县春节联欢晚会 万家灯火幸福年》的晚会，为此，许昌市某台（甲方）与被告吴桥县某团（乙方）签订了《商业演出合同》，约定：许昌市某台邀请吴桥县某团演出杂技节目《俏花旦》，演出时间为 2017 年 1 月 17 日，甲方共付乙方演出费 17000 元（税后），演出地点为河南许昌。

北京市信德公证处于 2017 年 2 月 20 日出具的（2017）京信德内经证字第 00041 号《公证书》显示，通过手机登录微信在"公众号"中搜索"××许昌"，可查找到名为"××许昌"的公众号，其备案主体为许昌市某台。在该公众号历史消息中，可以查找到"2017 年许昌县春节联欢晚会（下）"，进入界面后可播放相应视频，在该视频"43∶06/54∶50"处可以看到标有"舞蹈杂技《俏花旦》 表演中国吴桥杂技艺术中心"的被诉侵权节目。

北京市信德公证处于 2017 年 2 月 20 日出具的（2017）京信德内经证字第 00042 号《公证书》显示，在计算机浏览器网页地址栏中输入"V. QQ. COM"，进入该网站后在搜索栏中输入"2017 许昌县春节联欢晚会"，点击其中"2017 许昌县春节联欢晚会（上）""2017 许昌县春节联欢晚会（下）"，相应视频可正常播放。视频片头标注有"许昌电视台 2017 年 1 月 25 日""2017 年许昌县 春节联欢晚会万家灯火幸福年"字样，视频播放框右上角出现"某某视频"图标字样。

被告许昌市某台认可上述视频系其上传，但均已被删除，"××许昌"微信公众号现已关闭。

原告某公司《俏花旦——集体空竹》（法国版）录像视频总时长 14 分 12 秒，其中杂技节目表演时长计 9 分 48 秒。被告吴桥县某团《俏花旦》在"2017 许昌县春节联欢晚会（下）"视频系自 9 分 2 秒至 14 分 9 秒处，时长 5 分 8 秒。将某公司《俏花旦——集体空竹》（法国版）与吴桥县某团《俏花旦》进行比对，二者使用的背景音乐相同，在具体动作上，二者均以"抖空竹"自身的技术特性为基础，造型为中国戏曲"旦角"形象，舞台动作将中国戏曲"跑圆场"等元素融入进行表达；"出场"桥段部分，在剔除舞台环境的不同后，二者表演桥段核心表达动作近似；二者在部分标志性集体动作连贯性系列动作的表达上相同或高度近似。此外，二者舞台形式不同、具体杂技动作上存在部分差异。

将原告某公司《俏花旦——集体空竹》（摩纳哥版）录像视频中的演出服装与被告吴桥县某团《俏花旦》节目中的服装相比对，二者色彩、造型高度近似，其中颈部均为围领设计、短裙上均有粉红色荷花、短裙上均呈现蓝白线条相间图案，差异点在于某公司《俏花旦——集体空竹》（摩纳哥版）的演出服上身胸部蓝色色彩渐变为心形，吴桥县某团《俏花旦》节目的演出服上身齐胸以上均为蓝色。

另，原告某公司提供了《委托协议》、增值税专用发票及差旅费票据，其中发票分别载明收取某公司律师费 15000 元、公证费 6000 元。

北京市西城区人民法院于 2019 年 6 月 25 日作出（2017）京 0102 民初 14340 号民事判决：一、被告吴桥县某团于判决生效之日起停止侵犯原告某公司《俏花旦——集体空竹》的涉案行为；二、被告吴桥县某团于本判决生效之日起三十日内，就其涉案侵权行为在《人民法院报》上登报声明消除影响（刊登内容需经本院审核，逾期不履行，本院将依据原告某公司的申请在相关媒体公布本判决书主要内容，费用由被告吴桥县某团负担）；三、被告许昌市某台于本判决生效之日起三十日内，就其涉案侵权行为在《人民法院报》上登报声明消除影响（刊登内容需经本院审核，逾期不履行，本院将依据原告某公司的申请在相关媒体公布本判决书主要内容，费用由被告许昌市某台负担）；四、被告吴桥县某团于本判决生效之日起七日内赔偿原告某公司经济损失 4 万元，被告许昌市某台在 1 万元数额内对被告吴桥县某团承担连带责任；五、被告许昌市某台于本判决生效之日起七日内赔偿原告某公司经济损失 1 万元；六、被告吴桥县某团、被告许昌市某台于本判决生效之日起七日内赔偿原告某公司合理支出（含律师费、公证费、差旅费）28239 元；七、驳回原告某公司的其他诉讼请求。宣判后，吴桥县某团提起上诉。北京知识产权法院于 2021 年 11 月 1 日作出（2019）京 73 民终 2823 号民事判决：驳回上诉，维持原判。

裁判理由

法院生效裁判认为：

一、某公司主张权利的《俏花旦——集体空竹》（法国版）是否属于《著作权法》意义上的杂技艺术作品

《著作权法》第三条第三项规定："本法所称的作品，包括以下列形式创作的文学、艺术和自然科学、社会科学、工程技术等作品：……（三）音乐、戏剧、曲艺、舞蹈、杂技艺术作品。"

《著作权法实施条例》第二条规定："著作权法所称作品，是指文学、艺术和科学领域内具有独创性并能以某种有形形式复制的智力成果。"第四条第七项规定"杂技艺术作品，是指杂技、魔术、马戏等通过形体动作和技巧表现的作品"。

从上述规定可知，第一，我国《著作权法》将杂技艺术作品与音乐、戏剧、曲艺、舞蹈等作品并列，规定为单独的一类作品，说明杂技艺术作品属于区别于戏剧、舞蹈等作品的独立类型作品。第二，杂技艺术作品包括杂技、魔术、马戏等具体类型，是"通过形体动作和技巧表现的作品"，其作品内容不是技巧本身。在此基础上，解决杂技艺术作品的著作权保护

问题，需进一步讨论杂技艺术作品的保护范围，主要涉及与相近作品的区分及独创性表达的认定。

（一）杂技作品的单独保护

杂技是我国拥有上千年悠久历史的艺术形式，全国多地形成了各具特色、门类多样的具体技艺类型，具有丰富的作品资源。杂技不仅是中华民族珍贵的传统文化遗产，还是走出国门、享有国际声誉的优秀文化名片。将杂技作品作为单独一类作品保护，体现了立法者通过现代著作权法律制度推动传统特色文化传承保护、创新发展的目的。

将杂技作品单独保护，要注意杂技作品与相近作品的差异，其中最典型的为舞蹈作品。舞蹈作品与杂技作品均系主要通过人体动作进行表现的作品，但二者仍存在一定差异。杂技作品中的动作主要强调技巧性，而且是通过高难度的、普通人难以掌握的身体或道具控制来实现相应动作，一般公众可以认知到这类动作主要属于杂技中的特定门类，例如柔术、抖空竹、蹬鼓等；舞蹈作品中的动作往往是用于传情达意、塑造角色的有节奏的肢体语言，常配合音乐进行表演，相较于前者对技巧、难度的重视，其更注重情感表现乃至角色塑造。需要注意的是，现阶段，诸多杂技吸收舞蹈元素进行动作设计和编排，包括在杂技动作之中融入舞蹈动作，在杂技动作的衔接之间引入舞蹈动作等。此种情形下，强行将连贯动作分割为支离破碎的舞蹈动作与杂技动作，将舞蹈元素剔除，将使得原作的美感大打折扣，分离后的动作编排亦难以单独作为舞蹈或杂技作品保护。因此，以杂技动作设计为主要内容，又融入一定舞蹈动作设计的作品，仍可按杂技作品予以保护。

此外，杂技作品在实际表演过程中，往往在动作之外加入配乐，表演者着专门服装并有相应舞台美术设计。但立法已明确限定杂技作品系通过形体动作和技巧表现，其并非如视听作品，属于可以涵盖音乐、美术作品等予以整体保护的复合型作品。因此，即便上述配乐构成音乐作品，服装、舞美设计构成美术作品，其仍不属于杂技作品的组成部分，不能将之纳入杂技作品的内容予以保护，而应作为不同类型作品分别独立保护。

（二）杂技作品独创性的主要因素：动作的编排设计

杂技作品以动作为基本元素，技巧也通过具体动作展现，但杂技作品并不保护技巧本身，通常也不保护特定的单个动作，而是保护连贯动作的编排设计，其载体类似于舞蹈作品中的舞谱。特定门类的杂技技艺，例如本案中的"抖空竹"，根据基础动作可以形成多个组合动作，创作者在动作的选择、编排上存在较大的个性化空间。当然，杂技作品所保护的动作的编排设计应当具备艺术性，达到一定的独创性高度。如果仅仅是公有领域常规杂技动作的简单组合、重复，则独创性不足，不应受到《著作权法》的保护。

（三）涉案《俏花旦——集体空竹》（法国版）是否构成杂技作品

本案各方关于《俏花旦——集体空竹》（法国版）是否构成杂技作品的实质争议点在于其表达是否具有独创性。上诉人吴桥县某团不认可其构成杂技作品的理由为，某公司自述该节目源自"王氏天桥杂技"，故其不具备独创性。对此，二审法院认为，杂技技艺历经传承，形成了多个风格各异、特色鲜明的流派。杂技中的许多具体动作及其蕴含的技巧往往来自前人的传承，同时不可否认的是，后继者亦在持续地推陈出新，在原有基础上设计出新的动作，进行新的编排，产生新的独创性表达。

本案中，《俏花旦——集体空竹》（法国版）中的"抖空竹"亦属于杂技，虽然某公司自述相关技艺源自"王氏天桥杂技"，但不能就此简单地认定其中的具体动作、技巧均属于公有领域，进而认定其不具有独创性。否则，任何有着历史传承和演进脉络的艺术表现形式都可能因此被排除出《著作权法》的保护范围。在具体案件中，应当根据主张权利的客体具体内容、各方关于公有领域内容的举证情况等对其是否具备独创性、是否属于可版权的客体进行判定。本案中，从《俏花旦——集体空竹》（法国版）内容看，其诸多"抖空竹"动作额外融入了包含我国传统戏曲元素、舞蹈元素的动作乃至表情设计，例如其中以大跨度单腿提拉舞步、脚下三步舞步同时加上双手左右或上下抖空竹的整体动作。此外，其在具体走位、连续动作的衔接和编排上亦存在个性化安排，使得相应连贯动作在展示高超身体技巧的同时传递着艺术美感。在此基础上，吴桥县某团并未向二审法院举证证明上述设计、编排主要来自公有领域或属于有限表达，故对其前述主张，二审法院不予采纳。二审法院认为，《俏花旦——集体空竹》（法国版）中的形体动作编排设计体现了创作者的个性化选择，属于具备独创性的表达，构成《著作权法》规定的杂技作品。

二、一审法院关于实质性相似的判定是否得当

吴桥县某团对一审法院关于杂技作品以及演出服装作为美术作品的比对意见存有异议，对于实质性相似的认定结论不予认可。某公司则认可一审法院的比对意见和结论。

关于《俏花旦——集体空竹》（法国版）作为杂技作品与吴桥县某团演出的《俏花旦》的比对，一审法院在排除部分公有领域和有限表达内容后，认定二者在开场表演桥段高度相似，舞蹈动作与抖空竹动作之间的衔接、舞蹈脚步律动编排上的部分内容一致，部分环节中演员在演出场地的走位编排等设计相似，吴桥县某团构成对某公司的涉案杂技作品部分内容的抄袭。吴桥县某团则认为二者节目时长不同，部分杂技动作不同，整体上不应认定为实质性相似，进而不应认定存在抄袭情形。对此，二审法院认为，在表演权侵权认定中，如认定未经许可表演的内容与权利作品的部分相对完整的独创性表达构成实质性相似，被诉侵权人存在接触权利作品的可能且排除其系独立创作后，同样可以认定侵权成立。吴桥县某团二审中并未指出一审法院关于部分内容构成实质性相似认定的具体不当之处，仅提出二者部分杂技动作不同，《俏花旦》时长短于权利作品，认为法律未对模仿他人作品程度进行具体规定，进而主张其演出《俏花旦》不构成侵权。二审法院认为，《俏花旦》在开场部分的走位、动作衔接安排，以及多次出现的标志性集体动作等动作的编排设计，与《俏花旦——集体空竹》（法国版）相应内容构成实质性相似，而上述内容属于《俏花旦——集体空竹》（法国版）独创性表达的部分。因此，一审法院关于吴桥县某团构成抄袭及表演权侵权的认定结论无误，吴桥县某团的前述理由缺乏法律依据，二审法院不予采纳。

关于《俏花旦——集体空竹》（摩纳哥版）中服装与《俏花旦》中服装的比对，吴桥县某团认为二者的颜色、花色和样式不同。经比对，二者

虽然在部分细节存在一定差异，但整体而言，色彩、造型高度近似，其中颈部均为围领设计、短裙上均有粉红色荷花、短裙上均呈现蓝白线条相间图案。一审法院认定二者构成实质性相似，并无不当。吴桥县某团的相应主张依据不足，二审法院不予采纳。

裁判要旨

以杂技动作为主要表现形式，在动作衔接和编排上存在个性化安排、取舍和设计，具有一定艺术表现力和独创性的，可以认定为《著作权法》中规定的杂技艺术作品。公有领域中常规杂技动作的简单组合及重复因独创性不足，不属于《著作权法》保护范围。

以杂技动作设计为主要内容，融入一定舞蹈动作设计的作品，可一体按杂技艺术作品予以保护。对于杂技节目中的配乐、服装、舞美设计，即便上述配乐构成音乐作品，服装、舞美设计构成美术作品，其仍不属于杂技作品的组成部分，不能将之纳入杂技作品的内容予以保护，而应作为不同类型作品分别独立保护。

关联索引

2010 年《中华人民共和国著作权法》第一条、第三条、第十条

一审：北京市西城区人民法院（2017）京 0102 民初 14340 号（2019年 6 月 25 日）

二审：北京知识产权法院（2019）京 73 民终 2823 号（2021 年 11 月 1 日）

法官评析

本案裁判对杂技艺术作品的认定标准和保护范围进行了论述，对类似案件裁判具有指导和借鉴意义。

本案涉及的法律问题包括：

第一，关于杂技艺术作品的独创性表达问题。依照《著作权法实施条例》第四条的规定，杂技艺术作品是指杂技、魔术、马戏等通过形体动作和技巧表现的作品。可见，构成杂技艺术作品的核心元素是形体动作和技巧。同时，依据《著作权法》上思想与表达二分的基本原理，著作权上的保护不保护思想（主题、创意），只保护具体的表达。表演技巧作为操作

方法属于思想范畴，不受《著作权法》保护。杂技艺术作品保护的不是单个或静态动作造型，其独创性体现在作者对于连贯动作的个性化选择、编排。同时，杂技艺术作品所保护的动作的编排设计应当具备艺术性，达到一定的独创性高度。如果仅仅是公有领域常规杂技动作的简单组合、重复，则独创性不足，不应受到《著作权法》的保护。

第二，关于杂技艺术作品与舞蹈作品的区分问题。两者的独创性表达均主要体现在连贯动作的编排设计，主要区别在于前者是通过高难度的技巧性表现，后者通过传情达意、塑造角色等有节奏的肢体语言展现。诸多节目中杂技动作与舞蹈动作穿插、衔接、融合，对于此类融为一体的动作设计如何确定作品类型，法律没有直接规定。如果强行将连贯动作分割为支离破碎的舞蹈动作与杂技动作，将舞蹈元素剔除，将使得原作的美感大打折扣，分离后的动作编排亦难以单独作为舞蹈或杂技艺术作品保护。因此，以杂技动作设计为主要内容，又融入一定舞蹈动作设计的作品，应按杂技艺术作品予以保护。

第三，杂技节目中的配乐、服装、舞台设计的保护问题。杂技演出作为一种整体表演，观众所感知到的不仅是动作，还包括背景音乐、服装、舞台设计等内容。立法已明确限定杂技作品系通过形体动作和技巧表现，其并非如视听作品，属于可以涵盖音乐、美术作品等予以整体保护的复合型作品。因此，即便上述配乐构成音乐作品，服装、舞美设计构成美术作品，其仍不属于杂技艺术作品的组成部分，不能将之纳入杂技艺术作品的内容予以保护，而应作为不同类型的作品分别独立保护。

一审法院合议庭成员　赵庆丽　嵇凌云　任玉良
二审法院合议庭成员　冯刚　宋鹏　李志峰
编写人　张恒

5. 北京某公司诉成都某公司侵害计算机软件著作权及不正当竞争纠纷案

——"云游戏"的著作权保护问题

关键词 著作权 可版权性 作品 电子游戏 云游戏

基本案情

北京某公司诉称：北京某公司是单机游戏《古剑奇谭三：梦付千秋星垂野》的著作权人，2019 年，北京某公司发现成都某公司未经许可在其经营的涉案网站上提供涉案游戏的在线服务，玩家点击"web 模式开启"即可运行涉案游戏。北京某公司认为，成都某公司将涉案游戏进行互联网传播的行为，严重侵害了北京某公司的著作权，具体指北京某公司对涉案游戏享有的复制权、信息网络传播权，以及涉案游戏运行后呈现的连续画面形成的作品的著作权。此外，成都某公司未经允许私自搭建云服务器的行为，构成不正当竞争。故请求法院判令成都某公司向北京某公司赔偿经济损失 442316 元，以及合理开支 57684 元（合理开支包括律师费 5 万元、公证费 3190 元、翻译费 4494 元）。

成都某公司答辩称：（1）成都某公司在涉案网站中提供的所有游戏均在官方正版渠道购买，且未给用户提供任何盗版游戏及获取渠道，用户需购买激活游戏后方可运行，涉案网站仅提供客户端，并未提供涉案游戏的使用和激活权限。（2）涉案网站给予用户开放限时共享账号体验游戏，使用的共享账号均为正规渠道购买，限时活动时间为 2019 年 1 月 31 日至 2019 年 2 月 11 日 12 时，限时活动全部免费，活动结束后所有共享的正版游戏账号全部收回。（3）涉案网站仅提供视频传输服务，并未提供任何游戏下载等服务。（4）涉案网站从未提供任何账号给用户使用，也未提供任何关于《古剑奇谭网络版》对应的充值及增值服务。（5）涉案网站架设云服务器并未盈利，不存在侵权，北京某公司无权干涉成都某公司架设服务器的用途。（6）北京某公司主张的损失数额过高并无证据支持。综上，成都某公司未通过任何渠道收取费用，不存在获利，北京某公司也无任何损失，且对涉案游戏产生了促销宣传等正面作用，故请求法院驳回北京某公司的全部诉讼请求。

法院经审理查明："云游戏"服务是以云计算为基础的游戏方式，本质上为交互性的在线视频流，在云游戏的运行模式下，游戏在云端服务器上计算，并将渲染完毕后的游戏画面压缩后通过网络传送给用户。具体可理解为远程从超高性能服务器中虚拟出来的电脑，用户可在分配的虚拟电脑中进行游戏，游戏的画面和声音通过网络传输到终端，玩家可通过输入设备（鼠标键盘、手柄、触摸屏）对游戏进行实时操作。

成都某公司于 2018 年 12 月 17 日，支付 99 元在 Steam 平台购买了涉案游戏。2018 年 12 月 21 日，成都某公司将涉案游戏上线运营。用户在涉案网站运行涉案游戏的方式分别为"我已购买 Steam 游戏"和"我未购买 Steam 游戏"，北京某公司具体展示了"我未购买 Steam 游戏"的方式运行涉案游戏。成都某公司设置了云游戏收费使用的模式，具体模式为：点击"开始游戏"进入游戏详情页面，选中"我未购买 Steam 游戏"，选中使用"web 模式开启"进入相应页面，显示"开始游戏后，将立即消费金币，是否确定"，点击"确定"，进入游戏页面，网址及页面均显示"胖鱼网"的相关信息，在 anygame.info 的网页界面下游戏运行界面显示"Steam 正在配置用户设置""Steam 账户名称 game065game 密码"进入涉案游戏界面，显示权属信息、运行界面等。

涉案游戏的首发时间为 2018 年 11 月 23 日，数字标准版 99 元，数字联动版 109 元，实体典藏版 199 元。2018 年 12 月 15 日在 Steam 平台上线，我国大陆的售价为 99 元，北京某公司与"Steam"平台运营者签订了软件分销协议。

北京知识产权法院于 2021 年 6 月 29 日作出（2019）京 73 民初 239 号

民事判决：一、成都某公司于本判决生效之日起十日内，向北京某公司赔偿经济损失 40 万元；二、成都某公司于本判决生效之日起十日内，向北京某公司赔偿诉讼合理支出 37684 元；三、驳回北京某公司的其他诉讼请求。

宣判后，成都某公司不服提起上诉。最高人民法院于 2023 年 11 月 15 日作出（2021）最高法知民终 2193 号民事判决：驳回上诉，维持原判。

裁判理由

法院生效裁判认为：

一、涉案游戏应受 2010 年《著作权法》保护

游戏运行画面，其本质是涉案游戏程序运行的结果，是计算机程序为驱动及规则，将游戏中所包含的代码形式的内容，以符合一定逻辑的画面向玩家呈现。因此，从整体来看，游戏被他人客观感知的外在表达，是游戏开发者付出大量智力劳动产生的成果，具备独创性，有受《著作权法》保护的必要性和可能性。《著作权法》未明确规定游戏作品，对游戏的《著作权法》保护仍应优先采取类型化方式，将游戏归入已有明确规定的作品类型予以保护。

游戏可以作为计算机软件作品受保护，也可以作为视听作品受《著作权法》的保护。由于计算机软件保护范围的限制，仅以计算机软件作品对涉案游戏进行保护，则无法涵盖涉案游戏中更为丰富且为一般公众所感知的内容。对游戏按照视听作品保护，可以更完整地涵盖游戏具有独创性表达的内容，且在某些侵权行为类型中，仅涉及对游戏运行画面的侵权，此时无法采用计算机软件作品对游戏进行保护。本案涉及的"云游戏"服务，系向玩家输出经过渲染的游戏运行画面，并未向玩家的终端传输涉案游戏软件的代码文件，因此，从按需认定的角度看，应当将涉案游戏整体认定为视听作品。

二、成都某公司实施了侵害信息网络传播权的行为

首先，成都某公司提供的"云游戏"服务属于信息网络传播权控制的行为。信息网络传播权控制的行为是交互式网络传播行为，其核心在于以

交互方式通过信息网络向公众提供作品。（1）"云游戏"服务通过信息网络环境进行信息的传输及内容的存储，在"云游戏"服务场景下，玩家无须将游戏下载至终端设备服务器中，玩家的终端设备相当于指令发出器及画面接收器，游戏的运行、运行结果的渲染输出，均在游戏所在的云服务器中。（2）"云游戏"服务提供者通过"云服务器"向玩家提供了作品。本案中，"云游戏"的运行、处理环境所在的"云服务器"，应当属于"服务器"的范畴。如前所述，成都某公司通过在 Steam 平台购买涉案游戏，并将之下载于云服务器中，玩家可以通过登录涉案网站，访问该服务器内的涉案游戏，因此，成都某公司针对涉案游戏提供的"云游戏"服务，是向玩家提供作品的行为。（3）"云游戏"服务的模式是以交互方式向用户提供作品。涉案游戏由成都某公司上传至其控制的云服务器中，玩家无须下载涉案游戏，只需要通过登录涉案网站，就可以直接操作涉案游戏，并通过涉案网站获得涉案游戏经过整合、渲染后的运行画面。所谓"获得作品"，包括在线欣赏和下载。"云游戏"服务中，玩家虽然并未将游戏下载至本地，但通过"云游戏"服务，玩家可以通过在线运行的方式获得游戏，当然构成"获得作品"。

其次，成都某公司未经许可通过"云游戏"服务提供涉案游戏构成侵权。本案中，玩家通过"云游戏"服务获得涉案游戏的方式有两种：第一种，在玩家并未通过 Steam 平台购买涉案游戏的情况下，选择"我未购买 Steam 游戏"进入服务，获得涉案游戏；第二种，在玩家通过 Steam 平台购买涉案游戏的情况下，选择"我已购买 Steam 游戏"进入服务，获得涉案游戏。

第一种模式，本质是成都某公司利用其获得授权许可使用涉案游戏的账户，向未获得授权的其他用户提供涉案游戏。根据北京某公司与 Steam 平台签订的分销协议，以及 Steam 平台与用户之间的订户协议，成都某公司拥有的 Steam 平台账户虽然购买了涉案游戏，获得了许可使用的权利，但并未获得将该许可使用的权利通过"云游戏"服务向公众提供的权利。在第一种模式下，成都某公司的使用方式，显然超出了其获得许可使用的范围。因此，成都某公司对未在 Steam 平台中购买涉案游戏的玩家，通过"云游戏"服务提供涉案游戏的行为，未经北京某公司许可，构成对涉案游戏信息网络传播权的侵害。

第二种模式，玩家获得运行涉案游戏的许可，来自其在先的购买行为，成都某公司并不存在将其许可使用的权利向公众提供的行为。成都某公司在此种模式中，实施的行为是为获得许可使用权利的用户提供"云游戏"服务，以使其获得涉案游戏。上述行为是未经北京某公司许可的针对涉案游戏的信息网络传播行为，构成对涉案游戏信息网络传播权的侵害。

综上，成都某公司侵害了涉案游戏的信息网络传播权。

三、赔偿责任以侵权行为造成权利人损失为前提

关于成都某公司向未通过 Steam 平台购买涉案游戏的用户提供涉案游戏的行为，使未购买涉案游戏的用户规避购买环节，直接访问运行涉案游戏，给北京某公司造成了损害，应当承担赔偿损失的侵权责任。

关于成都某公司向已通过 Steam 平台购买涉案游戏的用户提供涉案游戏的行为，北京某公司已经通过销售涉案游戏的方式取得了许可购买涉案游戏的用户访问运行涉案游戏的对价，且北京某公司就涉案游戏的运行并未设置其他收益的渠道，故已经购买涉案游戏账号的用户无论是否访问北京某公司服务器运行涉案游戏，均不会损害北京某公司就涉案游戏软件享有的著作财产权经济利益。由于北京某公司并未因该种行为模式遭受损失，故成都某公司无须承担赔偿损失的侵权责任。

关于赔偿损失的数额，在并无损失证据及违法所得证据的情形下，应当充分考虑案件所涉及的多个因素进行确定：涉案游戏的付费模式为一次性买断制，也即购买涉案游戏后，玩家无须支付额外费用，与多人在线网络游戏相比，营利渠道相当有限；涉案游戏具有较高的市场价值和知名度；涉案游戏独创性程度较高；涉案游戏著作权人北京某公司的知名度较高；侵权行为的时间正处于涉案游戏的热卖期内。

裁判要旨

1. 电子游戏具备独创性，应受且可以通过《著作权法》保护。从整体来看，涉案游戏被他人客观感知的外在表达，是游戏开发者付出大量智力劳动产生的成果，具备独创性，有受著作权保护的必要性和可能性。电子

游戏著作权保护方式，应尽量采取类型化整体保护。在侵权人复制、修改或者改编权利人游戏程序的内容，作为侵权人开发的游戏向公众提供时，侵权行为直接针对游戏程序，可以直接按照计算机软件侵权的判断规则进行认定。对电子游戏按照视听作品保护，则可以更完整地涵盖游戏具有独创性表达的内容，且在某些侵权行为类型中，仅涉及对游戏运行画面的侵权，此时无法采用计算机软件作品对游戏进行保护。因此，根据不同侵权行为，可以按照不同作品类型对电子游戏进行保护。

2. "云游戏"服务受信息网络传播权控制。信息网络传播权控制的行为是交互式网络传播行为，其核心在于以交互方式通过信息网络向公众提供作品。"云游戏"服务通过信息网络环境进行信息的传输及内容的存储，"云游戏"服务提供者向玩家提供了作品。"云游戏"服务的模式是以交互方式向用户提供作品。

关联索引

2010 年《中华人民共和国著作权法》第三条第六项及第八项、第十条第一款第五项及第十二项、第二十七条、第四十八条第一项、第四十九条、第五十九条

2013 年《中华人民共和国著作权法实施条例》第二条、第四条第十一项

2020 年《最高人民法院关于审理著作权民事纠纷案件适用法律若干问题的解释》第七条

2012 年《最高人民法院关于审理侵害信息网络传播权民事纠纷案件适用法律若干问题的规定》第三条

一审：北京知识产权法院（2019）京 73 民初 239 号（2021 年 6 月 29 日）

二审：最高人民法院（2021）最高法知民终 2193 号（2023 年 11 月 15 日）

法官评析

本案为涉单机游戏"云游戏"服务著作权侵权第一案，较好回答了新技术发展引起的法律风险及其司法保护问题。

一、电子游戏著作权保护方式

电子游戏具备可版权性已有共识，但在具体保护方式上，则存在争议。第一个问题是作品类型。《著作权法》中并无游戏作品这一分类，有观点认为可以将游戏划入"其他作品"进行保护。虽然 2020 年《著作权法》中，并不要求其他作品必须由法律、行政法规作出明确规定，但是，这一观点仍存在如下问题：《著作权法》所规定的作品类型已经可以基本涵盖现实生活中存在的表达形式，《著作权法》及其实施条例中，对具体作品类型的定义是抽象的，随着技术的发展，现有作品类型可以涵盖的内容同样在发生变化，因此，可以通过合理认定某一作品类型涵盖的范围，将所谓的"新类型作品"纳入既有作品类型中进行保护。作品类型并非孤立存在，其分类与《著作权法》中多种规则相互关联，例如，对出租权只限于电影作品、类电作品和计算机软件；电影作品、类电作品的权利归属与保护期，与其他类型的作品存在差异；等等。将某种"新类型作品"归入 2010 年《著作权法》规定的作品类型后，其具体保护方式、可保护的范围等问题均可确定。而若不对作品类型予以确定，仅称其应作为作品受到保护，会导致在后续权属认定、侵权判断中，仍然需要从《著作权法》第三条前八项作品类型的保护范围、方式、权利内容中寻找合适的内容进行套用，实际上创设了更多规则，或者应当做更加充分的论理。因此，电子游戏应尽可能按照《著作权法》第三条前八项所规定的作品类型进行保护。

第二个问题是电子游戏采取"整体式"保护还是"要素式"保护。游戏的保护方式，在区分游戏内在技术表达层即计算机软件，与外在形式表达层即可被用户感知的其他素材的基础上，对外在形式表达层有"整体式"保护与"要素式"保护的区分。"要素式"保护的常见方式为：人物形象、服装、道具、地图、场景等可以构成美术作品；片头、片尾及过场音乐，主题歌及插曲等可以构成音乐作品；台词、旁白、故事叙述、游戏介绍等可以构成文字作品；片头、片尾及过场动画或视频等可以构成类电作品。"要素式"保护的优点在于对于各要素归属的作品类型明确无争议；但是存在如下缺点：客体的复数性决定主体的复数性，不利于整体交易及整体维权；侵权判定标准的个别性与总体性存在差异；法律责任的差异，在确定停止侵害、赔偿损失的民事责任范围时都需要逐一要素地进行认定。与之相对，"整体式"保护则能够克服上述缺点。

第三个问题是游戏整体按何种类型的作品予以保护。游戏整体属于何种类型的作品，实践中有不同做法，如认定视听作品、计算机软件作品等。对此问题的解决思路，应以按需确定为原则，根据侵权行为类型，确定作品类型，以保证认定的简洁性、准确性、针对性。

若将电子游戏按照计算机软件作品进行整体保护，一方面，游戏程序作为游戏的组成部分，当然应受保护，权利人可以仅对游戏的一部分内容对外授权或维权；另一方面，在特定的侵权行为中，以计算机软件为客体进行侵权判定，更加便捷、高效。但是，《著作权法》意义上的"计算机程序"仅指代码化指令序列，并不包括被代码化指令序列所调用的数据或其他类型的作品。仅以计算机软件作品对电子游戏进行保护，则无法涵盖电子游戏中更为丰富且能为一般公众所感知的画面内容。

一般而言，程序运行的结果画面并不能受《著作权法》保护，原因在于其主要功能是提高用户操作的便捷性与准确性，降低学习成本和使用门槛，突出功能性的特征，并不具备《著作权法》意义上的独创性，但游戏运行画面则有明显不同，游戏并非或主要并不是为了实现某一功能，而是为了以计算机程序为驱动及规则，将游戏中所包含的代码形式的内容，以符合一定逻辑的形式向玩家呈现，其整体运行画面才是游戏的完整呈现方式，也是被玩家所感知的整体形态。对游戏而言，玩家所能感知的表达是代码化内容排列组合及调用相关资源后形成的画面，游戏程序是为了实现最终呈现的画面而编写，最终呈现的画面也能够反映游戏程序的编写逻辑、思路。对电子游戏按照类电作品保护，可以更完整地涵盖游戏具有独创性表达的内容，且在某些侵权行为类型中，仅涉及对游戏运行画面的侵权，而背后代码层的逻辑和表达是不同的，此时无法采用计算机软件作品对游戏进行保护。本案所涉及的"云游戏"服务，向玩家输出的是经过渲染的游戏运行画面，并未向玩家的终端传输涉案游戏软件的代码文件，并不涉及代码的复制和传播。因此，从按需认定的角度看，应当将本案的电子游戏整体的呈现效果认定为类电作品。

第四个问题是，电子游戏画面的著作权归属。2010年《著作权法》第十五条第一款规定，电影作品和以类似摄制电影的方法创作的作品的著作权由制片者享有，但编剧、导演、摄影、作词、作曲等作者享有署名权，并有权按照与制片者签订的合同获得报酬。涉案游戏整体构成类电作品，故其著作权应归属于涉案游戏的"制片者"，即涉案游戏的开发者。

实践中，存在争议的问题是，玩家作为游戏操作者，实际产生了游戏运行画面，是否属于游戏画面的创作者，进而享有著作权？对此问题的回答，需要区分不同类型的电子游戏。电子游戏的分类标准较为复杂，例如根据游戏载体的不同分为客户端游戏、移动端游戏、主机端游戏等，根据游戏数据存储终端的不同，分为多人在线游戏（即网络游戏）、单机游戏。基于电子游戏所赋予玩家的自由度，可以大致将电子游戏分为沙盒类游戏①与非沙盒类游戏，沙盒类游戏以《我的世界》为典型代表，其赋予了玩家极高的自由度，仅提供给玩家工具及原材料，并给出一定的引导，其他操作完全交给玩家，这类游戏基本没有主线剧情，也没有一个明确的任务，玩家可以发挥创造力在游戏中建造并管理自己的世界；在与之相对的非沙盒类游戏中，玩家的创造力受限，需要按照游戏本身的规则进行操作，这种规则可能是剧情需要，可能是胜利条件，玩家通过操作调用游戏中的数据库，将数据以画面的形式呈现出来，玩家对画面的形成并没有付出独创性劳动，"玩游戏不像写小说或者作画，更像用遥控器更换电视频道。玩家不能控制连续图像在屏幕上的显示方式，也不能改变预先设计好的图像在屏幕上的展示顺序，他所能做的仅仅是在游戏开发者预设的范围内有限地选择图像的顺序。因为游戏开发人员早已为他写好了句子、画好了画，他仅仅只需从储存设备中选取一个句子或一幅画"②。也即意味着，如果电子游戏画面具备独创性，在沙盒类游戏中，其独创性可能来自游戏制作方的创作，也可能是游戏制作方及玩家共同创作产生，而非沙盒类游

---

① 即Sandbox Game，字面理解是指提供一个可以玩沙子的区域，小孩可以在该区域中利用沙子自由搭建各种物体。引申到电子游戏中，指电子游戏为玩家搭建了一个"盒"，游戏中的素材作为"沙"，玩家利用游戏素材进行搭建、合成，而这样的操作并不是游戏所要求的，或者说，自由操作就是沙盒类游戏的内容。

② 参见Midway Mfg. Co. v. Artic Int'l, Inc., 704 F. 2d 1009, at1011-1012 (7th Cir. 1983)。转引自王迁、袁锋：《论网络游戏整体画面的作品定性》，载《中国版权》2016年第4期。

戏的独创性几乎只来自游戏制作方的创作。玩家操作形成的游戏画面与游戏画面确实不能混为一谈，但这种区分基本只在玩家操作形成新作品的前提下才有意义，而只有在沙盒类游戏中，玩家才被赋予较大的创作空间，在非沙盒类游戏占据电子游戏市场主流的情况下，区分这两种画面意义不大。原因在于，无论何种类型的游戏，其游戏画面产生的前提即在于玩家进行了操作。玩家操作会形成多个画面，甚至可以说，有多少次操作就有多少个不同的画面。在玩家并未提供超出原游戏画面的独创性劳动的情况下，这些不同的游戏画面并不能成为不同的作品，否则会得出如下结论：如果认为这些作品属于游戏制作者，那么游戏制作者拥有的作品数量几乎是无限的；如果认为玩家操作形成的画面属于玩家创作，那么如前所述，由于游戏画面产生的前提在于玩家的操作行为，那么游戏制作者对可见的所有画面都没有著作权。实际上，这种情况下，玩家操作形成的画面本质上是对游戏画面的呈现，而不是超越游戏画面的新的画面。举例而言，悉尼歌剧院属于建筑作品，但游客要想近距离欣赏它时，需要相对它移动，悉尼歌剧院的不同部位随移动呈现在游客眼中，游客有很多，移动的路线也有很多种，从而悉尼歌剧院呈现出的"画面"也有很多，但这些画面所反映的悉尼歌剧院的著作权不属于游客，在游客视觉中呈现的不同画面终究还是悉尼歌剧院这一建筑作品。

二、"云游戏"服务的法律规制

"云游戏"服务本身，可以为游戏行业的发展带来促进作用，对游戏的开发、运营、传播是有利的。但是，上述结论的前提在于获得权利人的许可。作为"云游戏"服务的提供者，在提供更加便捷的服务的同时，更应当严格遵守法律规定，保障权利人的合法权利，防止出现借"技术中立""促进创新"之名，行侵犯他人权利、破坏市场秩序之实。

随着游戏产业的发展和游戏技术的迭代升级，技术创新不断提高游戏产品的质量并拓展游戏的受众范围，同时也面临新的被侵权风险，侵权者采用更加隐蔽、正当性与非正当性区分界限更加模糊的技术手段对游戏进行新一轮侵权。技术创新发展中某些具体问题也许不为法律所洞见，未作出具体、明确的规定，但民事基本法中的公平、诚信、公序良俗等基本原则为人们正当行为提供了最一般、最抽象、最全面的指引，各知识产权专门法和《反不正当竞争法》中的具体法律规范及其蕴含的法律精神特别是其所包含的技术伦理和商业道德，可以为新技术应用及其商业模式调适，持续发挥合理界定行为正当性边界的规范功能。

本案从现有法律规定出发，通过合规范、合逻辑、合发展的法律论证方式，回应了游戏著作权司法保护方式、"云游戏"合法发展之路等关键问题，体现了人民法院依法保护、诚信保护、公平保护技术创新始终有章可循，有据可查，有规可依。

一审法院合议庭成员　冯　刚　丁　敏　宋　利
二审法院合议庭成员　余晓汉　何　隽　欧宏伟
编写人　汪　舟

6. 北京某科技公司诉北京某技术公司等 侵犯著作权及不正当竞争纠纷案

——电子导航地图作品独创性认定和侵权比对方式

关键词 著作权 电子导航地图 图形作品 著作权 比对 举证责任分配

基本案情

原告北京某科技公司诉称：原告是国内领先的数字地图内容和综合地理信息提供商以及基于位置的大数据垂直应用服务提供商，自 2002 年开始投入了大批人力、物力、财力对其电子地图进行研发和推广。《15 冬互联网电子地图（LBS088X-L176）》（以下简称《15Q4 图》）和《NI-MIFG（16Q2_ v1.0）》（以下简称《16Q2 图》）系由原告独立创作。原告于 2013 年与三被告中两家签署《合作协议》，授权其在协议约定范围内使用《15Q4 图》和《16Q2 图》，合同有效期至 2016 年年底。合同到期后，三被告仍旧继续使用在"某地图"网页版、iOS 版和 Android 版、"CarLife"iOS 版和 Android 版和"某导航"Android 版上，通过计算机终端、手机终端等途径向公众提供电子地图产品，以及超出原有合同范围在车载相关应用上提供电子地图，侵害了原告就电子地图作品享有的署名权、修改权、复制权、信息网络传播权、改编权，同时该行为违背了商业诚信原则。因此，原告请求法院判决：（1）三被告立即停止使用原告电子地图作品在计算机终端、手机终端及车载终端提供任何电子地图相关服务；（2）三被告通过媒体向原告公开赔礼道歉并消除影响；（3）连带赔偿或依据具体行为比例连带赔偿损失及合理支出共计 1 亿元，并承担本案诉讼费用。

三被告共同辩称：被诉"某地图"网页版、"某地图"软件、"Car-Life"软件及"某导航"软件中的电子地图为其自制。原告所主张的暗记及内部道路的地理信息与相关道路的实际情况一致，并不属于虚设的情形，不能作为侵权比对的依据。原告主张的侵权比对点数量有限，无法代表电子地图的海量数据，且多数地理信息属于公共资源，应当通过鉴定程序进行全面比对。原告关于赔偿请求数额缺乏事实依据。因此，请求驳回原告的全部诉讼请求。

法院经审理查明：

原告北京某科技公司成立于2002年，经营范围包括第二类增值电信业务中的信息服务业务，开发、生产导航电子地图等，拥有甲级测绘资质。《15Q4图》和《16Q2图》分别于2015年、2017年取得作品登记证书，并获得国家测绘地理信息局《地图审核批准书》。三被告系关联公司。2013年3月，原告与三被告中的两家签署《合作协议》，约定：二被告可在其自有网站、产品及相关服务上使用原告所提供的数据产品，包括网站、地图软件产品、移动终端上提供终端定位服务、地图检索及导航等服务的各类应用，PND、车载终端及车载相关的应用另行协商；原告提供的数据产品的知识产权及其所有权属于原告，授予二被告对这些数据的合法使用权。

关于电子地图的侵权比对情况。原告以公证的形式，选取地图暗记30处、内部道路125处、扩海行政范围47处、模式图44处，作为地理信息点的实际影像或第三方比对图像，另对"Google Earth"卫星影像图、网页版"高德地图"及"高德地图"软件、"凯立德导航"软件中的相关信息点进行证据保全公证。具体比对情况如下：（1）关于地图暗记。原告主张的暗记点标记，在三被告使用的地图中同样出现，且与同时期卫星图及第三方地图存在明显差异，前述30组比对点涉及19个省级行政区。（2）关于内部道路。经比对，原告主张的多处内部道路的绘制方式，在三被告使用的地图中同样出现，且与第三方地图存在明显差异，前述共125组比对点涉及15个省级行政区。（3）关于扩海行政范围。经比对，三被告使用地图中海域范围的轮廓与原告所举证的扩海行政范围轮廓相同或高度相近，且与第三方地图存在明显差异，前述47组比对点涉及9个沿海省级行政区。（4）关于模式图。模式图系电子地图为提供导航功能所使用的图片,用于展示导航路线上某一个路口的大致情况。经比对,三被告使用的电子地图中的多个模式图与原告所举证的模式图除在天空、草地等背景元素部分存在差异外,在道路设计、导航指示等构图方面构成相同或相近,且与第三方地图存在较大差异,前述模式图 44 组比对点涉及 14 个省级行政区。

关于原告主张赔偿数额的相关事实。公证书显示,截至 2017 年 8 月 23 日,"华为应用市场""豌豆荚""腾讯应用宝""百度手机助手"四家应用商店中,"某地图"Android 版在上述四家应用商店中的下载量分别达到 12.2 亿次、1.9 亿次、10 亿次、10.3 亿次;"CarLife"Android 版在上述四家应用商店中的下载量分别达到 74 万次、40.7 万次、27 万次、224 万次;"某导航"Android 版在"豌豆荚""腾讯应用宝""百度手机助手"中的下载量分别达到 1997 万次、807 万次、1878 万次。另据相关市场报道,近年来"某地图"在行业中的市场占有率一直处于较高水平,而且"某地图"微信公众号于 2017 年 10 月 11 日刊发的推送文章称:"某地图软件国庆期间累计为用户提供智能路径规划服务超过 14 亿次。"原告主张以三被告的被诉行为给其造成的损失作为损害赔偿依据,损失包括两大部分:一是三被告在《合作协议》许可使用范围内的超期侵权使用,给其造成许可使用费的损失;二是违反《合作协议》约定的许可使用范围使用,给其造成的许可使用费损失。为此,原告向法院提交了《合作协议》《补充协议》项下的互联网地图许可费的相关票据,其与案外第三方车机生产商签订的地图产品许可协议。其中 2016 年 6 月 8 日至 12 月 5 日,被告支付原告数据服务费的发票共 40 张,共计 4060 万元;原告与第三方公司签订的 2015—2017 年度《导航电子地图软件供货合同》,合同报价单显示 2017 年年度许可费为 4500 万元,2016 年年度许可费为 4100 万元,2015 年年度许可费为 3700 万元。基于此,原告主张的损害赔偿数额的计算方式包括两种。本案中,原告主张依据三被告的被诉行为对其造成的损失作为赔偿依据,并主张两种损失数额计算方式:第一种是《合作协议》中约定的最近一年许可使用费作为三被告在《合作协议》许可范围内超期使用的许可使用费参考,以原告与第三方约定的车载终端许可使用费作为三被告在《合作协议》许可范围外使用的许可使用费参考。第二种计算方式是以《合作协议》许可使用费作为三被告被诉行为在《合作协议》许可范围内超期使用的许可使用费参考，在车载终端或车载相关应用上的行为以相关软件下载量和单品许可费乘积作为赔偿依据。

审理过程中，法院作出保全裁定书，裁定三被告提交"某地图"网页版、"某地图"iOS 版及 Android 版、"CarLife"iOS 版及 Android 版、"某导航"Android 版的基础电子地图数据及配套规格文档和说明书、下载量明细表。三被告向法院提交《某地图等相关软件在百度手机助手的下载量统计》和（2017）京国信内经证字 10341 号公证书（以下简称第 10341 号公证书）及所附光盘一张和证物袋一个。经现场勘验，三被告提交的地图未显示有创作完成时间、发表时间、地图审图号、版本信息等内容，而且至少 10 处地点的地图几何形状与原告同时期所公证保全的被控侵权地图均不相同。另外，三被告向法院提交了其收购的公司所有的《甲级测绘资质证书》用于证明其地图来自第三方，并提交公证书用于证明原告主张的部分暗记和内部道路相似性的点是客观事实的反映。经查，三被告提交的证据材料中明确提出反证材料的对比点包括暗记和内部道路约 84 处，经举证质证均难以证明其答辩主张。

北京知识产权法院于 2020 年 11 月 19 日作出（2017）京 73 民初 1914 号民事判决：一、自判决生效之日起，三被告立即停止在"某地图"网页版、"某地图"iOS 版、"某地图"Android 版、"CarLife"iOS 版、"CarLife"Android 版和"某导航"Android 版上侵犯原告的《15Q4 图》和《16Q2 图》图形作品著作权的行为；二、自判决生效之日起三十日内，三被告共同在《新京报》上刊登致歉声明；三、自判决生效之日起十日内，三被告向原告连带赔偿经济损失 6450 万元，合理支出 926597.5 元；四、驳回原告其他诉讼请求。

三被告不服提出上诉，北京市高级人民法院于 2023 年 12 月 28 日作出（2021）京民终 421 号民事判决：驳回上诉，维持原判。

裁判理由

法院生效裁判认为：

一、《15Q4 图》《16Q2 图》是否构成图形作品

地图是以符号、文字等要素说明地球表面的事物和现象分布情况的图

形。尽管地图表现的主要是客观地理等信息，但相关信息的取舍、组合等均反映了制图者关于制图目的、用途等特定思想，是通过智力活动并以具有差异性的线条、符号、颜色等表达和固定下来的成果。2010 年《著作权法》第三条及 2013 年《著作权法实施条例》第四条均明确规定了地图可以作为图形作品进行保护。《测绘法》第三十三条规定了依法保护测绘成果的知识产权，第三十八条规定了"地图管理的具体办法由国务院规定"。国务院《地图管理条例》第五章规定了互联网地图的管理，第三十一条规定了"地图著作权的保护，依照有关著作权法律、法规的规定执行"。因此，具有独创性的地图可以作为图形作品受《著作权法》保护具有明确法律依据。相对于纸质地图等传统地图，电子地图可以有更多的信息量、更大的独创性空间和比例，具备更高的市场价值。与此同时，电子地图的存储、传播方式，使得其权利人更容易被以复制、摹仿等方式侵权。就本案而言，原告具有甲级测绘资质，通过大量的外业测绘和内业制图工作，经过审图、备案等法定程序，创作完成《15Q4 图》《16Q2 图》，可以根据需要，选择叠加成为包含道路、行政区划、水系、海域、地名、建筑信息等在内的地图。而且原告提供的 200 多处点，经过与卫星图、高德、凯立德等其他地图比对，可以显示其道路选择、走向、分岔、弯曲程度，包括原告主张的暗记部分、模式图道路风格和交叉方式、扩海行政边界等方面，具有明显区别。因此，《15Q4 图》《16Q2 图》具有应受著作权保护的图形作品表达形式，满足图形作品（地图）创作空间范围内的独创性要求，构成 2010 年《著作权法》规定的图形作品。

二、三被告的被诉行为是否侵犯原告《15Q4 图》《16Q2 图》的著作权

（一）关于原告的举证

（1）关于原告的证明方式。通过公证方式截取《15Q4 图》《16Q2 图》某个地点图片，同时公证截取三被告前述 6 款软件使用的地图中该地点的图片，两者表现形式相同或实质性相似；但同时公证截取第三方地图的该点或卫星地图该点的图片，显示与原告和被告地图明显不同。在没有反证的情况下，该证明方式不仅可以证明《15Q4 图》《16Q2 图》在该地点相对于他人图形作品（地图）具有独创性，也可以证明该地点原告和被告的地图实质性相似。（2）关于原告选点的数量、比例和涉及地域的情况。原告一共提交了246处比对点，包括：暗记30处，遍布19个省级行政单位，占原告地图中我国除台湾地区外的省级行政单位总数的19/33；内部道路125处，遍布15个省级行政单位，比例为15/33；扩海行政图47处，遍布10个省级行政单位，比例为10/11；模式图44处，遍布14个省级行政单位，比例为14/33。总体而言，遍布26个省级行政单位，比例为26/33，已经覆盖包括东北、华北、华中、华东、华南、西北、西南在内的全国大部分地区，没有涉及新疆、西藏、云南、贵州等地域（由于地广人稀等原因本身地图信息密度较低）。（3）关于原告的暗记设置。存在相同的错误信息是判断两部地图是否存在抄袭或者复制关系的简明途径之一，如果被诉侵权电子地图中存在大量与权利作品构成雷同的虚设道路、个别字误、错误简称等不规范信息，在缺乏合理解释的情况下，则存在在后的抄袭或者复制在先作品之嫌，可以作为认定二者构成实质性相似的佐证。原告提供了30处暗记，遍布19个省级行政单位，而三被告地图包含了这些暗记，三被告使用的地图抄袭或复制《15Q4图》《16Q2图》具有极高的盖然性。（4）关于被告对地图来源的自认。原告提交的公证书显示，"某导航"Android版自上市至2017年11月6日公证作出时，其各版本均宣传数据来源于原告。（5）关于实质性相似的范围和比例。电子地图可以基于终端硬件情况和读者选择，在不同比例尺情况下展示出某张具体地图，而这些具体地图事实上是互相连接的，共同拼接组成完整的一个图形作品，故无须明确界定哪些不具有独创性和具有独创性的具体地点和比例。因此，原告已经选择了合适的举证方式、比对方式，并就比对数量和比例初步完成了举证责任。而且，就举证能力而言，原告提交的纸质证据超过1万页，相关公证费用已经达到40余万元。在此情况下，法院不应当再要求原告穷尽包括暗记等商业秘密在内的电子地图中更多的甚至全部信息和要素进行举证，而且本案还存在被告对地图来源自认的事实。故，法院认为原告已经完成了关于实质性相似的初步举证责任，初步证明三被告在6款软件中使用的地图与原告《15Q4图》《16Q2图》构成实质性相似。

（二）关于三被告的答辩理由及相关证据

（1）关于合法来源抗辩。三被告答辩称其使用的地图来源于第三方公司，但没有充分证据证明其进行独立制作和提交审核的情况，三被告从该公司获取地图的情况，以及所谓来自第三方地图与原告公证书中体现的三被告使用地图的关系。（2）关于实质性相似源于客观事实的答辩意见。三被告提交的证据中，仅就原告提出的 246 处对比点中 84 处提出反证，而且仅针对暗记和内部道路，并未就扩海行政图和模式图的比对提交反证。而且经过比对，三被告关于暗记与实际情况相符的理由不能成立。（3）关于举证责任分配。就举证能力而言，原告已经将《15Q4 图》《16Q2 图》交付，三被告完全有责任、有能力、有条件就其使用的地图与原告《15Q4 图》《16Q2 图》存在的不同表达进行选择性比对举证，但三被告并未就该情况进行举证，而是在其提交的地图不具备比对条件的情况下，坚持主张进行数据鉴定或全面比对，明显怠于履行自身举证责任。

在原告完成其初步举证责任的情况下，三被告未就其关于地图独立创作或合法来源、否认实质性相似或相似具有合理理由、实质性相似比例等答辩意见及抗辩事由提交充分证据予以证明，应当承担对其不利的法律后果。三被告未经原告许可，在前述 6 款软件上使用与原告《15Q4 图》《16Q2 图》构成实质性相似的地图，且三被告的答辩理由均缺乏事实和法律依据，法院认定被诉行为侵犯了原告对《15Q4 图》《16Q2 图》享有的著作权，具体权项包括署名权、信息网络传播权、复制权、修改权和改编权。

（三）关于损害赔偿

2010 年《著作权法》第四十九条规定："侵犯著作权或者与著作权有关的权利的，侵权人应当按照权利人的实际损失给予赔偿；实际损失难以计算的，可以按照侵权人的违法所得给予赔偿。赔偿数额还应当包括权利人为制止侵权行为所支付的合理开支。"根据《最高人民法院关于审理著作权民事纠纷案件适用法律若干问题的解释》等司法解释的规定，作品的合理使用费是确定赔偿数额应予考虑的因素之一，也是确定权利人实际损失的重要依据。本案中，尽管《合作协议》并未明确注明是"著作权许可使用合同"，但该协议指向的数据读取出来的表现即是《15Q4 图》《16Q2 图》等地图，三被告对相关数据的使用即是对《15Q4 图》或《16Q2 图》的使用，故可以认为协议项下数据的许可使用费客观反映了被告曾经对《15Q4 图》《16Q2 图》著作权市场价值的认可。同样地，原告在同时期与第三方在车载相关领域的许可使用费，也可以作此种类推。（1）就具体损失来讲，一部分是三被告在"某地图"网页版、iOS 版和 Android 版上的使用行为，属于《合作协议》曾经许可使用的范围，该部分的损害赔偿数额可以参考《合作协议》的许可费；另一部分是三被告在"CarLife" iOS 版、Android 版及"某导航" Android 版上的使用行为，其中"CarLife" iOS 版和 Android 版的目的和使用方式是通过在车载终端上安装相对应的"CarLife" iOS 版和 Android 版软件，通过手机上该软件进行连接，可以通过车载终端操控，读取地图、进行导航等，应当认定为车载终端应用或车载相关应用；"某导航" Android 版提供"车载模式"，提供与车载体验相同的使用方式，应当认定为车载相关应用。由于该部分行为已经超出了《合作协议》的授权许可范围，该《合作协议》约定的许可使用费不包括车载终端或车载相关应用上的使用费用，因此三被告超出《合作协议》范围的使用行为造成的损失应当单独考虑并可以参考原告与第三方在临近时间段、车载终端或车载相关应用上的许可使用费。综合参考相关许可协议的权项、方式、范围、期限、与被诉行为之间可比性等因素，通过"年许可使用费基数×侵权时长"的公式，综合计算出原告因三被告侵权行为所受损失约为 6450 万元。（2）关于合理支出。原告主张的公证费支出共计426597.5 元，有相应的公证费发票、《公证费用明细》为证。原告主张的律师费为 100 万元，法院依据参与人员数量、在调查取证和参加诉讼阶段的工作复杂程度、举证情况、参诉时长等因素，结合市场行情予以部分支持。

裁判要旨

著作权保护是对电子导航地图这一数据产品和数据资产保护的重要路径。电子导航地图以独特的符号颜色、道路走向、实景照片、三维模型等方式整合表达更多的地理信息，有更大的独创性空间。如果电子导航地图的道路选择、走向、分岔、弯曲程度、扩海行政边界等方面在具体表现形式上，与卫星图、其他电子导航地图等具有明显区别，可以认定具备作为作品获得保护需要具备的独创性。

电子地图是图形作品，近似性比对只能以人的视觉效果为标准，但由于包括了海量地理信息表达，全部比对是人力无法完成的。而且，数据本身具有易修改的特点，即使数据鉴定结果不同，也不能直接得出地图显示视觉不同的结论。在选取比对方式时，除了暗记外，还可以选取一定比例、具有分散性的地点，证明被诉作品包含大量与原告作品相同的表达，而同时这些相同的表达不同于相同地点和时间的卫星地图和其他电子导航地图的表达。

电子导航地图已经成为商业竞争的基础战略资源，在考虑损害赔偿数额时，可以综合考虑双方曾经达成的对价、许可第三方使用费、侵权范围和时长等因素，尤其要考虑赔偿数额不能低于正常许可使用的费用，即不能让侵权人继续在侵权赔偿中获利。

关联索引

2010 年《中华人民共和国著作权法》第三条第七项、第十条第一款第二项、第三项、第五项、第十二项、第十四项、第四十八条第一项、第四十九条第一款

《中华人民共和国侵权责任法》第八条

2002 年《最高人民法院关于审理著作权民事纠纷案件适用法律若干问题的解释》第七条

一审：北京知识产权法院（2017）京 73 民初 1914 号（2020 年 11 月 19 日）

二审：北京市高级人民法院（2021）京民终 421 号（2023 年 12 月 28 日）

法官评析

电子导航地图是用数据形式存储地理信息并用特定软件读取、展示和互动的地图形式，是一种重要的数据产品和数据资源。与传统地图相比，电子导航地图包含的地理信息量更大、内容更丰富、更新更方便、使用更智能，除了直接被用于提供查询、导航功能外，还日益与外卖、物流、共享、自动驾驶等行业深度结合，已经成为商业竞争的基础战略资源。电子

导航地图的制作背后需要巨大的资源和人力，以及长时间的勘测、制图、纠错等过程，但其存储、传播和使用方式，使得其更容易被以复制、摹仿、修改等方式侵权。在现有法律框架下，电子导航地图的公开性使得难以认定其为商业秘密，通过数据形式的保护还缺乏成熟的理论共识和法律依据。具有独创性的地图可以作为图形作品受《著作权法》保护具有明确法律依据①，但实践中地图作品独创性认定、近似性比对和相关联的举证责任分配等实践难题，集中反映了知识产权维权"举证难"问题。本案采用著作权保护路径，在电子导航地图独创性认定和近似性比对方面贡献了研究价值。

一是关于电子导航地图的独创性认定。尽管电子导航地图主要表现客观地理信息，但其具有差异性的道路走向和逻辑关系、符号颜色等呈现出的独特表达导致了地图可读性、准确性和丰富性方面差异，进而使得独立创作的地图作品具有独创性，可以作为图形作品受《著作权法》保护。电子导航地图以独特的符号颜色、道路走向、实景照片、三维模型等方式整合表达更多的地理信息，有更大的独创性空间，具备更高的市场价值。本案中，经过与同时期的卫星照片和市场上的其他电子地图进行了一定比例相同地点地图的抽取和比对，电子地图制作者在遵守测绘法律法规前提下有意作出的不影响实际使用效果、根据道路重要性、导航清晰程度进行取舍显示出的道路取舍、走向、分岔、弯曲程度，扩海行政边界，模式图风格和细节方面的不同表达，构成了地图独创部分，足以认定其构成图形（地图）作品。

二是电子导航地图之间的近似性比对方式。电子地图是图形作品，近似性比对只能以人的视觉效果为标准。同时，电子地图包括了海量地理信息表达，全部比对是人力无法完成的。而且，数据本身具有易修改的特点，即使数据鉴定结果不同，也不能直接得出地图显示视觉不同的结论。本案中，原告采取了两大举证角度：第一，证明被告使用作品包含原告作品中故意设定的暗记，而这些暗记是不同于实际地理信息的表达。第二，

① 2010年《著作权法》第三条及2013年《著作权法实施条例》第四条均明确规定了地图可以作为图形作品进行保护；《测绘法》第三十三条规定了依法保护测绘成果的知识产权，第三十八条规定了"地图管理的具体办法由国务院规定"；国务院《地图管理条例》第五章规定了互联网地图的管理，第三十一条规定了"地图著作权的保护，依照有关著作权法律、法规的规定执行"。

选取一定比例、具有分散性的地点，证明被告使用的作品中包含大量与原告作品相同表达的内部道路、模式图和扩海行政边界图，而同时这些相同的表达不同于相同地点和时间的卫星地图和其他电子导航地图的表达。

三是电子导航地图的近似性比对中举证责任分配问题。电子地图中地理信息量巨大、对比点多，比对全部图形难以实现。综合考虑权利人的举证能力和成本，在涉及全国 26 个省的 246 处比对点均构成实质性相似，尤其是在 30 处暗记相同的情况下，将抗辩举证责任转移给被告。最终由于三被告证据不足以推翻实质性相似的认定或证明具有合法来源等其他法定抗辩事由，法院认定三被告侵犯原告电子地图的著作权。

四是在损害赔偿认定中充分考虑了电子导航地图巨大市场价值和维权难度。电子导航地图的制作包含了勘测、制图、美化等环节，全国具备勘测资质并进行长期勘测的主体并不多，制作全国地图更是需要投入巨大成本。而且，电子导航地图已经成为互联网竞争的核心资源，具有巨大的市场价值。本案中，原告主张综合考虑三被告曾经购买其电子导航地图使用权的价格、原告许可市场第三方的许可使用费的方式，并提交了相应证据。同时，法院考虑到原告提交的纸质证据超过 1 万页，相关公证费用已经达到 40 余万元，一审审理时长超过两年等情况酌定了合理支出。而且，在损害赔偿计算和酌定时，要考虑赔偿数额不能低于正常许可使用的费用，即不能让侵权人继续在侵权赔偿中获利。最终，判决三被告赔偿原告损失 6500 万余元。

一审法院合议庭成员　冯　刚　陈　栋　杨　洁
二审法院合议庭成员　亓　蕾　闻汉东　吴　斌
编写人　陈　栋

7. 北京某甲公司诉北京某乙公司、北京某丙公司、某信息技术公司侵害著作权及不正当竞争纠纷案
——导航电子地图数据的著作权法保护

关键词 著作权 导航电子地图数据 地图作品

基本案情

北京某甲公司是国内领先的综合地理位置服务提供商，开发生产了包括《导航电子地图-D007》《导航电子地图-D008》等多种电子地图。2014年7月，原告北京某甲公司与被告北京某乙公司签署了共同打造位置服务及相关产品的《合作协议》，约定北京某甲公司提供北京某乙公司所需的地图及相关数据，北京某甲公司提供的数据为 MIF 格式地图数据产品，数据内容包括 MIF—G 车导标准基础内容及 MIF—G 附件内容，数据覆盖范围为我国除台湾地区外的 31 省（自治区、直辖市）及香港和澳门两个特别行政区。北京某乙公司可将地图数据产品用于自有网站 Web 端、网站移动 App 端在线及离线地图应用，网站可以向企业和公众提供互联网地图位置（Web 和移动端）API 服务，不包含任何脱离网站平台及网站服务的其他应用。《合作协议》还约定，未经北京某甲公司书面同意，北京某乙公司不得以任何形式擅自转发或转卖北京某甲公司的数据产品。

合同履行过程中，北京某乙公司超出《合作协议》约定，向被告北京某丙公司提供了涉案地图数据。北京某丙公司未经许可，擅自将从北京某乙公司处获得的上述地图数据，通过渲染、美化图形色彩、添加、修改部分地理信息标注和绘制的方式，形成互联网地图，应用到其经营的某网站及 App 中，供用户使用。某信息技术公司未经许可，复制涉案地图数据，

将网站地图送审测绘局。

一审法院于 2018 年 12 月 28 日作出（2016）京 0108 民初 27234 号民事判决：驳回北京某甲公司的全部诉讼请求。

二审法院于 2020 年 8 月 10 日作出（2019）京 73 民终 1270 号民事判决：撤销一审判决，改判北京某丙公司、北京某乙公司赔礼道歉、消除影响；北京某丙公司、北京某乙公司、某信息技术公司连带赔偿北京某甲公司经济损失 1000 万元及为制止侵权行为支付的合理费用 50 万元。

裁判理由

法院生效裁判认为：

北京某甲公司开发生产的导航电子地图，是一系列 MIF 格式文件形式存储的电子数据。通过地图软件打开后，呈现出图形化表达的道路、水系、建筑等地理要素。导航电子地图的"独创性"主要表现在，根据地图使用目的、地图比例尺和相关测量规范等要求，对地物、地貌、信息点等地理信息数据的选择和取舍；对地物、地貌的绘图颜色、标注方式的选择取舍。导航电子地图虽然在存储形式上有特殊性，但仍然是以图形化要素说明地理信息的地图，故导航电子地图属于《著作权法》保护的地图作品。北京某乙公司、北京某丙公司、某信息技术公司的使用行为，侵害了北京某甲公司的著作权，应当承担赔礼道歉、消除影响、赔偿经济损失的法律责任。

裁判要旨

导航电子地图主要是由地理信息数据和图形两部分组成的。导航电子地图的"独创性"主要表现在，根据地图使用目的、地图比例尺和相关测量规范等要求，对地物、地貌、信息点等地理信息数据的选择和取舍；对地物、地貌的绘图颜色、标注方式的选择取舍。未经许可使用涉案导航电子地图，必然会使用该导航电子地图中的地理信息数据，不当利用了北京某甲公司的竞争资源，减少了其交易机会，损害了公平公正的竞争秩序。但是，基于导航电子地图的特点，地图软件呈现的图形要素与 MIF 格式文件中数据形式的数据信息是一一映射的关系，MIF 格式文件中最终呈现的是图形化的地理信息，而非抽象的地理信息数据。北京某甲公司主张的被诉不正当竞争行为与著作权侵权行为实质上属于同一行为，相关权益已经在专门法中作出具体规定，并且法院已经适用该专门法进行保护，不宜再以《反不正当竞争法》第二条进行重复保护。

关联索引

2010年《中华人民共和国著作权法》第三条第七项，第十条第一款第二项、第五项、第十二项、第十四项，第四十七条第六项，第四十八条第一项，第四十九条第一款

一审： 北京市海淀区人民法院（2016）京0108民初27234号（2018年12月28日）

二审： 北京知识产权法院（2019）京73民终1270号（2020年8月10日）

法官评析

本案是国内首例明确导航电子地图数据法律地位与性质的司法案例。随着互联网技术的发展，地图企业将传统地图与计算机技术和互联网技术相结合，形成了导航电子地图和地理信息产业，也改变了地图的形态和地图产业的结构。与传统地图的表现形式不同，本案中北京某甲公司主张的导航电子地图，不是将具有颜色标注的纸质地图电子化后形成的电子地图，而是通过数字化的测绘设备，将客观地形地貌采集的数据进行加工处理后得到的地图数据。导航电子地图表现为一系列按照图层结构储存的MIF格式文件，通过地图编辑软件MapInfo打开后，地图数据呈现出可识读的地图形式，也称为基础地图。导航电子地图数据是导航终端产品应用的数据基础，具有制作成本高、经济价值高的特点。互联网技术背景下的导航电子地图数据能否获得我国《著作权法》的保护，既关乎地图产业能否明晰数据权利归属，从而促进行业的健康持续发展，同时对于理解《著作权法》中的独创性概念，尤其是事实性作品的独创性，也具有重要的意义。本案判决对此作出了有益的示例。

一、导航电子地图数据的内容和表现形式

根据《导航电子地图安全处理技术基本要求》的规定，导航电子地图是指含有空间位置地理坐标，能够与空间定位系统结合，准确引导人或交

通工具从出发地到达目的地的电子地图或数据库。[①]

我国导航电子地图研究始于 1996 年，国家测绘局、北京某甲公司、丰田集团启动了中国导航系统试验研究项目。导航电子地图出现早期依托于车载导航仪和手持导航仪，主要面向的用户是汽车用户。与传统纸质地图相比，导航电子地图可以根据用户需求旋转，改变比例尺、显示地理要素，并且有一定的搜索和路线计算功能。2009 年以后，导航电子地图与互联网技术相结合，发展出互联网地图。根据《互联网地图服务专业标准》，互联网地图，是指登载在互联网（包括无线互联网）上或者通过互联网发送的基于服务器地理信息数据库形成的具有实时生成、交互控制、数据搜索、属性标注等特性的电子地图。[②] 与传统的导航电子地图相比，互联网地图的终端由车载导航仪、手持导航仪等专业设备扩展到了手机等通用移动设备。除了导航电子地图的一般功能，互联网地图具有实时性、交互性等互联网特性。

2018 年以后，自动驾驶需求兴起，这对地图的精确度和承载的信息量提出了更高的要求，高精度地图应运而出。高精度地图是指绝对精度和相对精度在亚米级且专门服务于自动驾驶汽车的电子地图，主要拥有匹配定位、辅助环境感知、路径规划和车辆控制辅助的基本功能。[③] 与互联网地图对比，高精度地图的绝对坐标精度更高。普通导航电子地图的绝对坐标精度在 10 米左右[④]，而自动驾驶需要亚米级别的精确定位[⑤]，高精度地图的绝对精度一般都会在厘米级。[⑥] 高精度地图增加了车道属性相关（车道线类型、车道宽度等）数据，高架物体、防护栏、树、道路边缘类型，路

[①] 《导航电子地图安全处理技术基本要求》第 3.2 条规定："导航电子地图是指含有空间位置地理坐标，能够与空间定位系统结合，准确引导人或交通工具从出发地到达目的地的电子地图及数据集。"

[②] 参见《互联网地图服务专业标准》备注。

[③] 吴喜庆、吴征、周怡博：《我国高精度地图产业发展现状及政策建议》，载《汽车文摘》2022 年第 9 期。

[④] 沈晨、王敬平、马冬冬、黄子君：《高精度地图在智能导航中的研究及应用》，载《电子技术与软件工程》2021 年第 9 期。

[⑤] 沈晨、王敬平、马冬冬、黄子君：《高精度地图在智能导航中的研究及应用》，载《电子技术与软件工程》2021 年第 9 期。

[⑥] 沈晨、王敬平、马冬冬、黄子君：《高精度地图在智能导航中的研究及应用》，载《电子技术与软件工程》2021 年第 9 期。

边地标等大量目标数据，能够明确区分车道线类型、路边地标等细节。

与传统地图不同，导航电子地图不是将具有颜色的纸质地图电子化后所形成的地图，而是具有地理测绘资质的公司采取数字化的方法，将客观地理信息采集加工形成地图数据，送到国家测绘地理信息局的审图部门进行审核批准获得审图号，具有审图号的地图数据被称为导航电子地图，也称为基础地图。导航电子地图的地理信息主要包括路网、背景、注记和索引四大类信息。① 导航电子地图数据按照图层结构，存储于各个 MIF 格式的文件夹中。地图数据通过地图编辑软件 MapInfo 打开后，所展示的基础地图是由点、线、面等基本构图要素组成的图形，图形内容涉及地域内的道路、背景、建筑物、水系形状等多种地理要素信息。尽管由地图编辑软件打开后，地图数据已经形成可识读的地图形式，但是其所展示的地图与终端用户日常生活中使用的高德地图、百度地图等互联网地图有较大差别。公众应用服务提供商通过购买使用导航电子地图数据，在地图数据的基础上，经过选择、加载、渲染等工作后，形成可向企业和个人提供位置服务的互联网地图。

本案中，北京某甲公司主张著作权的地图数据存储在光盘中，光盘中包含有多个图层的文件夹，该图层包括但不限于道路图层、背景图层、功能面、POI（兴趣点）、显示文字及附加文件等。除上述数据外，北京某甲公司向北京某乙公司交付当期数据产品之时，需同时交付当期产品规格书等，该规格书及相关资料中记载了北京某甲公司光盘中各文件夹的详细信息及各文件夹之间、各地图要素之间的匹配关系，为北京某甲公司地图数据产品不可或缺的一部分。

二、导航电子地图数据的著作权保护

2013 年《著作权法实施条例》第二条对于作品的定义是"文学、艺术和科学领域内具有独创性并能以某种有形式复制的智力成果"②。根据前述定义，作品的构成要件为：（1）文学、艺术和科学领域内；（2）具有

---

① 闫光慧：《电子地图中地图数据的著作权保护研究》，中国政法大学 2019 年硕士学位论文。
② 2013 年《著作权法实施条例》第二条规定："著作权法所称作品，是指文学、艺术和科学领域内具有独创性并能以某种有形式复制的智力成果。"

独创性；（3）能以某种有形形式复制的智力成果。

导航电子地图数据承载的地理信息，与传统平面地图有很大的区别。导航电子地图数据在 MIF 格式文件中，以不同的图层形式存储，除了各个图层，地图数据还包括与图层相关的兴趣点、文字注记等。导航电子地图数据客观性、精确性的特点，以及其特殊的存储和表现形式，带来了导航电子地图数据是否能"以有形形式复制"、是否具有"独创性"、能否构成地图作品的疑问。

（一）导航电子地图数据具备"独创性"

导航电子地图数据独创性认定的主要障碍，是其与客观地理要素和事实的区分。导航电子地图数据本身的功能，就是为终端用户使用的互联网电子地图提供数据基础。实际应用中，为了便于公共应用服务提供商根据不同的应用需求在地图数据上进行后续的选择、调用、加载、渲染处理，地图数据在表达上对颜色的选择和编排非常有限。地图数据分图层存储于各个文件夹内，未形成完整的地图，其打开成图后，过于简单的点、线、面等表现形式，也会使人认为是真实地貌的客观数据。导航电子地图数据的存储方式、表达形式和功能，使其与客观地理要素的界限不易区分，造成了对独创性标准的判定争议。

2010 年《著作权法》[①] 第三条第七项中，将地图作品与工程设计图、产品设计图、示意图等一并规定为图形作品。[②] 2010 年《著作权法》作这种规定是考虑到了这些类型的作品具有以图形化的方式反映一定的科学原理、结构的特点。在 2013 年《著作权法实施条例》中，则针对图形作品的这一特点，对图形作品的内涵进行了进一步明确。其中，地图被定义为"反映地理现象的作品"[③]。从 2010 年《著作权法》和 2013 年《著作权法实施条例》对地图作品的规定可以看出，我国立法区分了地图以及其他图

---

① 案例所述案件侵权行为于 2017 年停止，故适用 2010 年《著作权法》。

② 2010 年《著作权法》第三条规定："本法所称的作品，包括以下列形式创作的文学、艺术和自然科学、社会科学、工程技术等作品：……（七）工程设计图、产品设计图、地图、示意图等图形作品和模型作品；……"

③ 2013 年《著作权法实施条例》第四条规定："著作权法和本条例中下列作品的含义：……（十二）图形作品，是指为施工、生产绘制的工程设计图、产品设计图，以及反映地理现象、说明事物原理或者结构的地图、示意图等作品；……"

形作品与同为视觉表达的美术作品的不同：前者的特点在于具有相当强的科学性或技术性，有实用功能或可以反映一定的客观事实，而后者则主要发挥审美功能。

在司法实践中，法院根据前述法律法规的规定，在认定传统电子地图构成作品时，一般从地图的构图方式、地理要素的选择、颜色标注的选择等方面来考察地图作品的独创性，将功能性的、反映客观事实的部分从表达中剔除出去。

对于传统电子地图而言，其受《著作权法》保护的独创性，主要表现在测量及绘图过程中，把地域范围内的客观地理要素、地理信息通过测绘记录于载体上，并且根据使用者对地理信息的不同需求，按照一定的地图比例尺及测量规范标准对繁杂的客观地理要素、地理信息进行筛选、取舍、编排。客观地理要素数量的繁多和地图容量的有限性，决定了地图创作者在制图的过程中，必然要对测绘中记录的地理要素进行筛选、取舍、编排。这一筛选、取舍、编排的过程就是地图创作者智力创作的过程。电子地图的独创性体现在对地理要素信息的筛选、取舍、编排方式上。在电子地图的绘制和表达方式上，同样可以体现地图创作者个性化的表达。即便存在统一的技术规范，因为测量方法或记录表达方式的不同，也会导致创作的差异。对于同样的地理信息，不同的创作者采用的绘制和表达方式不尽相同，如对建筑物颜色的选择、道路边界标记方式的选择、水系形状的描绘，等等，创作者在地图创作过程中，独立的选择和编排，就构成了地图作为具有独创性的作品而受到《著作权法》保护的依据。

随着技术的发展，导航电子地图出现了不同于传统平面地图的新特点，导航电子地图服务于导航目的，往往不具有固定的比例尺，可以按照比例缩放，并且可以根据用户需求旋转，改变图例、颜色。同时，为了满足准确即时导航的需求，电子导航地图对地图的测绘精度、绘制技术、更新频次等方面提出了更高的要求，制作成本远高于传统平面地图。因此，在导航电子地图的独创性的认定中，应当在传统地图独创性考虑因素基础上进行调整，更多考虑地图价值的核心，即对客观地理信息的测量、取舍。

有观点认为，导航电子地图多图层、多文件、逻辑化的存储方式使得导航电子地图更类似于数据库，其独创性也体现在对地理信息数据的选择、编排上。因此，即使可以作为著作权的客体，也应属于汇编作品，而非地图作品。笔者认为，选择和编排是作品创作的通用过程，而非汇编作品的特征。如果独创性的选择或编排形成的是能够独立表现思想或文艺美感的内容，则选择或编排仅仅是创作我国《著作权法》第三条各类作品的手段，其产生的作品并不必然是汇编作品。对导航电子地图而言，每个图层都有其图形化表达，在满足独创性要求的情况下，都可以成为《著作权法》所保护的地图作品。即使个别信息点不以图形化的形式存在，也是依附于图形化地图，用于解释、说明地图的内容，不会改变其地图作品的整体定性。因此，导航电子地图虽然在存储形式上有特殊性，但仍然是以图形化要素说明地理信息的地图，应属于《著作权法》体系中的地图作品的范畴。

需要说明的是，对于包括导航电子地图在内的图形作品，"独创性"的判断不应限于美学上的贡献。就科技类图形作品而言，关于美感的艺术理论几乎难以提供任何参照。[1] 虽然观念上一般认为，图形作品体现了"科学之美"，但无论是根据 2013 年《著作权法实施条例》的定义还是日常生活的实践，图形作品的价值都不在于其审美价值。如果从审美价值出发确定图形作品的独创性表达，即使作品能够受到保护，真正有价值的表达也可能被排除在受保护范围之外。图形作品的"独创性"仍应着眼于表达方式是否有独特性，而不是借助美学标准。

（二）导航电子地图数据具备"可复制性"

导航电子地图数据使用地图编辑软件 MapInfo 打开后，可以呈现出图形化界面。地图软件呈现的图形要素与 MIF 格式文件中的数据形式的数据信息是一一映射关系。通过地图软件，MIF 格式文件可以稳定地呈现图形画面，为人们所客观感知，即 MIF 格式文件是对导航电子地图数据的"某种有形形式复制"。使用计算机打开的 MIF 格式文件有固定的图形化表达，因此仍可以属于图形作品的范畴。MIF 格式文件中呈现的是图形化的地理信息，用户感知、使用的作品也是图形化的地图，而非抽象的地理信息。

---

① 谢晴川：《论独创性判断标准"空洞化"问题的破解——以科技类图形作品为切入点》，载《学术论坛》2019 年第 42 期。

数字化的存储方式不会改变地图作品的性质，虽然导航电子地图在计算机上以数据形式存储，但其表现方式仍然是图形化的，故其本质还是地图作品。

尽管在电子地图编辑软件中，用户可以选择叠加不同的图层，或改变地图的初始渲染方式，但这并不意味着导航电子地图作品"未完成"或"未固定"。首先，导航电子地图的各图层都有图形化表达，且表达方式在该电子地图作品完成后就是唯一且固定的。因此，即使用户可以根据需要叠加图层，也不能改变导航电子地图作品的表达方式。用户选择呈现的图层只是对作品的利用行为，尽管图层的排列组合可能有多种，但都在作者创作的范畴内，用户选择不会为导航电子地图增加新的独创性的内容。其次，导航电子地图作品的不同复制件在任意设备上打开均有相同的图形化表达，这充分说明该作品已经完成并且固定，不会在复制或计算机处理过程中发生改变。

一审法院合议庭成员　卢正新　王栖鸾　袁　卫
二审法院合议庭成员　冯　刚　杨　洁　陈　栋
编写人　杨　洁

8. 云南某信息公司诉某（北京）餐饮公司等侵害著作权及不正当竞争纠纷案

——舞蹈作品保护范围的认定

关键词 著作权　舞蹈作品　服化道

基本案情

原告云南某信息公司由知名舞蹈家杨某担任法定代表人，并经杨某本人授权获得了杨某《月光》舞蹈作品的著作权。被告某（北京）餐饮公司等在其经营的餐厅中使用了杨某在《月光》舞蹈中的典型造型作为餐厅屏风、灯饰等装饰物图案，云南某信息公司起诉主张被告的行为侵害《月光》舞蹈作品的著作权并构成不正当竞争，请求判决停止侵权、消除影响并赔偿经济损失 978149 元及合理费用 21851 元。

北京市石景山区人民法院于 2022 年 1 月 12 日作出（2021）京 0107 民初 10427 号民事判决，认定某（北京）餐饮公司等侵害《月光》舞蹈作品著作权，并判决赔偿云南某信息公司经济损失 15 万元及合理支出 21851元。宣判后，某（北京）餐饮公司等不服提起上诉，北京知识产权法院于 2022 年 7 月 27 日作出（2022）京 73 民终 2161 号民事判决，认定某（北京）餐饮公司等未侵害《月光》舞蹈作品著作权，但是构成不正当竞争，并驳回上诉，维持原判。宣判后，云南某信息公司、某（北京）餐饮公司等均不服，申请再审。北京市高级人民法院于 2023 年 11 月 29 日作出（2022）京民申 7038 号民事裁定，认定某（北京）餐饮公司等侵害《月光》舞蹈作品著作权，并驳回再审申请。

裁判理由

一、涉案餐厅装饰图案是否侵害了《月光》舞蹈作品的复制权

（一）舞蹈作品的客体范围

《著作权法》将作品划分为多种不同类型，不同作品类型体现独创性的角度并不相同。《著作权法实施条例》第四条第六项对于舞蹈作品体现独创性表达的具体方式作出了明确限定，即"通过连续的动作、姿势、表情等表现思想感情"。换言之，舞蹈作品所保护的用于传递思想感情的独创性表达，应当体现在肢体的连续"动作""姿势""表情"等方面，通常以舞谱为载体，也可以体现为其他形式的舞蹈设计。虽然《著作权法实施条例》在连续的"动作""姿势""表情"之外规定了"等"作为补充，但是按照法律解释的一般规则，这里的"等"中包括的内容应当限于与已经明确列举的"动作""姿势""表情"性质相同或者相似的方面，应当是对舞者肢体语言的设计。

我国《著作权法》同时规定了著作权和邻接权，舞蹈作品作为一种法定的作品类型可以获得著作权保护，而对舞蹈作品的表演则通过邻接权中的表演者权进行保护，二者的权利性质和保护水平均不同。明确舞蹈作品保护的客体范围需要区分舞蹈作品和对舞蹈作品的表演。舞蹈作品属于用于舞台表演的作品。该类作品通常经过表演或者演出才能够广泛传播，创作该类作品的目的是通过表演及各种艺术手段的综合应用将作品所要表达的思想情感呈现给观众。单独的舞谱或者其他形式的舞蹈设计往往并不能让人们直接体会到舞蹈作品艺术创作所要表达的思想感情，需要经过舞者的表演，艺术美感才能被人们领略。有些舞蹈设计甚至在设计之初就考虑了舞者本身的身体特征、轮廓曲线，只有特定舞者进行表演才能传达出舞蹈设计的特殊艺术美感和独特思想感情。因此，舞蹈作品和舞蹈作品表演之间天然具有很强的联系。然而，在法律分析上，仍然应当将舞蹈作品和舞蹈表演相区分，这主要是由于二者贡献的性质并不相同，所能保护的客体和保护程度也不相同。舞者在舞蹈表演时进行的艺术再加工，主要是为了呈现舞蹈设计中蕴含的美感和思想感情，属于对舞蹈作品进行传播。源

于舞者的贡献是将舞蹈设计中的艺术美感和思想感情以舞蹈语言和肢体动作的方式呈现出来，舞者自身的舞蹈技能和对舞蹈艺术的理解主要用于更艺术化的诠释和传播舞蹈设计本身蕴含的思想感情。相对于舞蹈作品的设计者而言，舞者的贡献主要体现在艺术性的呈现和传播作品上，而非形成新的独创性表达。舞者基于对舞蹈作品进行艺术呈现和传播所作出贡献的保护应当通过表演者权实现。

区分舞蹈作品和舞蹈作品的表演，除了具有法律意义外，在作品的实际使用上也具有重要的意义。《著作权法》对于舞者表演者权的保护程度明显低于对舞蹈作品的保护程度，对舞者表演者权的保护主要是指控制直接传送现场表演或者制作录音录像并传播，表演者权可以控制的使用方式有限，并且禁用权范围并不涵盖与舞蹈表演实质相似的使用方式。因此，其他舞者在使用他人舞蹈设计进行表演时，只需要获得舞蹈设计者的著作权授权即可，而无须获得其他在先的舞蹈表演者的授权，便于舞蹈作品的使用。如果认为舞蹈表演可以在舞蹈设计之外产生新的作品，从而获得著作权保护，那么每一次新的表演都可能会基于舞者的独特演绎产生新的作品，后续的表演者在取得授权时，不仅需要取得舞蹈设计者的授权，而且需要取得所有在先表演者的授权，否则都会面临侵权的风险，这将会阻碍舞蹈作品的利用。舞者妆容、背景灯光、音乐等主要是用于烘托舞台呈现的氛围，服务于表演的需要，同样不属于舞蹈"动作""姿势""表情"等方面的创造性设计，不能作为舞蹈作品保护的客体。将舞台表演的舞蹈动作姿态与灯光、舞美、服装、音乐等元素呈现效果整体认定为舞蹈作品保护的范围，不符合我国《著作权法实施条例》中对舞蹈作品保护客体的规定。

（二）是否侵害舞蹈作品著作权的认定

舞蹈作品的保护客体排除了"妆容""灯光""音效"等内容，仅限于舞蹈"动作""姿势""表情"等方面的独创性设计，人类在舞蹈创作中所能够设计出的单人动作是有限的，作为舞蹈创作的最基本元素，单人动作也不应被任何人垄断，排除他人使用。不应有哪个身体动作是其他舞者及社会公众需要经过许可才可以作出或者使用的。《著作权法实施条例》在对舞蹈作品进行定义时，明确规定了通过"连续"的动作、姿势、表情等表现思想感情，其中"连续"的要件实际上体现了对舞蹈作品独创性来源的要求，即舞蹈作品的独创性应当是基于动作、姿势、表情等的连续变化而产生。本案中杨某呈现的单独舞蹈动作，虽然结合灯光、服饰，其自身身体曲线，呈现出极具美感的艺术效果，但是从舞蹈作品保护客体的角度来看，单人的单一舞蹈动作，并不足以达到舞蹈作品的独创性要求，不能作为舞蹈作品获得保护。某（北京）餐饮公司等也不侵害云南某信息公司的舞蹈作品著作权。

二、是否构成不正当竞争的认定

首先，经营者之间的竞争关系不限于同业经营者之间的竞争，还包括争取交易机会或者破坏他人竞争优势产生的竞争关系。凡是参与市场经济活动、受到他人不正当竞争行为影响的竞争者，均可以认定存在竞争关系。云南某信息公司对杨某《月光》舞蹈设计、表演内容和演出形象等进行商业推广使用，某（北京）餐饮公司等使用杨某《月光》舞蹈表演形象进行店面装饰用于商业经营，可以认定二者之间存在竞争关系。

其次，涉案的《月光》舞蹈表演形象虽然呈现剪影形态，没有明确反映出舞者的五官特征，但是通过肢体动作、身体曲线、妆容造型、月光背景的配合，形成了鲜明的表演艺术形象，具有显著性。经过大规模演出及电视台多次播出，《月光》舞蹈表演形象在全国范围内具有较高的知名度和辨识度。杨某在《月光》舞蹈中剪影式的表演形象不仅因为可以与杨某本人相联系而具有人身权属性，并且随着云南某信息公司对《月光》舞蹈进行商业推广使用，《月光》舞蹈表演形象同时也蕴含了较高的商业价值，成为对《月光》舞蹈作品乃至杨某舞蹈形象进行商业推广使用中的典型商业标识，并具有一定影响力，形成了可以依据《反不正当竞争法》予以保护的权益。

最后，某（北京）餐饮公司等主要经营的即为云南特色菜肴，其整体经营装饰和菜品种类的云南地域特色明显，在经营场所突出位置使用的装饰图案，与杨某《月光》舞蹈中的具有云南少数民族特色的典型表演形象高度近似，容易使消费者误以为云南某信息公司与某（北京）餐饮公司等之间具有许可使用或者建立了广告代言关系。云南某信息公司提交的证据也表明事实上确有消费者产生了此类"特定联系"的混淆。某（北京）餐饮公司等的行为构成 2017 年《反不正当竞争法》第六条第四项规定的不正当竞争行为，应当承担相应民事责任。

三、赔偿数额的确定

本案中并无证据证明云南某信息公司受到的实际损失或者某（北京）餐饮公司等的侵权获利，应当根据杨某《月光》舞蹈演出形象的商业价值、不正当竞争行为的性质和规模等酌情确定损失数额。一审判决虽然对行为性质认定不当，但确定的赔偿数额基本符合本案实际情况，二审法院不再进行调整。

北京市高级人民法院再审裁定认为：

《著作权法实施条例》第四条第六项规定"舞蹈作品，是指通过连续的动作、姿势、表情等表现思想情感的作品"。该条款界定了舞蹈作品作为受《著作权法》保护的一种作品类型，其可版权性的内容来源，即舞蹈作品的核心内容是由连续的"动作""姿势""表情"构成，是可以表现思想情感的作品。该定义中的"等"字给舞蹈作品的构成元素预留了解释空间，从文义解释的角度出发，难以从字面含义中对立法时尚未出现的舞蹈作品中新的构成元素具体内容或者形态进行理解和说明，但是关于"等"字的解释应当符合舞蹈的客观发展情况，尊重舞蹈领域中创作者对舞蹈形式的创新和发展。随着文化艺术形式的不断发展，舞蹈作品的内容和表现形式也在不断地变化和丰富，其实质内核仍然是动作、姿势、表情，但服装、妆容、道具等元素（以下简称服化道）的存在和丰富使得舞蹈作品的表现形式更加丰富多样，服化道的运用对于舞蹈作品思想情感的表达亦起到了积极的辅助作用，从而与舞蹈作品中的动作、姿势和表情产生了密不可分的关系，亦应作为舞蹈作品的一部分予以保护。另外，从《著作权法实施条例》第四条中对不同类型作品的定义可知，除建筑作品、摄影作品、类电作品之外的其他类型作品定义中列举作品构成要素时亦包含"等"，且多作"等"外"等"理解，故将舞蹈作品构成元素作适当扩展，并不违反《著作权法》的相关规定。此外，需要注意的是，作者在创作舞蹈作品时是否已将服化道的选择和编排作为其舞蹈作品的一部分。如果作者在创作作品时已经将服化道作为其作品的一部分，该部分内容体现了作者独创性的选择和编排、体现了作者的独创性表达，将该部分内容纳入舞蹈作品的客体保护范围亦有利于对舞蹈作品作者智力成果的完整保护。

具体到本案而言，《月光》舞蹈以一轮明月作为突出背景，通过灯光的明暗对比所营造出的人体剪影效果，整体呈现出女子在月光下舞蹈的美好意境；由杨某演绎的女子以高盘发髻、身着紧身长裙的人物造型，在月亮背景的映衬下，通过其手臂、腰肢、臀、腿、膝等部位作出展现女子身体曲线之美的舞蹈动作，上述连续的舞蹈动作转化为抽象、多变的肢体语言，在灯光、舞美、服装、音乐等元素的配合下，艺术化地表现了月光的圣洁以及月光下女人的柔美。《月光》舞蹈作品作者将服化道元素作为体现该舞蹈创作内容的一部分，在舞蹈中予以固定，并对其进行了个性化的选择和编排，该作品中静谧感的营造以及作品思想感情的表达，除了通过连续的动作、姿势、表情予以表现外，已与服化道元素密不可分。因此，《月光》舞蹈中结合了服化道元素的舞者动作、姿势和表情的整体画面可以体现该舞蹈作品的独创性表达。该舞蹈作品于 2003 年创作完成，在《云南映象》大型表演中公开表演后，又在全国多个地区进行巡回演出，后于 2006 年在中央电视台春节联欢晚会中表演。上述情节使《月光》舞蹈作品在全国范围内具有较高知名度和影响力，故被申请人存在接触该舞蹈作品的可能性。本案中的被诉侵权装饰图案均由两部分构成，中心位置为一名高盘发髻、身着紧身长裙的舞蹈女子剪影，外围是圆形的图案或者造型，每幅装饰图案在女子舞蹈姿态上存在差异。根据被诉侵权装饰图案与《月光》舞蹈作品的比对结果，某（北京）餐饮公司等对被诉侵权装饰图案可对应《月光》舞蹈中具体画面内容未持异议。前述《月光》舞蹈中结合了人物造型、月光背景、灯光明暗对比等元素的特定舞蹈姿态并非进入公有领域的舞蹈表达，属于《月光》舞蹈作品具有独创性表达的组成部分。由此，被诉侵权装饰图案与《月光》舞蹈作品的独创性内容构成实质性相似，侵犯了《月光》舞蹈的著作权。

裁判要旨

随着文化艺术形式的不断发展，舞蹈作品的内容和表现形式也在不断地变化和丰富，其实质内核仍然是动作、姿势、表情，但服化道的存在和丰富使得舞蹈作品的表现形式更加丰富多样，服化道的运用对于舞蹈作品思想情感的表达亦起到了积极的辅助作用，从而与舞蹈作品中的动作、姿势和表情产生了密不可分的关系，亦应作为舞蹈作品的一部分予以保护。如果作者在创作作品时已经将服化道作为其作品的一部分，该部分内容体现了作者独创性的选择和编排，体现了作者的独创性表达，将该部分内容纳入舞蹈作品的客体保护范围亦有利于对舞蹈作品作者智力成果的完整保护。

关联索引

2010 年《中华人民共和国著作权法》第三条第三项

2013 年《中华人民共和国著作权法实施条例》第三条、第四条第六项

一审：北京市石景山区人民法院（2021）京 0107 民初 10427 号（2022 年 1 月 12 日）

二审：北京知识产权法院（2022）京 73 民终 2161 号（2022 年 7 月 27 日）

再审：北京市高级人民法院（2022）京民申 7038 号（2023 年 11 月 29 日）

法官评析

本案二审法院裁判在确定舞蹈作品保护内容时，区分了艺术上的概念和法律上的概念，将舞蹈作品和舞蹈表演活动相区分，将舞蹈作品保护的范围限定为连续的动作、姿势、表情等方面的设计，而不包括灯光、舞美、服装、音乐，同时认为对舞蹈演员演出时对舞蹈作品的艺术呈现，应当通过表演者权这一邻接权进行保护。

本案申诉裁定中对舞蹈作品保护内容的认定则更具开放性和包容性，更加符合舞蹈艺术界的理解，通过对法律条文中的"等"字进行解释，拓展了舞蹈作品保护的范围。申诉裁定认为，随着文化艺术形式的不断发展，舞蹈作品的内容和表现形式也在不断地变化和丰富，其实质内核仍然是动作、姿势、表情，但服化道的存在和丰富使得舞蹈作品的表现形式更加丰富多样，服化道的运用对于舞蹈作品思想情感的表达亦起到了积极的辅助作用，从而与舞蹈作品中的动作、姿势和表情产生了密不可分的关系，亦应作为舞蹈作品的一部分予以保护。如果作者在创作作品时已经将服化道作为其作品的一部分，该部分内容体现了作者独创性的选择和编

排、体现了作者的独创性表达，将该部分内容纳入舞蹈作品的客体保护范围亦有利于对舞蹈作品作者智力成果的完整保护。上述不同裁判观点能够让我们从更多角度思考舞蹈作品保护范围的确定，作出更符合立法本意和舞蹈行业认知的解释。

一审法院独任审判员　易珍春
二审法院合议庭成员　高瞳辉　李志峰　宋　鹏
申诉审查合议庭成员　杨绍煜　高　翡　闻汉东
编写人　高瞳辉

著作权权利

9. 文某诉广西某公司、北京某公司侵害著作权纠纷案[*]

——作者未给作品署名是否可以主张署名权

关键词 民事 著作权 署名权

基本案情

湖南省版权局于 2013 年 10 月 20 日颁发了作品登记证书，登记号为湘作登字：18-2013-×-×××，其上显示：作品名称"小 Q 系列"、作者及著作权人均为文某、首次发表时间为 2010 年 2 月 3 日。该登记证书后附图册，其中有涉案作品 1、2、4。该图册中还载有以上述形象为原型的系列漫画作品。

为证明涉案作品的发表情况，文某提交了站酷网（网址为 www. zcool. com. cn）载有涉案作品的网页打印件及个人主页页面：（1）站酷网账号"小_ Q"于 5 年前发布的原创作品：中秋贺图中包含了涉案作品 1。（2）站酷网账号"小_ Q"于 5 年前发布的原创作品：忙里偷闲<4>包含了作品登记证书中的涉案作品 2。（3）站酷网账号"小_ Q"于 5 年前发布的原创作品：忙里偷闲<6>包含了涉案作品 3。上述页面均声明："作品版权由小_ Q 解释，禁止匿名转载；禁止商业使用；禁止个人使用。临摹作品，同人作品原型版权归原作者所有。"站酷网账号"小_ Q"个人主页信息显示姓名：文某；家乡：湖南。

---

* 本案例入选"中国法院 2020 年度案例"。

文某表示，涉案作品 1、作品 2、作品 4 首次发表时间为作品登记证书中的时间，但首次发表的相关链接已无法找到，故提交上述网页打印件证明涉案作品 1、2 的发表情况。法庭组织当庭勘验显示，文某使用其账号和密码能够登录"小_ Q"的站酷网账号，亦可查看涉案作品 1、作品 2、作品 3 的内容。另，文某亦提交了可分层显示的涉案作品的电子文件。广西某公司表示文某仅有网页证明涉案作品 3，未提交其他证据予以佐证，故不认可文某享有涉案作品 3 的著作权。

2015 年 6 月 30 日，（2015）许天证民字第 4661 号公证书记载：在新浪微博搜索栏中输入"广西联通"进行搜索，点击搜索结果中的"广西联通"进入相应微博进行浏览，该账号于 2012 年 9 月 22 日发布的博文配图中使用了涉案作品 1；该账号于 2014 年 6 月 28 日发布的博文配图中使用了含有文字"骗子都死开、坏人都死开"的涉案作品 2；该账号于 2015 年 4 月 26 日发布的博文配图中使用了涉案作品 3；该账号于 2014 年 5 月 5 日发布的博文配图中使用了涉案作品 4。上述四幅配图未出现署名。

文某主张广西某公司未经许可，在其官方微博上使用涉案作品，未为其署名，侵害了其署名权、信息网络传播权。广西某公司对上述公证书真实性无异议，但表示涉案作品是广西某公司根据合作协议，在运营涉案微博期间发布的，且未用于商业目的，广西某公司没有侵权故意。

北京市海淀区人民法院于 2017 年 9 月 22 日作出（2017）京 0108 民初 31421 号民事判决：一、一审判决生效之日起三十日内，广西某公司在其开设的新浪微博账号连续二十四小时刊登致歉声明，就本案侵害署名权行为向文某赔礼道歉（声明内容须经一审法院审核，逾期不履行，一审法院将根据文某申请，在相关媒体公布判决书主要内容，费用由广西某公司负担）；二、一审判决生效之日起十日内，广西某公司赔偿文某经济损失 1 万元及合理开支 317 元；三、驳回文某的其他诉讼请求。文某不服一审判决，提出上诉。北京知识产权法院于 2018 年 12 月 7 日作出（2018）京 73 民终 1164 号民事判决：驳回上诉，维持原判。

裁判理由

法院生效裁判认为：

一、一审法院确定的赔礼道歉的方式是否合理

《著作权法》第四十七条规定："有下列侵权行为的，应当根据情况，承担停止侵害、消除影响、赔礼道歉、赔偿损失等民事责任：……（七）使用他人作品，应当支付报酬而未支付的；……"第四十八条规定："有下列侵权行为的，应当根据情况，承担停止侵害、消除影响、赔礼道歉、赔偿损失等民事责任；同时损害公共利益的，可以由著作权行政管理部门责令停止侵权行为，没收违法所得，没收、销毁侵权复制品，并可处以罚款；情节严重的，著作权行政管理部门还可以没收主要用于制作侵权复制品的材料、工具、设备等；构成犯罪的，依法追究刑事责任：（一）未经著作权人许可，复制、发行、表演、放映、广播、汇编、通过信息网络向公众传播其作品的，本法另有规定的除外；……"

本案中，广西某公司未经权利人许可，通过其经营的微博向公众提供涉案作品，使公众可以在其个人选定的时间和地点获得涉案图片，侵犯了文某对涉案作品享有的信息网络传播权。关于署名权，对于涉案作品1、作品2、作品3，广西某公司使用涉案作品1、作品2、作品3未为文某署名，侵害了文某对涉案作品1-3的署名权；对于涉案作品4，广西某公司未经文某许可，且未标注作者情况下，广西某公司侵犯了文某对涉案作品4享有的署名权，至于广西某公司是否有能力获取作者信息并不影响该侵权行为性质的认定，一审法院关于广西某公司发布涉案作品4的行为未侵害文某的署名权的认定错误，二审予以纠正。署名权属于人身权，广西某公司应当向文某承担赔礼道歉的民事责任。

关于文某主张改判广西某公司在侵权微博首页置顶位置、《中国青年报》首版显著位置连续三十天登载致歉声明的问题。二审法院认为，对于赔礼道歉的方式与持续时间，应当根据涉案侵权行为的性质、范围等因素确定。广西某公司在其新浪微博账号上发布含有涉案作品的博文，该博文的转发量、评论量和点赞量均较少，可以看出广西某公司上述侵权行为的范围和影响均十分有限，且广西某公司已经删除了涉案博文，未对文某的声誉造成严重的影响，因涉案行为系通过新浪微博实施，故一审法院判决广西某公司在其新浪微博首页连续24小时发表声明赔礼道歉的方式并无不当。文某的主张缺乏事实及法律依据，二审不予支持。

二、一审法院对侵权损害赔偿数额的判定是否合理

《著作权法》第四十九条规定："侵犯著作权或者与著作权有关的权利的，侵权人应当按照权利人的实际损失给予赔偿；实际损失难以计算的，可以按照侵权人的违法所得给予赔偿。赔偿数额还应当包括权利人为制止侵权行为所支付的合理开支。权利人的实际损失或者侵权人的违法所得不能确定的，由人民法院根据侵权行为的情节，判决给予五十万元以下的赔偿。"

本案中，双方当事人并未提交证据证明权利人的实际损失或者侵权人的违法所得，故应当依据法定赔偿标准确定赔偿数额，一审法院综合考虑涉案漫画的独创性高度、侵权人主观过错、使用程度、影响力等因素，酌情确定经济损失 1 万元，并无不当，二审予以确认。关于合理开支，文某在一审中提交了金额为 1100 元的公证费发票一张，并明确其在本案中公证费仅主张 500 元，未提交与律师费相关的证据。一审法院根据合理支出的合理性、必要性原则及文某的公证内容、律师出庭等诉讼相关情况，酌情确定合理开支 317 元，符合案件客观实际，并无不当，二审予以确认。文某的其他诉讼主张缺乏事实和法律依据，二审不予采信。

裁判要旨

署名权即表明作者身份，在作品上署名的权利。若使用他人作品未取得著作权人的许可，侵权人主张因无法知晓著作权人对作品的署名方式故未署名，未侵害署名权的抗辩理由，缺乏法律依据，法院不予采信。

关联索引

2010 年《中华人民共和国著作权法》第四十七条、第四十八条第一项、第四十九条

2013 年《信息网络传播权保护条例》第二十二条

一审：北京市海淀区人民法院（2017）京 0108 民初 31421 号（2017 年 9 月 22 日）

二审：北京知识产权法院（2018）京 73 民终 1164 号（2018 年 12 月 7 日）

法官评析

近年来，随着人们对于知识产权保护的不断重视，越来越多的著作权人注重保护自己的著作权。但伴随着互联网的快速发展，侵权行为变得更加频繁和多样，这使得很多在原纸制传播途径中不易发生的问题凸显了出来，让一些常常被忽略的权利如署名权，受到了人们的重视。我国关于保护著作权人的署名权已有了明确规定，但是在司法实践中对于哪些行为侵犯了署名权、署名权的权利边界在哪里仍然存在争议。本案即是关于侵权人虽使用了作品，但主张因无法知晓著作权人对作品的署名方式，故其未署名系合理行为，并不侵害著作权人的署名权，是否应当采信侵权人的抗辩意见主要有两种观点：

第一种观点认为，侵权人抗辩成立。根据《著作权法》规定著作权人享有人身权及财产权，侵权人使用作品的行为系侵权行为，应承担侵权责任并无争议。但是关于侵权人是否侵害了署名权应当审查侵权人是否有能力为著作权人署名，若其无法署名，法院仍判决其承担责任缺乏合理性。

第二种观点认为，侵权人抗辩不成立。《著作权法》已赋予了著作权人署名权，因此在其作品上署名系使用作品人的义务，其有义务表明作品系他人完成，保障作品与著作权人之间的联系。

笔者支持第二种观点，主要理由如下：

第一，关于署名权法律依据的考量。在我国《著作权法》中，明确列举了3项侵犯署名权的行为，即"未经合作作者许可，将与他人合作创作的作品当作自己单独创作的作品发表的""没有参加创作，为谋取个人名利，在他人作品上署名的"和"制作、出售假冒他人署名的作品的"行为。①

第二，关于署名权法学理论的考量。依据我国《著作权法》的规定，署名权是表明作者身份，在作品上署名的权利。署名权为表象，身份权是本质，署名是表现作者身份的一种方式。《著作权法》确认著作权人享有署名权，根源在于，作品是作者心智和劳动的结晶，因此应通过表明作者的身份，真实反映作品和作者之间的"血缘"联系，并通过法律保障这种

---

① 参见 2010 年《著作权法》第四十七条、第四十八条规定。

联系。①

  第三，关于被告抗辩是否成立的考量。本案中，被告主张因无法知晓著作权人对作品的署名方式故未署名。笔者认为，被告使用他人作品应当知道需要取得著作权人的许可，其没有被许可已是侵权行为。给作品署名已是法律明确规定和社会公知的要求，被告未署名使用作品系故意行为。被告可以使用其他作品予以替换，不应将署名的查询责任加于原告。原告不给作品署名并不意味着原告在传播过程中放弃了署名权。

      一审法院独任审判员 李莉莎
      二审法院合议庭成员 李志峰 崔宇航 杨 洁
      编写人 李志峰

---

  ① 陈锦川：《著作权审判原理解读与实务指导》，法律出版社 2014 年版，第 129 页。

10. 张某与某有限公司、北京某甲公司、北京某乙公司、陆某、北京某丙公司侵害保护作品完整权纠纷案*

——取得改编授权条件下的保护作品完整权问题

关键词 著作权 保护作品完整权 改编权 修改权

基本案情

张某系知名系列小说《鬼吹灯》的作者，其在一审诉称，电影《九层妖塔》系根据其所著小说《鬼吹灯之精绝古城》改编而成，但电影的故事情节、人物设置、故事背景均与小说相差甚远，远远超出了法律允许的必要改动的范围，对小说存在严重的歪曲、篡改，侵害了张某的保护作品完整权，且涉案电影未给张某署名，侵害了其署名权，遂请求一审法院判令某有限公司、北京某甲公司、北京某乙公司、陆某停止传播涉案电影，公开赔礼道歉、消除影响，并赔偿精神损害抚慰金 100 万元。

一审法院经审理认为：在作者将其著作财产权转让给他人后，在判断被转让人的合法改编行为是否侵犯作者保护作品完整权时，不能简单依据是否违背作者在原作品中表达的意愿这一主观标准进行判断，而应当重点考虑改编后的作品是否损害了原作品作者的声誉。本案证据不足以证明原作品作者张某社会评价降低、声誉受到损害。因此，一审法院认为张某关于其保护作品完整权受侵害的主张不成立，而仅支持了关于侵害其署名权的主张，并在此基础上判令某有限公司、北京某甲公司、北京某乙公司及

---

* 本案例入选 2019 年中国版权十件大事，本案裁判文书获第四届全国知识产权优秀裁判文书二等奖。

北京某丙公司在传播涉案电影时为张某署名并向张某公开赔礼道歉，消除影响。

北京市西城区人民法院于 2016 年 6 月 28 日作出（2016）京 0102 民初 83 号民事判决：一、某有限公司、北京某甲公司、北京某乙公司、北京某丙公司在发行、传播电影《九层妖塔》时署名张某为电影《九层妖塔》的原著小说作者；二、某有限公司、北京某甲公司、北京某乙公司、北京某丙公司在一家全国发行的报纸上就涉案侵权行为刊登致歉声明，向张某公开赔礼道歉，消除影响；三、驳回张某的其他诉讼请求。

宣判后，张某不服提起上诉，北京知识产权法院于 2019 年 8 月 8 日作出（2016）京 73 民终 587 号民事判决：一、撤销北京市西城区人民法院作出的（2016）京 0102 民初 83 号民事判决；二、某有限公司、北京某甲公司、北京某乙公司于本判决生效之日起，立即停止发行、播放和传播电影《九层妖塔》；三、某有限公司、北京某甲公司、北京某乙公司于本判决生效之日起三十日内，在《中国新闻出版广电报》上就涉案侵犯署名权和保护作品完整权的行为刊登致歉声明，向张某公开赔礼道歉，消除影响；四、某有限公司、北京某甲公司、北京某乙公司于本判决生效之日起十日内，连带赔偿张某精神损害抚慰金 5 万元；五、驳回张某的其他诉讼请求。

裁判理由

法院生效裁判认为：

2010 年《著作权法》规定的保护作品完整权并无"有损作者声誉"的限制，故应当认为对该权利的侵害不以"有损作者声誉"为前提。

改编最重要的两个核心要素是保留原作品的基本原创性表达和附加新的原创表达，最终创作出新作品，这也是改编权所控制的两个核心环节。改编权属于著作财产权，保护作品完整权属于著作人身权。著作财产权保护的是财产利益，著作人身权保护的是人格利益，故改编权无法涵盖保护作品完整权所保护的利益。如果改编作品歪曲、篡改了原作品，则会使得公众对原作品要表达的思想、感情产生误读，进而对原作品作者产生误解，这将导致对作者精神权利的侵犯。侵权作品是否获得了改编权并不影响保护作品完整权对作者人身权的保护。

在获得对原作品改编权的情况下，改编作品所作改动应当符合改动是"必要的改动"和改动应当在"必要的限度"之要求，如果改动的结果导致作者在原作品中要表达的思想情感被曲解，则这种改动就构成对原作品的歪曲、篡改。本案中，涉案电影将主要人物胡八一及 Shirley 杨分别设定为羿王子后裔及具有异能的鬼族后人，并将涉案小说从普通人类摸金校尉利用风水玄学探险的故事，改为具有超能力的英雄后人与鬼族人和怪兽战斗的故事。上述改动是对涉案小说主要人物设定、故事背景等核心表达要素的大幅度改动，对作者在原作品中表达的观点和情感作了本质上的改变，因而构成了对原作品的歪曲、篡改。

故法院最终认定，某有限公司、北京某甲公司、北京某乙公司侵害了张某对涉案小说的保护作品完整权，判令其停止传播涉案电影，向张某公开赔礼道歉、消除影响，并赔偿张某精神损害抚慰金 5 万元。

裁判要旨

1. 保护作品完整权并无"有损作者声誉"的限制，故应当认为对该权利的侵害不以"有损作者声誉"为前提。

2. 在获得对原作品改编权的情况下，改编作品所作改动亦应当符合必要限度。如果改动的结果导致作者在原作品中要表达的思想情感被曲解，则这种改动就构成对原作品的歪曲、篡改。

关联索引

2010 年《中华人民共和国著作权法》第十条第一款第四项、第十二条、第十五条第一款、第四十七条第四项

2013 年《中华人民共和国著作权法实施条例》第十条

一审：北京市西城区人民法院（2016）京 0102 民初 83 号（2016 年 6 月 28 日）

二审：北京知识产权法院（2016）京 73 民终 587 号（2019 年 8 月 8 日）

法官评析

著作权保护通说认为，作品作为人类智力劳动的成果，必然会反映作者的部分人格。作者创作作品的过程，就是将自己的精神烙印进作品的过

程。这就是不同的作者会创作出不同的作品的缘故，即便是相同题材或者同一部作品的译文，也能看出不同作者的创作风格。作品是作者的精神之子，作品中所蕴含的作者的精神利益就产生了类似于人格权在法律上值得保护的权利。无论是作者权传统的大陆法系国家，还是版权传统的英美法系国家，都对作者人身权利提供了一定程度的保护。我国《著作权法》属于二元论体系，区分了作者人身权和财产权。其中，人身权就包括署名权、发表权、修改权和保护作品完整权。署名权是表明作者身份的权利。发表权是决定作品是否公之于众的权利。修改权是修改或者授权他人修改作品的权利。保护作品完整权是保护作品不受歪曲、篡改的权利。对于保护作品完整权这一著作人身权在理论上应如何理解，目前存在不同观点，所以在司法审判中要立足我国现行法律的规定，确立三个规则：

一、正确界定我国《著作权法》对保护作品完整权的规定

《著作权法》第十条第一款第四项规定"保护作品完整权，即保护作品不受歪曲、篡改的权利"。通说该条款是来源于《伯尔尼公约》第六条之二："不依赖于作者的经济权利，乃至在经济权利转让之后，作者均有权声称自己系作品的原作者，并有权反对任何有损作者声誉的歪曲、篡改或者其他改动或者贬抑其作品的行为。"① 这条规定包含两项权利：（1）确认作者身份权，相当于我国《著作权法》规定的署名权；（2）禁止歪曲、篡改权，相当于我国《著作权法》规定的保护作品完整权。但是在我国法律规定的内容里，并没有"有损作者声誉"的字样，这就导致对这一条款产生了不同的理解。要正确理解这一条款，首先就要从《伯尔尼公约》制定的特殊背景入手去考量。

1928 年《伯尔尼公约》罗马会议提出了与作者精神权利相关的内容，其中包括作者始终享有发表权和署名权，以及反对对其作品的任何有损其精神利益的修改的权利。在普通法系国家尤其是英国和澳大利亚的反对之下，各方达成相关妥协草案，用"荣誉或名声"（honor or reputation）取代

---

① Independently of the author's economic rights, and even after the transfer of the said rights, the author shall have the right to claim authorship of the work and to object to any distortion, mutilation or other modification of, or other derogatory action in relation to, the said work, which would be prejudicial to his honor or reputation.

了"精神利益"这一用语。原因是英国代表团认为英国法无法对"精神利益"进行确切的表达，而"荣誉""名声"与依据普通法提起的损害名誉之诉和仿冒之诉所保护的人格利益更相似。所以，为了协调普通法系国家的立场，《伯尔尼公约》中并未使用"作者的精神利益或心灵利益"这样宽泛的概念。相比之下，大多数专家普遍认为"荣誉或名声"更加具有客观性并被普通法系国家所接受。这样妥协的最终结果就是，在公约框架下，"荣誉或名声损害"标准为第三人提供了非常重要的保护，以免遭到某些过于敏感的作者提出一些过分的要求，尤其是在第三人获得作者许可或法律准许的情况下改编作品。作者仅仅不喜欢第三人对其作品所实施的行为是不够的；他还需要证明，在公众眼中，该行为对作者造成了负面影响。这也就是对作者就其作品所享有的"精神"或"人格利益"的损害与其"荣誉或名声"的损害之间的区别。但是同时，这也就导致了该公约第六条之二所规定的保护作品完整权保护力度相对较弱。

纵观其他各国国内法基于自身国情对保护作品完整权进行的规定，大体可以分为两种类型：一种是以法国、德国为代表的国家，使用"精神利益损害"标准；另一种是以英国、美国为代表的国家，使用"荣誉或名声损害"标准。

《法国知识产权法典》L.121-1 条规定："作者对自己的姓名、作者身份及作品享有受尊重的权利。该权利系于作者人身。该权利永远存在、不可剥夺且不因时效而丧失。该权利因作者死亡可转移至其继承人。第三人可依遗嘱的规定行使该权利。"

《德国关于著作权与有关的保护权的法律》第 14 条规定："著作权人有权禁止对著作的歪曲或其他伤害，以防止其与著作间的精神及人身合法利益遭到损害。"第 39 条规定："（1）如无相反约定，利用人不可改动作品及其标题或作者的名称。（2）作者根据诚实信用原则无法拒绝的，则允许对作品及标题的改动。"

《日本著作权法》第 20 条规定："作者享有保持其作品和作品标题完整性的权利，有权禁止违反其意志对其作品或者作品标题进行的修改、删除或者其他改变……"

《韩国著作权法》第 13 条规定："作者有权保护作品内容、结构和题目的完整性，如果没有实质性修改则作者不得反对因为作品性质、使用目的和方式等，不可避免地对作品表现形式进行有限修改。"

《俄罗斯联邦民法典》（著作权部分）第1266条规定："作品不可侵犯权和保护作品免受歪曲的权利：（1）未征得作者同意，不许对其作品修改、缩减和增补，使用其作品不许附加插图、序言、跋语、注释或任何说明（作品不可侵犯权）；（2）败坏作者人格、尊严或者信誉地对作品歪曲、颠倒或其他修改，以及对作者人格、尊严、信誉影响力的侵害，都赋予作者行使请求权，保护自己的人格、尊严和信誉。"

《美国版权法》第106条之二规定了作者有权禁止歪曲、篡改其视觉艺术作品或对其作其他可能有损于其声誉的修改。美国1990年《视觉艺术家权利法》新设的第106A条规定，只有损害视觉艺术家名誉或声望对作品进行歪曲、切除或其他改变的行为，才构成保护作品完整权侵害。但应注意，其法律条文中明确提及了侵害行为构成要件包括有损作者声誉。

《英国版权、设计与专利法案》第80条规定："文学、戏剧、音乐或艺术作品的作者以及电影作品的导演，有权制止对其作品的贬损处理。若该处理扭曲了作品或破坏了作品之完整，或者有损于作者或导演的名誉和声望，则该处理为贬损处理……"①

值得明确的是，无论是"精神利益损害"标准，还是"荣誉或名声损害"标准，都是反对对作品进行歪曲、篡改的，只不过所能允许的改动程度不同。在版权主义国家，对作者权利的保护与激励是通过对作品的使用所产生的经济利益作为回报的，特别是当作者把作品财产权转让给他人后，受让人就有权通过更好实现作品经济价值的方式来使用作品，而这种方式通常需要对作品进行改动。只有当作者举证证明这种改动导致了作品被贬损进而使作者荣誉或名声受到损害，才有可能受到保护作品完整权的保护。而在作者权利主义国家，保护作品完整权的保护水平相对高一些，一般不需要作者举证证明因为作品的改动而导致作者声誉受损，只需要判断这种改动是否有违作者本意并且歪曲、割裂了作者"烙印"在作品中的精神。

我国《著作权法》规定的保护作品完整权并没有"有损作者声誉"的限制，应当认为对该权利的侵害不以"有损作者声誉"为前提。鉴于《伯

---

① 上述外国法条援引或概括自《十二国著作权法》，清华大学出版社2011年版。

尔尼公约》第十九条明确规定了"如果本同盟成员国的本国法律提供更广泛的保护，本公约条款不妨碍要求适用这种规定"，所以第六条之二规定的只是精神权利的最低保护水平，成员国可以在其国内法律中对公约规定的损害作者的荣誉或名声的要求作出修改，或者完全删除。作为《伯尔尼公约》成员国，我国在1990年第一次制定《著作权法》时便已经给予了作者更高水平的保护作品完整权的保护，这也体现了我国著作权制度更接近于作者权体系，也是我国《著作权法》立法本意中对作者权利更为尊重的体现。

二、正确理解我国《著作权法》规定的"歪曲、篡改"的含义

保护作品完整权不意味着必须"完整"使用或再现作品，不得对作品进行任何改动。保护作品完整权所保护的所谓的"作品完整"是作者通过作品传达的意思真实不受曲解。保护作品完整就是保护作品不受到歪曲、篡改。所谓歪曲，是指故意改变事物的真相或内容；篡改则是用作伪的手段对作品进行改动或曲解。司法实践中，"歪曲、篡改"作品可以表现为多种形式，例如添加、删减、割裂、改变内容，等等。

在陈某诉某图书公司侵害保护作品完整权案中，二审法院认为：在本案中，《总序》及三本书的《前言》和《后记》是对于涉案作品在学术理论方面的提炼和升华，体现了作者在涉案作品中想要突出表达的系统化的观点，是涉案作品的有机组成部分。某图书公司未经作者陈某许可，在涉案图书中未使用《总序》及三本书的《前言》和《后记》的行为，使作者的学术思想不能完整、准确、系统地呈现在公众面前，构成对涉案作品的实质性修改，改变了涉案作品的内容、观点和形式，客观上达到了歪曲、篡改的效果，侵害了作者享有的保护作品完整权，依法应当承担停止侵害、赔礼道歉的民事责任。①

实践中，"歪曲、篡改"也可能表现为不改动作品内容而是改变对作品的使用方式。在林某诉某出版社侵犯其保护作品完整权及名誉权案中，原告林某拍摄彩色照片《跳帮》，画面是海关缉私警察跳跃走私船船帮实施缉私行动的情景。在《走向二十一世纪的中国海关》大型画册中刊登

---

① 北京知识产权法院（2015）京知民终字第811号。

时，此照片配有如下文字说明：用忠贞和正义锻造的利箭射向罪恶，使走私分子胆战心惊。图为海关海上缉私队员在"跳帮"。被告出版社复制照片《跳帮》用于《中国新闻周刊》封面，封面自上而下配写"私破海关""腐败重创中国海关大门""危机中年""娱乐圈是个什么圈"等文章标题，照片右上方印制有反转倒置的中国海关关徽图案。北京市高级人民法院审理认为：出版社在其编辑出版的刊物封面上，擅自使用林某的摄影作品，未给作者林某署名；在明知作品的主题反映的是海关人员的英勇无畏精神的情况下，为达到自己的使用目的，却在刊物封面上配印与作品主题相反的图案和文字，突出了海关腐败的内容，这种使用严重歪曲、篡改了作者的创作本意……侵犯了作者对作品所享有的署名权、保护作品完整权、使用权以及获得报酬的权利。①

这种改变作品使用背景的方式，并不是对作品内容直接进行的改动，但是其使用的结果使得作品的本意被曲解了，符合《伯尔尼公约》所要求的"贬抑其作品"的行为，应当受到保护作品完整权的规制。所以如果我国不将其他使用方式列入法律保护范围，将有违成员国应当提供最低程度保护标准的承诺。在理解我国《著作权法》规定的"歪曲、篡改"的范围时，不应当局限于仅仅对作品内容的改动，也应当包含对作品的具体利用方式。

司法实践中，对"歪曲、篡改"含义的理解还应注意把握如下两点：

1. "歪曲、篡改"不必然要求是对作品的贬损

保护作品完整权保护的是作者在作品中所体现的思想、观点真实无误地为公众所感受，所以无论是改好还是改坏，都有可能改变作者在作品中所体现的本意，进而造成公众对作者观点、思想的误解。例如，假设某评论家撰文评论重庆"史上最牛钉子户"事件，同时对开发商和钉子户进行了批评，但是报社在刊登时却删除了批评开发商的段落，改变了评论家在作品中表达的原意，会使读者误认为评论家完全站在开发商的立场上，由此会对评论家的声誉造成损害，即为典型的侵犯保护作品完整权的行为。②

① 最高人民法院中国应用法学研究所编：《人民法院案例选》2003年第2辑（总第44辑），人民法院出版社2004年版，第304~310页。

② 王迁：《著作权法》，中国人民大学出版社2015年版，第156页。

与此相对应，如果报刊删除的是对钉子户的批评，则同样会导致读者误以为评论家完全站在钉子户的立场上，也改变了评论家的本意，会对评论家的声誉造成不正确的影响，同样属于侵犯保护作品完整权的行为。可见，不应当要求"歪曲、篡改"必须是对作品的贬损式改变，保护作品完整权保护的是通过作品的表达所展现出的作者的精神世界、意图、思想以及个性不被破坏，对作品的贬损式改动毫无疑问会使作品所表达的精神、思想被歪曲，甚至使作者的声誉受损；但是将作品改得所谓更加完美、更加出色可能同样会使作品要表达的思想被他人误解。如果仅仅认为贬损式的改动才属于"歪曲、篡改"，而褒扬式的改动则不属于"歪曲、篡改"，则将使得诸多的涉嫌侵权行为的判定成为改动好坏的主观评价，更何况评价本身是否正确或准确都很难定论。因为在文学评论欣赏中，本来就是非常主观和因人而异的，这种评判不应当由法院来作出。并且，如果允许所谓水平高者可以对水平较低的作品进行肆意改动，这就有违保护作品完整权的立法目的了。

2. 有损作者声誉不是判定"歪曲、篡改"的必要条件

在保护作品完整权侵权的认定中，最具有争议的一点就是，有损作者声誉是否为歪曲、篡改的判定要件。国内理论上存在三种不同观点：一是"主观标准"，认为只要违背作者意思对作品进行改变，不管是否损害作者声誉，均构成对保护作品完整权的侵害；二是"客观标准"，认为只有对作品的"歪曲、篡改"客观上损害了作者声誉，才可能侵害保护作品完整权；三是"主客观结合标准"，认为对保护作品完整权的范围可根据情况而定。在作品发表之时，原则上必须尊重作品的全貌，如果此时改动作品，会损害作者的表达自由，因为作者有权以自己选择的方式表达思想，此时可采用主观标准。在作品发表之后，公众已经知晓作品改动非作者本人所为且客观上没有影响作者的声誉，即使改动不符合作者的意愿，也不宜认定为侵权，应当采用客观标准。大多数版权体系国家采用客观标准，这些国家认为作者的权利并无特殊之处，保护程度等同于一般的名誉权。①

这三种观点都有失偏颇。"主观标准"过于强化对著作权人的保护，偏离了"歪曲、篡改"的要求；"客观标准"则降低了对著作权人的保护，

---

① 李琛：《知识产权法关键词》，法律出版社2006年版，第118页。

也与《伯尔尼公约》的规定相背离;"主客观结合标准"以作品发表前后作为适用主观标准与客观标准的分界线,缺乏充分的依据。①

其中,所谓"客观标准"更是混淆了著作人身权与民法上人格权的概念。来源于版权主义理论的观点认为,保护作品完整权中的作者声誉,与普通人格权上的声誉并无不同。但是在著作人身权和财产权分离的国家,著作人身权与民法上的人格权是存在明显差异的。首先,人格权的产生以人的出生为依据,著作人身权的产生以作品的完成为依据。其次,人格权在人死后即告消亡,著作人身权在作者死后仍然附着在作品上受到保护,有的甚至没有期限。最后,人格权受到侵犯,一般表现为对权利主体"人"的直接侵犯;著作人身权受到侵犯,则大多表现为直接对作品的侵犯,通过作品受到侵犯才能间接推出著作人身权受到侵犯,进而传导、折射到作者的"精神权利"。

可见,人格权被侵犯通常表现为权利主体"人"遭到侮辱、诽谤或谩骂,导致其社会评价降低;著作人身权被侵犯则表现为对作品的歪曲、篡改,可能会给作者的声誉带来损害。保护作品完整权维护的是作品的内容、观点不受歪曲、篡改,其基础是对作品中表现出来的作者的个性和作品本身的尊重,其意义在于保护作者的名誉、声望以及维护作品的完整性。从这个意义上说,即使未对作品本身作任何改动,但使用方式破坏了作品表达本意,进而可能有损作者的名誉、声望的,亦属于对作者人格的侵害,可以通过保护作品完整权予以规制。

在沈某诉北京某出版社案中,法院认为由于《闺梦》一书存在严重的质量问题,该书在社会上公开发行后,必然使作为该书作者的沈某的社会评价有所降低,使其声誉受到影响。北京某出版社出版发行该书时出现的质量问题,不仅构成违约,同时对沈某对该作品所享有的保护作品完整权造成侵害。②

歪曲、篡改作品必然是客观上违背作者在作品中表达之意的改动,这种改动使改动后的作品表达之意与作者在原作中所表达的意思大相径庭,

---

① 参见苏志甫:《〈侵害著作权案件审理指南〉条文解读系列之四》,载微信公众号"知产力",2018年8月3日。

② 参见北京市高级人民法院(2001)高知终字第77号。

不免造成作者名誉受到错误的影响。同时，歪曲、篡改肯定会使作者的声誉受到影响，但作者声誉是否受损不能反过来判定是否达到了歪曲、篡改的程度。可见，不论使用者是恶意还是善意，只要对作品的使用客观上起到歪曲、篡改的效果，就可以推定必定导致作者声誉受到影响，就应判定构成对作品完整权的损害。

三、正确把握我国《著作权法》中改编权与保护作品完整权之间的关系

有观点认为改编必然会对作品进行改变，保护作品完整权是要求对作品"不变"，两个权利天然就是矛盾的。如果属于经过合法授权的改编行为，则对保护作品完整权的适用要进行限制或者放宽侵权判定。这样的观点是否正确呢？有必要正确分析改编权与保护作品完整权之间的关系。

我国《著作权法》规定，改编权即改变作品，创作出具有独创性的新作品的权利。基于改编权所产生的作品是改编作品。通常认为，改编作品是指基于原作品产生的作品，或者是在原作品的基础上经过创造性劳动而派生的作品。因此，原作品应在改编作品中占有重要的地位，具有相当的分量，应当构成改编作品的基础或者实质内容。从改编权的权利本质内涵上讲，改编权所控制的是许可他人实施的、在保留原作品基本表达的基础上改变原作品创作出新作品的行为。因此，改编最重要的两个核心要素是保留原作品的基本原创性表达和附加新的原创表达，最终创作出新作品，这也是改编权所控制的两个核心环节。

我国法律法规并没有规定获得改编权后即不必再受到保护作品完整权的规范，反而规定了改编作品的作者在行使其改编作品的著作权时，不得侵犯原作者的著作权，包括尊重作者的署名权，不得歪曲、篡改原作品等，否则可能导致对原作品的侵权而承担民事责任。此处无论是法律还是法规都没有对改编行为是否具备合法授权作出区别。法律所规范的是改编行为本身，并不关心其是否具备原作者的授权。

另外，改编权属于著作财产权，保护作品完整权属于著作人身权。著作财产权保护的是财产利益，著作人身权保护的是人格利益，故改编权无法涵盖保护作品完整权所保护的利益。如果改编作品歪曲、篡改了原作品，则会使得公众对原作品要表达的思想、感情产生误读，进而对原作品

作者产生误解，这会导致对作者精神权利的侵犯。如果属于未经授权的改编行为，其改动假设不存在歪曲、篡改的，则不会侵犯保护作品完整权，但将会侵犯改编权。如果属于经过授权的改编行为，则不会侵犯改编权，却有可能因为歪曲、篡改而侵犯保护作品完整权。可见，侵权作品是否获得了改编权并不影响保护作品完整权对作者人身权的保护。

四、个案的运用

在正确把握上述三个基本规则以后，我们再来讨论与涉案有关的电影作品改编行为所适用的规范。

早在1963年，就有专家提出，为了制作电影经常需要对原作品进行相当多的修改和改动，特别是为了能公开上映也需要根据政府的审查要求进行一些改动。这样必然会涉及作者的精神权利。但是《伯尔尼公约》的电影专家委员会认为，上述问题涉及的内容过于琐碎，因此不宜在国际公约中规定而建议由国内法处理。在1965年政府专家委员会上，有提案提出，作者仅仅在"公平地考虑其他作者和电影制作者利益的情况下"才有权行使保护作品完整权；另有提案建议，作者在主张保护作品完整权时，不得"反对就利用电影作品而言所绝对必要的修改"；还有提案建议，规定一个推定条款，即推定作者授权电影制作者可以为制作电影作品进行任何必要的修改。不过最终《伯尔尼公约》没有接受任何一个提案，也就是说对于电影作品而言，公约并未给出任何特殊待遇。①

基于电影作品改编摄制的特点，是从一种形式的作品（文字、漫画）演绎到另一种形式的作品（影视），其中所使用的艺术创作手段大相径庭，也受到电影时长、市场需求、资金多少、主创人员能力等诸多限制。文字能描述出来的内容，未必可以用摄像机拍摄出来，特别是在计算机特技尚不发达的电影产业发展初期，此时法律允许在改编电影的过程中，电影作者对原作品进行必要的改动。这一过程中需要平衡考量原作者与电影作者甚至公众的综合利益，既要防止原作者过分敏感地阻碍了电影作者合理创作范围内的改编拍摄行为的实施，又要防止电影作者在新的演绎中歪曲、篡改原作者在原作品中受保护的精神利益，同时还要兼顾社会公共利益，

---

① 《国际版权与邻接权》（第二版）上卷，中国人民大学出版社2016年版，第520～521页。

涉及电影审查、公共政策和广大观众的接受程度。

我国《著作权法实施条例》第十条规定："著作权人许可他人将其作品摄制成电影作品和以类似摄制电影的方法创作的作品的，视为已同意对其作品进行必要的改动，但是这种改动不得歪曲篡改原作品。"

适用这一条款的前提是经过合法授权的拍摄行为，中间规定的是推定著作权人同意进行必要的改动，但书内容规定的改动限制——不得歪曲、篡改原作品。可见，法律规定摄制电影的改动是具有严格限制的。首先，这个限制就是"必要的改动"，包含两个含义：第一是因为电影改编行为而需要进行改动，如果不改动则电影无法拍摄。例如《意大利著作权法》第47条规定："制片人有权对其使用的作品进行必要的改动以适应电影的需要。"这种需要通常可以理解为了符合电影审查制度，为了电影上映所需要作的改动。例如，原作品中如果含有违反宗教政策、暴力、色情等不宜在电影中呈现的描写，就应当允许这部分不在电影作品中出现，或者用其他合适的方式替代。但是具体哪些改动是必要的，应当由改编方来举证。本案中，改编方提供的证据并没有证明其影片中所作的改动是基于电影审查制度的要求，其抗辩电影中不能有鬼神、不能有盗墓行为，这些理由都不是我国电影审查制度的要求，原著小说被电影改编的部分也没有这些内容，所以其抗辩理由无法成立。第二是改动应当在必要限度内。即便属于必要改动的范畴，也不意味着可以随意改动。比如涉案电影中，即便把盗墓及风水等相关因素以审查为由予以改动，也应当尽可能采取不远离原著的方式。改编创作具有多样性，并非只有一个方案，在各种方案的选择上应同时避免违反审查制度和侵犯他人合法权利。在涉案电影之后上映的《寻龙诀》同样是改编自《鬼吹灯》系列小说，但是都巧妙地设计了相关问题，并没有因此而导致无法上映。而且，《寻龙诀》的改编也得到了原著粉丝的多数认可。

而涉案电影《九层妖塔》把涉案小说主人公的身份从盗墓者改成外星人后裔并具有超能力，这一点就改动了原著的基本人物设定，进而实质上改变了作者在原作中的思想观点。制片方认为摸金校尉属于盗墓者，属于电影审查层面上不能正面表现的内容，其在二审中强调"在我国影视剧创作中，根据《电影管理条例》等法律规定及实务情况，盗墓题材的拍摄具有极大的内容审查风险，特别是将盗墓行为及盗墓分子进行正面、褒扬式的表现，体现出'盗墓无罪论'或者'盗墓可爱说'则具有更大的内容审查风险"。制片方称对于原著作品的改编，一方面是作为"盗墓"小说电影改编的首部作品，对于国家法律及政策的严格遵守，尽可能规避审查风险以及由此带来的巨大商业风险；另一方面则是因为原著作品所具有的特征，对原著作品中的内容进行的合理编排，对于原著作品中隐喻内容的合理解读。制片方认为，原著是盗墓题材的作品，在影片筹备之时，广电总局对于影片有严格的要求，因此根据审查进行的内容改动属于正当的改动。排除改动外，其他的内容是与小说高度重合的。为此，制片方提供了国家广播电影总局电影管理局《关于原则同意鬼吹灯传说之精绝古城拍摄的通知》，以及《盗墓笔记》等网剧下架的新闻，以此来证明由于涉案小说存在封建迷信、血腥暴力的内容，为了避免审查风险进行较大幅度的改动属于必要的改动。作者认为，我国电影审查制度自始就有，有电影审查制度就有电影审查风险。电影审查风险是客观存在的，属于正常的风险，不能因为规避正常风险而侵犯他人的合法权益，更不能以此作为不侵权的抗辩理由。

那么，是否为了满足电影审查的需要所作的任何改动都属于必要的改动呢？是否为了通过电影审查，在电影中就不能出现任何违法犯罪和反映社会负面的内容呢？答案显然是否定的。2014年的文艺座谈会指出："当然，生活中并非到处都是莺歌燕舞、花团锦簇，社会上还有许多不如人意之处、还存在一些丑恶现象。对这些现象不是不要反映，而是要解决好如何反映的问题。"可见，那种简单删除原著中涉及的可能的负面因素并非值得肯定的改动做法。法院在审理中也注意到，涉案电影所改编的部分所对应的原著小说内容中，主人公在昆仑山和沙漠探险的目的均不是盗墓，而是地质勘探或帮助科考队探墓考古。同时，在后上映的电影《寻龙诀》也同样改编自原作者的同类型盗墓系列小说，其中对于主人公的身份设定并未有所改动，可见这种改动并非广电主管部门的明确否定范围。同时，制片方也没有证明这种实质性的改动属于必要的改编方案，或者没有超出必要的改编限度，导致其结果是构成对原作品的歪曲篡改。

最后仍然要强调的是，根据《著作权法实施条例》的规定，即便满足了"必要的改动"条件，仍然还要求不得"歪曲、篡改原作品"。也就是说，即使改编方可以证明改动是必要的，且所作改动也在必要限度之内，但是如果改动的结果仍然导致作者在原作品中要表达的思想观点被曲解，则这种"必要的改动"仍然有可能歪曲、篡改原作品，从而导致侵犯原作者的保护作品完整权。

当然，法院可以理解电影制片方为了最大限度地降低审查风险、保证电影过审上映，把一切可能的风险因素去除的初衷，但是这样做的结果却可能导致对原作品歪曲篡改的法律风险的提高。例如，涉案电影把小说中的铁三角组合主人公之一的王凯旋改为配角，把王凯旋的性格和人设进行了完全不同的改动，改编方并没有证明这种改动是基于电影审查制度或者是经过了原作者的许可。在此前提下，电影制片方应当充分与相关主管部门进行沟通，以准确获知相关审查需求，而不能为了保证影片过审而不顾侵害他人的合法权益，如果经过各种选择沟通确实属于无法过审的作品，则不应当强行进行改编拍摄。"行使自己权利以不损害他人权利为限"是一句著名的罗马法谚。制片方更不可以影片拍摄投资巨大来当作可以侵害他人合法权益的借口。2014年文艺座谈会曾指出："一部好的作品，应该是经得起人民评价、专家评价、市场检验的作品，应该是把社会效益放在首位，同时也应该是社会效益和经济效益相统一的作品。在发展社会主义市场经济的条件下，许多文化产品要通过市场实现价值，当然不能完全不考虑经济效益。然而，同社会效益相比，经济效益是第二位的，当两个效益、两种价值发生矛盾时，经济效益要服从社会效益，市场价值要服从社会价值。文艺不能当市场的奴隶，不要沾满了铜臭气。"可见，无论是我党的政策还是国家法律法规，均不会因为获得合法改编权就允许任意的没有底线的改编行为，不会允许为了电影能够过审而侵害他人合法权益，不会允许用财产性权利去抵消法律对人身性权利的保护。

法院也充分考虑到电影创作的特殊性，根据双方都作为证据提交的汪流主编的《电影编剧学》一书，其中指出："电影改编在理论和实务中存在着移植、节选、浓缩、取意、变通取意、符合等多种改编方式。……在我国电影改编实务中，对于对待一般作品，通常会采取改动较大的方式。忠实原作主要是指忠实于原作的精髓（或叫作'神韵'和'实质'），绝非指要受原作形式上的束缚。即不是照搬原作一词一句，而是要尊重作者在原作中表达的精神。……对原作无论进行增补还是删减，其目的，自然是为了丰富原作，而不是为了削弱原作。即使是对原作进行删节，其目的也仍然是突出题旨，使形象更加集中……"所以，按照电影行业理论，即便是仅选择原著的一部分进行改编拍摄，那么为了情节的完整性删减、增加、改动在所难免，但是这种增删也应是为了将这一部分改编的内容更加丰富、更加突出，而不是削弱了原作在改编作品中的占比。本案中，涉案电影增加的 749 局、王馆长、沙漠打怪兽、鬼族人宿命等内容，其体量远远大于小说被改编的部分，且内容与被改编的部分基本无关联。

在本案审理中，结合电影对小说主人公人物设定的根本性改动，电影整体与小说中被改编的部分进行比较，尽管合议庭已经充分考虑到电影系获得授权拍摄、电影的类型属于商业娱乐片等种种因素，仍然可以得出电影中改编的部分远远超出了法律允许的范围，对原作构成了歪曲、篡改，侵犯了保护作品完整权。这种歪曲、篡改会导致没有读过原著的观众看了电影后产生对原著的误解，作为普通观众很有可能将小说错误解读为其中精绝古城的秘密来源于外星文明、小说主人公具有超能力等内容。并且，导演陆某在接受采访时称，90% 的观众是没有看过原著的，所以这种误解将是大范围的而不是个别的。至于这种误解是否成立，不能仅仅按照原作者的主观判断来评判，还应参考读过原著的观众的评价。根据证据，这些评价基本上都认为电影是对小说的"粉碎性改编"或者"原来这就是鬼吹灯""撇开离谱的故事情节，《九层妖塔》说是鬼吹灯的同人文都算不上，同人文好歹人物性格一样，然而电影里的几个主角被改得面目全非！"

同时，合议庭也根据社会公众对涉案电影改动的整体评价，认为虽然电影评论没有针对涉案小说，但也足以证明小说作者的声誉因为涉案电影的改编而遭到贬损。例如，部分观众评论"原著粉哭晕……天下霸唱是个败家玩意儿，多好的剧本这就拿出去了""原来这就是鬼吹灯""这么弱智的小说怎么火的"，这些评论已经直接指向原著小说，是由于电影内容导致观众对原著小说的误解，可以判定已经损害了作者基于原著小说所形成的良好声誉。

停止侵权责任仍然是侵犯著作权首要和基本的救济方式，侵权人不承担停止侵权责任是一种利益衡量之后的政策选择，属例外情形，应严格把握。是否对权利人的停止侵害请求权加以限制，主要考量的是个人利益之间的平衡。只有当停止侵权将过度损害相关主体合法权益时，才能加以适度限制。本案中，涉案电影已下映近三年，其院线票房收入已实现，涉案电影的网络播放也已持续相当长的时间。最终，经过考量侵权方的过错程度、侵权程度、损害后果和社会影响，考量涉案电影发行的情况，故判令停止侵权不会导致双方之间的利益失衡。

二审法院合议庭成员　陈锦川　冯　刚　宋　鹏

编写人　冯　刚

11. 项某某诉彭某某侵害著作权纠纷案[*]

——擅自发表未给作者署名的临摹作品行为性质的认定

关键词 著作权 临摹 复制权 涉外案件法律适用

基本案情

原告项某某起诉称：本人是国家一级美术师，创作了上万幅美术作品，曾参加全国美展和国际美展，荣获大奖，且荣膺"1999 中国百杰画家""2001 中国山水画二百家"等称号。2007 年 6 月，福建美术出版社出版发行了本人创作的工笔人物画册《彩炫笔歌——项某某工笔人物画》，其中收录了美术作品《醉荷》，该作品展现的是月下荷塘中两朵白莲花袅娜盛开，一裸体仙子斜卧于荷叶之上，头戴花环、花瓣散落。2014 年 10 月 1 日，人民网上发布了题为《心似莲花·胸怀天下 "鬼才田某①" 欧洲巡回展莫斯科拉开帷幕》的文章，该文章介绍了彭某某在莫斯科举办画展的情况，其中展出有一幅美术作品《荷中仙》，文章中配有人民网记者拍摄的该作品的照片。11 月 17 日，人民网又发布了题为《心似莲花·胸怀天下 柏林中国文化艺术展倒计时 100 天》的文章，该文章介绍说"绢画《荷中仙》等作品也将亮相柏林"，且文章前面附有该作品，并标注"绢画作品《荷中仙》作者：田某"。经比对，《荷中仙》除画幅上部有红色文字外，整个画面的构图、造型、色彩、线条等与《醉荷》完全一致，属于《醉荷》的复制品。彭某某擅自复制《醉荷》，并将复制件展览，经人民网

---

* 本案例入选北京法院 2017 年度知识产权司法保护十大案例。

① 本名彭某某。——编者注

一再报道，侵犯了本人对《醉荷》享有的复制权、展览权、信息网络传播权。彭某某在《荷中仙》上擅自署名并加盖其名章，侵害了本人对《醉荷》享有的署名权。在《醉荷》中有题款的文字表述"醉荷 丙戌维仁书于青岛"以及压角章"驰神印思"、引首章"宁神"、人名章"项氏维仁"，但彭某某将该题款及印章全部删除，并对画面的颜色深浅作了处理，侵害了本人对《醉荷》享有的修改权。彭某某在《荷中仙》上部用红色字体书写了《心经》经文，与本人创作的作品主题完全不符，且破坏了画面的美感，侵害了本人对《醉荷》享有的保护作品完整权。故请求法院判令彭某某：（1）在《法制日报》中缝以外版面连续七日刊登声明，向本人赔礼道歉（声明中须登载原作品和侵权作品）；（2）赔偿经济损失43万元、精神损害抚慰金5万元；（3）销毁侵权复制品《荷中仙》。

被告彭某某答辩称：（1）涉案美术作品《荷中仙》是本人于2008年临摹天津杨柳青画社出版发行的《项某某人物线描画稿》中的一幅作品所创作完成的，不是临摹自《彩炫笔歌——项某某工笔人物画》中的美术作品《醉荷》，该《项某某人物线描画稿》是为广大绘画者临摹、借鉴之用的。该临摹行为并非《著作权法》意义上的复制行为，故本人未侵害项某某的复制权；（2）本人在临摹作品《荷中仙》中增加了自己的创造性劳动，该作品具有一定的独创性，是一幅新作品；（3）本人未将临摹作品《荷中仙》进行《著作权法》意义上的使用，未侵害项某某的著作权；（4）无论该临摹作品《荷中仙》是否能够成为符合具有独创性标准的作品，其都不是一个《著作权法》意义上的复制件，因此本人对于该临摹作品原件的展览，不应受到项某某作品复制件展览权的限制；（5）本人参加的涉案展览是为纪念中俄建交65周年而举办的公益性展览，未对《荷中仙》进行商业性使用。综上，请求法院驳回项某某的诉讼请求。

北京市朝阳区人民法院于2015年8月3日作出（2015）朝民（知）初字第9141号民事判决：一、被告彭某某于本判决生效之日起十日内销毁涉案侵权复制品《荷中仙》；二、被告彭某某于本判决生效之日起三十日内履行在《法制日报》上刊登致歉函的义务，向原告项某某公开赔礼道歉（致歉函内容须于本判决生效后十日内送本院审核，逾期不履行，本院将在相关媒体上刊登本判决主要内容，所需费用由被告彭某某承担）；三、被告彭某某于本判决生效之日起十日内赔偿原告项某某经济损失10万元；四、驳回原告项某某的其他诉讼请求。宣判后，彭某某以涉案行为不构成侵犯著作权为由提起上诉。北京知识产权法院于 2017 年 7 月 31 日作出（2015）京知民终字第 1814 号民事判决：驳回上诉，维持原判。

裁判理由

法院生效裁判认为：

一、关于本案是否为涉外民事案件及如何适用法律

涉外民事关系是指具有涉外因素的民事关系。具有涉外因素的民事关系通常会涉及冲突规范及其实体法的适用。因此，确认本案是否属于涉外民事关系是审理本案的前提和基础。

《涉外民事关系法律适用法》第八条规定："涉外民事关系的定性，适用法院地法律。"据此，二审法院作为审理本案的法院，应当根据我国的法律确定本案是否属于涉外民事关系。

《最高人民法院关于适用〈中华人民共和国民事诉讼法〉的解释》第五百二十二条规定："有下列情形之一，人民法院可以认定为涉外民事案件：（一）当事人一方或者双方是外国人、无国籍人、外国企业或者组织的；（二）当事人一方或者双方的经常居所地在中华人民共和国领域外的；（三）标的物在中华人民共和国领域外的；（四）产生、变更或者消灭民事关系的法律事实发生在中华人民共和国领域外的；（五）可以认定为涉外民事案件的其他情形。"

本案的双方当事人均为中国公民，项某某主张彭某某在俄罗斯联邦莫斯科市、德意志联邦共和国柏林市展览的《荷中仙》系擅自复制其《醉荷》作品，彭某某的行为侵犯其复制权、展览权和信息网络传播权。因此，本案产生的侵权民事关系的法律事实发生在俄罗斯莫斯科、德国柏林，依据上述规定，本案属于涉外民事案件。

《涉外民事关系法律适用法》第五十条规定："知识产权的侵权责任，适用被请求保护地法律，当事人也可以在侵权行为发生后协议选择适用法院地法律。"本案系侵害著作权纠纷，故除了可以适用被请求保护地法律外，也可以由当事人在侵权行为发生后协议选择适用法院地法律。关于协议选择适用法院地法律，2012 年《最高人民法院关于适用〈中华人民共和

国涉外民事关系法律适用法〉若干问题的解释（一）》第八条规定："当事人在一审法庭辩论终结前协议选择或者变更选择适用的法律的，人民法院应予准许。各方当事人援引相同国家的法律且未提出法律适用异议的，人民法院可以认定当事人已经就涉外民事关系适用的法律做出了选择。"本案中，项某某在一审中虽然没有明确列明其法律适用的选择，但其起诉状所列理由完全系从我国《著作权法》的规定出发；项某某在一审法庭辩论时明确依据我国《著作权法》第二十二条的规定，主张上诉人彭某某的行为是非法复制，而非临摹。彭某某亦是依据我国《著作权法》对其行为进行了辩论，即双方当事人均引用了我国《著作权法》。因此，可以认定，双方当事人已经就本案应适用的法律作出了选择，故本案适用我国《著作权法》。

二、彭某某的《荷中仙》是否系临摹了项某某的《醉荷》

本案中，项某某涉案的美术作品《醉荷》公开发表于 2007 年 1 月，应当认定彭某某具有接触《醉荷》的客观条件和可能性。将《荷中仙》与《醉荷》相比，两者在画面内容、人物造型、荷叶及花瓣形状、元素布局、构图、线条、色调等方面均一致，前者附着在绢材质上、后者附着在纸材质上，前者尺寸大、后者尺寸小，据此可以认定前者是临摹自后者所形成的。彭某某主张《荷中仙》系临摹自《项某某人物线描画稿》第 28 页署名为《绿风》的黑白美术作品，但《绿风》为黑白线描人物作品，其并不存在与构图、线条等方面相配合的色彩元素，而《荷中仙》在构图、线条等方面相配合的色彩元素恰恰与《醉荷》高度一致。彭某某还主张《荷中仙》中的部分细节与《绿风》一致，与《醉荷》不一致，如侍女右手中指与无名指是否并列，又如侍女右眼处刘海的两缕头发是交叉还是粘连。经查，相对于画面内容、人物造型、荷叶及花瓣形状、元素布局、构图、线条、色调等内容，彭某某主张的这些区别均非常细微，且均为中国传统绘画中因不同绘画者对细节的描绘方式不同而惯常出现的区别，该细微区别亦无法否定《荷中仙》与《醉荷》整体上高度近似，故彭某某关于《荷中仙》系临摹自《绿风》的主张没有事实依据，对于彭某某的该项主张，二审法院不予支持。

三、彭某某的涉案临摹行为是否属于《著作权法》意义上的复制行为

2010 年《著作权法》第十条第一款第五项规定："复制权，即以印刷、复印、拓印、录音、录像、翻录、翻拍等方式将作品制作一份或者多份的权利"。该条文采用列举加"等方式"的立法模式，表明复制权所控制的复制既包括明确列举的印刷、复印、拓印、录音、录像、翻录、翻拍，也包括上述列举之外的能将作品制作成一份或者多份的其他方式。因此，复制权所控制的复制行为是指以任何方式将作品制作成一份或者多份的行为，临摹并没有被排除出复制的范围。此外，复制权所控制的复制行为是指单纯再现了原作品或者保留了原作品的基本表达，同时又没有增加源自"复制者"的独创性劳动从而形成新的作品的行为。只要符合上述两个条件，即构成复制权所控制的复制。彭某某关于"复制应当是指通过一定的技术手段，由普通人即可以较为经济的方式将原作品制作成一份或者多份复制件的行为"的主张没有法律依据，二审法院不予支持。

1991 年实施的《著作权法》第五十二条第一款规定："本法所称的复制，指以印刷、复印、临摹、拓印、录音、录像、翻录、翻拍等方式将作品制作一份或者多份的行为。"该规定将临摹作为了复制的一种方式。2010 年《著作权法》第十条第一款第五项规定与 1991 年实施的《著作权法》第五十二条第一款规定基本相同，但删去了"临摹"。这一立法变化本身并非意味着法律认为临摹不是复制，而是因为临摹的情况比较复杂，有的是复制，有的是创作，亦有可能为改编，必须区别对待，不能都认为是复制。因此，某一种临摹是属于复制还是其他行为，应该根据其是增加了独创性的表达还是单纯再现了原作品或者保留了原作品的基本表达来判断。彭某某关于"临摹作品不侵犯复制权"的主张同样没有法律依据，二审法院不予支持。

本案中，将彭某某的《荷中仙》与项某某的《醉荷》相比，两者在画面内容、人物造型、荷叶及花瓣形状、元素布局、构图、线条、色调等美术作品的实质性要素方面均一致，不同之处仅在于尺寸大小不同、人物眼神有稍许不同、色彩深浅略有差异，而尺寸的不同并不影响两者相同或实质性相同，两者人物眼神及颜色深浅的些许不同过于细微，且为中国传统

绘画中因不同绘画者对细节的描绘方式不同而惯常出现的区别，因此彭某某的《荷中仙》并未体现出其本人的具有独创性的劳动成果，而仅仅是再现了项某某的美术作品《醉荷》的表达，故《荷中仙》实为《醉荷》的复制品，彭某某涉案的临摹行为属于对《醉荷》的复制。综上，二审法院对彭某某提出其涉案临摹行为不是《著作权法》意义上的复制行为的主张不予支持。

此外，鉴于二审法院已经认定彭某某在《荷中仙》中并未体现出其本人具有独创性的劳动成果，而仅仅是再现了项某某的美术作品《醉荷》，故对于彭某某关于《荷中仙》已经构成新作品的主张亦不予支持。

四、彭某某的涉案行为是否侵害了项某某的著作权及其应当承担的民事责任

本案中，彭某某在以临摹的手段复制项某某的涉案美术作品《醉荷》后，将该复制品用于公开展览，该行为未经项某某的许可，同时亦未标明临摹自《醉荷》及指明项某某的姓名，其行为属于对他人作品进行《著作权法》意义上的使用行为，侵害了项某某的署名权、复制权、展览权。中国画中的题款、印章与画面内容紧密结合、遥相呼应，系一幅美术作品不可分割的组成部分，并不因为系文字和画面即可随意分割。彭某某在临摹品《荷中仙》中将《醉荷》中的题款和印章删除，在不同的位置又加盖上了不同的印章，在画面上方书写了佛教《心经》，且对画面颜色深浅作了处理，侵害了项某某对《醉荷》享有的修改权和保护作品完整权。彭某某应对其上述侵权行为承担停止侵权、公开赔礼道歉、赔偿经济损失的法律责任。

彭某某主张其参加的涉案展览属于公益性展览，但鉴于其在该展览中公开展出了临摹品《荷中仙》，且经过网络媒体予以报道，客观上会对项某某行使自己作品的著作权并据此获得经济利益造成不利影响，故彭某某仍应当为此承担相应的民事责任。

鉴于书画作品的特点，相对于承载了书画作品的载体的价值，未承载书画作品的载体本身的价值微乎其微，故而一审法院判决销毁侵权复制品并无不当。对于赔偿经济损失的具体数额，一审法院综合考虑项某某涉案作品的独创性程度、彭某某涉案侵权行为的性质和情节、彭某某主观过错

程度等因素，酌情确定彭某某赔偿项某某经济损失 10 万元并无不当，二审法院予以支持。

裁判要旨

1. 在双方当事人均引用了我国《著作权法》等事实的基础上，可以认定双方当事人已经就本案应适用的法律作出了选择。

2. 复制权所控制的复制行为是指以任何方式将作品制作成一份或者多份的行为，临摹并没有被排除出复制的范围。复制权所控制的复制行为是指单纯再现了原作品或者保留了原作品的基本表达，同时又没有增加源自"复制者"的独创性劳动从而形成新的作品的行为。只要符合上述两个条件，即构成复制权所控制的复制。临摹和侵权之间既非充分条件，又非必要条件，两者之间并没有必然的关系，"临摹作品不侵犯复制权"与"临摹作品就是侵犯复制权的行为"的主张均没有法律依据，都是错误的认识。

关联索引

2010 年《中华人民共和国著作权法》第四十七条第六项、第四十八条第一项、第四十九条第二款

一审：北京市朝阳区人民法院（2015）朝民（知）初字第 9141 号（2015 年 8 月 3 日）

二审：北京知识产权法院（2015）京知民终字第 1814 号（2017 年 7 月 31 日）

法官评析

本案争议的焦点是如何界定临摹行为在《著作权法》意义上的性质。1991 年实施的《著作权法》第五十二条第一款规定："本法所称的复制，指以印刷、复印、临摹、拓印、录音、录像、翻录、翻拍等方式将作品制作一份或者多份的行为。"该规定将临摹作为了复制的一种方式。但是在《著作权法》修改时，2010 年《著作权法》第十条第一款第五项规定与1991 年实施的《著作权法》第五十二条第一款的规定基本相同，但删去了"临摹"。该项立法变化是否表明临摹不属于《著作权法》意义上的复制行

为？对此，本案判决作出了解读，认为这一立法变化本身并非意味着法律认为临摹不是复制，而是因为临摹的情况比较复杂，有的是复制，有的是创作，亦有可能为改编，必须区别对待，不能都认为是复制。因此，某一种临摹是属于复制还是其他行为，应该根据其是增加了独创性的表达还是单纯再现了原作品或者保留了原作品的基本表达来判断。也就是说，临摹和侵权之间既非充分条件，又非必要条件，两者之间并没有必然的关系，"临摹作品不侵犯复制权"与"临摹作品就是侵犯复制权的行为"的主张均没有法律依据，都是错误的认识。该项理解较为合理地解释了"临摹"与"复制"之间的关系。同时，结合 2010 年《著作权法》第十条第一款第五项"复制权，即以印刷、复印、拓印、录音、录像、翻录、翻拍等方式将作品制作一份或者多份的权利"之规定，该条文采用列举加"等方式"的立法模式，表明复制权所控制的复制既包括明确列举的印刷、复印、拓印、录音、录像、翻录、翻拍，也包括上述列举之外的能将作品制作成一份或者多份的其他方式。因此，复制权所控制的复制行为是指以任何方式将作品制作成一份或者多份的行为，临摹并没有被排除出复制的范围。

本案中，将彭某某的《荷中仙》与项某某的《醉荷》相比，两者在画面内容、人物造型、荷叶及花瓣形状、元素布局、构图、线条、色调等美术作品的实质性要素方面均一致，不同之处仅在于尺寸大小不同、人物眼神有稍许不同、色彩深浅略有差异，而尺寸的不同并不影响两者相同或实质性相同，两者人物眼神及颜色深浅的些许不同过于细微，且为中国传统绘画中因不同绘画者对细节的描绘方式不同而惯常出现的区别，因此彭某某的《荷中仙》并未体现出其本人的具有独创性的劳动成果，而仅仅是再现了项某某的美术作品《醉荷》的表达，故《荷中仙》实为《醉荷》的复制品，彭某某涉案的临摹行为属于对《醉荷》的复制。

一审法院合议庭成员 李自柱　朱　阁　杨占珍
二审法院合议庭成员 陈锦川　袁　伟　冯　刚
编写人 袁　伟

12. 某书局诉某出版社、某书店
著作权权属、侵权纠纷案

——专有出版权是基于合同取得的著作财产权的延伸

关键词 著作权　著作财产权　专有出版权

基本案情

某书局起诉称：陈某某先生系中国现代著名古文字学家、考古学家、诗人，遗著甚丰。2004 年 4 月，某书局与陈某某先生作品著作权继承人签署图书出版合同，约定某书局享有陈某某先生全部作品的专有出版权；同时授权某书局委托他人对陈某某先生作品进行整理。2004 年至今，某书局已陆续整理出版了陈某某先生的诸多作品。本案所诉作品系 20 世纪 40 年代在美国出版的英文版 *Chinese Bronzes from the Buckingham Collection* 一书，某书局获得将该书译成中文版图书专有出版的权利，现已完成全部文字、图片资料的订正及整理工作，即将付梓出版。2015 年 1 月，某出版社出版了陈某某先生所著的《白金汉所藏中国铜器图录》一书，侵犯了某书局享有的专有出版权。某书店销售了上述侵权图书，为维护某书局的合法权益，故诉至法院，请求：（1）判令某出版社立即停止出版、发行陈某某等所著的《白金汉所藏中国铜器图录》，某书店立即停止销售前述图书；（2）判令某出版社赔偿其经济损失 298500 元及诉讼合理支出 10398 元（其中律师费 1 万元、购买涉案侵权图书费用 398 元），合计 308898 元。

某出版社辩称：不同意某书局的全部诉讼请求。理由：（1）涉案侵权图书是经陈某某作品著作权继承人合法授权，不构成侵权。某出版社在 2014 年至 2024 年获得了《白金汉所藏中国铜器图录》在中国大陆由英文版翻译成中文版的复制发行权。《白金汉所藏中国铜器图录》一书英文版本的来源是 1946 年美国芝加哥大学出版发行的 *Chinese Bronzes from the Buckingham Collection*，该英文版图书是由陈某某、凯某共同创作的，其中正文及图版部分由凯某创作，概述、考释和中国朝代年表由陈某某创作。凯某于 1960 年去世，具体月份不详，陈某某于 1966 年 9 月 3 日去世。2013 年某出版社获得授权时，凯某完成内容的部分已经超过了著作权法保护的期限进入公有领域，与某出版社获得的陈某某完成内容的中文版一并出版并不需要凯某创作部分的著作权授权。因此，某出版社获得的是英文版图书整本的授权。(2) 某书局所述权利并不成立。2017 年 3 月某书局起诉时，其所获得的授权内容已超过陈某某著作权保护的期限，某书局无权主张相关权利。此外，某书局《图书出版合同》所获得的授权，仅是出版发行《陈某某全集》中文文本的专有使用权，而不是陈某某全部作品的专有出版权，合同未约定某书局对涉案图书所涉原作品拥有著作权，只授予某书局《陈某某全集》整理、汇编的演绎著作权，且其中亦不包括涉案图书所涉原作品。某书局的《图书出版合同》约定文本使用期限为自出书之日起 20 年，但时至今日，陈某某作品早已超过了著作财产权保护期，某书局也未出版涉案图书。因此，某书局诉称的使用权和使用期限根本就不存在，某书局并没有获得涉案作品的合法授权。

某书店未到庭应诉，邮寄了书面答辩意见辩称：某书店销售的包括涉案侵权图书的图书、音像制品是按照新闻出版总署规定的进货渠道合法购进，某书店已经尽到了合理的注意义务，不存在对某书局的侵权行为，请求法院依法驳回某书局对某书店的诉讼请求。

法院经审理查明：

一、关于某书局主张的专有出版权及其出版陈某某作品的事实

某书局（乙方）于 2004 年 4 月 13 日与赵某甲、赵某乙、赵某丙（甲方）签订《图书出版合同》，合同载明：作品名称为"陈某某全集"、作者署名"陈某某著"；第一条　甲方授予乙方在合同有效期内，在全世界以图书形式（包括以纸介质为载体的纸本版和以光盘、磁盘等电子介质为载体的电子版）出版发行上述作品中文（包括简体字和繁体字）文本的专有使用权，期限为 20 年（自出书之日起）。第二条　甲方授予乙方委托他

人对上述作品进行整理（包括对上述作品部分篇章的编排以及句子的校正等）。第三条　甲方保证拥有第一条、第二条授予乙方的权利。第四条乙方应主动与甲方共同维护上述作品的著作权。在合同有效期内，凡涉及版权问题，由乙方负责。第八条　其他约定事项：（1）甲方主动免除乙方出版上述作品的著作权使用报酬；（2）上述作品的整理费用由乙方向委托整理者支付；（3）为应学术界急需，将先以《陈某某著作集》名义出版陈某某先生的重要著作；同时着手全集编纂的准备工作，俟条件成熟后，出版《陈某某全集》（不包括书信）。第九条　本合同自双方签字之日起生效。上述合同甲方由赵某甲、赵某丙签名，赵某乙的签名由赵某甲代签。

某书局于 2017 年 3 月出版发行陈某某编纂的《海外中国铜器图录》（全二册）（陈某某著作集）；于 2016 年 1 月出版发行陈某某著《陈某某学术论文集》（陈某某著作集）；于 1988 年 1 月出版发行陈某某著《殷虚卜辞综述》（陈某某著作集）；于 1980 年 1 月出版发行陈某某著《汉简缀述》（陈某某著作集）；于 2004 年 4 月出版发行陈某某著《西周铜器断代》（陈某某著作集）；于 2006 年 7 月出版发行陈某某著《梦家诗集》（陈某某著作集）；于 2006 年 7 月出版发行陈某某著《中国文字学》（陈某某著作集）；于 2005 年 7 月出版发行陈某某著《西周年代考·六国纪年》（陈某某著作集）；于 2005 年 6 月出版发行陈某某著《尚书通论》（陈某某著作集）；于 2006 年 7 月出版发行陈某某著《梦甲室存文》（陈某某著作集）。

截至一审审理期间，某书局未出版发行《白金汉所藏中国铜器图录》。

二、关于某出版社主张的专有出版权的事实

2013 年 4 月 28 日，赵某甲出具《授权委托书》载明：本人系陈某某著作的著作权所有人，现将陈某某著作《白金汉藏中国铜器》（1946 年版）、《海外中国青铜器图录》（1940 年版）、《美帝国主义劫掠的我国殷周铜器集录》（1963 年版）的编辑、出版权无偿授予某出版社。

2015 年 2 月 10 日，某出版社（乙方）与赵某甲（甲方）签订《图书出版合同》载明：作品名称"白金汉所藏中国铜器集录（汉英对照）"。第一条　甲方授权乙方于本合同有效期内在全世界各地区以图书形式出版发行上述作品的中文简体版、中文繁体版、外国语版、修订版、缩编版的专有使用权。第二条　在合同有效期内，甲方将上述作品的电子版版权和

信息网络传播权授予乙方使用。第三条 甲方保证拥有上述授予乙方的权利。甲方同时承诺授予乙方使用的作品，在此之前未曾授予任何第三方以图书出版方式使用，或授予第三方以图书出版方式使用的期限已届满，无任何著作权使用瑕疵。第四条 甲方不要求乙方支付稿酬。第五条 因该作品为 1946 年以英文版形式在美国出版，获得原始文本、委托翻译、支付翻译费用、制作图片等均由乙方负责。第七条 本合同自双方签字（单位须加盖公章）之日起生效。合同期限为 10 年，自 2014 年 5 月 1 日起至 2024 年 4 月 30 日止。

2015 年 1 月，某出版社出版发行《白金汉所藏中国铜器图录：汉英对照》，版权页载有书名原文 *Chinese Bronzes from the Buckingham Collection*，作者［美］凯某、陈某某，译者田某，字数 300 千字，版次 2015 年 1 月第 1 版第 1 次印刷，定价 398 元。

三、关于在美国出版的英文版《白金汉藏中国铜器》（1946 年版）一书的情况

Chinese Bronzes from the Buckingham Collection（1946 年版）一书，版权页显示凯某和陈某某，COPYRIGHT 1946 BY THE ART INSTITUTE OF CHICAGO PRINTED IN THE UNITED STATES OF AMERICA, THE LAKESIDE PRESS, R. R. DONNELLEY & SONS COMPANY。

一审庭审中，某书局认可其主张权利的内容系英文版 *Chinese Bronzes from the Buckingham Collection*（1946 年版）一书所翻译的中文内容，某书局对该中文内容享有专有出版发行权，认可被诉侵权图书汉英对照内容中的英文部分来自 *Chinese Bronzes from the Buckingham Collection*（1946 年版），中文内容系对英文部分的翻译。某出版社亦认可涉案侵权图书汉英对照内容中的英文部分来自 *Chinese Bronzes from the Buckingham Collection*（1946 年版），中文内容系对英文部分的翻译。某书局、某出版社均认可凯某于 19 世纪 60 年代去世。

四、与陈某某及其继承人有关的事实

人事档案情况摘抄表显示：陈某某生于 1911 年 4 月 20 日，于 1966 年 9 月 3 日去世……某书局、某出版社均认可通过百度百科查询显示赵某甲

于 2017 年 8 月 28 日去世，赵某乙于 2008 年 2 月 3 日去世，赵某丙于 2015 年 1 月 24 日去世。

五、其他事实

2016 年 12 月 12 日，某书局（甲方）与某律师事务所（乙方）签订《诉讼代理合同》，约定诉讼代理事项为"甲方诉某出版社'陈某某系列作品'著作权侵权纠纷案"，并支付律师费 6 万元。该费用为某书局与某出版社就（2017）京 0101 民初 5631 号、5632 号两案所支出的律师费，本案某书局主张律师费 1 万元。

2016 年 12 月 23 日，某书局在某书店支付 398 元购买涉案侵权图书。

某出版社于 2018 年 12 月 12 日变更名称（本文统称为某出版社）。

一审法院于 2017 年 5 月 10 日、2019 年 5 月 13 日分别向某书店送达了开庭传票，其未到庭应诉。某书店在举证期间提交了《某出版社批销业务清单》一张，该单据显示购货单位"某公司"，发货日期"2015-1-5"，书名"白金汉所藏中国铜器图录"，价格"单价 398"。

北京市东城区人民法院于 2019 年 6 月 5 日作出（2017）京 0101 民初 5632 号民事判决：驳回原告某书局的全部诉讼请求。宣判后，某书局不服提起上诉。北京知识产权法院于 2020 年 7 月 22 日作出（2019）京 73 民终 2705 号民事判决：一、撤销北京市东城区人民法院作出的（2017）京 0101 民初 5632 号民事判决；二、本判决生效之日起十日内，某出版社赔偿某书局经济损失 5 万元及合理开支 10398 元；三、驳回某书局的其他诉讼请求。

裁判理由

法院生效裁判认为：

根据 2010 年《著作权法》第三十一条规定："图书出版者对著作权人交付出版的作品，按照合同约定享有的专有出版权受法律保护，他人不得出版该作品。"专有出版权是图书出版者通过与著作权人签订出版合同，在被授权的时间和地域范围内，按照约定的使用方式所专有地复制、发行著作权人作品的权利，其从来源和性质上属于著作权中复制权、发行权的延伸。本案中，某书局依据其与陈某某作品著作权的继承人签订的《图书出版合同》主张其享有的专有出版权被侵犯，某出版社对继承人的授权资格不持异议。但根据各方当事人的诉辩主张，本案涉及如下焦点问题：

一、关于某书局是否享有专有出版权的认定

某出版社虽然对某书局与陈某某作品著作权的继承人签订《图书出版合同》的事实以及继承人的授权资格不持异议，但认为《图书出版合同》第一条约定的"期限为 20 年（自出书之日起）"是对某书局享有专有出版权的起算时间之特别限定，即自出书之日起才开始享有专有出版权，由于某书局尚未出版与 *Chinese Bronzes from the Buckingham Collection* 中陈某某享有著作权部分的中文版相关图书，故而并未实际享有专有出版权。对此法院认为，专有出版权基于合同取得，图书出版者与著作权人可以通过合同对专有出版权的授权作品、地域范围、使用方式、期限长短及起始时间等作出特别约定。那么，《图书出版合同》第一条约定的"期限为 20 年（自出书之日起）"能否理解为是某书局与陈某某作品著作权的继承人之间针对某书局何时开始享有专有出版权的特殊限定，即以出版图书作为享有专有出版权的附加条件，需要对合同进行解释。

从体系解释角度，一方面，"自出书之日起"的限定紧挨在"期限为 20 年"之后，从约定内容的关联度上看，将其理解为对期限所附条件，即自出书之日起才开始起算 20 年期限更加符合合同的结构安排。另一方面，《图书出版合同》第一条伊始已经先行约定某书局"在合同有效期内"享有专有出版权，若将第一条后半段的"自出书之日起"理解为自出书之日起才享有专有出版权，则《图书出版合同》第一条内部之间将会出现明显的矛盾和不合理之处，在体系上难以自洽。

从目的解释角度，一方面，从《图书出版合同》整体来看，陈某某作品著作权的继承人不计报酬，将整理作品、管理版权的权利授予某书局，并约定"先以《陈某某著作集》名义出版陈某某先生的重要著作；同时着手全集编纂的准备工作，俟条件成熟后，出版《陈某某全集》"的内容，能感受到双方缅怀先人遗存、珍视陈某某作品学术价值、希冀最大限度保护和促进陈某某作品传播的共同愿望。另一方面，由于书籍的面世需要经过翻译、审稿、编辑、排版、校对、印刷、发行等多个流程，而整理出版《陈某某全集》更是需要付出相当大的人力、物力、财力和时间成本，为

使获得"期限为20年"的专有出版权不因前期准备时间过长而丧失期限，特别约定为"自出书之日起"，即将成型作品经过编辑加工成为能在市面上流通的出版物之时才开始起算20年期限，更有助于某书局对获得的专有出版权的有效利用。可见，《图书出版合同》体现出了使某书局获得更长时间的专有出版权、更好地促进陈某某作品整理与出版之意思表示，符合双方的共同心愿。相反，若将"自出书之日起"理解为对某书局开始享有专有出版权的限定条件，则并不符合当事人签订合同的目的。

从出版行业背景角度，在著作权制度发展过程中，图书出版者发挥了重要的作用，在相当长一段时间内，人们获取并传播作品的主要渠道依赖于出版行业。由于出版工作具有一定的专业性，著作权人需要通过出版合同将其享有的复制权、发行权授予图书出版者行使，图书出版者在签订出版合同时在一定程度上处于相对的优势地位。为了能占据相同图书的市场份额、获得丰厚的销售利润，图书出版者必然会希望合同约定的内容最大限度地有利于己方，除非著作权人在出版合同中有意进行限制。本案中，通览《图书出版合同》全篇并未看出陈某某作品著作权的继承人意图限制某书局专有出版权的意思表示。如果将"期限为20年（自出书之日起）"理解为某书局自实际出书之日才开始享有专有出版权，则意味着极大地限制了某书局享有专有出版权的权利期间，势必会影响其通过合同取得相关市场优势地位的意图，这种理解显然并不切合出版行业实际。

因此，对某出版社关于"期限为20年（自出书之日起）"的理解不予采信，不能因为某书局没有出版相关图书即否认其已享有的专有出版权。结合《图书出版合同》第一条约定某书局"在合同有效期内"享有专有出版权以及第九条"本合同自双方签字之日起生效"的约定内容，可以确定某书局自《图书出版合同》签订之日2004年4月13日起即开始享有专有出版权。

二、关于某书局享有专有出版权的期限的认定

作为著作财产权的延伸，图书出版者享有专有出版权需要以原作品著作权的存续为前提。如果原作品的著作权因法定保护期届满而消灭，则图书出版者的专有出版权也随着原作品进入公有领域而消灭。《著作权法》第二十一条第一款规定："公民的作品，其发表权、本法第十条第一款第

（五）项至第（十七）项规定的权利的保护期为作者终生及其死亡后五十年，截止于作者死亡后第五十年的 12 月 31 日；如果是合作作品，截止于最后死亡的作者死亡后第五十年的 12 月 31 日。"而根据《著作权法》第十三条规定："两人以上合作创作的作品，著作权由合作作者共同享有。没有参加创作的人，不能成为合作作者。合作作品可以分割使用的，作者对各自创作的部分可以单独享有著作权，但行使著作权时不得侵犯合作作品整体的著作权。"合作作品是指两个以上作者共同创作完成的作品，分为可以分割使用的合作作品和不可以分割使用的合作作品两种。其中，可以分割使用的部分是相对于合作作品整体而言，在表达上独立存在并能单独利用的具有独创性的智力成果。对于《著作权法》第二十一条第一款规定所述以最后死亡作者的死亡时间起算著作权保护期截止时间的"合作作品"指向何种类型的合作作品，法律条文及立法说明均未明确。但是，从《著作权法》的立法宗旨及著作权保护与利用的实际情况来看，由于对可以分割使用的合作作品而言，作者各自创作的部分相对独立、其他作者创作的部分与之并无紧密关联，而且各自作者并不能控制其他可以分割部分的使用，因而以作者各自的死亡时间单独起算各自可以分割使用部分的著作权保护期截止时间，并不会影响其他作者创作部分以及合作作品整体的使用及保护，也有利于各自可以分割使用部分依次进入公有领域得到传播与利用。如果合作作品中一部分可以分割使用的部分原本已超过著作权保护期进入公有领域，但因其他可以分割使用的部分的著作权仍处于保护期内，前者的保护期就可以相应延长，则并不符合《著作权法》立足于实现鼓励作品创作与社会传播之间平衡的立法宗旨。因此，《著作权法》第二十一条第一款规定所述以最后死亡作者的死亡时间起算著作权保护期截止时间的"合作作品"应当限缩解释为仅指不可以分割使用的合作作品。本案中，根据查明事实可知，*Chinese Bronzes from the Buckingham Collection* 一书由陈某某和凯某分别独立创作完成部分内容，陈某某完成了其中的概述和考释部分，故该书属于可以分割使用的合作作品，陈某某对于其完成的概述和考释部分可单独享有并行使著作权。因此，该部分作品的著作权保护期应以陈某某去世的时间 1966 年 9 月 3 日作为起算点，计算截至 2016 年 12 月 31 日。一审判决对此认定正确，二审法院予以确认。

虽然《图书出版合同》约定某书局享有的专有出版权截止于出书之日

起的 20 年后，但鉴于陈某某作品的著作权保护期截止到 2016 年 12 月 31 日。因此，某书局经授权获得 *Chinese Bronzes from the Buckingham Collection* 中陈某某享有著作权部分的中文文本专有出版权的时间为自 2004 年 4 月 13 日起至 2016 年 12 月 31 日止。

三、关于某书局享有专有出版权的授权范围的认定

首先，关于某书局享有专有出版权的作品范围。《图书出版合同》开篇约定作品名称为"陈某某全集"，第一条约定授予某书局出版发行"上述作品"中文文本的专有使用权；与此同时，第八条第三项约定"为应学术界急需，将先以《陈某某著作集》名义出版陈某某先生的重要著作；同时着手全集编纂的准备工作，俟条件成熟后，出版《陈某某全集》（不包括书信）"。据此可知，经过《图书出版合同》两个条款的约定，某书局经授权获得的是在全世界范围内以图书形式（包括以纸介质为载体的纸本版和以光盘、磁盘等电子介质为载体的电子版）出版发行陈某某除书信以外全部作品的中文（包括简体字和繁体字）文本的专有出版权，既包括以全集形式出版，也包括以单行本形式出版。一审判决对此认定正确，二审法院予以确认。

其次，关于某书局是否获得陈某某外文作品的翻译权。如前所述，某书局经授权获得了陈某某除书信以外全部作品的中文文本的专有出版权。而且，根据《图书出版合同》第二条"甲方授予乙方委托他人对上述作品进行整理（包括对上述作品部分篇章的编排以及句子的校正等）"，以及第八条第二项"上述作品的整理费用由乙方向委托整理者支付"等内容可知，某书局在出版陈某某作品前需要对相关作品进行整理。而陈某某作品中不仅包含中文作品，还包含外文作品。针对陈某某所著外文作品而言，某书局获得的"中文文本专有出版权"必然涉及将外文翻译为中文的问题，某书局获得的授权必然包含着允许其进行翻译才有意义。因此，针对 *Chinese Bronzes from the Buckingham Collection* 中陈某某享有著作权的部分，某书局获得的中文文本专有出版权体现在将其翻译成中文并出版的权利，并且有权制止他人未经许可翻译成中文并出版的行为。

四、关于某出版社的行为认定与责任承担

根据《著作权法》第四十八条第二项的规定，出版他人享有专有出版权的图书的，应当根据情况，承担停止侵害、消除影响、赔礼道歉、赔偿损失等民事责任。

某书局经授权自 2004 年 4 月 13 日起至 2016 年 12 月 31 日止获得了将 *Chinese Bronzes from the Buckingham Collection* 中陈某某享有著作权的部分翻译成中文并出版的专有出版权，虽然截至本案二审审理期间某书局并未出版相关图书，但是，他人在授权期限内以相同方式出版该部分作品即构成侵权。根据查明的事实可知，某书局与某出版社均认可某出版社于 2015 年 1 月出版的被诉侵权图书的中文部分系对 *Chinese Bronzes from the Buckingham Collection* 的翻译，这就意味着，某出版社出版被诉侵权图书的行为，即将 *Chinese Bronzes from the Buckingham Collection* 中陈某某享有著作权的部分翻译成中文并出版的行为，已经构成对某书局享有的专有出版权的侵犯。一审判决以某书局未出版相关图书、无法使之与被诉侵权图书进行比对进而否定侵权成立的认定确有错误，二审法院予以纠正。同时，针对某出版社抗辩其出版被诉侵权图书已经获得陈某某作品著作权的继承人的授权故而并未涉嫌侵权的观点，二审法院认为，专有出版权来自著作权人将其享有的复制权、发行权的专有让与。在出版合同授权的地域、期限内，包括著作权人在内的任何人不能再以相同方式出版发行同一作品。而且，由于著作权人已经将其复制权、发行权暂时性让与出去，著作权人便不能再将此权利授予他人。本案中，某书局已在先于 2004 年 4 月 13 日从陈某某作品著作权的继承人处获得 *Chinese Bronzes from the Buckingham Collection* 中陈某某享有著作权部分的中文文本专有出版权，因此，某出版社在后于 2013 年 4 月 28 日从陈某某作品著作权的继承人处获得该部分作品授权的不侵权抗辩理由不能成立。一审判决对此认定正确，二审法院予以确认。

根据《著作权法》第四十九条规定："侵犯著作权或者与著作权有关的权利的，侵权人应当按照权利人的实际损失给予赔偿；实际损失难以计算的，可以按照侵权人的违法所得给予赔偿。赔偿数额还应当包括权利人为制止侵权行为所支付的合理开支。权利人的实际损失或者侵权人的违法

所得不能确定的，由人民法院根据侵权行为的情节，判决给予五十万元以下的赔偿。"关于经济损失，虽然某书局在本案二审中所主张的按照被诉侵权图书定价398元×印数1500册×10%版税率的计算方法可以作为确定侵犯著作权损害赔偿数额的参照依据，但鉴于以下因素，二审法院对某书局主张的经济损失数额作出适当调整：（1）虽然 Chinese Bronzes from the Buckingham Collection 中陈某某享有著作权部分的独创性、知名度与潜在学术价值均较高，但该部分作品的著作权保护期在某出版社出版被诉侵权图书时仅剩一年多时间；（2）某出版社试图从陈某某作品著作权的继承人处获得授权的行为虽然不能阻止侵权成立，但可以从侧面反映出其侵权主观过错较小；（3）某出版社基于重复授权在出版被诉侵权图书过程中亦付出翻译等创造性劳动，使广大读者阅读到了陈某某先生的遗作；（4）被诉侵权图书的发行数量并不大。为此，二审法院酌情确定某出版社赔偿某书局经济损失5万元。关于合理开支，某书局在本案二审中主张为律师费1万元、购买被诉侵权图书费用398元，共计10398元。考虑到该主张数额系在合理和必要范围内，且相关支出有相应票据予以证明，故二审法院予以支持。

另外，由于现有证据可以证明某书店销售的被诉侵权图书系合法购进并已尽合理注意义务，并未构成侵权，故无须承担侵权责任。

裁判要旨

专有出版权是图书出版者通过与著作权人签订出版合同，在被授权的时间和地域范围内，按照约定的使用方式所专有地复制、发行著作权人作品的权利，其从来源和性质上属于著作权中复制权、发行权的延伸。本案在认定某书局是否享有专有出版权时涉及对《图书出版合同》约定的"期限为20年（自出书之日起）"的理解。本判决运用体系解释、目的解释方法并结合出版行业背景，将"自出书之日起"解释为是对期限所附条件而非对某书局开始享有专有出版权所附条件，不能因为某书局尚未出版相关图书即否认其已享有的专有出版权。

《著作权法》第二十一条第一款规定"合作作品"以最后死亡作者的死亡时间起算著作权保护期的截止时间，但立法说明未对该条款的"合作作品"指向可以分割使用的合作作品抑或不可以分割使用的合作作品进行特别阐释。本判决从《著作权法》的立法宗旨和著作权保护与利用的实际情况考量，将该条款的"合作作品"限缩解释为仅指不可以分割使用的合作作品，从而对某书局享有专有出版权的期间进行认定。

关联索引

2010 年《中华人民共和国著作权法》第十条第二款、第十三条、第十九条第一款、第二十一条第一款、第三十一条、第四十八条第二项、第四十九条

一审：北京市东城区人民法院（2017）京 0101 民初 5632 号（2019 年 6 月 5 日）

二审：北京知识产权法院（2019）京 73 民终 2705 号（2020 年 7 月 22 日）

法官评析

《著作权法》在体例安排上将有关专有出版权的规定置于邻接权框架内，容易引起专有出版权属于邻接权范畴的错误理解。作为基于合同从著作权人处获得的复制权、发行权的延伸，专有出版权的享有与行使一方面受到图书出版合同约定的限制，另一方面受到作品著作权本身的约束。本案就专有出版权的性质认定、重复授权的法律后果、图书出版合同的解释、合作作品专有出版权的截止期限等疑难问题作出认定和厘清，为类案审理提供明晰思路。

一、专有出版权是著作权中复制权、发行权的延伸

专有出版权是图书出版者通过与著作权人签订出版合同，在被授权的时间和地域范围内，按照约定的使用方式所专有地复制、发行著作权人作品的权利，其从来源和性质上属于著作权中复制权、发行权的延伸。由于专有出版权基于合同取得，图书出版者与著作权人可以通过合同对专有出版权的授权作品、地域范围、使用方式、期限长短及起始时间等作出特别约定。在出版合同授权的地域、期限内，包括著作权人在内的任何人不能再以相同方式出版发行同一作品，否则即构成对专有出版权的侵犯；著作权人也不能再将此权利重复授予他人，否则即为无权处分，重复授权也不

能成为不侵权的抗辩理由。

二、专有出版权以原作品著作权的存续为前提

作为著作财产权的延伸，图书出版者享有专有出版权需要以原作品著作权的存续为前提。如果原作品的著作权因法定保护期届满而消灭，则图书出版者的专有出版权也随着原作品进入公有领域而消灭，对于获得合作作品的专有出版权亦是如此。合作作品是指两个以上作者共同创作完成的作品，分为可以分割使用的合作作品和不可以分割使用的合作作品两种。其中，可以分割使用的部分是相对于合作作品整体而言，在表达上独立存在并能单独利用的具有独创性的智力成果。

一般情况下，著作财产权截止于作者死亡后第五十年的 12 月 31 日。对于合作作品而言，《著作权法》第二十一条第一款规定以最后死亡作者的死亡时间起算著作权保护期截止时间，但对于此处的"合作作品"指向何种类型的合作作品，法律条文及立法说明均未明确。

从《著作权法》的立法宗旨及著作权保护与利用的实际情况来看，由于对可以分割使用的合作作品而言，作者各自创作的部分相对独立、其他作者创作的部分与之并无紧密关联，而且各自作者并不能控制其他可以分割部分的使用，因而以作者各自的死亡时间单独起算各自可以分割使用部分的著作权保护期截止时间，并不会影响其他作者创作部分以及合作作品整体的使用及保护，也有利于各自可以分割使用部分依次进入公有领域得到传播与利用。如果合作作品中一部分可以分割使用的部分原本已超过著作权保护期进入公有领域，但因其他可以分割使用的部分的著作权仍处于保护期内，前者的保护期就可以相应延长，则并不符合《著作权法》立足于实现鼓励作品创作与社会传播之间平衡的立法宗旨。因此，应当将《著作权法》第二十一条第一款规定所述以最后死亡作者的死亡时间起算著作权保护期截止时间的"合作作品"限缩解释为仅指不可以分割使用的合作作品。据此，对于获得可以分割使用的合作作品部分之专有出版权，应当以该部分作品的作者之死亡时间起算的作品著作权保护期为限。本案中，*Chinese Bronzes from the Buckingham Collection* 一书由陈某某和凯某分别独立创作完成部分内容，陈某某先生完成了其中的概述、考释和中国朝代年表

部分，故该书属于可以分割使用的合作作品，陈某某先生对于其完成的概述、考释和中国朝代年表部分可单独享有并行使著作权。因此，该部分作品的著作权保护期应以陈某某先生去世的时间作为起算点，某书局获得该部分作品的专有出版权期限也以此为限。

二审法院合议庭成员　张晓霞　冯　刚　章　瑾
编写人　杨　振

13. 北京某软件科技发展有限公司诉北京某科技有限公司侵害著作权及不正当竞争纠纷案*

——卡牌游戏侵害作品改编权的判定

关键词 著作权 不正当竞争 卡牌游戏 改编权

基本案情

原告北京某软件科技发展有限公司（以下简称某软件公司）诉称：2016年1月20日，某软件公司支付巨额授权费自著名作家查某（笔名金庸）处获得《射雕英雄传》《神雕侠侣》《倚天屠龙记》《笑傲江湖》四部小说（以下简称涉案小说）及其元素在游戏改编开发、发行及运营方面的独占权利。2013年1月，某软件公司发现北京某科技有限公司（以下简称某科技公司）开发、运营的移动终端游戏《大掌门》上线，并于苹果商店等各大手机软件市场提供下载。某软件公司认为某科技公司未经其或查某许可，在涉案游戏中使用涉案小说中的人物、武功、武器装备、故事情节等元素，严重侵犯了其针对涉案小说取得的改编权。此外，某软件公司还主张某科技公司在涉案游戏宣传中使用金庸及涉案小说的元素，攀附金庸及涉案小说知名度，使相关公众认为涉案游戏由涉案小说改编而来，构成不正当竞争，给其造成巨大经济损失，故起诉至法院，请求法院：（1）判令某科技公司停止制作、宣传、运营或授权他人运营游戏《大掌门》；（2）判令某科技公司在《中国知识产权报》及网址为 www.17173.com、www.dazhangmen.playcrab.com、www.playcrab.com 的网站上公开发表声明，以消除影响；

＊ 本案例入选上海知识产权研究所评选的 2021 年中国新文娱十大影响力案例。

（3）判令某科技公司针对著作权侵权行为赔偿某软件公司经济损失6000万元；（4）判令某科技公司针对不正当竞争行为赔偿某软件公司经济损失2000万元；（5）判令某科技公司支付某软件公司合理费用9900元及诉讼财产保全责任保险费用4万元。

某科技公司辩称，涉案游戏系卡牌游戏，其玩法才是游戏的核心表达，且某科技公司使用的多为公有领域内容，人名及武器名称并非著作权法保护的范围，因此，即便某科技公司存在部分使用涉案小说人物及武器名称的行为，亦不构成著作权侵权。2013年某科技公司与案外主体签署的《协议书》系各方合意，其中并无有关著作权侵权的表述，某科技公司期满后继续使用系正当使用。某科技公司从未对外宣传涉案游戏改编自查某作品，并不会使相关公众认为某科技公司与某软件公司存在关联，不构成不正当竞争。某软件公司主张的赔偿金额缺乏事实及法律依据。

法院经审理查明：

2016年1月20日，某软件公司支付2200万元巨额授权费，自著名作家查某（笔名金庸）处获得涉案小说及其元素在游戏改编、开发、发行及运营方面的独占权利。

2018年8月17日，某软件公司委托代理人分别对其在安卓手机及苹果平板电脑上浏览、操作涉案游戏的相关过程申请公证证据保全，北京市东方公证处为此出具（2018）京东方内民证字第10129号及第10128号公证书，两次公证所涉系同一款游戏，游戏界面及玩法一致。公证书主要记载如下内容：通过安卓手机游戏商店或苹果应用商店可下载安装涉案游戏，详情页面显示该游戏为大型多人在线角色扮演类卡牌游戏，开发商为某软件公司。根据公证书显示，涉案游戏服务区数量分别为517区及447区。

登录并选择服务区后，游戏自动播放武侠传位等情节，选择"周芷若"等弟子身份并创建门派名称后，即可进入游戏主页，页面中间显示"弟子""装备""武功""练气""奇遇""奇宝"选项；页面下方有"主页""阵容""江湖""历练""奇遇""寻访"选项。游戏过程中，玩家可通过"寻访"不同的弟子角色，增强对战角色阵容，通过在"江湖"与其他角色对战获取装备等增加战斗力。玩家可随时查看已经拥有的人物、装备、武功、真气、遁甲符、奇宝及上述人物、装备、武功等内容的对应简介。

通过点击"人物""装备""武功"等选项，可显示对应卡牌。经比对，某软件公司提交的比对列表中列明的涉案游戏使用人物名称、武功及装备均与涉案小说相同或直接取材于涉案小说，且人物信息等处显示人物生平介绍、人物间关系、人物及武功关系、人物及装备间关系以及游戏关卡等亦取材于涉案小说，与涉案小说部分情节具有对应关系。

域名为 playcrab.com 的网站为某科技公司经营，该网站设有涉案游戏专属页面，其中包含新闻、公告、活动、媒体、游戏资料、专题回顾、视频等栏目。某软件公司于 2018 年 8 月 17 日针对浏览上述页面过程申请公证证据保全，取得第（2018）京东方内民证字第 10126 号公证书，并结合公证书中浏览内容，主张该网站中使用的配图及发布的文章等使用了涉案小说人物形象、核心元素及故事梗概等内容，违反《反不正当竞争法》第二条规定，构成不正当竞争。

另查，2013 年，某科技公司曾未经权利人许可，在涉案游戏中使用涉案小说中的人物、武功、武器装备、故事情节等元素构成侵权。2013 年 10 月 1 日，某科技公司与某软件公司的关联公司某（北京）软件有限公司等签署《协议书》，约定某科技公司可继续使用涉案小说内容至 2015 年 7 月 31 日，并向查某及上述某软件公司等支付授权金。《协议书》附件中包括致歉信，某科技公司在信中表示向查某先生表达最诚挚的歉意，此前在未经查先生许可的情况下，《大掌门》产品使用了查先生原创武侠小说中人物姓名等元素，实质损害了查先生的合法权益。某科技公司还在信中表示除涉案游戏外，未经查先生的事先许可，将不会在今后研发或运营的任何一款游戏中使用查先生武侠小说中的任何元素等。后某科技公司先后共支付权利人授权金 900 多万元。

后，某软件公司发现某科技公司在 2015 年 7 月 31 日后仍继续使用涉案小说内容，严重侵犯了其针对涉案小说取得的改编权，故提起本案诉讼。某科技公司在二审诉讼中补充提交了涉案游戏项目收入及净利润专项审计报告等证据，用以证明一审判决确定的赔偿数额过高，远远超出涉案游戏使用涉案小说中相关元素的市场价值。某软件公司在本案诉讼中提交了大量证据证明涉案游戏在被诉侵权行为期间内的运营及收益情况，以证明其主张的经济损失数额具有事实和法律依据。某软件公司在本案中主张公证费及诉讼财产保全责任保险费用 9900 元及 4 万元，并提交了相应的发票证据。

北京市朝阳区人民法院于 2020 年 12 月 30 日作出（2019）京 0105 民初 22319 号民事判决：一、某科技公司于本判决书生效之日起十日内停止在游戏《大掌门》运营及宣传中使用《射雕英雄传》《神雕侠侣》《倚天屠龙记》《笑傲江湖》四部小说的人物名称、生平介绍、武功、装备、关卡、人物间关系、人物与武功间关系、人物与装备间关系等元素；二、某科技公司于本判决书生效之日起十日内赔偿某软件公司因著作权侵权及不正当竞争造成的经济损失 2000 万元；三、某科技公司于本判决书生效之日起十日内支付某软件公司合理费用 49900 元；四、某科技公司于本判决书生效之日起三十日内在《中国知识产权报》及网址分别为 www.17173.com、www.dazhangmen.playcrab.com、www.playcrab.com 的网站上发表声明，以消除影响（在媒体上的发布持续时间不少于七日，声明内容需于本判决生效之日起十日内送一审法院审核，逾期未履行，法院将在相关媒体上公布本判决相关内容，费用由某科技公司承担）；五、驳回某软件公司其他诉讼请求。宣判后，某科技公司以涉案行为未构成侵害著作权及不正当竞争为由提起上诉。北京知识产权法院于 2021 年 11 月 26 日作出（2021）京73 民终 1265 号民事判决：驳回上诉，维持原判。

裁判理由

法院生效裁判认为：

一、某科技公司未经许可将涉案小说改编成涉案游戏的行为，是否侵犯某软件公司对涉案小说享有的改编权

2010 年《著作权法》第十条第十四项规定："改编权，即改变作品，创作出具有独创性的新作品的权利。"改编行为系在原作品基础上进行的再度创作，一方面未脱离原作品，另一方面再度创作而成的新作品与原作品之间存在明显差异，能够体现改编者对新作品投入的创造性劳动。改编行为既可以是将已有作品由一种体裁改为另一种体裁，也可以是对已有作品在同一体裁范围内进行改动，以使之适于不同的利用条件。根据本案查明的事实，结合上述法律规定，二审法院认定某科技公司的涉案游戏侵害

了涉案小说改编权，具体理由论述如下：

其一，涉案小说中的人物名称、武功、装备、人物间关系、人物与武功间关系及人物与装备间关系等元素的结合，体现了作者的选择、取舍、安排及设计的具有独创性的表达，应当受到《著作权法》的保护。判断涉案游戏是否构成对涉案小说的改编，首先应判断涉案游戏中使用的涉案小说元素是否属于《著作权法》保护的独创性表达。通常而言，对于一部由主题、故事脉络、情节设计、人物关系等要素组成的小说而言，故事的主题、单纯的人物关系应归于"思想"的范畴；但围绕故事主题展开的特定情节、人物关系的具体化，能够达到反映作者独特选择、判断、取舍的程度，即成为《著作权法》保护的表达。本案中，涉案小说中的人物名称、武功、装备等元素相互结合，较为完整地展现了不同人物的身世背景、性格特征、独门绝技、人物关系等，查某基于上述元素创作出包括涉案小说在内的诸多武侠故事，该元素系查某武侠小说中的重要组成部分，其通过特定形式的组合，相对完整地表达了作者对特定人物的塑造和故事脉络的构思，体现了作者在作品表达中的选择、取舍、安排及设计，故应认定属于《著作权法》保护的独创性表达。

其二，某科技公司的涉案游戏对涉案小说相关元素的使用，是以卡牌网络游戏形式对涉案小说中独创性表达进行的截取式、组合式使用，其对涉案小说中相关人物的技能、经历、不同人物之间的相互关系等进行高度提炼，将不同元素进行结合使用，涉案游戏的卡牌人物设置、人物背景、配备装备、武功及人物间关系、关卡等均依托于涉案小说的内容与架构，卡牌组合规则更与涉案小说中的人物、装备、武功、人物关系等具有对应关系，保留了与涉案小说实质性相似并且能够构成表达的独创性元素及设定，与涉案小说具有高度的关联性及依存性，显然并非对涉案小说的单纯借鉴。

本案中，虽然某科技公司上诉主张涉案游戏中使用的部分元素或者来源于公有领域，或者属于对涉案小说思想范畴的元素进行使用，并提交相应网页截屏等证据支持其主张。但二审法院经审理认为：一方面，涉案小说中确实存在极少量公有领域的素材（例如个别历史人物的姓名等），但该等公有领域的素材通过作者生动、鲜活的刻画、描写和情节展开，已经被赋予全新含义，该等素材与涉案小说中作者创作的其他素材、情节等有机结合，已成为作品中的独创性表达。另一方面，比对某软件公司提交的比对列表，某科技公司举证说明的相关素材来源与涉案游戏中相关内容的具体对应情况及一致性程度，远低于某软件公司列明的与涉案小说中相关内容的对应情况和一致性程度，按照民事诉讼中的优势证据规则，结合日常生活经验，能够充分认定涉案游戏使用了涉案小说中的相关元素。因此，某科技公司有关涉案游戏未使用涉案小说中独创性表达等相关上诉主张均缺乏事实依据，故不予支持。

其三，涉案游戏对涉案小说中独创性表达的使用仅是改变了涉案作品中独创性表达的表现形式，并未形成脱离于涉案作品的全新表达，但涉案游戏亦非对涉案小说进行了简单复制，而系通过具有独创性的创作行为而形成。具体而言，一方面，涉案游戏对涉案小说中的人物名称、武功、装备、人物间关系、人物与武功间关系及人物与装备间关系等元素结合进行的使用，是以卡牌游戏这一新的表现形式进行再现，但由此所表现的人物特征、人物关系以及其他要素间的组合关系与涉案小说中的选择、安排、设计等并不存在实质性差别，尚未形成完全脱离涉案小说中独创性表达的全新表达。另一方面，涉案游戏虽依托于涉案小说的内容与架构，但其根据游戏特性而设计的对白、游戏关卡等在涉案小说中显然无法一一对应，且人物简介等内容亦系对涉案小说相关内容的选取、整合，使涉案小说的表现形式有了根本性的转变。因此，涉案游戏属于对涉案小说的改编。

综上，法院认定某科技公司未经许可，擅自将涉案小说改编成涉案游戏，侵犯了某软件公司对涉案小说享有的改编权。

二、某科技公司实施的被诉行为是否构成不正当竞争

2019 年修正的《反不正当竞争法》第二条第一款规定："经营者在生产经营活动中，应当遵循自愿、平等、公平、诚信的原则，遵守法律和商业道德。"根据本案查明的事实，首先，某科技公司在其运营的域名为playcrab. com 的网站、"大掌门游戏"微博、"大掌门"微信公众号中发布了大量文章，文中大量使用涉案小说中人物名称、故事梗概等元素，还有部分文章直接使用 "《大掌门》中囊括了金庸 200 多位耳熟能详的知名豪侠，还将金庸中经典剧情再现" 等表述，上述内容直接利用了涉案小说的知名度以及相关公众对涉案小说的喜爱，不当夺取了某软件公司依据涉案

小说进行游戏开发的机会，亦使相关公众对涉案游戏的来源产生误解，损害了其他经营者及消费者的合法权益。其次，某科技公司曾于2013年10月1日与查某等案外主体签署《协议书》并出具致歉信，但其在2015年7月31日《协议书》终止之日后继续在同款游戏中使用涉案小说中相关元素，表现出明显的主观恶意。最后，某科技公司在前述文章中使用涉案小说中相关元素的行为不符合2019年《反不正当竞争法》第二章规定的具体不正当竞争行为要件，但确有依法予以规制的必要。因此，一审法院对某软件公司关于某科技公司在宣传过程中构成不正当竞争行为的主张予以支持并无不当。

三、关于某科技公司应承担的法律责任

本案中，某科技公司未经许可，将涉案小说相关元素使用于涉案游戏及其对外宣传涉案游戏的大量文章中，构成著作权侵权及不正当竞争，应当承担停止侵害、消除影响及赔偿损失等责任。

关于停止侵害。由于涉案游戏系卡牌类游戏，虽然其整体游戏规则与胜负标准均一定程度上依托于涉案小说，但删除或更改涉案小说中相关元素后，涉案游戏仍有继续运营的空间，故为更好地实现双方当事人之间利益以及当事人利益与公共利益之间的平衡，法院合理界定停止侵权的效力范围后，仅判令某科技公司停止在涉案游戏开发、运营及宣传中使用涉案小说中相关元素。

关于消除影响。鉴于某科技公司对涉案游戏进行的大量宣传、推广会导致相关公众对涉案游戏来源产生混淆、误认，故某科技公司应当承担消除影响的民事责任。

关于赔偿损失。根据本案查明的事实，某软件公司提交的在案证据尚不足以证明其因某科技公司实施被诉行为所遭受损失的具体数额，也不足以证明某科技公司因实施被诉行为所获利益的具体数额；某科技公司二审诉讼中补充提交的涉案游戏项目收入及净利润专项审计报告，系其自行委托相关会计师事务所制作完成，其中大量数据、图表均系某科技公司自行编制、盖章，部分数据与双方当事人提交的其他在案证据中显示的数据情况存在不一致，故该证据的证明力相对较低，不足以单独、充分证明2015年8月至2019年7月期间涉案游戏的项目收入及净利润情况。某软件公司

虽然提交了其为获取涉案小说相关权利支付对价金额的相关证据，且提交了某软件公司与案外主体签订的《协议书》及游戏分成款支付凭证等证据，但考虑到某软件公司获取的涉案小说授权范围较涉案游戏改编行为更加广泛，且《协议书》及分成款支付凭证等证据一方面系某科技公司与案外主体间的协议，另一方面从分成款的金额中亦可看出涉案游戏的收益确实存在随时间减少的趋势，故亦不宜将上述证据作为确定本案侵权损害赔偿数额的唯一计算依据。综合考量本案证据情况，二审法院认为：一审判决酌定的某科技公司应赔偿某软件公司的经济损失和合理开支数额尚属合理，故均予以确认。二审法院在确定本案经济损失赔偿数额时主要考量如下因素：（1）涉案小说的知名度极高，某软件公司为获得涉案小说的独家游戏改编权授权付出了巨额许可费。（2）涉案游戏的侵权时间长、知名度高、注册用户规模庞大、侵权获利巨大。（3）涉案小说中相关元素对涉案游戏收益的贡献率较高。（4）侵权人的主观恶意明显。（5）涉案游戏并非全部由涉案小说元素构成，某软件公司获取的涉案小说授权范围较涉案游戏的改编行为更加广泛，涉案游戏的收益确实存在随时间而减少的趋势。（6）某科技公司应承担的经济损失赔偿责任不仅包括其因实施著作权侵权所承担的赔偿责任，还包括其因实施涉案不正当竞争行为应承担的赔偿责任。二审法院最终判令某科技公司赔偿某软件公司经济损失 2000 万元。此外，关于某软件公司为进行本案维权所支出的合理费用，因其提交了相应发票支持其主张，二审法院依法予以全额支持。

裁判要旨

涉案小说中人物名称、武功、装备、人物间关系、人物与武功间关系及人物与装备间关系等元素的结合，体现了作者的选择、取舍、安排及设计的具有独创性的表达，应当受到《著作权法》的保护。涉案小说中确实存在极少量公有领域的素材（如历史人物姓名等），但该等公有领域的素材通过作者生动、鲜活的刻画、描写和情节展开，已经被赋予全新含义，该等素材与涉案小说中作者创作的其他素材、情节等有机结合，已成为作品中的独创性表达。

关联索引

2010 年《中华人民共和国著作权法》第十条、第十一条、第四十七条、第四十八条、第四十九条

2019 年《中华人民共和国反不正当竞争法》第二条、第十七条

一审：北京市朝阳区人民法院（2019）京 0105 民初 22319 号（2020 年 12 月 30 日）

二审：北京知识产权法院（2021）京 73 民终 1265 号（2021 年 11 月 26 日）

法官评析

一些热门小说的改编权具有巨大的经济价值，已成为网络游戏运营者竞相追逐的对象。有的游戏运营商为了压缩成本、攫取巨额利益，存在未经授权而改编他人作品的行为。本案通过判决厘清了利用小说改编为卡牌游戏的法律边界，对于推动我国游戏行业形成并强化维护正版、尊重知识产权的行业共识具有积极作用。具体而言：

其一，本案探讨了小说中思想和表达的区分界限。对于一部由主题、故事脉络、情节设计、人物关系等要素组成的小说而言，通常情况下故事的主题、简单的人物关系应归于"思想"的范畴；但围绕故事主题展开的独特情节、情节之间的串联关系、人物关系的具体展开，能够达到反映作者独特选择、判断、取舍的程度，即成为《著作权法》保护的独创性表达。此外，本案中还探讨了涉案小说中使用公有领域的素材（例如个别历史人物的姓名等）是否构成作品独创性表达的问题，认为作品中并非孤立地使用公有领域素材，而是通过作者生动、鲜活的刻画、描写和情节展开，已经被赋予全新含义，该等素材与涉案小说中作者创作的其他素材、情节等有机结合，已成为作品中的独创性表达。

其二，本案探讨了卡牌游戏使用涉案小说中相关元素侵害作品改编权的判定标准。根据《著作权法》的相关规定，改编权是改变作品，创作出具有独创性的新作品的权利。一方面，涉案游戏对涉案小说中的人物名称、武功、装备、人物间关系、人物与武功间关系及人物与装备间关系等元素结合进行的使用，尚未形成完全脱离涉案小说中独创性表达的全新作

品；另一方面，涉案游戏虽依托于涉案小说的内容与架构，但其根据游戏特性而设计的对白、游戏关卡等在涉案小说中显然无法一一对应，且人物简介等内容亦系对涉案小说相关内容的选取、整合，相对于涉案小说而言，形成了新的独创性表达，属于对涉案小说相应内容的演绎。因此，涉案游戏属于对涉案小说的改编。

其三，本案综合考量多方面因素，确定了 2000 万元的高额赔偿。本案中双方当事人在一审、二审诉讼中均提交了大量与计算损害赔偿数额相关的证据，二审法院综合考量如下多方面因素：（1）涉案小说的知名度极高，某软件公司为获得涉案小说的独家游戏改编权授权付出了巨额许可费。（2）涉案游戏的侵权时间长、知名度高、注册用户规模庞大、侵权获利巨大。（3）涉案小说中相关元素对涉案游戏收益的贡献率较高。本案中，关于涉案小说中人物名称、武功、装备、人物间关系、人物与武功间关系及人物与装备间关系等元素结合对涉案游戏收益的贡献率问题，某软件公司和某科技公司均提交了相应的证据支持其各自主张。某软件公司认为涉案小说相关元素对涉案游戏收益的贡献度至少在 90%，某科技公司则认为其对涉案游戏的收益贡献率仅为 1.6168%。二审法院经审理认为：双方当事人在本案中提交的有关涉案小说中相关元素对涉案游戏收益贡献率的证据均不足以支持其各自主张。根据本案查明的事实，在涉案游戏已知 152 个人物中，直接取材于涉案小说的有 71 个；在涉案游戏已知 82 种武功中，直接取材于涉案小说的有 31 种；在涉案游戏已知 85 件装备中，直接取材于涉案小说的有 11 种；在涉案游戏的关卡中，有 23 个关卡名称及 4 个历练与涉案小说中内容对应，考虑到涉案小说具有极高的知名度和数量巨大的受众，某科技公司在涉案游戏中大量使用涉案小说相关元素，且所使用元素涉及的内容均为涉案小说和涉案游戏中的核心内容，该类元素和内容也是使涉案游戏区别于其他游戏、吸引用户注册的重要因素，对涉案游戏能否获得商业成功发挥着重要作用，故法院可合理推知涉案小说中相关元素对涉案游戏收益的贡献率较高。（4）侵权人的主观恶意明显。2013 年 10 月 1 日，某科技公司即与查某等案外主体针对涉案游戏使用涉案小说元素的相关问题签署《协议书》且出具致歉信，但其在《协议书》到期后并未停止侵权行为，而是未经权利人许可继续使用涉案小说相关元素，表现出明显的主观恶意。（5）涉案游戏并非全部由涉案小说元素构成，某软件公司获取的涉案小说授权范围较涉案游戏的改编行为更加广泛，涉案游戏的收益确实存在随时间而减少的趋势。（6）某科技公司应承担的经济损失赔偿责任不仅包括其因实施著作权侵权所承担的赔偿责任，还包括其因实施不正当竞争行为应承担的赔偿责任。法院最终判令某科技公司赔偿某软件公司经济损失2000万元。需要注意的是，法院在酌定本案赔偿数额时特别考量了侵权人的主观恶意，该因素成为最终确定高额赔偿的重要考量因素，这一认定彰显了司法推崇诚实信用、让违法成本与违法行为相匹配的价值导向，体现了司法加大知识产权保护力度、严格保护知识产权的决心。

一审法院合议庭成员　谭雅文　裴　晖　乔　迪
二审法院合议庭成员　刘义军　马兴芳　李　想
编写人　刘义军

14. 深圳某公司诉北京某公司侵害作品
信息网络传播权纠纷案

——信息网络传播行为的认定标准

关键词 著作权 信息网络传播权 服务器标准 用户感知标准
实质性替代标准

基本案情

原告深圳某公司主张其依法享有《宫锁连城》的独家信息网络传播权。而北京某公司未经其许可，在其经营的"快看影视"手机端，通过信息网络非法向公众提供涉案作品的在线播放，并在"快看影视"中对大量影视作品进行了编辑分类，至今仍在进行播放。深圳某公司认为北京某公司的行为侵犯了深圳某公司的合法权利，故诉至法院。

北京某公司辩称：深圳某公司权利存在重大瑕疵，涉案作品的授权无合法来源；涉案作品并非在"快看影视"上播放的，而是在腾讯 App 上播放的；北京某公司"快看影视"播放无广告，未获得任何盈利，只提供设链服务，并非信息存储空间。北京某公司收到起诉书后已经删除了涉案作品。故请求法院驳回深圳某公司的全部诉讼请求。

法院经审理查明：

2013 年 4 月，深圳某公司与湖南某公司签订《宫锁连城》一剧信息网络传播权独家许可使用协议书，许可使用费用为 100 万元每集，共 42 集，共计人民币 4200 万元整。2014 年 4 月 9 日，湖南某公司出具授权书，将《宫锁连城》一剧的独占专有的信息网络传播权授予深圳某公司，权利内容包括：独占信息网络传播权、独占维权权利、转授权权利。

（2015）浙杭钱证内字第 20894 号公证书显示：2015 年 6 月 4 日，使用手机下载"快看影视"并安装。点击"快看影视"，进入应用主页面，点击搜索框输入"宫锁连城"，点击"搜索"，进入相关页面；点击第一个搜索结果"宫锁连城未删减版"，进入相关页面，显示播放来源为乐视网，并有 44 集的剧集排列，点击"8"，进入播放页面，显示来源于乐视网，随机拖动进度条可进行播放。

（2015）浙杭钱证内字第 24394 号公证书显示：2015 年 12 月 7 日，使用手机下载乐视视频，在其上搜索"宫锁连城"，在相应网页点击"宫锁连城未删减版"进入播放页面，显示 44 集全，有"标清""流畅""极速"三种版本。使用手机下载"快看影视"，进入首页，点击"专题"，找到并点击专题"帅到没朋友——古装美男子"进入相关页面，点击该专题内的"宫锁连城"，共 44 集，显示的第一个来源是"乐视网"（还有其他几大视频网站来源），点击播放第一个"乐视网"来源的电视剧，播放时页面地址栏显示乐视网的网址，可随机选择正常播放。

比较快看影视与乐视视频上"宫锁连城"的提供和播放方式，二者存在以下区别：（1）在乐视 App 上播放涉案作品时有前置广告，在对涉案作品暂停播放时也有广告，而在"快看影视"App 上播放或暂停播放涉案作品时却并未显示任何广告；（2）在乐视 App 上播放涉案作品时显示"乐视网"的水印，但在"快看影视"App 播放时却没有"乐视网"的水印；（3）在乐视 App 上播放涉案作品分为标清、流畅、极速三种观看模式，而在"快看影视"App 播放时却显示高清、标清、流畅三种模式；（4）在乐视 App 与"快看影视"App 中显示的集数布局存在不同，并将涉案作品设置在了"专题"版块中。深圳某公司通过以上对比，证明北京某公司在"快看影视"App 中对涉案影视作品进行了选择、编辑、整理、专题分类、缓存等服务，具有主观过错。

深圳某公司提供网页打印件，主张乐视网上有关于反盗版和防盗链等技术措施的声明，内容为：本网站主办方已经对本网站内全部正版授权的视频内容采取了必要的反盗版和防盗链等技术措施，并且添加、设置权利管理电子信息，任何单位或个人，未经本网站主办方的许可，不得以任何方式（包括但不限于：盗链、冗余盗取等）直接或间接地盗取相关视频内容，不得以任何方式（包括但不限于：隐藏或者修改本网站域名、播放器软件、乐视网标识等）删除或者改变相关视频内容的权利管理电子信息。否则，本网站主办方将保留进一步追究侵权人法律责任的权利。北京某公司对此不予认可。

为查清事实，法院就此向案外人乐视网进行了调查，乐视网提供其采取禁链措施的截屏，表示其已经采取了禁链措施，并提供乐视网与深圳某公司之间的授权合同书等文件，表示其并未与北京某公司就"快看影视"播放涉案电视剧达成合作关系，北京某公司应属盗链行为。

北京某公司表示，公证书显示涉案电视剧是链接自乐视网，但其并未与乐视网签订过合作协议，而是通过技术手段抓取乐视网等视频网站的相关视频，聚合到了"快看影视"App中。乐视网虽然采取了防盗链的措施，但比较简单，北京某公司知晓如何通过技术手段的设置来破解乐视网的技术措施，通过可绕开禁链设置的网页搜索爬虫，抓取相关视频资源然后设链，机器进行自动匹配，获取来源于各影视网站的视频。北京某公司只提供链接服务，缓存是为了方便网络用户，由用户决定是否需要缓存，缓存的内容也并不在北京某公司服务器上，缓存并非下载。北京某公司所设置的链接是链接到有合法授权的乐视网上，并不构成对深圳某公司独家信息网络传播权的侵害。

北京市海淀区人民法院于 2016 年 1 月 26 日作出（2015）海民（知）初字第 40920 号民事判决：一、自一审判决生效之日起七日内，北京某公司赔偿深圳某公司经济损失包括合理支出 35000 元；二、驳回深圳某公司的其他诉讼请求。宣判后，北京某公司以涉案行为未侵犯深圳某公司的信息网络传播权为由提起上诉。北京知识产权法院于 2016 年 10 月 21 日作出（2016）京 73 民终 143 号民事判决：一、撤销一审判决；二、驳回深圳某公司全部诉讼请求。

裁判理由

法院生效裁判认为：

一、涉案作品作为侵权作品是否应受《著作权法》保护

本案中，涉案作品虽已被北京市高级人民法院生效判决认定构成对他人作品著作权的侵犯，但该判决同时亦认定，涉案作品系根据剧本《宫锁

连城》摄制，而剧本《宫锁连城》系未经许可对他人作品改编而成。因摄制及改编行为均是在他人作品基础上形成新作品的行为，故前述判决认定涉案作品中既包括对他人作品的抄袭部分，亦包括作者独创性部分。基于前文中所述原因，涉案作品所存在的侵权情形仅意味着涉案作品的著作权人无权自行使用并禁止他人使用该侵权部分，但对于涉案作品中的独创部分，著作权人仍享有著作权，有权禁止他人以著作权控制的方式使用该部分，且其所获得的保护水平与其他作品并无不同。据此，上诉人认为涉案作品不应受《著作权法》保护，且即便可获得保护，其保护水平亦应有所限制的上诉理由不能成立，法院不予支持。

二、信息网络传播行为的认定标准

本案中，上诉人向用户提供"快看影视"App，用户在该App界面下即可以实现对涉案作品的在线观看。但在该过程中，上诉人明确标注了涉案作品的链接地址，且点击该地址可以进入乐视网站观看涉案作品。上诉人主张该行为属于链接行为，但一审法院则对此未予支持，并判令上诉人承担侵权责任。因在侵权诉讼中，对被诉行为性质的认定是侵权认定的前提，因此，确定信息网络传播行为的认定标准是本案首要问题。

（一）服务器标准是信息网络传播行为认定的合理标准

信息网络传播行为是信息网络传播权所控制的行为，对该行为的认定属于事实认定范畴，服务器标准最为符合信息网络传播行为这一客观事实属性。依据服务器标准，信息网络传播行为是指将作品置于向公众开放的服务器中的行为。需要特别指明的是，此处的"服务器"系广义概念，泛指一切可存储信息的硬件介质，既包括通常意义上的网站服务器，亦包括个人计算机、手机等现有以及将来可能出现的任何存储介质。信息网络传播权与其他财产权利一样，其作用的对象离不开作品，其所控制的是对作品的传输。在网络环境下，该传输的对象是作品的数据形式，只有对其进行传输的行为才有可能使得用户真正获得作品。从信息传播的角度看，在每一个独立的信息传播过程中，必然且仅仅需要存在唯一一个对作品的传输行为，该行为将作品的数据形式置于向公众开放的网络中，正是因为这一行为的存在才使得公众可以最终获得作品，该行为便为初始上传行为。

初始上传行为指向的是每一个独立的网络传播过程中的初始上传行为，而非将作品第一次置于网络中的行为。任何对作品的初始上传行为均需以存储行为为前提，其存储介质即为服务器标准中所称"服务器"。《最高人民法院关于审理侵害信息网络传播权民事纠纷案件适用法律若干问题的规定》虽未采用服务器标准的概念，但其对作品提供行为的判断标准实质上与服务器标准并无差别，同方案判决中所引用的最高人民法院相关判决亦可佐证这一事实。

（二）用户感知标准不应作为信息网络传播行为的认定标准

对信息网络传播行为的认定属于对客观事实的认定，其认定标准应具有客观性及确定性，但用户感知标准强调"看起来"是、而非"实际上"是谁在实施提供行为，这一特点使得该标准天然缺乏客观性。该标准以用户的认知为判断依据，但不同用户可能具有不同网络认知程度，使得即便在案件证据完全相同的情况下，不同用户针对同一事实亦很有可能得出不同结论。故该标准亦无法确保客观事实认定的确定性，从而与信息网络传播行为所具有的客观事实特性并不契合。

（三）实质性替代标准同样不应作为信息网络传播行为的认定标准

无论是对信息网络传播行为，还是对链接行为以及破坏、避开技术措施的认定，均属于对客观事实的认定，而非对行为合法性的认定。上述行为之间相互独立，无论上诉人是否实施了选择、编排、整理以及破坏技术措施等行为，均不会使得链接行为成为或者不再成为链接行为。因一审法院判决对于选择、编辑、整理行为以及破坏技术措施行为的论述均围绕被诉行为是否属于链接行为这一核心，故一审判决所持观点的实质仍在于认定深层链接行为构成信息网络传播行为。鉴于此，二审法院判决对实质性替代标准的评述中将仅考虑深层链接行为。

实质性替代观点的核心在于将获益或损害因素作为判断深层链接行为是否构成信息网络传播行为的必要条件，二者之间具有因果关系。其中，获益或损害是"因"，信息网络传播行为是"果"。但通常情况下，只可能基于某一行为的发生使行为人获益或他人受损，而绝不可能反过来因为存在获益或受损的情形，从而使得某一行为得以发生。这一因果关系的认定有违实际。不仅如此，在侵犯著作权案件中，判断被诉行为是否落入原告权利范围应以该权利所控制行为的法定要件为依据。至于损失、获益或其他因素，对这一问题的认定完全不产生影响。实质性替代标准在对信息网络传播行为的认定中考虑损失及获益因素系在侵犯著作权案件中采用了竞争案件的审理思路。

即便依据实质性替代标准，认为损害及获益要素对于信息网络传播行为的认定有影响，此处的损害或获益因素亦应仅涉及《著作权法》所保护的利益。但一审法院判决所考虑的对广告成本的影响、用户黏度的增加以及对权利人分销授权的影响等，不属于《著作权法》所保护的利益，而分别属于经营利益及合同利益，无法在著作权案件中予以考虑。

《最高人民法院关于审理侵害信息网络传播权民事纠纷案件适用法律若干问题的规定》第五条中的"实质替代"即指"复制"，其与实质性替代标准中"实质性替代"的含义明显不同。网页快照等提供行为是对原网页或图片进行复制并将该复制件置于信息网络中的行为，深层链接行为则是对被链接网站内容提供链接的行为，二者是两种不同性质的服务提供行为，因此，上述条款不能作为实质性替代标准的法律依据。

（四）权利人针对深层链接行为可能采取的救济途径

服务器标准的采用仅意味着深层链接行为不应被认定为信息网络传播行为，相应地，对该行为的侵权认定不应适用著作权直接侵权的认定规则。但这一确认并不表示认为深层链接行为不可能违反其他法律规定。共同侵权规则、《反不正当竞争法》第二条及有关技术措施相关规则的适用均可以在相当程度上使权利人获得救济。

（五）著作权人的利益诉求与法律适用、利益调整

实质性替代标准的出现看似由深层链接技术发展所导致，但实质原因却在于利益关系的变化，尤其是影视作品专有信息网络传播权人对回收其高额许可费的强烈需求，而非基于对《著作权法》及其第十条第十二项信息网络传播行为法定要件的理解。这种基于利益诉求来重新解读信息网络传播权及其所控制的信息网络传播行为的方式，存在着违反既有法律规

定、论证逻辑错误的危险。在这一过程中，权利人可能会基于其利益诉求先预设了深层链接行为构成信息网络传播行为这一结论，然后再依据深层链接行为的特点对信息网络传播行为进行对应性的解释，从而扩大信息网络传播权的边界。这一方法显然不是科学合理的法律解释方法，而将损害及获益作为行为性质认定要素这一基本逻辑错误也由此产生。

权利人的利益诉求是否可以维护、对权利人与链接服务提供者之间的权利义务关系如何调整，均必须以现行法律规定为依据。法院必须在现有法律框架下适用法律，不能因某一方的利益诉求而改变现有法律规则。如果法律规定确实存在漏洞，或者现有法律不能适应和满足社会经济发展的需要，对于法律规定进行修改的权力亦在立法机关，而非法院。

保护著作权人利益是《著作权法》的重要制度价值之一，但利益平衡同样是《著作权法》所追求的制度价值。在网络环境下的利益平衡要求平衡权利人、网络服务提供者和社会公众三者之间的利益关系。具体到实质性替代标准，即便不从《著作权法》对信息网络传播权的规定出发，而仅仅从利益平衡的角度分析，其亦不能仅仅考虑影视作品著作权人或者专有信息网络传播权人的利益需求，而应同时考虑该做法可能影响到的包括其他网络服务提供者、网络用户等在内的各利益群体的利益需求。实质性替代标准一旦被确立，其将不仅适用于对影视作品的深层链接行为，而且会适用于一切网络服务提供行为，这一适用对于网络用户以及互联网行业整体发展所造成的负面影响毋须多言。

三、被诉行为是否构成对被上诉人信息网络传播权的侵犯

判断被诉行为是否构成信息网络传播行为，应采用服务器标准，而非用户感知标准或实质性替代标准。依据服务器标准，如果被诉行为系将涉案内容置于向公众开放的服务器中的行为，则该行为系信息网络传播行为。根据在案证据，将涉案内容置于网络中传播的是乐视网，而非北京某公司，北京某公司仅提供了指向乐视网中涉案内容的链接。在北京某公司未实施将涉案作品置于向公众开放的服务器中的行为的情况下，其虽然实施了破坏技术措施的行为，但该行为仍不构成对涉案作品信息网络传播权的直接侵犯。因乐视网系合法授权网站，其传播行为属于合法行为，故虽被诉行为对乐视网的传播行为起到帮助作用，但被诉行为仍不符合帮助侵

权行为的认定要件，该行为不构成共同侵权行为，不应承担相应民事责任。

裁判要旨

判断被诉行为是否构成信息网络传播行为，应采用服务器标准，而非用户感知标准或实质性替代标准。依据服务器标准，如果被诉行为系将涉案内容置于向公众开放的服务器中的行为，则该行为系信息网络传播行为。

关联索引

2010 年《中华人民共和国著作权法》第十条第十二项

2012 年《最高人民法院关于审理侵害信息网络传播权民事纠纷案件适用法律若干问题的规定》第三条、第五条

一审：北京市海淀区人民法院（2015）海民（知）初字第 40920 号（2016 年 1 月 26 日）

二审：北京知识产权法院（2016）京 73 民终 143 号（2016 年 10 月 21 日）

法官评析

信息网络传播权系著作权人享有的一项赋予其控制信息网络传播行为的权利。判定被控侵权行为是否侵害著作权人信息网络传播权的前提，是对被控侵权行为是否属于信息网络传播行为进行界定。对于如何认定信息网络传播行为，在实践中一直存在不同的认定标准，主要包括服务器标准、用户感知标准、实质性替代标准及法律标准，等等。

本案裁判明确了服务器标准是信息网络传播行为认定的合理标准，并对此进行了细致的分析和阐述，为之后类案提供了参照和指引。

一、以服务器标准认定信息网络传播行为的合理性分析

依据服务器标准，信息网络传播行为是指将作品置于向公众开放的服务器中的行为。此处"服务器"系广义概念，泛指一切可存储信息的硬件介质，既包括通常意义上的网站服务器，亦包括个人计算机、手机等现有以及将来可能出现的任何存储介质。

秉持服务器标准的主要原因在于服务器标准与信息网络传播行为的性

质最为契合。具体而言，《著作权法》有关信息网络传播权的规定决定了信息网络传播行为必然是一种对作品的传输行为，且该传输行为足以使用户获得该作品。在网络环境下，这一传输行为的对象是作品的数据形式。作品在网络中的传播可能存在多个独立的传播过程，每个独立的传播过程均可能包括一系列行为，如传输通道的提供、内容的存储及上传、缓存、链接等。在前述行为中，仅有初始上传行为符合上述要求。因此，信息网络传播行为应指向初始上传行为。任何上传行为均需以作品的存储为前提，未被存储的作品无法在网络中传播，此处存储介质即为服务器标准中所称"服务器"。据此，服务器标准作为信息网络传播行为的认定标准最具合理性。并且对于信息网络传播行为的认定属于事实认定范畴，服务器标准最为符合信息网络传播行为这一客观事实属性。

实践中，认为服务器标准具有明显局限性的理由主要有二：其一是认为技术发展会使服务器的使用无关紧要。这种观点很大程度上源于对"服务器"缺乏正确的认识。本文需再次强调此处"服务器"并非通常意义上的网络服务器，而系广义概念，泛指一切可存储信息的硬件存储介质，既包括网站服务器，亦包括个人计算机、手机等。例如，在《最高人民法院关于审理侵害信息网络传播权民事纠纷案件适用法律若干问题的规定》第三条所提及的"设置共享文件或者利用文件分享软件"方式中，用户使用分享软件下载作品时，该内容会被存储于其计算机中的共享文件夹中，该软件使得用户在下载的同时自动将作品进行上传，此时用户计算机便为服务器标准中的"服务器"。在将服务器界定为存储介质的情况下，无论是上述条款中所提及的传输方式，还是目前技术条件下的各种新技术（如常被提及的云技术、碎片化存储等）均无法脱离服务器而存在。

其二则是认为服务器标准不能涵盖提供行为的所有情形，比如分工合作的共同侵权行为。① 在分工合作的共同侵权行为中，必然存在一个将作品置于网络服务器中的初始上传行为，即对作品的提供行为。网络服务提

---

① 持此观点者认为，《最高人民法院关于审理侵害信息网络传播权民事纠纷案件适用法律若干问题的规定》第四条规定："有证据证明网络服务提供者与他人以分工合作等方式共同提供作品、表演、录音录像制品，构成共同侵权行为的，人民法院应当判令其承担连带责任。"依据该规定，在分工合作的情况下，虽然某服务提供者只是提供搜索、链接等技术服务，而未实施上传行为，但其仍会被认定构成共同提供行为。服务器标准并不能涵盖这一情形，可见服务器标准有其局限性。

供者虽形式上并未实施上传行为，但其与作品的实际上传者存在针对作品的选择、编辑以及是否上传等方面的意思联络，其事实上参与了对作品的提供行为之中，从而使得其网络服务提供行为与作品提供行为成了有机联系的整体。因此，这种行为完全符合按照服务器标准所确认的信息网络传播行为。

二、用户感知标准不应作为信息网络传播行为认定标准的缘由

依据用户感知标准，信息网络传播行为的认定以用户的主观认知来确定。法院对用户感知标准持否定态度，根本原因在于受著作权的专有权控制的是行为，只有实施了受专有权控制的行为才落入专有权的控制范围。信息网络传播行为与复制、发行、表演等其他行为一样，是一种客观行为，对该行为的认定属于对客观事实的认定，应具有客观性及确定性。但用户感知标准却难以符合上述要求。该标准强调"看起来"是、而非"实际上"是谁在实施提供行为，这一特点使得该标准天然缺乏客观性。不仅如此，该标准以用户的认知为判断依据，但不同用户可能具有不同网络认知程度，很可能使得即便在案件证据完全相同的情况下，针对同一事实，不同用户亦很有可能得出不同结论，由此可见，该标准不仅不具有客观性，亦无法确保客观事实认定的确定性，从而与信息网络传播行为所具有的客观事实的特性并不契合。尤其要指出的是，用户的认知以及用户是否会产生误解等因素，通常是商标法或者反不正当竞争法框架下所考虑的问题，并非著作权法的职责和功能所在。

但与用户感知标准不同，服务器标准强调的是"实际上"是谁在实施提供行为，在证据相同的情况下，不存在因网络用户认知能力的不同而产生不同认定结论的情形，因此，该标准符合著作权权利性质，也能更准确地反映事实的客观性及确定性。

另需强调的是，对于用户感知标准的否认态度仅说明该标准不应作为信息网络传播行为的认定标准，却并不表示用户的认知在信息网络传播行为的认定过程中毫无作用，只是这一作用主要体现在举证责任方面，而非信息网络传播行为的认定标准上。就深层链接行为而言，因该行为的外在表现形式与信息网络传播行为差别不大，权利人在其取证过程中有合理理由相信该行为系信息网络传播行为，因此，司法实践中，法院通常会将深

层链接行为的外在表现形式视为原告的初步证据，推定被诉行为系信息网络传播行为。如果深层链接服务提供者对此予以否认，则其有义务提交反证以进行证明。

三、实质性替代标准不应作为信息网络传播行为认定标准的考量

实质性替代标准是随着近年视频聚合服务发展而出现的标准，对此标准持肯定态度的观点在于，因选择、编辑、整理等行为，以及破坏技术措施行为、深层链接行为对著作权人所造成的损害及为行为人所带来的利益与直接向用户提供作品的行为并无实质性差别。因此，上述行为构成信息网络传播行为。

通常情况下，视频聚合服务并非单独的行为，而是由一系列行为所构成，既包括深层链接行为，亦包括对被链接内容所作的选择、整理、编辑行为，以及为设置链接而实施的破坏或避开技术措施等行为。因无论是对信息网络传播行为，还是对链接行为以及破坏、避开技术措施的认定，均属于对客观事实的认定，而非对行为合法性的认定。因此，对上述每一行为的性质分析均应单独进行，而不能混在一起作出认定。这也就意味着，无论聚合服务提供者是否实施了选择、编排、整理以及破坏技术措施等行为，均不会使得链接行为不再成为链接行为。相应地，亦不能因其未实施上述行为，便认为该行为不构成链接行为。但实质性替代标准中未将上述行为进行划分，这一做法使得该观点在讨论的基础上便存在偏差，有必要予以纠正。因实质性替代标准中无论是对于选择、编辑、整理行为的论述，还是对破坏技术措施行为的分析，均是围绕视频聚合行为是否属于链接行为这一核心，故实质性替代观点的实质仍在于认定深层链接行为构成信息网络传播行为。因此，下文对实质性替代标准的评述中将仅考虑深层链接行为。

实质性替代标准的核心是将获益或损失因素作为考虑被控侵权行为是否构成信息网络传播行为的必要条件，认为二者之间具有因果关系，但这种因果关系的认定有违实际。通常情况下，是由行为导致了行为人受益或他人受损。且实质性替代标准这一因果关系的认定还可能使得不同情形下对同一行为的性质得出不同结论，与信息网络传播行为客观属性是相违背

的。而且损失、获益或其他因素，对被控侵权行为是否落入原告权利范围的判定并不产生影响，对该问题的判断应以该权利所控制行为的法定要件为依据。即在对是否存在信息网络传播行为这一客观事实进行认定时，不应考虑损失或受益。由此，实质性替代标准的适用实际上违反了对法定权利保护的基本逻辑和步骤。

此外，从利益平衡的角度分析，实质性替代标准亦不应成为信息网络传播行为的认定标准。

一是实质性替代标准的出现更多是基于影视作品专有信息网络传播权人的利益诉求，而非基于对《著作权法》及其第十条第十二项信息网络传播行为法定要件的理解。这种基于利益诉求来重新解读信息网络传播权及其所控制的信息网络传播行为的方式，存在违反既有法律规定、论证逻辑错误的危险。在这一过程中，权利人可能会基于其利益诉求先预设了深层链接行为构成信息网络传播行为这一结论，然后再依据深层链接行为的特点对信息网络传播行为进行对应性的解释，从而扩大信息网络传播权的边界。这一方法显然不是科学合理的法律解释方法，而将损害及获益作为行为性质认定要素这一基本逻辑错误也由此产生。笔者认为，权利人的利益诉求是否可以维护、对权利人与链接服务提供者之间的权利义务关系如何调整，均必须以现行法律规定为依据。法院必须在现有法律框架下适用法律，不能因某一方的利益诉求而改变现有法律规则。如果法律规定确实存在漏洞，或者现有法律不能适应和满足社会经济发展的需要，对于法律规定进行修改的权力亦在立法机关，而非法院。

二是在确定信息网络传播行为的认定标准时，不能仅仅考虑著作权人或专有信息网络传播权人的利益，还应考虑到其他网络服务提供者、网络用户等在内的各利益群体的利益需求。如果将实质性替代标准作为信息网络传播行为判断的统一标准，会对现有网络服务提供行为产生影响，例如信息存储空间提供行为、分享软件提供行为等。如依据实质性替代标准，目前公认的网络服务提供行为中，将有相当数量会落入信息网络传播权控制的范围，构成信息网络传播行为，从而使得行为人在提供上述服务时将必须经过著作权人许可。但是信息存储空间服务提供者显然无法针对用户上传的每个内容都获得著作权人同意，分享软件服务提供者也不可能针对用户通过该软件所传输的各种类型文件都取得著作权人授权，其他网络服务者亦同样很难达到这一要求。这一现实情形使得在实质性替代标准下，一旦网络服务提供者继续提供该服务，便面临极大的侵权风险。基于现实考虑，服务提供者为避免侵权风险，其最好的选择当然是不再提供上述服务。这一结果对于网络用户以及互联网行业整体发展所造成的负面影响无须多言。

而且随着技术的发展，很可能会出现一些目前无法想象的网络服务类型，而该标准的适用会使这一切因得不到著作权人许可而成为违法行为，这对于整体社会发展所造成的阻碍是难以想象的。举例而言，目前搜索引擎通常会提供一种针对具体格式内容的搜索服务，如果用户在搜索时将文件格式限定为".doc"格式，则搜索结果均仅涉及此类文件格式内容。用户在点击各个搜索结果后，一般不会进入被链接网站页面，而是会在搜索引擎页面下直接打开或下载这一文件，这种情况同样属于深层链接行为。依据实质性替代标准，因该行为亦会为搜索引擎提供者带来直接或间接的利益，并对被链接网站产生一定影响，因此该行为必然属于信息网络传播行为，该行为应事先取得著作权人许可。但是作为针对海量信息的搜索引擎，如果要求其针对每一个特定格式的搜索结果均寻求著作权人许可，显然不具有可行性。而如果无法获得许可便意味着其行为构成侵权，作为搜索引擎，其可选择的合法方式将同样是不再提供特定格式的搜索。这一选择的后果是整体网络用户无法再获得特定搜索这一服务方式所带来的便利与快捷，其不利后果是不言自明的。

因此，无论是从《著作权法》的规定考虑，还是对社会发展的影响，实质性替代标准均有其不合理之处。

四、服务器标准在本案中的具体适用

通过前述分析，依据服务器标准来认定信息网络传播行为最具合理性。本案中，将涉案内容置于网络中传播的是乐视网，而非北京某公司。北京某公司仅提供了指向乐视网中涉案内容的链接。依据服务器标准，北京某公司提供链接的行为未构成信息网络传播行为。虽然北京某公司实施了破坏技术措施的行为，但由于北京某公司未实施将涉案作品置于向公众开放的服务器中的行为，故该行为仍不构成对涉案作品信息网络传播权的直接侵犯。

因乐视网系合法授权网站，其传播行为属于合法行为。虽然被诉行为对乐视网的传播起到帮助作用，其所实施的选择、整理及编排等行为，在不存在直接侵权行为的情况下，不构成共同侵权行为。

二审法院合议庭成员　陈锦川　芮松艳　冯　刚

编写人　芮松艳　周文君

15. 某网络公司诉重庆某公司侵害广播权、广播组织权纠纷案

——侵害广播权及广播组织权的认定

关键词 《著作权法》修改 广播权 广播组织权 奥运会开幕式

基本案情

原告某网络公司主张其经中央广播电视总台独家许可授权获得涉案开幕式节目的著作权及以自己名义维权的权利，且其进行电视传播，故就涉案开幕式节目依法享有包括广播权及广播组织权的著作权及邻接权。在奥运会期间，某网络公司发现被告重庆某公司未经授权许可擅自通过其运营的"某体育"网站及"某体育"移动端App（以下简称涉案网站）向公众提供涉案节目的实时同步全程在线直播服务，并且其在移动端App首页显著位置进行宣传和推荐，在具体的涉案节目直播画面中故意遮挡台标、设置弹幕互动、鼓励用户对直播节目进行打赏、发红包等。某网络公司主张重庆某公司的涉案行为严重侵害了某网络公司对涉案作品享有的广播权和广播组织权，请求判令重庆某公司赔偿其经济损失及合理支出200万元和维权合理支出2万元，并消除影响。

被告重庆某公司辩称：直播行为系平台主播所为，重庆某公司对此并不知情，且在收到通知后第一时间关停相关直播间，从中获取利益极低。

法院经审理查明：

一、涉案节目权属相关事实

中央广播电视总台享有在2017年1月1日至2021年12月31日期间，

在中国境内以免费和付费方式，通过所有媒体平台以直播、延时转播和点播的方式，用普通话和粤语广播和展示包含奥林匹克运动会视听画面的作品或信号，以及分许可他人在上述授权期限和授权区域内从事上述广播和展示的专有权利。中央电视台在 2009 年 4 月 20 日出具《授权书》，将该台拍摄、制作或者广播的，享有著作权或与著作权有关的权利，或者获得相关授权的，该台所有电视频道及其所含之全部电视节目，通过信息网络，并授权某网络公司作为上述权利在全世界范围内进行交易的独家代理。原告作为上述权利的独占被授权许可人，可以自己的名义，对外主张、行使上述权利，可以许可或禁止他人行使或部分行使上述权利。原告提交了 cctv.com 及 cntv.cn 的网站备案信息等，证明 cctv.com 为中央电视台所有，cntv.cn 为某网络公司所有，中央广播电视总台与中央电视台是同一个主体。

二、关于被诉侵权行为的事实

2021 年 7 月 23 日，原告向上海市静安公证处申请保全证据公证。原告的委托代理人在公证员监督下使用该处提供的已作"恢复出厂设置"操作的手机，进行如下操作：（1）打开功能菜单界面中的浏览器，在检索栏内搜索"某体育"，显示搜索结果。（2）点击进入"某体育"页面，跳转至 m.xxxx.live 网页页面，浏览页面信息，显示网页首页的 20 多个直播间中有至少八个直播间显示 2020 奥运会相关视频。（3）点击进行视频的播放，播放中点击"下载 App"，进入页面后，下载、安装"某体育"应用；4. 安装完毕，返回功能菜单界面，打开"某体育"App，弹出窗口，分别浏览"《某体育用户服务协议》""《某体育隐私政策》"信息后，点击弹窗中的"同意"，并进行相关权限设置，进入"首页"版块，首页左上角"推荐"栏目下方显示"活动 燃东京圣火"，"猜你喜欢"栏目下方显示"2020 奥运会开幕式现场""奥运会开幕""2020 东京奥运会开幕式"等多个视频，视频截图显示点击次数。（5）播放"猜你喜欢"项下的相关视频，播放中浏览相关信息，部分视频播放画面的左上角为"CCTV"和五环标志；部分视频播放画面的左上角为黑底黄字"2020"和五环标志，CCTV 台标被黑底黄字"2020"遮挡；部分视频播放画面中还有弹幕互动、打赏、发红包等；之后由该公证处工作人员对上述手机截屏图像插入页码后进行打印，并将上述录制的视频文件全部刻录至空白光盘内。

三、其他事实

（一）东京奥运会开幕及版权预警相关事实

2021 年 7 月 20 日，中央广播电视总台发布关于第 32 届夏季奥林匹克运动会版权保护声明。

2021 年 7 月 22 日，国家版权局发布《2021 年度第十批重点作品版权保护预警名单》，名单中"第 32 届夏季奥林匹克运动会（2020 年东京奥运会）相关节目"有关权利人为国际奥委会、中央广播电视总台，在获得该作品信息网络传播权的网络服务商列表中未包含被告的某体育网。

（二）原告就被诉侵权行为发送通知及被诉侵权行为停止时间相关事实

2021 年 7 月 21 日、7 月 23 日、7 月 31 日、8 月 8 日东京奥运会举行期间，原告就涉案被诉行为多次向被告电子邮箱发送《关于立即停止侵权传播 2020 年东京奥运会赛事节目行为的告知函》，要求其删除或断开涉案链接，消除影响，并附侵权网页链接。被告认可收到上述告知函，并对涉案主播进行处理，但无法说明具体停止侵权时间。

（三）涉案网站和 App 运营相关事实

被告系涉案某体育网站和 App 的运营主体。该网站和 App 的《某体育直播协议》载明，主播根据平台注册要求，使用真实身份信息及资料申请成为平台的直播服务提供方，为平台用户提供在线解说视频内容的直播服务；平台与主播"不构成任何雇佣、劳动、劳务关系"；主播解说直播不得包含违法内容；平台有权对主播进行管理和监督，有权根据运营情况对相应规则作出调整或变更，对解说直播相关事宜拥有最终决定权；"服务费用及结算"中约定，以主播为平台用户提供解说服务为前提，用户可对主播进行赠送虚拟礼物的消费，主播可根据平台的结算要求及规则申请平台结算相应的服务费用。被告提交了涉案主播处理系统后台截图，但无法说明涉案主播真实身份。

（四）涉案作品商业价值

原告另提交国家体育总局、中国新闻出版广电报、腾讯新闻等网站文章网页打印件，及载明许可价格的相关协议。

（五）原告主张的维权支出相关事实

原告主张其本案维权合理支出包括公证费、律师费，但未提交相应发票。

北京知识产权法院于 2023 年 8 月 31 日作出（2022）京 73 民初 1457 号民事判决：一、被告重庆某公司于本判决生效之日起十日内赔偿原告某网络公司经济损失 50 万元及合理支出 1 万元；二、驳回原告某网络公司的其他诉讼请求。重庆某公司不服一审判决提起上诉。北京市高级人民法院于 2024 年 1 月 24 日作出（2024）京 73 民终 29 号民事裁定：本案按上诉人重庆某公司自动撤回上诉处理，一审判决自本裁定送达之日起发生法律效力。

裁判理由

法院生效裁判认为：

一、涉案奥运会开幕式节目在《著作权法》意义上的定性

2020 年《著作权法》第三条规定："本法所称的作品，是指文学、艺术和科学领域内具有独创性并能以一定形式表现的智力成果，包括：……（六）视听作品；……" 2020 年《著作权法》并未对视听作品的定义进行解释，与《著作权法实施条例》第二条对作品"以某种有形形式复制"的表述相比，《著作权法》对作品形式的规定修改为"以一定形式表现"，删去了"有形形式"的表述，不再强调固定性。认定某一客体是否构成视听作品，不宜再考察作品是否采取摄制的方式，也不需要对介质作特别的要求。

首先，涉案开幕式节目蕴含了人的智力投入，具有一定观赏性，符合文学、艺术、科学领域内智力成果的要件；其次，对于涉案开幕式节目是否具有独创性的认定，《最高人民法院关于审理著作权民事纠纷案件适用

法律若干问题的解释》第十五条规定："由不同作者就同一题材创作的作品，作品的表达系独立完成并且有创作性的，应当认定作者各自享有独立著作权。"依据该条，具有独创性的判断，一方面，作品系作者独立创作完成，只要是作者原创的即具备独立性；另一方面，作品必须体现个人的智力成果，能够体现作者的智力判断、选择，体现作者个性。本案中，涉案奥运会开幕式节目系中央广播电视总台在赛事公共信号基础上加以解说、字幕等独立创作完成，开幕式节目将奥运会开幕式现场发生的各类表演通过电视直播，既真实地记录开幕式现场盛况，又大量运用了镜头技巧、蒙太奇手法和剪辑手法，使直播观众能够身临其境，从不同视角观看开幕式节目，以获得最好的观看体验。开幕式节目在机位的拍摄角度，镜头的切换，拍摄场景与对象的选择，拍摄画面的选取、剪辑、编排以及画外解说等方面亦体现了摄像、编导等创作者的个性选择和安排，具有独创性。

故，涉案开幕式节目属于文艺领域内具有独创性的智力成果，以一定形式表现，观众可以直观感知和欣赏，符合著作权法对于作品的要求，属于《著作权法》第三条第六项中规定的"视听作品"。

二、原告公司是否享有相应的权利

国际奥委会与中央广播电视总台于 2014 年签订框架协议、中央广播电视总台于 2009 年向原告出具的《授权书》可以确认原告就涉案视听作品依法享有包括广播权及广播组织权在内的著作权及邻接权。

三、被诉行为是否侵害某网络公司对涉案作品的广播权及广播组织权

（一）被诉行为是否侵害原告对涉案作品的广播权

2020 年《著作权法》第十条第十一项所规定的广播权，是指"以有线或者无线方式公开传播或者转播作品，以及通过扩音器或者其他传送符号、声音、图像的类似工具向公众传播广播的作品的权利，但不包括本款第十二项规定的权利"。相较于 2010 年《著作权法》对广播权的规定，该条进行了修改。首先，2020 年《著作权法》下法定的广播权控制两种行

为：（1）以有线或者无线方式公开传播或者转播作品；（2）利用扩音器等工具向公众传播广播作品的行为。其次，现行《著作权法》中的广播权明确规定，不包括"以有线或者无线方式向公众提供，使公众可以在其选定的时间和地点获得作品"的信息网络传播权。"以有线或者无线方式"传播作品既包括交互式传播又包括非交互式传播，将导致广播权与信息网络传播权出现重叠，如此限定从而在广播权和信息网络传播权之间划出明确界限。

本案中，原告主张权利的奥运会开幕式节目主要包括国际奥委会提供的公共信号所承载的内容，及中央广播电视总台在直播过程中所增加的字幕及解说等。其中，国际奥委会提供的公共信号是由专业的直播团队按照赛事组委会统一的要求和标准制作而成，通常包括赛事现场的画面、声音、字幕、慢动作回放、集锦等。中央广播电视总台于转播过程中在公共信号的基础上再加上点评、解说等内容，最终形成观众所感知的涉案开幕式节目。中央广播电视总台在被赛事方授权的公共信号基础上自行增加字幕及解说制作了涉案开幕式节目，其对涉案开幕式节目享有包括广播权在内的著作权。其又以独占许可的方式授予原告，故原告享有涉案开幕式节目的广播权。原告提交的公证书显示，公众在涉案奥运会开幕时段通过涉案网站直播间实时观看涉案开幕式节目，且对于涉案网站及应用程序上的直播内容，网络用户只能按照固定时间收看，而无法进行点播。可见，涉案上述转播行为，属于非交互式传播，网络用户只能定时收看该正在播出的直播节目，而不能在其选定的时间收看正在直播的节目，也不能通过其他方式影响正在直播节目的进程，涉案行为落入现行《著作权法》中广播权规制的第一种情形，即以无线方式公开传播作品的情形，因此认定涉案转播行为侵害了原告的广播权。

（二）被诉行为是否侵害原告主张的广播组织权

2020年《著作权法》第四十七条规定："广播电台、电视台有权禁止未经其许可的下列行为：（一）将其播放的广播、电视以有线或者无线方式转播；（二）将其播放的广播、电视录制以及复制；（三）将其播放的广播、电视通过信息网络向公众传播。广播电台、电视台行使前款规定的权利，不得影响、限制或者侵害他人行使著作权或者与著作权有关的权利。"

首先，该条所保护的主体与 2010 年《著作权法》相同，仍是广播电台、电视台。本案中，中央广播电视总台因制作并合法播放节目的行为，对涉案节目既享有广播权又享有广播组织权。某网络公司是以传统广播电台、电视台为依托的网络广播平台，并不属于《著作权法》中明确的广播组织，但基于中央广播电视总台合法授权，某网络公司亦享有广播组织权。

其次，相较于 2010 年《著作权法》，2020 年《著作权法》扩充了广播组织权所规制的转播、录播及复制范畴，尤其是为适应数字媒体和信息网络技术的发展，第四十七条第一款第一项明确了广播组织权控制的转播行为既包括传统的无线转播和有线电视转播，还包括互联网环境下的网络转播行为。该修改适应了网络同步转播作品等新技术的发展和加大广播组织权保护力度的需要，有力破解了广播电台、电视台在之前《著作权法》下无法控制网络平台对电视节目盗播的困局，加强了对广播组织的保护。本案中，被控侵权网站"某体育"及"某体育"移动端 App 直播间未经许可将某网络公司播放的涉案开幕式节目通过互联网向公众实时同步全程播放，其行为构成对某网络公司涉案节目的盗播，违反 2020 年《著作权法》第四十七条第一款第一项的规定，侵害了原告某网络公司的广播组织权。

四、被告是否应当承担侵权责任

（一）被告是否应当就被诉行为承担侵权责任

依据《民法典》第一千一百六十八条及《最高人民法院关于审理侵害信息网络传播权民事纠纷案件适用法律若干问题的规定》第四条的规定，认定是否构成共同侵权行为，一是需要行为主体在主观方面存在共同故意或共同过失，二是行为主体在客观上分工合作实施了侵权行为。本案在案证据无法证明被告直接提供了涉案侵权节目，系涉案主播在"某体育"网站及"某体育"移动端 App 直播间向公众提供涉案节目实时同步全程在线直播服务。被告虽系网络技术服务提供者，但无法证明其仅提供网络服务，事实上，被告在"某体育"移动端 App 首页显著位置设置宣传语"燃东京圣火 送惊喜好礼"对涉案节目进行宣传推广、在首页"推荐"及

"猜你喜欢"栏目中推荐涉案节目直播画面的行为，足以证明其主观上明知涉案主播提供侵权内容。涉案主播提供侵权内容，被告提供技术支持并对侵权内容进行推广宣传，二者客观上分工合作，构成共同侵权，被告应当对此承担连带的侵权责任。

（二）被告应承担何种法律责任

根据 2020 年《著作权法》第五十二条、第五十三条的规定，对于侵犯他人著作权的行为，应当根据情况，承担停止侵害、消除影响、赔礼道歉、赔偿损失等法律责任。关于民事责任的承担方式，应当与侵权行为的后果、情节及侵权人的主观过错相适应，赔礼道歉、消除影响是对著作人身权受到侵害的一种救济方式，被告公司并未侵害原告相关著作人身权利，故对于原告要求被告承担消除影响责任的主张，法院不予支持。

依据 2020 年《著作权法》第五十四条的规定，本案中，原告主张法定赔偿计算方式，并提交其授权许可费用作为参考，法院综合案件实际情况，酌情确定赔偿金额，具体考量因素包括：虽然双方未能提交充分证据，以使得法院可以较为精确地计算原告的实际损失或被告的违法所得，但根据涉案奥运会节目商业价值和对外授权价格、被告的侵权过错及具体情节等，酌情确定经济损失 50 万元。具体考量因素包括：第一，奥运会四年举办一届，是具有全球知名度和影响力的重大国际赛事，社会关注度高，相应节目具有非常高的商业价值，原告提交的对外授权证据亦可予以佐证。第二，在国家版权局已经将东京奥运会列入《2021 年度第十批重点作品版权保护预警名单》且原告数次向被告发送侵权告知函的情形下，被告仍向公众提供东京奥运会的实时同步全程在线直播服务，并专门进行宣传推广以吸引流量，侵权过错明显。第三，从涉案侵权行为的传播范围、影响程度考虑，涉案平台直播间在线观看直播人数较少、造成的影响有限，且被告因侵权行为实际获得的直接收益不高。

对于合理支出，法院综合考虑本案律师出庭和公证等实际情况，根据合理性、必要性、关联性原则酌情支持。

裁判要旨

涉案东京奥运会开幕式节目系中央广播电视总台在赛事公共信号基础

上加以解说、字幕等创作完成，蕴含了人的智力投入，具有独创性，能够被公众感知，属于视听作品。

2020 年《著作权法》第十条第十一项规定的广播权包括所有以有线或者无线方式进行的非交互式传播行为。涉案网站实时转播涉案开幕式节目的行为属于以无线方式公开传播作品的情形，侵害了某网络公司的广播权。同时，该法第四十七条第一款第一项将对广播组织权的保护延及互联网环境下，广播组织权控制的转播行为包括互联网环境下的网络转播行为。涉案网站通过互联网向公众实时同步播放节目，其行为构成对某网络公司涉案节目的盗播，侵害其广播组织权。

网络服务提供者明知他人提供侵权内容，仍提供技术服务并对侵权内容进行推广宣传，二者分工合作，构成共同侵权，其应当对此承担连带的侵权责任。

关联索引

2020 年《中华人民共和国著作权法》第十条第十一项、第四十七条第一款第三项

一审：北京知识产权法院（2022）京 73 民初 1457 号（2023 年 8 月 31 日）

二审：北京市高级人民法院（2024）京 73 民终 29 号（2024 年 1 月 24 日）

法官评析

本案是 2020 年《著作权法》对广播权、广播组织权修改后适用的典型案例。2020 年《著作权法》对上述权利规制范围的修改，改变了过去使用"兜底权利"对有线电视台直接通过有线电缆传播作品以及网络直播进行规制的状态，有力破解了广播电台、电视台无法控制网络平台对电视节目盗播的困局，加强了对广播组织者权利的保护。

一、2020 年《著作权法》对广播权规制范围的修改与完善

2020 年《著作权法》相较于 2010 年《著作权法》对广播权的规定，明显对权利内容进行了扩充。对于 2020 年《著作权法》下广播权的保护应当注意两类问题，一方面，2020 年《著作权法》重新界定了广播权控制的行为。2020 年《著作权法》下法定的广播权控制两种行为：（1）以有

线或者无线方式公开传播或者转播作品；（2）利用扩音器等工具向公众传播广播作品的行为。这两种行为均是将作品向不在传播发生地的公众进行传送。其中第一种情形中的"公开传播作品"既可以是无线方式又可以是有线方式。①"以有线或者无线方式"是一个技术中立用语，该用语同样出现在对信息网络传播权的定义中，显然，"以有线或者无线方式"包括互联网，如此规定意味着初始传播无论是无线电传播，还是有线电缆传播，抑或是"网播"，都受到现行广播权的规制。而2010年《著作权法》中广播权规制的行为还仅局限于初始传播为无线广播及后续的传播行为。2020年《著作权法》将其改为所有以有线或者无线方式进行的非交互式传播行为，从而扩大了广播权的保护范围，使得广播权全面覆盖了所有向公众进行非交互式传播的行为。这既改变了过去使用"兜底权利"对有线电视台直接通过有线电缆传播作品以及网络直播间或网络电视台通过互联网"网播"进行规制的状态，又能够与我国2006年加入的《世界知识产权组织版权条约》第8条规定的"向公众传播的权利"相适应。该条要求缔约方通过专有权利规制以任何技术手段向公众传播作品，即将作品传送至不在现场的公众中的行为。另一方面，2020年《著作权法》划清了广播权与信息网络传播权的界限。其中的广播权明确规定，不包括"以有线或者无线方式向公众提供，使公众可以在其选定的时间和地点获得作品"的信息网络传播权。"以有线或者无线方式"传播作品既包括交互式传播又包括非交互式传播，2020年《著作权法》将二者在文义方面尚存在重叠的部分，即交互式传播行为从广播权的调整范围予以排除，从而使广播权仅调整非交互式传播行为。

在2020年《著作权法》实施前，处理本案中向公众提供实时网络直播节目的侵权行为只能适用2010年《著作权法》第十条第一款第十七项"其他"的兜底条款予以调整。② 在2020年修正《著作权法》后，该行为落入广播权规制的范围，可以顺理成章地适用广播权对该行为予以规制。

---

① 黄薇、王雷鸣主编：《〈中华人民共和国著作权法〉导读与释义》，中国民主法制出版社2021年版，第93页。

② 参见北京知识产权法院（2019）京73民终99号民事判决书。

二、2020 年《著作权法》对广播组织权规制范围的修改与适用

2020 年《著作权法》第四十七条对广播组织权的规定相比于 2010 年《著作权法》增加了广播组织权的内容，为了适应数字媒体和信息网络技术的发展，新增了广播组织的信息网络传播权，明确"转播"包含有线转播和无线转播。该规定有力破解了广播电台、电视台在之前《著作权法》下无法控制网络平台对其电视节目"盗播"的市场困局，加强了对广播组织权的保护力度。

该条在本案中的适用应当注意以下两点。首先，关于广播组织权的主体。该条所保护的主体与 2010 年《著作权法》相同，仍是广播电台、电视台。根据《广播电视管理条例》第八条、第九条、第十条的规定，广播电台、电视台是指采编、制作并通过有线或者无线的方式广播电视节目的机构，其设立均需要审查批准。对于像本案中的某网络公司是否属于适格主体素有争论。① 对该问题的处理，司法实践中一般采取较为开放的态度。2020 年《著作权法》并未明确限制广播电台、电视台只能将广播组织权许可给具备广播电视组织条件的单位，且广播电台、电视台在制作、播放电视节目过程中投入的大量劳动已被法律所认可，作为私权，其有权授权给其他非广播组织进行营利，法律不应禁止。故如果授权方属于广播组织，则经合法授权的被许可人可以基于双方约定以自己的名义提起诉讼，主张广播组织权。其次，广播组织权所保护的客体是其"播放"的广播、电视。结合 WIPO《保护广播组织条约》最新合并文案中对广播组织权保护客体的释义以及广播组织权的立法初衷，广播组织权保护的客体是广播组织在作品传播过程中对"广播、电视"进行选择、编辑、包装、制作、编排、播放等所付出的智力劳动。也就是说，广播组织权的权利来源不是"制作节目"，而是"播放节目"。广播电台、电视台制作节目使其成为节目的著作权人而合法播放节目才落入广播组织权规制的范畴。

---

① 该案中被告提出的抗辩理由之一即原告某网络公司不享有广播组织权。参见北京市海淀区人民法院（2013）海民初字第 21740 号民事判决书；北京市第一中级人民法院（2014）一中民终字第 3199 号民事判决书。

相较于 2010 年《著作权法》，2020 年《著作权法》扩充了广播组织权所规制的转播、录播及复制范畴，尤其是为适应数字媒体和信息网络技术的发展，该条第一款第一项明确了广播组织权控制的转播行为既包括传统的无线转播和有线电视转播，又包括互联网环境下的网络转播行为。该扩充修改适应了网络同步转播作品等新技术的发展和加大广播组织权保护力度的需要，有力破解了广播电台、电视台在之前《著作权法》下无法控制网络平台对电视节目盗播的困局，加大了对广播组织权的保护力度。本案中，被控侵权网站直播间未经许可将原告播放的涉案开幕式节目通过互联网向公众实时同步全程播放，其行为构成对原告涉案节目的盗播，违反 2020 年《著作权法》第四十七条第一款第一项的规定，侵害了原告的广播组织权。

一审法院合议庭成员　宋鱼水　冯　刚　左慧玲
二审法院合议庭成员　史晓亮　龚晓娓　苏　伟
编写人　左慧玲　张嘉艺

16. 北京某剧院诉上海某传媒技术公司
侵害著作权纠纷案[*]

——新旧《著作权法》下演出单位权利保护的差异

关键词 表演者权 演出单位 消除影响民事责任

基本案情

话剧《窝头会馆》是北京某剧院排演的经典话剧节目之一，是我国话剧表演历史上的经典之作。在话剧《窝头会馆》演出过程中，北京某剧院同时将话剧《窝头会馆》录制为录像制品。上海某传媒技术公司运营"某视频"，未经许可在"某视频"网站上提供《窝头会馆》完整话剧演出录像视频，同时删除北京某剧院表演者、录像制作者身份及版权声明。北京某剧院起诉请求：（1）判令上海某传媒技术公司在其经营网站某视频首页置顶位置，发布公开声明（声明内容需经北京某剧院书面确认）持续 30日，为北京某剧院消除影响；（2）判令上海某传媒技术公司赔偿北京某剧院经济损失 50 万元；（3）判令上海某传媒技术公司承担北京某剧院维权合理支出，公证费 11360 元、律师费 5 万元。

一审法院经审理认为：对于涉案话剧的演出，作为演出单位的北京某剧院需负责前期的策划、人员组织、演员排练、舞台设计、演出宣传等工作，演出所需费用亦由其主要承担，在没有相反约定的情况下，北京某剧院应依法享有 2010 年《著作权法》第三十八条第三项至第六项载明的表演者财产权，演员个人不再享有该些权利。上海某传媒技术公司未经许

---

* 本案裁判文书获评全国法院"百篇优秀裁判文书"。

可，通过信息网络传播涉案话剧，侵害了北京某剧院作为表演者享有的信息网络传播权，依法应当承担相应的侵权责任。

关于本案北京某剧院主张的表明表演者身份的权利，类似于作品的作者享有的署名权，指表演者对其表演所享有的表示姓名的权利，与表演文学、艺术作品的演员的人身紧密相关，具有极强的人身依附性，应当由自然人享有，这有利于平衡演员个人与演出单位利益及权利的行使，避免演员和演出单位对该项权利的重复主张，故作为演出单位的北京某剧院对涉案话剧表演并不享有表明表演者身份的权利。

北京某剧院系涉案《窝头会馆》录像制品的录像制作者。上海某传媒技术公司未经北京某剧院许可，通过信息网络传播涉案录像制品，使相关公众可以在选定的时间和地点获得该制品，侵害了北京某剧院作为录像制作者享有的信息网络传播权，依法应当承担相应的侵权责任。

关于北京某剧院主张的第一屏的内容，载有"北京某剧院"字样，北京某剧院认为系其署名，由于涉案戏剧作品系刘某创作的剧本，北京某剧院经授权享有该作品的表演权并作为演出单位组织演出并录制涉案制品，由于2010年《著作权法》并未规定制品制作者享有署名或者表明身份的权利，故该字样应视为该录像制品权利人信息，属于权利管理电子信息；北京某剧院主张的第二屏内容系版权侵权警告，系该录像制品使用条款和条件的信息，属于权利管理电子信息范畴；关于第三屏内容系作品或者表演的名称及表演者信息，亦属于制品的权利管理电子信息，如前所述，依法确认北京某剧院作为演出单位并不享有涉案话剧表演的表明表演者身份的权利，故上海某传媒技术公司删除该些内容进行在线传播的行为并不侵害北京某剧院的表明表演者身份的权利。

由于上海某传媒技术公司涉案行为侵害了北京某剧院相应的信息网络传播权，系财产性权利，故关于其要求上海某传媒技术公司发布声明为其消除影响的诉讼请求，不再予以支持。关于北京某剧院主张的赔偿经济损失的诉讼请求，于法有据，予以支持。北京互联网法院于2021年2月19日作出（2019）京0491民初32469号民事判决：一、上海某传媒技术公司于判决生效之日起十日内赔偿原告北京某剧院经济损失6万元及公证费11360元，以上两项合计71360元；二、驳回北京某剧院的其他诉讼请求。

一审判决作出后，北京某剧院、上海某传媒技术公司分别提起上诉，北京知识产权法院于 2021 年 12 月 28 日作出（2021）京 73 民终 1723 号民事判决：一、撤销北京互联网法院（2019）京 0491 民初 32469 号民事判决；二、上海某传媒技术公司于本判决生效之日起十日内赔偿北京某剧院经济损失 50 万元及律师费 5 万元，公证费 11360 元；三、上海某传媒技术公司于本判决生效之日起十日内在某网站首页显著位置，连续七日刊载声明消除影响（声明内容需经本院审核，逾期不履行，本院将在一家全国发行的报纸上刊登判决书有关内容，费用由上海某传媒技术公司负担）；四、驳回北京某剧院其他诉讼请求；五、驳回上海某传媒技术公司的上诉请求。

裁判理由

根据北京某剧院在一审提出的诉讼主张，本案涉及的被诉侵权行为不仅是上海某传媒技术公司未经许可在其经营的某视频网站上提供《窝头会馆》话剧演出的录像视频，还包括删除了录像制品开头部分"北京某剧院"、版权侵权"警告"以及"话剧窝头会馆北京某剧院演出"，即删除前三屏内容的行为。针对删除前三屏内容的行为，一审判决认为北京某剧院作为演出单位虽然享有表演者权中的财产权利，但不享有作为人身权的表明表演者身份的权利，并据此认定上海某传媒技术公司删除前三屏内容的行为不侵害北京某剧院表明表演者身份的权利，未支持北京某剧院要求上海某传媒技术公司承担消除影响民事责任的诉讼请求。北京某剧院上诉主要针对一审判决对删除前三屏内容的行为定性错误，坚持认为是对北京某剧院作为演出单位享有的表演者权中表明表演者身份权利的侵犯。同时，上诉双方均针对一审判决确认的赔偿数额提出异议。为此，二审法院审理的焦点问题集中在北京某剧院作为演出单位是否享有表演者权中的表明身份的权利，针对删除前三屏内容的行为应当如何定性及承担怎样的民事责任，其中包括赔偿数额的确定等几个方面。具体阐述如下：

一、针对上海某传媒技术公司删除前三屏内容的行为的认定

本案中，对某视频网站中搜索查看相关网页及观看《窝头会馆》的过程进行证据公证是在 2017 年 11 月 28 日，该视频于一审开庭前已删除。被诉侵权行为发生在 2010 年《著作权法》适用期间。而二审法院受理时，2020 年修正的《著作权法》已经施行。根据《立法法》第八十四条规定，

法律、行政法规、地方性法规、自治条例和单行条例、规章不溯及既往，但为了更好地保护公民、法人和其他组织的权利和利益而作的特别规定除外。可见，法律适用以不溯及既往为原则，但也有例外。正是基于此，本案二审审理涉及新旧法律的选择适用问题。

2010年《著作权法》第三十七条第一款规定："使用他人作品演出，表演者（演员、演出单位）应当取得著作权人许可，并支付报酬。演出组织者组织演出，由该组织者取得著作权人许可，并支付报酬。"2013年《著作权法实施条例》第五条第六项规定，《著作权法》和本条例中的表演者，"是指演员、演出单位或者其他表演文学、艺术作品的人"。2010年《著作权法》第三十八条规定："表演者对其表演享有下列权利：（一）表明表演者身份；（二）保护表演形象不受歪曲；（三）许可他人从现场直播和公开传送其现场表演，并获得报酬；（四）许可他人录音录像，并获得报酬；（五）许可他人复制、发行录有其表演的录音录像制品，并获得报酬；（六）许可他人通过信息网络向公众传播其表演，并获得报酬。"根据2010年《著作权法》及2013年《著作权法实施条例》的规定，表演者不仅包括自然人演员，也包括演出单位，并且法律未对演出单位所享有的表演者权利类型作出特殊限制。从文义上可以直接得出结论，演出单位享有2010年《著作权法》第三十八条所规定的表演者的六项权利，即北京某剧院作为演出单位，不仅享有表演者权中的财产权利，也同样享有表明表演者身份的人身权利。在2010年《著作权法》的立法背景下，表明表演者身份的权利虽然属于著作人身权，但其性质并非一审判决所认定的仅能专属于自然人的权利，如同法人作为著作权人所享有的部分种类的著作人身权，亦为《著作权法》所认可。一审判决在适用2010年《著作权法》的基础上，认为"表明表演者身份的权利"仅能由自然人演员享有，进而否认了北京某剧院作为演出单位享有的表明表演者身份的权利，属于错误地适用了法律，二审法院予以纠正。

但不能否认，从国际公约的规定进行考察，表演者通常是从事表演活动的自然人。表演者权基于表演者的表演而产生。也就是说，演出过程中呈现出来的灯光、音像、舞美设计等不是表演者权保护的范围；同时，在表演者的舞台表演之外，对包含情节设定、台词、灯光、舞美的"整台演出"不能另行设立表演者权，否则与公约设定的表演者权的含义是不符合的。2010 年《著作权法》规定演出单位可以作为表演者享有表演者权，解释为是关于多人参与同一表演时的表演者权利归属和行使方式的特殊规定才更符合表演者权的基本含义，不能解释为演员和演出单位可以同时享有表演者权，而扩大表演者权产生的根据。北京某剧院主张在演员个人表演之外，北京某剧院享有表演者权，意味着赋予演出单位对"整台演出"享有表演者权，扩大了表演者权的产生基础，故不予支持。

2012 年 6 月，我国缔结的《视听表演北京条约》中定义的表演者是演员、歌唱家、演奏者、舞蹈者和其他演出、歌唱、讲述、朗诵、演奏、诠释或以另外的方式表演文学或艺术作品或民间文艺表达形式的人。与之相应，在 2020 年修正《著作权法》时，也不再将演出单位规定为表演者。

但是，如果仅因为适用 2010 年《著作权法》而认为演出单位有表明表演者身份的权利应当保护，不阐释 2020 年《著作权法》进行了怎样的相应调整，回避对演出单位相应的权利如何保护之探究，不仅不利于旧法与新法的衔接适用，也不利于对演出单位权利的保护。况且，根据《立法法》第八十四条确立的原则，如果新法属于为了更好地保护公民、法人和其他组织的权利和利益而作的特别规定，则可以突破法不溯及既往的一般适用原则，适用新法。为此，不能回避对 2020 年《著作权法》相应条款的阐释。

2020 年《著作权法》第三十八条规定："使用他人作品演出，表演者应当取得著作权人许可，并支付报酬。演出组织者组织演出，由该组织者取得著作权人许可，并支付报酬。"在表演者后面不再有 2010 年《著作权法》中"表演者（演员、演出单位）"这样的表述。同时，2020 年《著作权法》第四十条增加了职务表演方面的规定："演员为完成本演出单位的演出任务进行的表演为职务表演，演员享有表明身份和保护表演形象不受歪曲的权利，其他权利归属由当事人约定。当事人没有约定或者约定不明确的，职务表演的权利由演出单位享有。"该规定中，不仅明确演员是表演者，而且也明确地将表演者权划分为"表明身份和保护表演形象不受歪曲的权利"和"其他权利"。无论是有约定还是没有约定以及约定不明确，演出单位能享有的是"表明身份和保护表演形象不受歪曲的权利"之外的"其他权利"。演出单位通过职务表演规定获得"其他权利"的同时，为有效地对外彰显权利主体身份，促进演出质量和水平提升，2020 年《著作权法》第五十三条第七项规定的内容，在 2010 年《著作权法》第四十八条第七项涉及权利管理电子信息的作品和录音录像制品基础上，增加了"表演"，即"故意删除表演权利管理信息"的，应当承担民事责任，为演出单位权利管理信息保护提供了更为明确的法律保护依据。也就是说，根据 2020 年《著作权法》的规定，演出单位虽然不能享有表演者权中的表明表演者身份等人身属性的权利，但通过职务表演规定，演出单位可以获得表演者权中的财产性权利，并通过加强对权利管理信息的保护，为演出单位对外彰显权利主体身份提供了保障。

结合本案，《窝头会馆》话剧演出录像开头部分包括"北京某剧院"、版权侵权"警告"以及"话剧窝头会馆北京某剧院演出"。"北京某剧院"的标注，无论是依据 2010 年《著作权法》还是 2020 年《著作权法》，都属于录像制品权利管理信息的范畴；而"话剧窝头会馆北京某剧院演出"的标注，依据 2010 年《著作权法》属于表明表演者身份的范畴，而依据 2020 年《著作权法》则属于表演权利管理信息的范畴。2010 年《著作权法》与 2020 年《著作权法》对演出单位权利的保护方式虽有不同，但针对删除上述信息、割裂演出单位与演出作品之间的联系的行为均规定属于侵权行为，应承担民事责任。

二、上海某传媒技术公司应当承担的民事责任

依据 2010 年《著作权法》的规定，演出单位可以作为表演者并享有"表明身份"的权利，该项权利属于人身性权利，根据 2010 年《著作权法》第四十八条第三项规定，除另有规定外，未经表演者许可，复制、发行录有其表演的录音录像制品，或者通过信息网络向公众传播其表演的，应当根据情况，承担停止侵害、消除影响、赔礼道歉、赔偿损失等民事责任。一审法院判决未支持北京某剧院关于消除影响的请求违反法律规定，二审法院予以纠正。

2020 年《著作权法》对演出单位对外彰显权利主体身份的保障是通过保护表演者权利管理信息实现的，而权利管理信息并非人身性权利，擅自删除权利管理信息是否应当承担消除影响的民事责任，则取决于消除影响的责任方式适用的范围。民事责任的基本原则是填平原则，使受损害的权利恢复到损害发生前的状态。消除影响这一责任方式从其作为民事责任方

式出现在《民法通则》开始，始终与恢复名誉捆绑在一起，而恢复名誉显然是针对侵害人身权的民事责任。所以，久而久之，实践中将两者作为一体当成了针对侵害人身权而承担的民事责任。但是，与恢复名誉不同，消除影响的责任方式中并没有明显的如同"名誉"这样的权利类型指代，其功能在于通过公开对侵权行为进行纠正，消除社会公众误解，并防止误解的进一步扩大。相比"恢复名誉"责任方式，"消除影响"应该有更为广泛的适用空间。这既是消除影响和恢复名誉的责任方式区别于金钱赔偿的特殊功能，也是"消除影响"与"恢复名誉"两者之间的区别。在适用2020年《著作权法》的前提下，删除权利管理信息虽侵害的不是人身权，但权利管理信息具有标明权利人、声明权利以及公示使用条件的功能，删除权利管理信息客观上割裂了权利人与表演之间的联系。从删除权利管理信息的侵权行为所造成的后果看，亦需要通过公开方式予以纠正，从而恢复建立公众眼中权利人与演出作品之间的联系。因此，针对删除权利管理信息的侵权行为人，没有理由不适用消除影响的民事责任方式。

比较2020年《著作权法》和2010年《著作权法》，对于演出单位权利的保护侧重点和保护路径虽有不同，但是均承认和保护演出单位基于演出的投入、筹备、组织、排练等所应获得的权利，也为演出单位对外彰显权利主体身份作出了相应的制度设计。从保护范围和责任方式上看，2020年《著作权法》相关条款的修改并没有弱化对演出单位权利的保护。

此外，上海某传媒技术公司未经许可，在其经营的某网站中通过信息网络传播涉案话剧表演，使相关公众可以在选定的时间和地点获得涉案话剧表演，侵害了北京某剧院作为表演者享有的"许可他人通过信息网络向公众传播其表演，并获得报酬的权利"。北京某剧院主张权利的涉案录像制品系其组织对其现场表演进行录制并制作，根据该制品出版方的《声明》及制品署名，在没有相反证据的情况下，一审法院依法确认北京某剧院系涉案《窝头会馆》录像制品的录像制作者是正确的，上海某传媒技术公司关于北京某剧院并非《窝头会馆》录像制品的录像制作者的抗辩理由，二审法院不予采纳。上海某传媒技术公司未经北京某剧院许可，通过信息网络传播涉案录像制品，使相关公众可以在选定的时间和地点获得该制品，侵害了北京某剧院作为录像制作者享有的"许可他人通过信息网络向公众传播其表演，并获得报酬的权利"，依法应当承担相应的侵权责任。

根据 2010 年《著作权法》第四十九条规定："侵犯著作权或者与著作权有关的权利的，侵权人应当按照权利人的实际损失给予赔偿；实际损失难以计算的，可以按照侵权人的违法所得给予赔偿。赔偿数额还应当包括权利人为制止侵权行为所支付的合理开支。权利人的实际损失或者侵权人的违法所得不能确定的，由人民法院根据侵权行为的情节，判决给予五十万元以下的赔偿。"结合本案，《窝头会馆》话剧具有较高知名度和艺术价值，属于北京某剧院排演的经典话剧节目之一，具有极高艺术价值，作为我国话剧表演历史上的经典之作，理应获得更加充分的保护。北京某剧院作为演出单位，创作、排演该话剧付出了较高成本，话剧推向市场以来取得良好的经济效益和社会效益；被诉侵权视频上传时间至迟为 2010 年 6 月，距离《窝头会馆》话剧演出时间不长，处于《窝头会馆》话剧演出关注度以及热度较高的时间段；被诉侵权视频完整呈现了《窝头会馆》表演的全部内容，对《窝头会馆》表演和录像制品具有较高替代性；视频播放量达到 195769 次，上海某传媒技术公司基于侵权行为获得了较大的流量关注。并且，某视频网站在完整呈现《窝头会馆》话剧演出的同时，还有意删除了与北京某剧院相关的表演者身份信息和权利管理信息，主观恶意比较明显。因此，一审法院判决确定的赔偿数额明显偏低。二审中，北京某剧院补充提交了与律师事务所签署的维权合同，该合同与增值税发票相互印证，二审法院对律师费用予以支持。北京某剧院进行了公证取证，并提供了公证费用发票，一审法院判决支持公证费支出并无不当，上海某传媒技术公司的相关上诉理由二审法院不予支持。

　　综上所述，对于北京某剧院的上诉请求，予以支持；对于上海某传媒技术公司的上诉请求，不予支持。依照 2010 年《著作权法》第四十八条第三项、第四项、第四十九条、2017 年《民事诉讼法》第一百七十条第一款第二项规定，判决如下：一、撤销北京互联网法院（2019）京 0491 民初 32469 号民事判决；二、上海某传媒技术公司于本判决生效之日起十日内赔偿北京某剧院经济损失 50 万元及律师费 5 万元，公证费 11360 元；三、上海某传媒技术公司于本判决生效之日起十日内在某网站首页显著位置，连续七日刊载声明消除影响（声明内容需经本院审核，逾期不履行，本院将在一家全国发行的报纸上刊登判决书有关内容，费用由上海某传媒技术公司负担）；四、驳回北京某剧院其他诉讼请求；五、驳回上海某传媒技术公司的上诉请求。

裁判要旨

根据 2020 年《著作权法》规定，虽然演出单位不再作为表演者权的主体，但由于法律同时创设了职务表演制度并强化了对表演权利管理信息的保护，故演出单位可以依照该制度获得表演者权中的经济性权利，并通过表演权利管理信息对外彰显权利人身份。针对身份的标注，依据 2010 年《著作权法》属于表明表演者身份的范畴，而依据 2020 年《著作权法》则属于表演权利管理信息的范畴。新旧《著作权法》虽然对演出单位权利的保护方式有所不同，但针对删除上述信息、割裂演出单位与演出作品之间的联系的行为都规定属于侵权行为，应承担民事责任。

关联索引

2010 年《中华人民共和国著作权法》第三十七条第一款、第三十八条

2020 年《中华人民共和国著作权法》第三十八条、第四十条、第五十三条第七项

2013 年《中华人民共和国著作权法实施条例》第五条

一审：北京互联网法院（2019）京 0491 民初 32469 号（2021 年 2 月 19 日）

二审：北京知识产权法院（2021）京 73 民终 1723 号（2021 年 12 月 28 日）

法官评析

为配合正式生效的《视听表演北京条约》，2020 年《著作权法》修正后的一项重要变化是演出单位不再作为表演者。而上海某传媒技术公司未经许可，在其经营的某视频网站上不仅提供《窝头会馆》话剧演出的录像视频，还删除了录像制品开头部分"北京某剧院"、版权侵权"警告"以及"话剧窝头会馆北京某剧院演出"字样。对该删除行为的定性恰恰涉及新旧法变化的内容，成为理论和实践上的难点。本案判决通过对表演者权的立法沿革的梳理以及职务表演制度的强化和表演权利管理信息范围的变化分析，得出与一审判决完全不同的结论，认为涉案话剧演出录像开头部

分"北京某剧院"的标注依据旧法或新法均属于录像制品权利管理信息的范畴;"话剧窝头会馆北京某剧院演出"的标注依据旧法属于表明表演者身份的范畴,依据新法则属于表演权利管理信息的范畴。新旧《著作权法》虽然对演出单位权利的保护方式有所不同,但针对删除上述信息、割裂演出单位与演出作品之间的联系的行为均规定属于侵权行为,应承担民事责任。该判决对规范视听表演使用、维护演出单位合法权益具有重要的意义。

在撰写本案裁判文书过程中,笔者体会到撰写高质量的裁判文书需要注意以下几个方面:

一、撰写高质量的判决第一步要明确当事人的诉求

判决的主要功能首先应当解决当事人的争议,至关重要的就是通过实质化的庭审或者询问精准把握当事人的诉求,明确诉的是什么,在此基础上再确认有针对性的答辩是什么,然后把当事人的诉和辩按照法律的框架进行整合。撰写高质量的判决关键并不仅在写,更在审。审理过程中引导当事人澄清其主张的内容,使诉、辩双方更有针对性。通过释明整理的诉辩主张不仅记载在诉辩称部分,还应该在判决"本院认为"部分开门见山归纳双方争议的焦点。本案判决在"本院认为"部分记载:根据北京某剧院在一审提出的诉讼主张,本案涉及的被诉侵权行为不仅是上海某传媒技术公司未经许可在其经营的某视频网站上提供《窝头会馆》话剧演出的录像视频,还包括删除了录像制品开头部分"北京某剧院"、版权侵权"警告"及"话剧窝头会馆北京某剧院演出",即删除前三屏内容的行为。针对删除前三屏内容的行为,一审判决认为北京某剧院作为演出单位虽然享有表演者权中的财产权利,但不享有作为人身权的表明表演者身份的权利,并据此认定上海某传媒技术公司删除前三屏内容的行为不侵害北京某剧院表明表演者身份的权利,未支持北京某剧院要求上海某传媒技术公司承担消除影响民事责任的诉讼请求。北京某剧院上诉主要针对一审判决对删除前三屏内容的行为定性错误,坚持认为是对北京某剧院作为演出单位享有的表演者权中表明表演者身份权利的侵犯。同时,上诉双方均针对一审判决确认的赔偿数额提出异议。为此,二审法院审理的焦点问题集中在北京某剧院作为演出单位是否享有表演者权中的表明身份的权利,针对删

除前三屏内容的行为应当如何定性及承担怎样的民事责任，其中包括赔偿数额的确定等几个方面。如此表述让读者（无论是当事人还是案外人），都能一目了然本案的焦点，也是本案的审理范围。

二、高质量的判决以正确解释法律为前提

本案二审法院审理时，正值《著作权法》修正之际，为了配合 2020 年 4 月 28 日生效的《视听表演北京条约》，2020 年《著作权法》对于表演者权的归属规则作出了较大变动。按照 2020 年《著作权法》的规定，演出单位不再作为表演者享有表演者权，而是通过职务表演制度获得表演者权中的财产性权利，这是和 2010 年《著作权法》相比的一个重要变化。但是，一审判决在适用修正前的 2010 年《著作权法》的基础上，却认为"表明表演者身份的权利"仅能由自然人演员享有，进而否认了北京某剧院作为演出单位享有的表明表演者身份的权利。该项认定与 2010 年《著作权法》的规定不符合，同时也没有关注到《著作权法》修正后，演出单位权利保护方式变化这样一个法律理论界、实务界和相关行业高度关注的问题。

但是，如果针对演出单位表演者权中表明表演者身份的权利仅仅因为适用修正前的法律而认为应当予以保护，不阐释修正后的法律进行了怎样的相应调整，不仅不利于旧法与新法的衔接适用，也不利于修正后的法律对演出单位权利保护规则的建立。解决这个困境同样需要从法律的思维入手，因为《立法法》第八十四条规定，法律、行政法规、地方性法规、自治条例和单行条例、规章不溯及既往，但为了更好地保护公民、法人和其他组织的权利和利益而作的特别规定除外。也就是说，如果 2020 年《著作权法》对于演出单位相关权利的修改属于"为了更好地保护公民、法人和其他组织的权利和利益而作的特别规定"，并不排除本案适用 2020 年《著作权法》的余地。以此为前提，阐述新旧《著作权法》对演出单位权利保护的差异，没有孤立地探讨表演者权的归属制度，而是结合权利管理信息和职务表演等相关制度的变化，总体评价新旧《著作权法》下演出单位权利获得保护的不同路径和保护程度是否存在差异。通过新旧法的比较分析，明晰了演出单位权利保护方式的变化，特别明确了 2020 年《著作权法》并没有降低演出单位权利的保护程度。得出结论，适用修正后的法

律，与适用修改前的法律，案件的裁判结果是一致的。

三、高质量的判决在解决当事人诉求的同时确立规则

本案判决不仅对当事人争议作出了深入的阐述和认定，同时对《著作权法》修正之后，如何规范视听表演使用、维护演出单位合法权益进行了规则指引。从国际公约规定进行考察，表演者通常是从事表演活动的自然人，表演者权是基于表演者的表演而产生。但针对"一台子戏"如何确定表演者权人，实践中因为法律针对表演者的定性模糊产生了分歧。本判决除了通过法律解释解决了当事人的诉求外，同时认定演出过程中呈现出来的灯光、音像、舞美设计等不是表演者权保护的范围，在表演者的舞台表演之外，对包含情节设定、台词、灯光、舞美的"整台演出"不能另行设立表演者权。2010 年《著作权法》规定演出单位可以作为表演者享有表演者权，解释为是关于多人参与同一表演时的表演者权利归属和行使方式的特殊规定才更符合表演者权的基本含义，而不能将其作为扩大表演者权产生的根据。并且本判决认为北京某剧院主张在演员个人表演之外享有表演者权，意味着赋予演出单位对"整台演出"享有表演者权，扩大了表演者权的产生基础，从而在判决中确立了表演者权的边界。

四、高质量的判决不能回避法律上的矛盾

针对北京某剧院要求消除影响的责任方式是否应该支持是本案中又一个焦点，虽然是责任方式承担的问题，但具有理论价值。民事责任的基本原则是填平原则，使受损害的权利恢复到损害发生前的状态。消除影响这一责任方式从其作为民事责任方式出现在《民法通则》开始，始终与恢复名誉捆绑在一起，而恢复名誉显然是针对侵害人身权的民事责任。所以，久而久之，实践中将两者作为一体当成了针对侵害人身权而承担的民事责任。但是，与恢复名誉不同，消除影响的责任方式中并没有明显的如同"名誉"这样的权利类型指代，其功能在于通过公开对侵权行为进行纠正，消除社会公众误解，并防止误解的进一步扩大。相比"恢复名誉"责任方式，"消除影响"应该有更为广泛的适用空间。这既是消除影响和恢复名誉的责任方式区别于金钱赔偿的特殊功能，也是"消除影响"与"恢复名誉"两者之间的区别。2020 年《著作权法》对演出单位对外彰显权利主

体身份的保障是通过保护表演者权利管理信息实现的，而权利管理信息并非人身性权利。也就是说，删除权利管理信息虽侵害的不是人身权，但权利管理信息具有标明权利人、声明权利以及公示使用条件的功能，删除权利管理信息客观上割裂了权利人与表演之间的联系。从删除权利管理信息的侵权行为所造成的后果看，亦需要通过公开方式予以纠正，从而恢复建立公众眼中权利人与演出作品之间的联系。因此，针对删除权利管理信息的侵权行为人，没有理由不适用消除影响的民事责任方式，从而纠正了一审法院的判决。

一审法院独任审判员　张连勇
二审法院合议庭成员　张晓霞　宋　鹏　李志峰
编写人　张晓霞　高瞳辉

著作权权利限制

17. 贾某某诉某电台侵害著作权纠纷案

——广播组织法定许可构成要件的认定

关键词 著作权　权利限制　广播电台法定许可

基本案情

贾某某为图书《贾某某说春秋》的著作权人，认为佛山某电台（以下简称某电台）未经其许可，在"FM94.6""FM92.4"两个频道播放的《听世界春秋》节目中大量使用了《贾某某说春秋》的内容，某电台的播放行为不符合广播组织法定许可的规定，构成对其著作权的侵犯。故贾某某诉至法院，请求判令某电台停止侵权并承担相应的民事责任。

某电台答辩称：虽然《听世界春秋》与《贾某某说春秋》内容存在差异，但差异部分较少，未构成对作品的改编。且法律未明确要求广播电台广播他人已发表作品时应当指明作者与作品名称。即便考虑到表明作者身份的要求，某电台在广播音频中及第三方媒体上多次提及《贾某某说春秋》一书及作者，意在指明作者与作品名称。故某电台的广播行为属于法定许可行为，并未侵犯贾某某的著作权。

法院经审理查明：

2009年5月14日，贾某某（著作权所有者，甲方）与广西某出版社（乙方）签订《出版合同》，合同约定著作名称为"说春秋"之一《乱世英雄》，之二《盖世枭雄》，之三《晋楚争霸》，之四《吴越兴亡》，之五

《圣贤本色》（暂定名），署名形式为"贾某某著"，甲方将上述图书的专有出版权授予乙方，乙方按版税方式向甲方支付著作权使用费。

2012 年 7 月 15 日，佛山某传媒公司（甲方）与某出版社（乙方）签订《出版协议书》，该协议约定，作品名称为《某电台听世界——春秋》，甲方授予乙方在中国大陆以 DVD 形式出版本作品的专有使用权，期限为一年。上述作品出版后的首批加工数量为 3000 套（每套 1 张/盒）。市场零售价格为每套 60 元。且佛山某传媒公司出具《版权证明及授权书》称《某电台听世界——春秋》属其版权所有，其授权某出版社出版发行 DVD。凡由此引起的境内外版权、著作权、肖像权、专利权等方面及附带的经济和法律责任，由佛山某传媒公司承担。另，佛山某传媒公司出具声明称某电台系其下属单位。某电台自认其是上述出版协议的实际履约方。

某出版社出版发行光盘《听世界春秋》，ISBN 码为 978-7-7986-1807-5，ISRC 码为 CN-A××-12-006××，光盘外包装标注某电台出品，演播某电台，外包装上关于该光盘的简介载明："某电台的著名主持人谢某某历时两年半，不分昼夜，艰苦创作，结合不同的史料，用庄谐并重的演绎方式，一人分饰多角，把春秋的历史说得生动有趣，入木三分。尤其是结合了现代的管理方式和世界政治形势，以古鉴今，让人听起来如同在听身边发生的故事，欲罢不能。该故事被热心听友上传至电驴等网站后，引起网友追捧，好评不断，访问率突破百万人次，居前不下。"光盘内附宣传册一本，内容包括序言和"《春秋》是谁写的呢"《春秋》《战国》名称的来历""春秋（前 770—前 476）""春秋时代，先后出现五个霸权'春秋五霸'""春秋时代主要诸侯国""听友点评""演播目录"几部分。

为证明《听世界春秋》曾在某电台的 FM94.6 及 FM92.4 两个频道播出过，贾某某提交了网址为"谢某某微博"的打印件，该打印件显示：微博博主的简介载明谢某某为《听世界》主播，公司为某电台。2011 年 4 月 29 日，该微博账号发布微博称："今天是春秋的最后一集，有点舍不得啊！不过，对战国群雄又期待满满，第一季将在五月五日正式开播，时间依然是 FM94.6 晚八点档，FM92.4 晚上十点档，从赵简子杀邯郸午讲起，不见不散哦！"某电台及谢某某均认可"谢某某微博"系谢某某的微博账号，认可曾在 FM94.6 及 FM92.4 两个频道播出过《听世界春秋》，每天播放一集，播放时间为 2008 年 6 月至 2010 年 7 月，且认可广播播出的内容与被控侵权光盘收录的内容一致。依贾某某申请，深圳市版权协会就上述证据链同下述的 2013 年 FM92.4 和 FM94.6 频道广告价目表网页打印件、佛山市政府网上信访厅"信访件发布"网页打印件，出具了 2014 深版协电证固字 0001 号电子证据固化报告。

为证明其没有剽窃贾某某作品的故意，某电台提交了谢某某的微博打印件及某电台广播节目的录音音频。微博打印件显示，名为"谢某某微博"的微博账号于 2011 年 4 月 28 日发布微博称："今明两天是听世界春秋的最后两集了……要特别感谢贾某某老师的大作……" 2012 年 7 月 7 日发布微博称："听世界终于出了 DVD，历史的声音被凝刻下来，与众多朋友分享中华文明的厚重，这也是媒体人的一份责任了。本应免费共享于同好，无奈过去两年网上盗版窃售越来越多，要切断，只能由我们推出正版以供典藏，收取为数不多的基本运营费用，无所谓盈利，只为求得创作的尊严。再次衷心鸣谢原著作者@贾某某先生!!""强烈建议朋友们首先购买正版贾某某先生的原著〈说春秋〉系列!" 2012 年 7 月 8 日，有网友对该条微博评论说："和贾某某啥关系？我们就看好涛哥!"该微博账号回复网友称："可不好这么说，没有贾先生的鸿篇巨制为基础，听世界春秋这个广播节目就失去主心骨，再好的血肉也塑不出完整的外形了！请向贾某某先生致敬，谢谢!"录音音频显示谢某某在《听世界春秋》最后一期节目中称："春秋的故事说完了，在这里，要特别感谢说春秋系列故事的作者，贾某某先生。"某电台及谢某某均认可，这是仅有的一次在《听世界春秋》节目中提及贾某某的名字。贾某某对上述两份证据的真实性予以认可，对其证明目的不予认可，其认为上述证据恰好说明某电台及谢某某有侵权的故意。

北京市东城区人民法院于 2014 年 11 月 24 日作出 (2014) 东民初字第 1501 号判决：一、某出版社、某电台销毁库存的音像出版物《听世界春秋》(ISRC 编号为 CN-A××-12-006××)；二、某电台赔偿贾某某经济损失 55 万元，某出版社就其中的 1 万元承担连带赔偿责任；三、某电台及某出版社在《南方都市报》就涉案侵权行为刊登致歉声明；四、某电台赔偿贾某某精神损害抚慰金 2 万元；五、某电台及某出版社连带赔偿贾某某合理支出 4 万元；六、驳回贾某某的其他诉讼请求。鉴定费 7 万元，由某电台及某出版社负担。宣判后，某电台提起上诉。北京知识产权法院于 2015

年 4 月 2 日作出（2015）京知民终字第 122 号判决：驳回上诉，维持原判。

裁判理由

法院生效裁判认为：

首先，广播组织对他人作品的使用应当尽量尊重原作。即便有改动，也应该是为了满足播放要求、适应播放特定的改动，而且不能增加已有作品没有的内容而产生新的作品。其次，虽然《著作权法》中没有明确要求广播组织使用他人作品需要为作者署名，但任何对他人作品的使用都应为作者署名，表明作者的身份，这是《著作权法》的基本要求与应有之义。

被控侵权作品《听世界春秋》与贾某某的《贾某某说春秋》不同之处大部分并非简单地增加语气词、修饰词或调整语句顺序，以便更适合广播的改动，而是在原作以外新增加了内容，这些新增加的内容与《贾某某说春秋》内容紧密相关，但又使得《听世界春秋》区别于原作品，形成了新的作品，构成对《贾某某说春秋》的改编。在广播《听世界春秋》节目的过程中及之后，某电台三处提及了贾某某的姓名，其中两处是在演播者的微博账号上，另一处是在最后一期节目中。由于署名权是一种作者表明其与作品存在创作关系事实的权利。为实现署名权，必须以读者、听众等能够知悉的适当方式提及创作者，以让公众知晓作品的创作者，署名的方式也应当能够起到表明作者身份的作用。在演播者微博账号上提及作者姓名仅是一种在微博平台上发生的行为，与广播作品无关，而且两次行为或者发生在播放的最后一天，或者发生在已播放完毕后，该行为起不到表明作者身份的作用。《听世界春秋》节目播放了长达两年多的时间，而仅在最后一期末尾提及了原作品的作者，仅这一次行为并不足以让相关社会公众将广播的作品与贾某某建立相应联系，该种署名方式亦不能起到表明作者身份的作用，故某电台所称的三处表明作者姓名的行为均不能视为表明了作者的身份，某电台播放《听世界春秋》节目未给贾某某署名。综上，某电台播放《听世界春秋》节目既未给贾某某署名，又对贾某某作品《贾某某说春秋》进行了改编，形成新的作品。某电台的播放行为不符合法定许可的规定，构成对贾某某著作权的侵犯。

裁判要旨

广播组织法定许可是对著作权人广播权的限制。这种限制本身以广播电台、电视台使用他人作品不损害著作权人的根本利益为前提。这就要求广播电台、电视台使用他人作品时，应当尽量尊重原作，可以为了适应播放特点、要求而作适当改动，但这种改动不能形成新的作品。同时，给他人作品的作者署名也是广播组织法定许可的题中应有之义。

关联索引

2010 年《中华人民共和国著作权法》第四十三条第二款

一审：北京市东城区人民法院（2014）东民初字第 1501 号（2014 年 11 月 24 日）

二审：北京知识产权法院（2015）京知民终字第 122 号（2015 年 4 月 2 日）

法官评析

《著作权法》第四十三条第二款规定：广播电台、电视台播放他人已发表的作品，可以不经著作权人许可，但应当支付报酬。该条是对广播电台播放已发表作品的法定许可的规定。从该条字面上看，广播电台、电视台（以下简称广播组织）播放行为法定许可要件包括"他人作品""支付报酬"等要求，但如何适用是实践中的难点。本案裁判明确了广播组织法定许可的构成要件，对类案具有指导和借鉴意义。

一、广播组织法定许可的立法目的

利益平衡是现代知识产权法的基本理念和精神，2010 年《著作权法》第一条有关立法目的的规定，也意在强调保护著作权人利益与促进作品的创作与传播、推动文化和科学事业的发展等公共利益之间的利益平衡。广播组织的法定许可制度隶属著作权法规则体系，其亦应遵循该利益平衡原则，即广播组织法定许可应考虑著作权人的专有权利和公共利益、创作者权利与传播者、使用者利益之间的平衡。广播组织法定许可制度的设立初衷是出于公共利益的需要。这是由于广播组织作为国家层面用于作品广播及普及的重要渠道，对社会公众获取作品也起到举足轻重的作用。而鉴于著作权人享有的专有权利具有垄断性质，一般情况下，任何人如若使用著作权人的作品，其需先取得著作权人的许可方可使用，这必然会产生由于许可而产生的交易成本。尤其是在当今的市场经济环境中，作品的形式多样，创作数量大，且作品的财产价值体现比较完全，作品的交易次数可能繁多且复杂。如果广播组织使用的所有作品都需要经过许可才能使用，那广播组织所肩负的职责将难以实现。为了更好地实现广播组织的职能，更大程度地维护公共利益，通过法律对著作权人的专有权利进行一定限制，著作权人为公共利益作出一定权利让渡，以便降低交易的成本，促进作品更大范围地传播，保证公众能够最大限度地接触到不同的作品，激励创新，推动整个国家文化和科学事业的发展。但基于利益平衡原则的要求，在维护公共利益的同时，也需要考虑著作权人的利益，对于广播组织法定许可使用他人作品应该有严格的要求，以使著作权人的利益所受损害最小化。

二、如何认定广播组织播放他人作品是否符合法定许可的规定

广播组织法定许可制度的立法目的是将已发表作品更广泛地传播，降低社会公众使用作品的成本。同时，广播组织在使用已发表作品时，不能侵害著作权人的其他权利，以使著作权人的权利所受损害程度最小化。因此，应从两个角度来明确广播组织法定许可的构成要件：一是维护公共利益角度，即广播组织可以不经他人许可，直接播放他人已发表作品；二是保护著作权人利益的角度，即广播组织使用他人作品时，应当有严格要求。首先，广播组织对他人作品的使用应当尽量尊重原作。即便有改动，也应该是为了满足播放要求、适应播放特定的改动，而且不能增加已有作品没有的内容而产生新的作品。其次，虽然《著作权法》中没有明确要求广播组织使用他人作品需要为作者署名，但任何对他人作品的使用都应为作者署名，表明作者的身份，这是《著作权法》的基本要求与题中应有之义。在法定许可情况下使用他人作品也应尊重作者的此项权利。《著作权法》第二十二条关于教科书法定许可的规定亦要求教科书的编纂者必须充分尊重作者的精神权利，指明作者的姓名。此规定的精神同样适用于广播组织法定许可。因此，即便法律没有明确规定署名要求，但广播组织法定

许可本身蕴含了署名的要求，署名是构成法定许可的要件之一。可见，广播组织法定许可的构成要件并非仅是使用他人已发表的作品，而且还包括对作品使用的要求，即尊重原作的使用，即便改动，也是适应播放要求和特点的适当改动，不能形成新的作品。同时，广播组织播放他人作品，应当给作者署名。

本案中，某电台播放《听世界春秋》节目并未给贾某某署名，且其对贾某某作品的改动已超出播放需要，产生了新的作品。故某电台播放《听世界春秋》节目的行为不符合法定许可的规定，构成对贾某某著作权的侵犯。

一审法院合议庭成员　樊　雪　田　甜　曹建军
二审法院合议庭成员　陈锦川　彭文毅　芮松艳
编写人　周文君

18. 北京某科技公司与上海某传媒公司侵害作品信息网络传播权纠纷案[*]

——《马拉喀什条约》与《著作权法》的衔接适用：无障碍版电影构成合理使用的认定

关键词 著作权　无障碍影视　合理使用　《马拉喀什条约》

基本案情

北京某科技公司经授权取得了电影《我不是潘金莲》的独家信息网络传播权及维权权利。上海某传媒公司运营的"无障碍影视"App 提供了涉案影片完整内容的在线播放，其在涉案影片画面及声效基础上添加相应配音、手语翻译及声源字幕，但没有设置障碍者识别机制。北京某科技公司认为"无障碍影视"App 向不特定公众提供电影《我不是潘金莲》无障碍版的在线播放服务侵害其信息网络传播权，故诉至法院，请求判令上海某传媒公司停止侵权并赔偿经济损失及合理开支。

北京互联网法院于 2021 年 4 月 26 日作出（2020）京 0491 民初 14935 号民事判决：一、被告上海某传媒公司于本判决生效之日起，立即停止通过其运营的"无障碍影视"App 安卓手机端、苹果手机端、安卓平板端提供影片《我不是潘金莲》（又名《我叫李雪莲》）的在线播放服务；二、被告上海某传媒公司于本判决生效之日起十日内，赔偿原告北京某科技公司经济损失 1 万元；三、驳回原告北京某科技公司的其他诉讼请求。

---

[*] 本案例获评"北京法院 2022 年度知识产权司法保护十大案例"，获评"2022 年北京市版权十大事件"，2023 年被最高人民法院评为"人民法院电影知识产权保护典型案例"。

宣判后，原审被告上海某传媒公司提起上诉。北京知识产权法院于 2022 年 9 月 26 日作出（2021）京 73 民终 2496 号民事判决：驳回上诉，维持原判。

裁判理由

法院生效裁判认为：

一、关于本案的法律适用问题

双方当事人均认可，北京某科技公司于 2020 年 1 月 21 日进行侵权公证，涉案 App 自北京某科技公司进行侵权公证以来一直持续提供涉案影片无障碍版的播放服务。而 2020 年《著作权法》于 2021 年 6 月 1 日起施行，故本案涉及新旧《著作权法》的衔接适用问题。根据《最高人民法院关于审理著作权民事纠纷案件适用法律若干问题的解释》第二十九条规定："除本解释另行规定外，人民法院受理的著作权民事纠纷案件，涉及著作权法修改前发生的民事行为的，适用修改前著作权法的规定；涉及著作权法修改以后发生的民事行为的，适用修改后著作权法的规定；涉及著作权法修改前发生，持续到著作权法修改后的民事行为的，适用修改后著作权法的规定。"据此，由于上海某传媒公司的被诉侵权行为从 2010 年《著作权法》施行时期持续到 2020 年《著作权法》施行后，故本案应当适用 2020 年《著作权法》的相关规定。同时，鉴于《马拉喀什条约》的相关规定已体现在 2020 年《著作权法》中，故本案不再直接适用《马拉喀什条约》的规定。不过，对于 2020 年《著作权法》相关条款的理解可以参考《马拉喀什条约》的相关规定。

二、关于涉案影片无障碍版是否构成新作品的认定

2020 年《著作权法》第十条第一款第十四项规定："改编权，即改变作品，创作出具有独创性的新作品的权利。"第十三条规定："改编、翻译、注释、整理已有作品而产生的作品，其著作权由改编、翻译、注释、整理人享有，但行使著作权时不得侵犯原作品的著作权。"本案中，上海某传媒公司主张涉案影片无障碍版是在涉案影片基础上改编形成的新作

品、著作权由案外人中国某出版社享有，故其经中国某出版社合法授权后在涉案 App 上提供涉案影片无障碍版并未构成侵权。对此，法院认为，《著作权法》意义上的改编，是在保留原作品基本表达的基础上，通过改变原作品并创作出新作品的行为。而根据查明的事实可知，涉案影片无障碍版相较于涉案影片而言，其变化是在涉案影片画面及声效基础上添加相应配音、手语翻译及声源字幕，并在片头、片尾添加"中国无障碍电影"字样 logo、"国家出版基金项目""'十三五'国家重点出版物出版规划项目""制作单位：中国某出版社、上海某股份有限公司、某无障碍影视发展中心"等字样并配有声音朗读。涉案影片无障碍版的这种变化仅是在涉案影片基础上所作的适当修改及增加，并未影响涉案影片的基本内容和表达，尚未创作出新作品，不属于《著作权法》意义上的改编。据此，涉案影片无障碍版后期添加的"制作单位：中国某出版社、上海某股份有限公司、某无障碍影视发展中心"等内容不能用于判定涉案影片无障碍版的著作权归属。因此，对于上海某传媒公司认为其已获得作为新作品的涉案影片无障碍版的著作权人中国某出版社的合法授权而播放涉案影片无障碍版的行为未构成侵权之主张，法院不予支持。

三、关于上海某传媒公司在涉案 App 上提供涉案影片无障碍版是否构成合理使用的认定

2020 年《著作权法》第二十四条第一款第十二项规定，以阅读障碍者能够感知的无障碍方式向其提供已经发表的作品，可以不经著作权人许可，不向其支付报酬，但应当指明作者姓名或者名称、作品名称，并且不得影响该作品的正常使用，也不得不合理地损害著作权人的合法权益。因此，对于上海某传媒公司的被诉侵权行为是否构成合理使用的认定，需要判断其是否符合 2020 年《著作权法》第二十四条第一款第十二项规定的要件要求。

关于"以阅读障碍者能够感知的无障碍方式向其提供已经发表的作品"的要件要求。2020 年《著作权法》第二十四条第一款第十二项规定的合理使用条款是相较于 2010 年《著作权法》的重要修改内容之一。虽然现行法律对于该条款的具体内涵尚没有解释，但对于该条款的理解可以

参考《马拉喀什条约》的相关规定。《马拉喀什条约》第二条规定："在本条约中：（一）'作品'是指《保护文学和艺术作品伯尔尼公约》第二条第一款所指的文学和艺术作品，形式为文字、符号和（或）相关图示，不论是已出版的作品，还是以其他方式通过任何媒介公开提供的作品；（二）'无障碍格式版'是指采用替代方式或形式，让受益人能够使用作品，包括让受益人能够与无视力障碍或其他印刷品阅读障碍者一样切实可行、舒适地使用作品的作品版本。无障碍格式版为受益人专用，必须尊重原作的完整性，但要适当考虑将作品制成替代性无障碍格式所需要的修改和受益人的无障碍需求。"第三条规定："受益人为不论有无任何其他残疾的下列人：（一）盲人；（二）有视觉缺陷、知觉障碍或阅读障碍的人，无法改善到基本达到无此类缺陷或障碍者的视觉功能，因而无法以与无缺陷或无障碍者基本相同的程度阅读印刷作品；或者（三）在其他方面因身体残疾而不能持书或翻书，或者不能集中目光或移动目光进行正常阅读的人。"据此可知，基于《马拉喀什条约》的相关条款内涵，2020年《著作权法》第二十四条第一款第十二项规定中所述"阅读障碍者能够感知的无障碍方式"应当包含对该种"无障碍方式"的特殊限定，即应当仅限于满足阅读障碍者的合理需要，供阅读障碍者专用。本案中，双方当事人均认可，涉案影片无障碍版在侵权公证时可供不特定公众注册登录并观看，在本案诉讼过程中涉案 App 进行了版本更新，更新版本对于注册人的身份审查核验机制进行了变化，截至本案二审期间，涉案 App 可供残障人士注册登录后观看涉案影片无障碍版。但这也意味着，即便涉案 App 版本更新后，能够感知涉案影片无障碍版这种无障碍方式的群体也并不限于阅读障碍者。因此，上海某传媒公司的被诉侵权行为并不符合"以阅读障碍者能够感知的无障碍方式向其提供已经发表的作品"的要件要求。

关于"不得影响该作品的正常使用"以及"不得不合理地损害著作权人的合法权益"的要件要求。保障残障人士的阅读权利，为残障人士提供阅读便利，使阅读障碍者拥有更多获得作品的机会，是2020年《著作权法》第二十四条第一款第十二项规定的合理使用条款的题中应有之义。但是，在保障阅读障碍者权益的同时，也需要平衡对著作权人合法权益的维护。正如一审判决所述，涉案影片无障碍版能够实质呈现涉案影片的具体表达，公众可通过观看或收听的方式完整地获悉涉案影片的全部内容，被诉侵权行为对涉案影片起到了实质性替代作用，影响了涉案影片的正常使用；涉案 App 面向不特定的社会公众开放，导致原属于授权播控平台的相关流量被分流，势必会影响北京某科技公司通过授权涉案影片使用获得的经济利益，造成了对著作权人合法权益的损害。

因此，自北京某科技公司进行侵权公证时至本案二审期间，上海某传媒公司的被诉侵权行为虽然发生了一些变化，但均不属于 2020 年《著作权法》第二十四条第一款第十二项规定的构成合理使用的范畴。尤其是考虑到上海某传媒公司称其在技术上具有审查核验残障人士具体类别的可操作性、涉案 App 能够改版实现仅供阅读障碍者专用，故对上海某传媒公司认为被诉侵权行为构成合理使用、其已尽到合理审查义务的上诉主张，法院不予支持。

四、关于上海某传媒公司的责任承担

2020 年《著作权法》第五十三条第一项规定，未经著作权人许可，通过信息网络向公众传播其作品的，应当根据情况，承担停止侵害、消除影响、赔礼道歉、赔偿损失等民事责任。第五十四条规定，侵犯著作权或者与著作权有关的权利的，侵权人应当按照权利人因此受到的实际损失或者侵权人的违法所得给予赔偿；权利人的实际损失或者侵权人的违法所得难以计算的，可以参照该权利使用费给予赔偿。权利人的实际损失、侵权人的违法所得、权利使用费难以计算的，由人民法院根据侵权行为的情节，判决给予五百元以上五百万元以下的赔偿。

本案中，上海某传媒公司的被诉侵权行为侵害了北京某科技公司对于涉案影片享有的信息网络传播权，故一审判决判令上海某传媒公司停止被诉侵权行为，并在权利人的实际损失、侵权人的违法所得、权利使用费均无法查清的情况下，综合考虑涉案影片的市场价值、被诉侵权行为性质等因素酌情确定的损害赔偿数额并无不当，二审法院予以确认。

裁判要旨

《著作权法》规定的"阅读障碍者能够感知的无障碍方式"应当包含

对该种"无障碍方式"的特殊限定，即应当仅限于满足阅读障碍者的合理需要，供阅读障碍者专用。上海某传媒公司的被诉侵权行为面向不特定公众开放并不符合上述条件，不属于法定的合理使用情形，构成侵权。

关联索引

2020 年《中华人民共和国著作权法》第十条第一款第十四项、第十三条、第二十四条第一款第十二项、第五十三条第一项、第五十四条

一审：北京互联网法院（2020）京 0491 民初 14935 号（2021 年 4 月 26 日）

二审：北京知识产权法院（2021）京 73 民终 2496 号（2022 年 9 月 26 日）

法官评析

2020 年《著作权法》修改增加了"以阅读障碍者能够感知的无障碍方式向其提供已经发表的作品，可以不经著作权人许可，不向其支付报酬"的规定。该项修改是为了履行我国加入的《马拉喀什条约》义务所作出的修改。本案系全国首例涉无障碍版电影侵害作品信息网络传播权纠纷案，其中对是否构成合理使用问题的分析具有典型意义。法院判决明确"以阅读障碍者能够感知的无障碍方式向其提供已经发表的作品"构成合理使用仅限于供阅读障碍者专用的情形，作为主张构成"合理使用"的一方，应采取有效的"阅读障碍者"验证机制以限制使用范围，排除不符合条件者。

关于"阅读障碍者"的合理使用条款在我国法律中表述为《著作权法》第二十四条第一款第十二项"以阅读障碍者能够感知的无障碍方式向其提供已经发表的作品"，但现行法律对于该条款所述"阅读障碍者""已经发表的作品""能够感知的无障碍方式"等概念尚没有权威界定。为保障"阅读障碍者"平等参与文化生活、共享文明发展成果，我国修改了《著作权法》相关规定并批准了《残疾人权利公约》《马拉喀什条约》等国际条约。国际条约的作用是协调各国的知识产权国内法，促成各缔约国按照国际条约的要求，依照本国的法律承认和保护外国人的知识产权。一国缔结或者加入国际条约，代表着承诺对成员国国民的知识产权予以保

护，但保护的具体根据不是国际条约，而主要是本国国内法。只有在本国法的保护水平低于国际条约的要求时，成员国公民才能够依据国际条约寻求保护。《残疾人权利公约》在我国现已生效，该条约第三十条第一款规定："缔约国确认残疾人有权在与其他人平等的基础上参与文化生活，并应当采取一切适当措施，确保残疾人：（一）获得以无障碍模式提供的文化材料；（二）获得以无障碍模式提供的电视节目、电影、戏剧和其他文化活动；……"第三款规定："缔约国应当采取一切适当步骤，依照国际法的规定，确保保护知识产权的法律不构成不合理或歧视性障碍，阻碍残疾人获得文化材料。"而《马拉喀什条约》系世界上第一部，也是迄今为止唯一一部版权领域的人权条约，其中对"阅读障碍者"的合理使用问题也作了进一步的规定。《马拉喀什条约》于 2022 年 5 月 5 日起对我国正式生效，如何在现行法律框架下实现国内法与国际条约的衔接适用，考验着司法的智慧。

为正确适用法律，本案运用系统解释的法律解释方法，考量《著作权法》相应条款的修改与《马拉喀什条约》对我国正式生效密切相关的特定情况，结合《马拉喀什条约》有关"无障碍格式版""受益人"等相关规定，作出该条款所述"阅读障碍者能够感知的无障碍方式"应当包含着对该种"无障碍方式"的特殊限定，即应当仅限于满足阅读障碍者的合理需要、供阅读障碍者专用的解释，从而对提供涉案影片无障碍版的行为是构成侵权抑或属于合理使用作出认定与判断。具体而言，对于上海某传媒公司的被诉侵权行为是否构成合理使用的认定，需要判断其是否符合 2020 年《著作权法》第二十四条第一款第十二项规定的要件要求，主要包括三个方面的内容："以阅读障碍者能够感知的无障碍方式向其提供已经发表的作品""不得影响该作品的正常使用"以及"不得不合理地损害著作权人的合法权益"。

总之，要实现影视作品著作权保护与推进影视作品无障碍建设之间的平衡，需要在以阅读障碍者能够感知的无障碍方式向其提供已经发表的作品的同时，不得影响原版影视作品的正常使用，也不得不合理地损害著作权人合法权益。实践中，为更大程度地保障残障人士的合法权益，不能对提供"无障碍视听作品"的一方苛责以其无法做到的审核方式，作品的版权方应当在目前技术手段或法律背景下，对此予以适当的宽容，这也是《著作权法》的题中应有之义。

本案判决有利于准确落实我国已经加入的国际条约（《马拉喀什条约》）义务，有利于全面保护著作权人的权利，有利于规范无障碍版电影的制作发行。

一审法院独任审判员　郭　晟
二审法院合议庭成员　崔宇航　李志峰　吴园妹
编写人　崔宇航

19. 成都某甲公司诉北京某乙公司、上海某丙公司侵害著作权纠纷案

——具有独创性的专利说明书附图的著作权合理使用问题

关键词 著作权 专利说明书附图 著作权限制 合理使用

基本案情

成都某甲公司是"一种光激化学发光即时检测系统"实用新型专利（专利申请号为201721068665.1）的专利权人，亦是该专利说明书附图的著作权人。北京某乙公司、上海某丙公司是"一种均相化学发光POCT检测装置"实用新型专利（专利申请号为201821143766.5）、"一种均相化学发光POCT检测装置"实用新型专利（专利申请号为201821143729.4）的专利权人。

北京某乙公司、上海某丙公司前述实用新型专利的说明书附图，使用了与成都某甲公司实用新型专利说明书附图相近似的图形。成都某甲公司主张北京某乙公司、上海某丙公司的行为，侵害了其著作权，要求北京某乙公司、上海某丙公司停止侵权，赔礼道歉，消除影响，赔偿经济损失7万元及合理开支3万元。

北京市海淀区人民法院于2021年9月18日作出（2020）京0108民初5102号民事判决。被告不服一审判决提起上诉，北京知识产权法院于2023年11月20日作出（2021）京73民终4384号民事判决：撤销一审判决，驳回成都某甲公司全部诉讼请求。

裁判理由

法院生效裁判认为：

专利说明书及附图具有向社会公众传播发明创造技术信息的作用。专利说明书及附图被国家专利行政部门公开后，国家专利行政部门出于传播技术信息的目的，对该专利说明书及附图进行复制、发行、信息网络传播；社会公众出于传播或获取技术信息的目的，对该专利说明书及附图进行复制。前述行为不影响著作权人对专利说明书及附图的正常使用、未不合理地损害专利说明书及附图著作权人的合法权益，可以不经其著作权人的许可，不需要支付报酬。在《专利法》的制度模式之外，他人使用专利说明书及附图，应当获得著作权人的许可。同时，由于专利文件的特殊性，实用新型专利单行本的此种使用方式，即属于《著作权法实施条例》第十九条规定的"由于作品使用方式的特性无法指明的除外"情形。北京某乙公司、上海某丙公司的行为并未侵害成都某甲公司对专利说明书附图享有的著作权，判决撤销一审判决，驳回成都某甲公司的全部诉讼请求。

裁判要旨

一、具有独创性的专利说明书附图属于图形作品

尽管《专利法》《专利法实施细则》《专利审查指南》对于说明书附图的制作有格式要求，但是格式要求是对图形比例、标记等作形式要求，并未对具体产品的设计结构安排予以限制。专利说明书附图在线条、图案、结构的选择安排上，仍可体现包含严谨、精确、简洁、和谐对称的"科学之美"，具有独创性。具有独创性的专利说明书附图属于图形作品。

二、专利文件不属于行政性质的文件

国家专利行政机关的授权活动和专利文件创制活动应当予以界分。无论是专利文件的创制还是审查过程中的修改，均不体现国家专利行政机关的意志。专利文件主要是界定专利权这一私权的保护范围，并向社会公示专利技术方案信息。专利文件不属于具有行政性质的文件，国家专利行政机关的审查、公开，不改变专利文件的性质。

三、为了保证实现专利法的价值目标，应当对专利说明书及附图的著作权人行使著作权作出一定的限制

专利说明书及附图具有向社会公众传播发明创造技术信息的作用。专利说明书及附图被国家专利行政部门公开后，国家专利行政部门出于传播技术信息的目的，对该专利说明书及附图进行复制、发行、信息网络传播；社会公众出于传播或获取技术信息的目的，对该专利说明书及附图进行复制。前述行为不影响著作权人对专利说明书及附图的正常使用、未不合理地损害专利说明书及附图著作权人的合法权益，可以不经其著作权人的许可，不需要支付报酬。

在《专利法》的制度模式之外，他人使用专利说明书及附图，应当获得著作权人的许可。

关联索引

2013 年《中华人民共和国著作权法实施条例》第十九条、第二十一条

一审：北京市海淀区人民法院（2020）京 0108 民初 5102 号（2021 年 9 月 18 日）

二审：北京知识产权法院（2021）京 73 民终 4384 号（2023 年 11 月 20 日）

法官评析

专利说明书的著作权保护问题集中反映了著作权权利与社会公共利益之间的平衡。本案运用三步检验法，认定专利说明书附图著作权人行使权利应当受到必要的限制。

一、专利说明书及附图的可著作权性

专利说明书是一种专利文件，专利文件一般由权利要求书、说明书摘要、说明书附图等几个部分组成，用以描述发明创造的内容并限定专利权的保护范围。说明书附图是专利说明书的重要组成部分，用图形补充说明书文字部分的描述，以便专利审查员理解专利的技术特征和整体技术方案。

2010 年《著作权法》第三条规定："本法所称的作品，包括以下列形式创作的文学、艺术和自然科学、社会科学、工程技术等作品：……（七）工程设计图、产品设计图、地图、示意图等图形作品和模型作品。"2013 年《著作权法实施条例》第二条规定："著作权法所称作品，是指文学、艺术和科学领域内具有独创性并能以某种有形形式复制的智力成果。"第四条规定："著作权法和本条例中下列作品的含义：……（十二）图形作品，是指为施工、生产绘制的工程设计图、产品设计图，以及反映地理现象、说明事物原理或者结构的地图、示意图等作品。"

我国《著作权法》保护的客体，是文学、艺术和科学领域内，具有独创性的作品。专利说明书附图能否成为《著作权法》保护的图形作品，关键在于其是否具有独创性。专利说明书附图是由点、线、面和几何结构组合而成的设计图或示意图。尽管《专利法》《专利法实施细则》《专利审查指南》对于说明书附图的制作有格式要求，但是格式要求是对图形比例、标记等作形式要求，并未对具体产品的设计结构安排予以限制。专利说明书附图在线条、图案、结构的选择安排上，仍可体现包含严谨、精确、简洁、和谐对称的"科学之美"，具有独创性。因此，具有独创性的专利说明书附图属于《著作权法》保护的图形作品。

二、专利说明书及附图不属于行政性质的文件

2010 年《著作权法》第五条规定："本法不适用于：（一）法律、法规，国家机关的决议、决定、命令和其他具有立法、行政、司法性质的文件，及其官方正式译文。"我国《著作权法》之所以规定法律和其他官方文件不受《著作权法》保护，是因为法律和其他官方文件代表的是国家意志，作用在于规范社会公众的行为，形成社会公共秩序，维护社会公共利益，应当鼓励公众复制和传播。如果将官方文件赋予著作权，将增加社会公众使用和传播的成本，阻碍国家机关正常行使职能，不利于社会公共利益的维护。

判断某一文件是否代表国家意志从而属于不受《著作权法》保护的客体，应当主要从文件创制活动本身是否体现国家意志，文件是否起到立法、行政、司法作用进行考虑。第一，国家专利行政机关的授权活动和专利文件创制活动应当予以界分，行政机关授权阶段的审查活动体现了行政

机关的意志，不等于申请文本或授权公告文本的本身创制体现了行政机关的意志。显然，专利说明书及其附图由专利申请人或其委托的其他主体制作，专利申请人提交上述专利文件由国家专利行政机关审查的目的是通过"公开换保护"，获取特定技术方案的专利授权，取得专利权这一私权利。专利审查过程中，虽然可能存在行政机关认为存在形式瑕疵或授权障碍，发出通知，申请人据此修改专利文件的情形，但行政机关并不介入具体如何修改文件，由申请人自行决定是否修改和如何修改，并承担相应风险。可见，虽然授权结果体现了行政机关的意志，但无论是专利文件的创制还是审查过程中的修改，直接体现的是申请人的意志。第二，从专利文件的作用看，主要是界定专利权这一私权的保护范围，并向社会公示了专利技术方案信息，其并不发挥立法、司法作用。针对专利文件的具体行政授权确权活动属于具体行政行为，具有可诉性，相应的复审决定、无效决定等行政裁决才是起到行政作用的文件，而不是专利文件本身。

因此，专利文件不属于具有行政性质的文件，国家专利行政机关的审查、公开，不改变专利文件的性质。作为专利说明书组成部分的专利说明书附图，亦不属于行政性质的文件。

专利说明书及附图的著作权权利限制，是指法律规定著作权人在行使作品著作权的同时，使用作品受到一定的限制。我国《著作权法》规定的著作权权利限制，包括合理使用和法定许可。

2013 年《著作权法实施条例》第二十一条规定："依照著作权法有关规定，使用可以不经著作权人许可的已经发表的作品的，不得影响该作品的正常使用，也不得不合理地损害著作权人的合法利益。"专利说明书及附图具有可著作权性，应当受到《著作权法》的保护。但是专利说明书及附图不同于一般的作品，专利说明书及附图具有向社会公众传播发明创造技术信息的作用。国家专利行政部门公开专利文件的目的是促进技术信息的传播，而著作权是作者控制作品传播的权利。如果将专利说明书及附图等同于一般作品，专利说明书及附图的著作权人为了维护其著作权，会控制社会公众对专利说明书及附图的使用，这将会影响发明创造技术信息的传播，损害《专利法》促进创新价值目标的实现。

因此，为了保证实现《专利法》的价值目标，在认可专利说明书及附图著作权性的基础上，应当对专利说明书及附图的著作权人行使著作权作出一定的限制。专利说明书及附图被国家专利行政部门公开后，国家专利行政部门出于传播技术信息的目的，对该专利说明书及附图进行复制、发行、信息网络传播；社会公众出于传播或获取技术信息的目的，对该专利说明书及附图进行复制。前述行为不影响著作权人对专利说明书及附图的正常使用、没有不合理地损害专利说明书及附图著作权人的合法权益，可以不经其著作权人的许可，不需要支付报酬。在《专利法》的制度模式之外，他人使用具有独创性的专利说明书及附图，应当获得著作权人的许可。他人未经许可，出于商业目的复制、发行、通过信息网络传播包含专利说明书附图实质性部分，可能构成对专利说明书及附图著作权的侵害。

鉴于 2010 年《著作权法》第二十二条、第二十三条和《信息网络传播权保护条例》第六条并未对专利说明书及附图的著作权权利限制予以规定，可以适用 2013 年《著作权法实施条例》第二十一条，作为专利说明书及附图的著作权权利限制的法律依据。

二审法院合议庭成员 冯　刚　杨　洁　宋　鹏

编写人 　杨　洁

侵权认定

20. 文某诉赵某某、北京某互联网信息服务有限公司侵害作品信息网络传播权纠纷案*
——冒用身份信息实施侵权行为的举证责任分配与证明标准认定

关键词 信息网络传播权 冒用个人信息 举证责任 证明标准

基本案情

原告文某诉称："某网站" 2020 年 8 月 1 日发表的《暑期的快乐旅行，感受海口最美的风情》文章中使用了文某发布于马蜂窝网《说走就走的旅行》文章中的 50 幅摄影作品。某网站是被告北京某互联网信息服务有限公司（以下简称某互联网公司）的网站宣传平台，发表的图片以商业宣传、营利为目的，用文字、图片等吸引网民进行阅读、关注、传播，进行宣传，引起消费者的关注，获得广告宣传，某互联网公司以此获取巨大的商业利益。某互联网公司提供的后台用户注册信息显示上述某平台的实名认证人为赵某某。文某据此主张，赵某某和某互联网公司未经文某许可，未支付费用，未署名，严重侵犯了文某依法享有的作品署名权、信息网络传播权等权益，故诉至法院，请求判令：（1）二被告在网页首页显著位置和《法治日报》均至少连续 30 天登载致歉声明并消除影响；（2）二被告

---

* 本案入选最高人民法院"小案大道理"案例专栏。

赔偿原告经济损失4万元、合理开支2000元（包含律师费1500元、办案费500元）。

被告赵某某辩称：涉案账号并非赵某某注册，涉案账号系其相关个人身份信息被泄露后，他人利用其身份信息注册，其对此并不知情。不同意原告的诉讼请求。

被告某互联网公司辩称：其作为平台已经披露了用户信息，某互联网公司并非涉案文章的发布主体，不应承担责任。综上，不同意原告的诉讼请求。

法院经审理查明：

文某为证明其享有涉案作品的权属提交涉案作品在马蜂窝网站发表截图、包含拍摄信息的电子原图截图，其中发表截图显示：2018年7月16日账号名称"c×××"（真实姓名文某）发布的文章《说走就走的旅行》中发表有涉案50幅摄影作品。2019年6月18日杨某与文某签署《著作权转让协议》约定，杨某将2018年7月在海南旅行期间拍摄的，已经在"去哪儿网"平台"Y×××"账号下发表的所拍摄照片的著作权转让给文某，协议自双方签字之日起生效。

庭审中，文某当庭通过屏幕共享功能展示了涉案作品原图，并当庭登录马蜂窝网站展示涉案作品发表截图。

文某提交2020年8月21日存证的可信时间戳认证证书及存证截图，证明"某网站"账号"在×××"2020年8月1日发布的文章《暑期的快乐旅行，感受海口最美的风情》中使用了涉案作品。文某出具某互联网公司提供的账号"在×××"注册者信息，显示申请人：赵某某、身份证号×××、电话130××××××××、住址上海市浦东区、邮箱d×××@163.com。某互联网公司认可该证据的真实性，不认可证明目的，主张涉案文章是平台内用户发布，某互联网公司作为平台不具有审查义务。赵某某不认可该证据，主张涉案账号并非其所有，其并未发布涉案侵权内容。

某互联网公司提交某平台简介及某平台服务协议，并提交某平台"在×××"后台用户注册信息，显示该账号的注册人是赵某某，该后台注册信息证件照片栏中含有赵某某本人持有身份证的拍摄照片，涉案文章删除时间为2021年1月28日。文某认可该证据的真实性、不认可证明目的，主张某互联网公司并未尽到管理注意义务，应承担侵权责任。赵某某不认可该证据，主张用户注册信息中显示的注册邮箱、手机号码并非其本人所有，对于手持身份证的图片其认可是本人，但主张是办理信用卡期间他人所拍摄，照片系被他人冒用。

文某主张支出了律师费 1500 元，办案费 500 元，但并未提交相关证据。

二审法院另查明：

涉案文章发布的 IP 地址显示为 1.××.×××.×××。某互联网公司于二审阶段补充提交了涉案账号历史登录情况。

为证明涉案某平台并非其注册和使用，赵某某于二审阶段补充提交了其与某互联网公司的往来邮件截图、针对上述 IP 的查询信息、手机录屏及住院病历等证据。文某及某互联网公司对上述证据的关联性均不予认可。

其中，邮件截图显示：赵某某于 2021 年 6 月 7 日向某互联网公司发送邮件称"最近我收到一封来自北京互联网法院的传票，说是我名下的××注册的账号侵权了别人。请问这个账号有没有视频认证，这个账号是不是有收益，如果有最终得利者是谁能不能帮忙看看"。某互联网公司回复称"该账号为您手持身份证入驻，请您使用手机号 130××××××××登录查看是否有收益""烦请提供身份证照片，核实后告知您注册时间以及认证方式"。赵某某回复"身份证照片已发送，告知注册时间以及认证方式"。

上述 IP 查询信息显示：从涉案文章发布时的 2020 年 8 月 1 日起至 2021 年 2 月 12 日，该账号的登录地址除 2020 年 11 月 19 日及 26 日外均为黑龙江省齐齐哈尔市泰来县。

上述手机录屏内容显示：该手机微信账号实名认证为赵某某，微信零钱明细中，2020 年 7 月 31 日 17：22 有一笔 9 元的"扫二维码付款—给派乐汉堡"的支付记录，2020 年 8 月 3 日 14：28 有一笔 10 元的"扫二维码付款—给健康超市"的支付记录。经百度地图查询，派乐汉堡（胜利街店）位于菏泽市单县胜利街高韦庄镇人民政府东南侧约 150 米；健康超市（胜利街店）位于菏泽市单县胜利街高韦庄中心卫生院西南侧。赵某某据此主张，其于涉案文章发布时前后均在菏泽市单县本地活动，故在黑龙江省泰来县登录涉案某平台并发布文章的人并非其本人。

赵某某提交的住院病历显示：赵某某因病于 2021 年 1 月 23 日在菏泽市单县海吉亚医院入院治疗，出院日期为 2021 年 1 月 26 日。赵某某据此主张，2021 年 1 月 24 日、25 日在黑龙江省泰来县登录使用涉案某平台的人并非其本人。

赵某某另主张，其查询到的涉案某平台中的待提现金额仅 61.72 元，且类似文章总数高达 800 多篇，故一审法院的判赔数额亦过高，其无法替他人承受侵权后果。

二审诉讼中，二审法院依赵某某申请，分别向中国联合网络通信有限公司广州市分公司及广州网易计算机系统有限公司调取涉案某平台注册用手机号及邮箱的实名认证信息。结果显示，涉案某平台注册用 130×××××××× 手机号在该注册时间段的机主姓名为付某某，身份证号码开头为 420，证件地址显示为湖北省。涉案注册用邮箱不存在。各方当事人对上述调查取证结果均不持异议。文某据此认为某互联网公司对涉案侵权行为的发生存在过错，应承担侵权责任。经合议庭询问，某平台注册时的验证方式是通过手机验证还是邮箱验证，某互联网公司回复称，二者皆可。同时，某互联网公司认可其实名认证方式并未采用人脸识别等视频动态认证，仅通过上传手持身份证照片即可。

北京互联网法院于 2021 年 6 月 29 日作出（2021）京 0491 民初 19824 号民事判决：一、自本判决生效之日起七日内，被告赵某某向文某发送书面致歉声明；二、自本判决生效之日起七日内，被告赵某某赔偿原告文某经济损失 15000 元；三、驳回原告文某的其他诉讼请求。宣判后，赵某某不服一审判决，提起上诉。北京知识产权法院于 2022 年 5 月 31 日作出（2021）京 73 民终 2758 号民事判决：一、撤销北京互联网法院（2021）京 0491 民初 19824 号民事判决；二、驳回文某的全部诉讼请求。

裁判理由

法院生效裁判认为：

根据双方当事人的诉辩意见，本案二审阶段的主要争议焦点为赵某某是否应当为涉案侵权行为承担侵权责任。

赵某某主张其并非涉案侵权行为的实施主体，故不应为涉案侵权行为承担侵权责任。对此，二审法院认为，除法律对侵权责任主体有特殊规定外，侵权责任主体应当为侵权行为人，即侵权行为的实施人。

本案中，第一，根据某互联网公司陈述，某平台注册之时需通过手机号或邮箱进行验证。根据法院调查取证的结果，涉案注册用邮箱为虚假邮箱，故可以推定涉案某平台系通过手机号码130×××××××进行注册验证，而该手机号在该注册时间段的实名认证机主并非赵某某。第二，根据赵某某提交的微信支付记录及百度地图查询结果，可以推定赵某某于2020年7月31日及8月3日均在山东省菏泽市单县活动。而根据某互联网公司提交的后台查询记录显示，涉案账号于2020年8月1日发布涉案文章时以及8月2日、3日、4日等连续日期的登录IP均为黑龙江省泰来县。故，赵某某于2020年8月1日前往黑龙江省泰来县登录该账号的假定与常理不符。同时，在案证据亦可以看出，自涉案文章发布之日至文某提起本案诉讼前，该账号的登录IP几乎均在黑龙江省，具有一定连贯性。第三，根据赵某某提交的住院病历，其于2021年1月23日至26日期间在山东省菏泽市单县海吉亚医院住院，故可以认定2021年1月24日和25日在黑龙江省泰来县登录使用涉案某平台的行为人并非赵某某。第四，虽然涉案某平台的注册信息中有赵某某手持身份证的照片，但某互联网公司亦认可其实名认证方式并非人脸识别，可以仅通过上传手持身份证照片申请注册。综合以上事实，法院认为，在案证据虽未达到确凿之程度，但根据民事案件优势证据原则，赵某某并非涉案侵权行为实施人的事实已具有高度盖然性，足以排除合理怀疑，予以认可。据此，在案证据可以推翻赵某某为涉案侵权行为人的初步推定，故一审法院关于赵某某应为涉案侵权行为承担民事责任的认定依据不足，二审法院予以纠正。

裁判要旨

查明事实需要保证当事人充分行使举证权利，举证制度对保障司法公正发挥着重要作用。负有举证责任一方证明待证事实具有高度可能性的，应当认定该事实存在。若经一方当事人反驳，证明待证事实真伪不明，则应当由承担举证责任的一方承担不利后果。

关联索引

2010年《中华人民共和国著作权法》第十条、第十一条、第四十八条、第四十九条

《中华人民共和国侵权责任法》第三十六条

2021 年《最高人民法院关于适用〈中华人民共和国民法典〉时间效力的若干规定》第一条

2002 年《最高人民法院关于审理著作权民事纠纷案件适用法律若干问题的解释》第七条、第二十五条、第二十六条

2017 年《中华人民共和国民事诉讼法》第六十四条

2015 年《最高人民法院关于适用〈中华人民共和国民事诉讼法〉的解释》第九十条

一审：北京互联网法院（2021）京 0491 民初 19824 号（2021 年 6 月 29 日）

二审：北京知识产权法院（2021）京 73 民终 2758 号（2022 年 5 月 31 日）

法官评析

本案虽是一起普通的著作权侵权案件，却暴露了近年来公众关注度较高的个人信息泄露问题。那么，如果被人冒用身份信息实施侵权行为，被冒名者是否应当承担侵权责任？本案从两个方面回答了这一问题。

第一，从举证责任方面看，根据《最高人民法院关于适用〈中华人民共和国民事诉讼法〉的解释》（以下简称《民诉法解释》）的相关规定，当事人对自己提出的诉讼请求所依据的事实或者反驳对方诉讼请求所依据的事实，应当提供证据加以证明。在作出判决前，当事人未能提供证据或者证据不足以证明其事实主张的，由负有举证证明责任的当事人承担不利的后果。本案中，首先应当明确，由原告举证证明侵权人。原告根据现有信息确定被告后，被告主张其个人信息被盗用，其并非真正的侵权人，举证责任则转移至被告。一审阶段，赵某某未能举证证明其主张，在此情况下，一审法院认定其主张不能成立，并判决其承担不利后果符合举证责任分配的规则。二审阶段，在二审法院对其权利进行释明后，赵某某针对其主张进行了充分举证，并申请法院调取其因客观原因不能自行收集的证据，完成了其举证责任。而法院释明并非帮助一方当事人进行举证，是为依法保障当事人的诉讼权利，尽可能防止当事人由于不适当行使诉讼权利而导致其丧失实体权利的情况发生。

第二，从证明标准方面看，《民诉法解释》第一百零八条规定，对负有举证证明责任的当事人提供的证据，人民法院经审查并结合相关事实，

确信待证事实的存在具有高度可能性的，应当认定该事实存在。对一方当事人为反驳负有举证证明责任的当事人所主张事实而提供的证据，人民法院经审查并结合相关事实，认为待证事实真伪不明的，应当认定该事实不存在。上述司法解释系优势证据原则的具体体现，即民事案件中，如果待证事实无法达到确凿之程度，那么可以根据上述规则认定该事实是否存在。本案中，二审法院即适用了优势证据原则，对赵某某主张的其并非涉案侵权行为实施人的事实予以认定，并据此驳回了文某的诉讼请求。

举证制度对保障司法公正发挥着重要作用。法律事实与客观事实不同，法律事实系通过证据对客观事实的还原，证据越充分，法律事实就越能接近客观事实。因此，当事人充分地行使举证权利有助于法院查明事实，并据此作出公正的裁判结果。如当事人为缺乏法律常识的自然人，对诉讼权利义务和举证责任认识不足，法院可以通过释明举证权利，调取当事人因客观原因不能自行收集的证据等方式依法保护当事人诉讼权利，尽可能防止当事人由于不适当行使诉讼权利而导致其丧失实体权利的情况发生。

数字网络时代下，个人信息泄露可能造成多样后果，严重时甚至可造成巨大经济损失。本案中，法院通过对法律证据规则的适用保护了当事人的合法权益，但公民也应注意降低个人信息泄露风险，当相关权益受到侵害时应善用法律武器维护自身权益。同时，互联网平台应严格个人信息的审查力度，加大平台信息审查义务，健全平台版权保护规则，营造健康有序的互联网生态环境。

一审法院独任审判员　伊　然
二审法院合议庭成员　夏　旭　崔宇航　姜丽娜
编写人　夏　旭

21. 李某与周某某、某出版集团侵害著作权纠纷案*

——思想表达二分法在文字作品侵权判定中的具体运用

关键词 侵害著作权 文字作品侵权 思想表达二分法

基本案情

李某起诉称：其根据自身长期的检察工作经历，于 2008 年 6 月开始创作小说《生死捍卫》。该小说于 2010 年 9—11 月在《检察日报》连载刊登，并于 2010 年 11 月出版。2017 年 1 月，周某某撰写的小说《人民的名义》由某出版集团出版发行。李某经对比分析发现，小说《人民的名义》在人物设置、人物关系、关键情节、一般情节、场景描写、语句表达等方面大量抄袭、剽窃李某的小说《生死捍卫》，且未给李某署名，侵犯了李某享有的著作权，故诉至法院，请求判令：（1）某出版集团立即停止对涉案侵权作品的出版发行；（2）二被告在《检察日报》、新浪网首页向其赔礼道歉，消除影响；（3）周某某向其赔偿经济损失 80 万元，某出版集团向其赔偿经济损失 20 万元；（4）周某某向其赔偿精神损害抚慰金 10 万元；（5）二被告共同承担其为本案制止侵权、维护权益所支出的相关合理费用；（6）二被告共同承担本案诉讼费用。

周某某、某出版集团辩称：（1）《人民的名义》与《生死捍卫》两部小说的人物和人物关系设置不同。《人民的名义》中设置的人物有检察官侯亮平等 70 多位有名有姓、性格鲜明的人物。在人物和人物关系的设计

---

* 本案例获全国法院系统 2020 年度优秀案例分析评选活动优秀奖、北京知识产权法院 2020 年度著作权典型案例，入选《人民法院案例选》2021 年第 2 辑，刊载于《审判前沿》第 61 集。

上，与小说《生死捍卫》有实质性区别：一是人物的经历描写不同；二是人物的个性特征描写不同；三是人物之间发生的故事冲突不同；四是人物之间交往和联系不同。至于检察机关和行政机关的设置，以及检察、行政人员等职务设置的部分雷同，属于司法和行政机关设置的固定模式，不构成侵权。（2）《人民的名义》与《生死捍卫》两部小说的故事情节不同。《人民的名义》是以检察官侯亮平查处小官巨贪赵德汉入手，以侯亮平的侦查行动为叙事主线，讲述了检察官查办贪腐案件中的艰辛和曲折故事。将大风厂作为故事的辅助线索来描写，通过检察官侯亮平查处案件，揭露了高育良、祁同伟、丁义珍等腐败贪官和利益集团，同时揭示了 H 省官场政治生态存在的问题，最终使贪官受到法律的惩罚。小说《生死捍卫》是以杨天翔为主人公，从描写杨天翔出任云都市检察院检察长当日，检察院发生爆炸案入手，带领检察官查处贪腐案件，开展公益诉讼，维护弱势群体利益，忠实履行检察机关的法律监督职能，经受住亲情、友情和金钱的考验，捍卫了党和人民的利益。两部作品虽然在总体上都是描写检察官查办案件，但在故事情节上存在实质性区别。（3）《人民的名义》与《生死捍卫》两部小说的场景描写不同。《人民的名义》在场景描写上跨度很大。从检察官查处小官巨贪赵德汉，到牵出京州市副市长丁义珍外逃；从反贪局局长陈海被撞昏迷，到揭露山水集团高晓琴的利益集团黑幕；从查处公安厅厅长祁同伟，到逐渐发现高育良；从查处赵立春的儿子赵瑞龙，到揭露腐败官员与利益集团的勾结；等等。小说《生死捍卫》从访问学者杨天翔奉调回国，到出任云都市检察院检察长；从上任当日遇到爆炸案，到牵连出反贪局局长为获取非法利益，徇私枉法；从杨天翔接待上访群众，到发现弱势群体的利益遭受严重侵害；从开展公益诉讼，到查处腐败官员等腐败案件；等等。两部作品对于故事场景的描写上均存在实质性区别。在语句表达和其他内容方面，两部作品同样存在实质性区别。综上，《人民的名义》与《生死捍卫》描写的是两个完全不同的故事，在表达方式上具有实质性区别，不存在抄袭和剽窃的事实，请法院依法驳回李某的诉讼请求。

法院经审理查明：

2010 年 9 月至 11 月，李某创作完成的小说《生死捍卫》在《检察日报》连载刊登。

2010 年 11 月，《生死捍卫》一书出版发行，署名李某，239 千字，定价 37.00 元。

2017 年 1 月，某出版集团出版发行了署名为周某某著的图书《人民的名义》，300 千字，定价 46.90 元。

李某在一审庭审中主张周某某和某出版集团共同侵犯其署名权、保护作品完整权、改编权，某出版集团侵犯其复制权和发行权。

关于图书《人民的名义》是否侵犯李某著作权的问题，各方当事人均未提交向鉴定机构进行鉴定的申请，故法院组织双方对图书进行比对。李某主张《人民的名义》在破案线索的推进及逻辑编排、角色设置、人物关系、情节、具体描写五个方面抄袭其作品，各方当事人提供了比对表。因李某指控图书《人民的名义》存在抄袭、剽窃的内容均为图书中的人物、情节、场景、语句，故法院依李某的主张及图书的内容进行梳理总结。

二审审理中，各方当事人对一审法院查明的事实没有异议。但是，李某认为一审法院查明的事实遗漏了部分其所主张构成实质性相似的具体情节，并在二审审理期间将小说《生死捍卫》与《人民的名义》之间的比对内容进行了调整，体现在故事结构、18 处人物设置、50 处具体情节、78 处文字表达等方面，同时明确主张周某某创作小说《人民的名义》侵犯其改编权、署名权、保护作品完整权，某出版集团出版小说《人民的名义》侵犯其复制权、发行权。具体陈述如下：

（一）故事结构

《生死捍卫》是检察题材反腐长篇小说，以检察官调查为叙事主线，以案件侦破为叙事演绎，设置主线检察线、副线政治线，两条线交叉推进。具体来说，第 1 章：2007 年 4 月 5 日清明节清晨，云都市新任检察长杨天翔赴任。刚下车，清明爆炸案发生，市检察院反贪局局长段明仁与佛手村村民耿顺开双双被炸身亡。市委书记钟良召开紧急会议，听取市公安局局长刘剑冰和法院院长陈正宇案情汇报，散会后钟良留下杨天翔单独说事。退休老检察长吕子风托病住院，杨天翔前去看望，后又去提出辞职的副检察长张立言家，张妻（云都师范学院汉语语言文学教授）接待，杨天翔刚到云都就陷入开局不利的困境。第 2 章：省检察院检察长秦汉民到云都处理爆炸案，向杨天翔亲手移交国光厂国资流失案举报信，内容涉及云都最大民营企业荣华集团侵吞国光厂，直指当时主持国光改制的常务副省长赵长青，临走时下达查办任务（检察院的调查开始围绕着荣华集团展开，清明爆炸案成为案件突破口）。第3章：杨天翔主动上门找公安局局长刘剑冰沟通，要回爆炸现场的残留物，刘剑冰态度转变，分手时托杨天翔过问田军军抢劫猥亵幼女案，牵扯出赵长青的侄女婿云都区院检察长贺鹏程。第4章：杨天翔与张立言、晏秋一起去佛手村看望耿顺开家人，途中听村支书讲坨坨峰战役，张立言选择留下。第7章：贺鹏程为田军军案件请副检察长施义和法院杜副院长吃饭，席间借歌曲《十八不亲》，发泄对杨天翔的不满。第9章：耿顺开女儿向晏秋交出父亲生前与段明仁的一段通话录音和账本，成为破案线索（账本没有作用）。晏秋播听通话录音，内容是云都农业银行成为段明仁的私家票号，而农行行长白无瑕正是常务副省长赵长青的情妇，也是女检察官晏秋的发小。第11章：杨天翔和晏秋的大学老师叶知秋代理高阳苗木案，二人在天香河豪华游轮上宴请老师。第12章：晏秋提审爆炸案枉法法官汪毓敏，录音内容得到证实，扯出农业银行信贷处处长万昌潜逃失踪与荣华集团巨额放贷有关。同期间国光厂的矛盾不断激化，向荣华一心想拆迁开发老厂职工宿舍，遭到工人抵制。常务副省长赵长青回到曾经主政地云都主持凤舸节赛事，与情妇白无瑕在咖啡屋见面，得知国光厂下岗工人在豪绅大酒店围堵市政府欢迎宴，杨天翔重新启动高阳油茶树案件调查，曾经的秘书县长曾红革牵扯其中，赵长青明确表示不管曾红革的事，并临时取消了出席向荣华的剪彩仪式，更改行程，率领四大班子和检法两长去国光厂看望工人，仍难平息事态。第13章：查办曾红革时，杨天翔遭到赵长青利益集团的疯狂反扑，涉案林业局局长谢谦心肌梗死，市委书记钟良为保护杨天翔停止其侦查工作，曾红革案一度中止。第14章：晏秋向杨天翔汇报耿顺开通话录音情况，重提万昌在检察院眼皮底下逃跑的案子，并汇报国光厂副厂长宋光昭伤害案，杨天翔安排她与纪检组借口办理汪毓敏一案上门到农业银行摸底调查，遭到白无瑕刁难，为此白无瑕与晏秋彻底决裂，两人的小学班主任临终前劝和失败。第15章：曾红革在省城的空住房发生水管漏水事件，巨额受贿案东窗事发，搜查曾红革办公室，小官巨贪显形，高阳县城万人空巷，群众高呼"共产党万岁"。第16章：赵长青在西京大厦约见向荣华摊牌，要他放弃国光厂棚户区开发，二人多年的利益关系纠缠在一起，赵长青受到威胁，无法全身而退，见面不欢而散。第 17 章：紧接着爆发工人护厂风波，黑三挨打，省委召开会议给事件定性为国资流失导致的群体性事件。白无瑕连夜赶到省城找到赵长青承认向荣华的国光收购资金来自银行，自己从中收取贿赂。第 18 章：逃亡副厂长宋光昭秘密返回云都作证，受到检察院保护，贺鹏程被纪检组组长执行双规，吕子风在关键时刻交出当年万昌一案的卷宗，里面供述了白无瑕指使给向荣华分期贷款和用不同人名分散贷款，同时证实赵长青干预万昌案交予贺鹏程办理，致使万昌脱逃以及插手荣华收购国光的情况。杨天翔安排检察官周海波和姚笑笑到万昌情妇欧燕家打探万昌下落，确定万昌藏身地点云南。第 19 章：白无瑕和向荣华感到万昌存在的威胁，合谋杀人灭口。向荣华打出在检察院最后一张王牌，施义和泄露到云南抓捕万昌机密，向荣华安排手下黑三在万昌返程途中制造车祸，情妇荣华集团总经理柳絮妹妹柳眉出场，诱骗杨天翔外甥可儿挪用公司钱款，可儿被公安抓捕，以此要挟杨天翔但遭到拒绝。杨天翔最痛苦的时候得到省检察院检察长秦汉民的坚定支持。第 20 章：晏秋去小月庵从向荣华出家妻子处取回荣华集团行贿名单，赵长青、白无瑕、曾红革、施义和、陈正宇、贺鹏程均在其中。向荣华制造车祸，与黑三约定暗语，后灭口失败，张立言为保护万昌身受重伤，向荣华大势已去跳楼自杀既遂。尾声：柳絮的妹妹柳眉被抓，赵长青、白无瑕接受审判。

《人民的名义》也是检察题材反腐长篇小说，也是以检察官调查为叙事主线，以案件侦破为叙事演绎，设置主线检察线、副线政治线，两条线交叉推进。具体来说，第 1 章：最高检反贪总局侦查处处长侯亮平到 H 省抓捕京州市副市长丁义珍。第 2 章：省委政法委书记高育良召开紧急会议，听取省检察院检察长季昌明和反贪局局长陈海案情汇报，散会后高育良留下公安厅厅长祁同伟单独说事。第 4 章：丁义珍在检察人员眼皮底下溜掉，抓捕任务失败，省检察院退休副检察长陈岩石（侯亮平大学上下铺同学、反贪局局长陈海的父亲）住在养老院，侯亮平前去看望。陈岩石向他转告了大风厂职工举报信，内容是大风厂因股权质押被法院判给山水集团，山水集团老总高小琴和丁义珍勾肩搭背，侯亮平由此猜测出里面存在问题，认为丁义珍背后有大家伙，临走时拜托陈海调查（检察院的调查开始围绕着山水集团展开）。第 6 章：侯亮平返回北京后，发小大风厂厂长蔡成功上门举报丁义珍、高育良、欧阳菁、李达康等一串贪官与山水集团老总高小琴。第 7 章：山水集团进驻拆迁，大风厂工人护厂，酿发 "9.16" 事件，蔡成功挨打。第 9 章：省委召开常委会，给事件定性为腐败引发的恶性暴力事件，并听陈岩石讲岩台战役。第 10 章：陈海去见举报人途中遭遇车祸，被撞成植物人（车祸案成为案件突破口），车祸现场留下手机，里面的通话录音和提到的账本成为破案线索（账本没有作用），最高检反贪总局局派侯亮平接任陈海职务。第 13 章：举报人大风厂厂长蔡成功东躲西藏，侯亮平找到他并给予保护，蔡成功举报京州城市银行副行长欧阳菁收受贿赂 200 万、银行卡 4 张。第 18 章：欧阳菁的丈夫李达康回到曾经主政地林城与省委书记沙瑞金参加环湖自行车赛事。第 20 章：侯亮平安排女检察官张华华借口了解部分企业贷款情况上门到城市银行摸底，遭到欧阳菁刁难。第 21 章：欧阳菁动用蔡成功贿赂的银行卡刷卡购物，侯亮平实施抓捕。第 26 章：侯亮平在医院看望陈海时被便衣警察 "抓到" 赵东来办公室播听通话录音，录音内容是向陈海 "举报一批贪官" 并要当面交一个账本（也无实际意义），赵东来向侯亮平透露山水集团会计刘庆祝在陈海被撞当天出国旅游一直未归，侯亮平一怔 "那就是他了"，立马猜到录音举报人就是刘庆祝并被灭口。第 27 章：侯亮平在湖景茶楼请高育良喝茶，汇报陈岩石举报高育良秘书法院副院长陈清泉大风厂股权案司法腐败，高育良明确表示不管，观光游轮从湖上驶过。第 31 章：陆亦可提审欧阳菁，扯出油气集团董事长刘新建和山水集团高小琴往来密切、捞好处，而刘新建正是副国级官员赵立春的秘书。赵东来告诉侯亮平，刘庆祝在岩台山旅游时心肌梗死（费周折查清楚的），举报电话系刘庆祝所打，刘庆祝的老婆说赵立春子女有山水集团股份，年年分钱。第 32 章：侯亮平与陆亦可到刘庆祝老婆吴彩霞家了解刘庆祝情况，吴彩霞说山水集团火化了刘庆祝，刘庆祝的死是谋杀。第 34 章：侯亮平收网，对刘新建实施抓捕，刘新建跳楼自杀未遂。第 35 章：祁同伟、高小琴向侯亮平主动承认在山水集团有股份，侯亮平确认山水度假村是官商勾结的 "狼窝"。第 37 章：高育良出面劝和侯亮平失败。第 38 章：高育良在国际会议中心大厅约见祁同伟摊牌，二人多年利益关系纠缠在一起，高育良受到威胁，无法全身而退。第 39 章：侯亮平办理刘新建案子，遭到赵立春利益集团的疯狂反扑，高育良找到隐藏在检察院的最后撒手铜京州市检察长肖钢玉查办侯亮平。第 40 章、第 41 章：侯亮平被诬告与丁义珍、蔡成功实名合伙开公司，做煤炭生意，有工商登记为证，沙瑞金为保护侯亮平停止其工作。第 45 章：陆亦可在邻县找到证人尤会计，侯亮平所谓受贿，是蔡成功用他的身份证在银行分散办卡。第 47 章：刘新建交代，肖钢玉被纪检双规带走，高小琴双胞胎妹妹高小凤出场，干扰办案，诱骗侯亮平，被识破抓走。第 48 章：祁同伟护送高小琴逃跑，两人约定暗语，在得到不好消息后，独自开车到孤鹰岭。侯亮平通过内部刊物《公安通讯》载文，猜到祁同伟藏身地点。第 49 章：实施抓捕祁同伟。第 50 章：侯亮平去高育良家中，高育良被中纪委带走。

两部小说的故事发生、发展、高潮、结局体现在：（1）故事发生：分别发生在（云都市、H 省）反腐形势一派低迷的背景下，男主人公检察官（杨天翔、侯亮平）空降当地，通过接受一改制后的国企老厂（国光厂国资流失、大风厂股权丢失）的案情举报，发现了涉及其中的民营企业（荣华集团、山水集团）与以腐败高官（常务副省长赵长青、副国级官员赵立春）为首的腐败官员们暗中勾结的蛛丝马迹，进而展开案件调查。（2）故事发展：分别选择"4·5"清明爆炸案和"9·21"车祸案作为检察官案件查办的切口，两起案件中的反贪局局长一个被炸身亡，一个被撞成植物人，同为影子局长，在他们身后均留下了通话录音和账本的涉案线索，直接牵扯出腐败团伙的重要成员白无瑕（农行行长、赵长青情妇）、刘新建（油气集团董事长、赵立春秘书）和污点证人万昌（逃亡在外）、刘庆祝（旅游死）成为破案的关键，两名污点证人的下落又同被检察官登门到其情妇（老婆）家中，打探虚实后锁定。同时穿插了荣华集团、山水集团因为拆迁开发，与工人矛盾不断加剧，引发了占厂风波，（副）厂长（宋光昭、蔡成功）受到威胁，一路逃亡举报，被检察院找回作证，施以保护。（3）故事高潮：随着案件查办的深入，老师劝和失败，晏秋与白无瑕、侯亮平与祁同伟彻底决裂，利益集团疯狂反扑，杨天翔、侯亮平办案受阻均被停职，赵长青、高育良分别找到向荣华、祁同伟摊牌已难抽身，隐藏在检察机关的内鬼施义和、肖钢玉分别现身，施义和泄露办案机密，向荣华制造车祸灭口阻止万昌返回作证；肖钢玉查办侯亮平与丁义珍、蔡成功合伙开矿，中止侯亮平审讯工作，阻止刘新建作证。荣华集团柳絮妹妹柳眉、山水集团高小琴胞妹高小凤最后出现，干扰办案被识破。（4）故事结局：荣华集团、山水集团与官员的腐败窝案告破，副省长赵长青团伙核心成员荣华集团董事长向荣华跳楼自杀既遂，柳絮、柳眉姐妹暴露，柳眉被抓捕归案，贺鹏程被纪委双规，赵长青、白无瑕接受法律审判。副国级官员赵立春团伙重要成员油气集团董事长刘新建跳楼未遂，高小琴、高小凤姐妹暴露，高小凤被抓捕归案，祁同伟自杀身亡，高育良被中纪委带走。

（二）18 处人物设置

（1）杨天翔与侯亮平；（2）吕子风与陈岩石；（3）段明仁与陈海；（4）施义和、贺鹏程与肖钢玉；（5）秦汉民与季昌明；（6）安毅与纪检组组长；（7）周海波、姚笑笑与周正、张华华；（8）刘剑冰与赵东来；（9）陈正宇与陈清泉；（10）赵长青、叶知秋与高育良；（11）曾红革、关山与李达康、易学习；（12）白无瑕与欧阳菁；（13）万昌与刘庆祝；（14）向荣华与刘新建；（15）柳絮、柳眉与高小琴、高小凤；（16）杨天翔妻、张立言妻与高育良妻、祁同伟妻；（17）宋光昭与蔡成功；（18）祁同伟。

（三）50 处具体情节

（1）故事背景；（2）机关刊物；（3）年龄问题；（4）医院（养老院）探望；（5）家访；（6）交换案情；（7）发小情深；（8）修路找矿；（9）讲述战役；（10）酒色之徒；（11）回乡省亲；（12）饭局；（13）村妇喝药；（14）录音、账本；（15）寺院拜佛；（16）师生情谊；（17）宴请老师；（18）赛事；（19）喝咖啡；（20）探访工厂；（21）查案受阻；（22）巴结跑官；（23）证人死亡；（24）家中下棋；（25）商场刷卡；（26）驾驶宝马；（27）围攻警车；（28）银行摸底；（29）不雅照片；（30）公安出手；（31）水管反腐；（32）银行点钞；（33）执行搜查；（34）百姓庆祝；（35）老师劝和；（36）双方摊牌；（37）征地拆迁；（38）占厂风波；（39）事件定性；（40）帮派山头；（41）威胁举报人；（42）执行双规；（43）分散贷款（办卡）；（44）家中打探；（45）里应外合；（46）集体行贿；（47）熟读马列；（48）制造车祸；（49）约定暗语；（50）跳楼自杀。

（四）78 处文字描写（略）

北京市西城区人民法院于 2018 年 12 月 11 日作出（2017）京 0102 民初 32282 号民事判决：驳回原告李某的全部诉讼请求。宣判后，李某不服提起上诉。北京知识产权法院于 2020 年 5 月 26 日作出（2019）京 73 民终 225 号民事判决：驳回上诉，维持原判。

裁判理由

法院生效裁判认为：

著作权制度的目的在于促进文学、艺术和科学领域的创新与繁荣。为实现这一目的，《著作权法》应维护激励作者创作与满足社会对知识和信息的需求之间的平衡。为达到这种平衡，必须恰当确定著作权客体的范围，而著作权客体的范围取决于对作品的认定。为此，在司法实践中产生了思想—表达二分法的法律原则，即《著作权法》只保护表达、不保护思想。这意味着只有表达才能构成作品，而思想不能构成作品。但是，并不是所有的表达都能构成作品，只有具备独创性的表达才能被认定为作品进而获得《著作权法》的保护。那些属于公有领域的表达不能被个人所独占，因而并不属于《著作权法》的保护范畴。

小说属于以文字形式表现的文字作品，由题材、主题、结构、人物、情节、背景等内容构成。小说中的表达不局限于遣词造句层面的文字性内容，故事结构、故事情节、人物设置同样是小说表达的组成部分。判断请求保护小说中的哪些表达属于具有独创性的表达是对两部小说进行实质性相似认定的前提。只有当被诉侵权小说中的相应内容与请求保护小说中的独创性表达部分构成相同或相似时，才有可能认定为构成剽窃。

鉴于"表达"是著作权法领域的一个特定概念，是判断是否构成作品、应否受到《著作权法》保护的前提。而李某所述"78 处文字表达"其实强调的是小说中直接呈现的文字描写。这些文字描写是否属于《著作权法》意义上具有独创性的"表达"正是本案认定的内容。为了避免产生概念混同，法院在阐述中将"78 处文字表达"改为"78 处文字描写"，以与《著作权法》意义上的表达相区分。基于此，对于《人民的名义》与《生死捍卫》在故事结构、18 处人物设置、50 处具体情节、78 处文字描写等方面是否构成实质性相似，分别阐述如下：

一、关于两部小说的故事结构是否构成实质性相似的认定

"开端、发展、高潮、结局"是小说故事结构的基本模式。李某在本

案中请求保护的"故事结构"并非这种高度概括的故事结构模式，而是将包含小说的线索设置与情节发展等具体内容的"故事结构"作为比对内容。对于这种"故事结构"是否受到《著作权法》的保护，取决于它是否构成具有独创性的表达。当小说中通过故事情节的前后衔接、逻辑编排呈现出了个性化的故事发展脉络、有独创性的谋篇布局展现时，这样的故事结构是受到《著作权法》保护的。结合本案，判断李某所主张的两部小说的"故事结构"是否构成实质性相似，有必要在梳理总结两部小说在故事脉络、主要故事情节、故事线索推演与逻辑编排等谋篇布局、整体构思上的具体内容之基础上进行认定。

小说《生死捍卫》是以检察官调查为叙事主线、以案件侦破为叙事演绎，设置了主线检察线、副线政治线，两条线交叉推进的故事架构。故事内容以爆炸案、田军军抢劫猥亵幼女案、高阳县苗木受贿案、国光厂国资流失案这四个案件为脉络进行谋篇布局，或展现人物形象、或推动情节发展、或烘托小说主旨。小说开篇的爆炸案作为引子，牵扯出的花石湾矿转让纠纷、法官枉法裁判、遗留磁带录音、揭发检举内容等为后续核心案件国光厂国资流失案提供了侦破线索的铺垫。在爆炸案推进的同时设置了用于刻画反派人物形象的田军军抢劫猥亵幼女案。小说前半段设置重点案件高阳县苗木受贿案，该案中检察院公益诉讼受阻、侦查突破之际证人猝死、房屋漏水暴露私藏巨款等情节设置逐渐揭露了全国样板"高阳模式"中复杂纠葛的政商利益关系。小说核心案件国光厂国资流失案在开篇不久以匿名举报信埋下伏笔，在小说后半段逐渐铺展。该案中国光厂工人围堵、群体性突发事件爆发、知情人揭露内幕、老检察长交出卷宗、布局实施抓捕、恶势力设计反扑等情节设置将整部小说的人物矛盾和故事冲突推到高潮。最终政商勾结、行贿受贿、违法放贷、骗取国资的案件告破，"农业学高阳，工业学国光"的神话破灭，整个故事以犯罪分子得到惩处、反腐败斗争获得胜利而结束。而小说《人民的名义》在故事架构上同样设置双线线索，主线是检察官的案件侦查，副线是错综复杂的官场关系，两条线索交叉共进。但是，与《生死捍卫》不同，《人民的名义》在故事脉络上没有相对独立的案件阐述，整个故事推演与谋篇布局通过前后情节与线索的铺设，使人物塑造、主题表现、故事发展环环相扣、一气呵成。小说以查办小官巨贪开篇，受贿人检举揭发副市长行贿。抓捕副市长过程中有人通风报信致使行动失败。大风厂工人举报副市长与山水集团不正当利益、股权质押有黑幕。山水集团强拆大风厂、工人护厂引发"9·16"事件。反贪局局长侦查接近真相时遇害昏迷，男主人公临危受命。大风厂老板举报银行副行长受贿、刷卡锁定证据。"三堂会审"失利、线索中断之时，获知向反贪局局长举报之人来自山水集团。对山水集团试探性扫黄，法院副院长被抓。前省委书记儿子斡旋捞人，与山水集团的利益链浮出水面。对银行副行长审讯突破，供出涉及银行、山水集团、省油气集团、大风厂的过桥款实情，窝案、塌方式腐败显现。省油气集团董事长被捕，贪腐犯罪团伙摆"鸿门宴"，设计陷害、阻挠侦查，将故事冲突和矛盾引向高潮。困局之际，三张照片揭露美色腐败往事。重新侦查违法乱纪行为，H省官场政治生态存在的问题得以揭露，整个故事以贪腐犯罪成员一一接受制裁而结束。通过比对可知，两部小说经由各自的故事发展脉络、侦破线索推演、前后逻辑编排、故事情节推进等设置内容呈现出了个性化的具体故事结构表达，有着较为明显的差异性。虽然《生死捍卫》在故事结构层面有其独创性表达，应当受到《著作权法》的保护，但是，《人民的名义》的故事结构与之相较并未构成实质性相似。尽管两部小说均采取了主线检察线、副线政治线的双线线索设置，但这是反腐题材小说常用的结构模式，并非《生死捍卫》的独创性表达内容，故不属于著作权保护的范围。

二、关于两部小说的人物设置是否构成实质性相似的认定

人物塑造是小说创作的核心。情节设置和环境描写都围绕人物塑造而展开。人物与情节、环境相互交融，不可分割。人物设置构成实质性相似之所以会导致阅读体验中的雷同感，是由于与人物有关的特定故事情节和环境描写段落中的人物经历、人物矛盾、人物对故事情节发展的作用等具体内容所刻画、塑造、呈现出的具有独创性的人物设置表达构成了相似。李某在本案中主张两部小说存在18处构成实质性相似的人物设置，以三处为例：

（一）段明仁与陈海

《生死捍卫》中的段明仁作为云都市检察院反贪局长是一个反面形象，

同时也是一个没有正式出场的背景人物。其参与的故事情节是在小说开篇的爆炸案中被村民耿顺开炸死。这一故事情节的推进为后续核心案件国光厂国资流失案埋下了重要的侦破线索：一方面，虽然耿顺开遗留的账册（花石湾矿的收支明细）对后续故事发展没有起到作用，但遗留的磁带录音提及段明仁让耿顺开去银行贷款的对话，将案件侦破线索引向了农业银行行长白无瑕；另一方面，在段明仁与耿顺开的花石湾矿转让纠纷中枉法裁判的云都中院法官汪毓敏在服刑期间检举了携款潜逃的农业银行信贷处处长万昌给段明仁违法放贷的情形。由此，农业银行白无瑕、万昌涉嫌犯罪的事实昭然若揭。而《人民的名义》中的陈海虽然也是反贪局局长，但其作为 H 省检察院反贪局局长是一个正面形象，与男主人公最高检反贪总局侦查处处长侯亮平是老同学，父亲是 H 省检察院前常务副检察长陈岩石，与侯亮平、H 省公安厅厅长祁同伟并称"政法系三杰"，三人均是 H 省委副书记兼省委政法委书记高育良的学生。陈海在小说中参与了重要的故事情节，如参与抓捕京州市副市长丁义珍行动并亲历丁义珍逃跑过程，侦查获知丁义珍同山水集团与大风厂的股权风波存在牵连以及一批干部在光明湖畔腐败，在和举报人见面路上遭遇车祸被撞昏迷。这些都与《生死捍卫》中的段明仁仅仅作为小说情节发展背景及开篇线索的作用截然不同。而且，陈海被撞昏迷的情节有着重要的剧情推动作用：一方面，男主人公侯亮平临危受命接替陈海出任 H 省检察院反贪局代局长继续侦查工作；另一方面，为后续京州市公安局局长赵东来从陈海车祸现场被轧坏的手机中提取出山水集团财务总监刘庆祝要举报贪官并有账本要交给陈海的录音内容作出铺垫。通过比对可知，虽然《生死捍卫》中的段明仁这一人物设置有其独创性表达，应当受到《著作权法》的保护。但是，《人民的名义》中的陈海与其相比有着完全不同的人物形象、社会关系，参与不同的故事情节，有着不同的剧情作用。二人相似的是同为反贪局局长、均涉及录音和账本元素。但这些相同的元素在各自小说中发挥着不同的作用，与不同情节、环境相联系产生了完全不同的读者阅读体验，并没有雷同感。

（二）白无瑕与欧阳菁

《生死捍卫》中的白无瑕是云都市农业银行行长。面容姣好、气质优雅、极具女人味的白无瑕在性情之中既有对情人常务副省长赵长青"敬之如父、尊之如兄、爱之如夫"的爱情向往，又有干练、机敏、泼辣、懂权谋、会手腕、心机重的一面。她作为贪腐犯罪集团的核心成员参与了众多核心的故事情节，如利用职务便利向段明仁违规放贷，给高阳县县长曾红革的油茶树项目贷款，在国光厂收购中与荣华集团董事长向荣华里应外合套取银行资金，指使云都市检察院检察长贺鹏程协助万昌成功逃脱并试图与向荣华合谋杀害万昌，利用与云都市检察院公诉处处长晏秋的姐妹情谊打听检察院侦查进展并向向荣华告密等，也曾在商场刷卡买包与招摇过市的田军军母亲显富斗气。而《人民的名义》中的欧阳菁则是京州城市银行主管信贷的副行长、京州市委书记李达康的分居妻子，女儿留学美国。欧阳菁与白无瑕一样气质出众，但性情相对单纯，没有白无瑕的泼辣与权谋。她在工作狂丈夫李达康身上得不到梦想中的爱情，转而将情感寄托于韩剧《来自星星的你》，受到大学同学王大路的很多帮助。作为反面形象的欧阳菁收受贿赂、违法放贷、参与谋取大风厂，但其他核心案件并未参与，其在小说中主要起到作为案件侦破和情节发展的线索作用：因大风厂老板蔡成功举报，其在商场使用受贿银行卡购物时被抓现行，经审讯供出涉及京州城市银行、山水集团、省油气集团、大风厂的过桥款腐败窝案实情。通过比对可知，虽然《生死捍卫》中的白无瑕这一人物设置有其独创性表达部分，但《人民的名义》中的欧阳菁与其相比有着不同的社会关系、人物经历、形象刻画、故事情节，在剧情发展中起到不同的作用，有着差异化的人物设置内容和意义。两人相似之处是均面容姣好、气质出众，内心渴望与追求爱情，作为银行系统领导参与收受贿赂、违法放贷、试图阻碍案件调查，曾在商场刷卡等。但是，上述层面的人物设置与选择编排并非《生死捍卫》的独创性表达部分，这些抽象出来的要素虽然是相同或者相似的，但当其与各自小说中的其他大量不同的表达融合在一起时，对于读者来说即有着完全不同的阅读感受，并未构成实质性相似。

（三）柳絮、柳眉与高小琴、高小凤

《生死捍卫》中的柳絮是荣华集团总经理向荣华的情人。时尚性感、善于应酬的柳絮在小说中参与的故事情节并不多，仅在协助向荣华召开新闻发布会宣布茶油加工厂因火灾被烧毁关闭、在男主人公杨天翔和晏秋豪华游轮上宴请老师叶知秋时进包间寒暄应酬、陪白无瑕商场买包与招摇过市的田军军母亲显富斗气等场景中出现。《生死捍卫》中的柳眉是柳絮的亲妹妹，仅在小说接近结尾处出现，向荣华将其安排在杨天翔的外甥可儿身边、诱骗可儿落入圈套"侵占公款"被抓，以此威胁杨天翔停止对国光厂的调查。柳絮、柳眉仅是小说中的次要反面人物，核心事件均未参与，小说也没有对二人长相是否相似的描写。而《人民的名义》中的高小琴是山水集团老总、H 省公安厅厅长祁同伟的情人。风姿绰约、艳而不俗的高小琴有着"阿庆嫂"风范，具有"书卷气与江湖气微妙的混合"，与祁同伟育有一子，两人台前幕后、巧取豪夺、聚敛财富，共同打造的秘密商业帝国山水集团成为从原省委书记赵立春及其儿子赵瑞龙到京州中院副院长陈清泉等一众贪腐成员利益输送、奢靡享乐的场所。作为贪腐犯罪集团的核心成员，高小琴在小说中有着较多情节描写，起到重要的情节作用，如在祁同伟指挥下安排京州市副市长丁义珍出逃，与省油气集团董事长兼总裁刘新建、京州城市银行副行长欧阳菁联合做局谋取大风厂股权，参与谋杀知悉山水集团秘密并试图向陈海举报的刘庆祝等。《人民的名义》中的高小凤是高小琴的双胞胎妹妹，二人长相出众，被赵瑞龙的前生意合伙人杜伯仲发现后进行培训，从土气的渔家姑娘塑造成为知书达理、善解人意的小可人。赵瑞龙、杜伯仲设局将高小凤作为礼物送给高育良，高小凤后与高育良结为夫妻，二人育有一子。通过比对可知，虽然《生死捍卫》对姐妹花柳絮、柳眉的人物设置体现了一定的独创性，但《人民的名义》中的双胞胎姐妹高小琴、高小凤与之相比在人物形象的具体设置、故事情节的参与及剧情推动作用等方面存在显著差异。尤其是《人民的名义》中对高小凤这一人物设置与其情节安排非常独特，如小说在描写了高小琴与祁同伟是情人关系但未铺垫高小琴有双胞胎妹妹高小凤且二人外貌完全相同的背景下，通过侯亮平收到三张高育良与高小琴（实为高小凤）的亲密照片设置疑问和悬念，后通过赵瑞龙、杜伯仲二人回忆当年如何利用高小凤的美色让高育良腐败的往事解答照片疑惑，并通过祁同伟与高小琴在穷途末路之时安排金蝉脱壳之计留下高小凤顶替高小琴拖住侯亮平而设法逃亡的情节，巧妙地运用了高小凤与姐姐高小琴外貌相同的特质，令读者获知真相后恍然大悟，感到既在意料之外又在情理之中。两部小说中相应人物的相似之处在于美貌与气质俱佳的姐妹花均是反面人物，妹妹均出现在小说尾声，均曾利用美色设计权谋，但这些相同元素并非《生死捍卫》的独创性表达内容，不属于《著作权法》的保护范畴。

综上，虽然通过《生死捍卫》的具体故事情节和环境描写段落体现的人物经历、人物矛盾、人物对故事情节发展的作用等方面呈现出的其他15处具体人物设置表达有其独创性部分，属于《著作权法》的保护范围。但是，《人民的名义》的相应人物设置与之相较并未构成实质性相似。尽管两部小说在某些人物设置上选取了相同或相似的素材，但这些素材都属于日常生活中常见的，并非《生死捍卫》的独创性表达，不应被某一部作品所独占。当这些属于公有领域的素材被使用在不同小说中，与不同的人物、情节、环境相结合创作出给予读者完全不同阅读体验的作品时，并不会构成实质性相似。

三、关于两部小说的具体情节是否构成实质性相似的认定

故事情节除了在故事结构上的作用外，同时也为塑造人物、表现主题服务。特定故事情节构成实质性相似之所以会导致阅读体验中的相仿感受，是因为体现着作者独特的素材选取、人物安排、事件编排、逻辑关联等细节设置的具体情节表达呈现出了相似性。李某在本案中主张两部小说存在50处构成实质性相似的具体情节，以三处为例：

（一）录音、账本情节

《生死捍卫》中的录音、账本情节由耿顺开的妻子和女儿将爆炸案中被炸身亡的耿顺开遗留的"一盘磁带和几本账册"交给云都市检察院公诉处处长晏秋引出，账册是花石湾矿的收支明细，磁带录音是段明仁与耿顺开的对话：段明仁让耿顺开去银行贷款，暗指白无瑕主管的农业银行成为段明仁的私家票号。《人民的名义》中的录音、账本情节出现在京州市公安局局长赵东来从陈海车祸现场被轧坏的手机中获得"一段举报人录音"，内容是举报人告知陈海他要举报一帮贪官、有一个账本要当面交给陈海。后经侦查获知该举报人是与陈海车祸同一天死亡的山水集团财务总监刘庆祝，录音中提到的账本没有找到。两部小说虽然都有录音、账本元素，且账本在小说故事发展中均未起到实质作用。但是，《生死捍卫》中的录音、账本情节是在重点描写田军军抢劫猥亵幼女案、高阳县苗木受贿案时出

现，磁带录音指向的农业银行行长白无瑕线索为后续核心案件国光厂国资流失案的侦破埋下伏笔，也为后来晏秋与白无瑕二人发小情谊的决裂作出铺垫；而《人民的名义》中的录音、账本情节则在侯亮平"三堂会审"失败、线索中断之时提供了山水集团的线索突破，加深了侯亮平与赵东来的盟友关系，同时也与小说前文赵东来逼迫蔡成功录制举报电话的情节相呼应，而查清举报人的过程既制造了悬念又增加了故事情节的跌宕起伏。由此可见，《人民的名义》对录音、账本情节的具体编排，该情节对人物形象的刻画和塑造作用、对其他情节发展的服务作用、在整体故事结构中的串联作用等内容与《生死捍卫》的独创性表达存在明显差异。两部小说在相关情节中的唯一相同之处是均选取了录音、账本元素，但这些元素本身不属于某一部作品的独创性表达，不受《著作权法》的保护。

（二）证人死亡情节

《生死捍卫》中的证人死亡情节出现在对高阳县苗木受贿案中涉嫌受贿的高阳县林业局局长谢谦审讯之时，他因内心悔罪加之压力过大意外心肌梗死，但拼出生命最后一点力气供出高阳县县长曾红革涉嫌受贿。《人民的名义》中的证人死亡情节是赵东来在侦查陈海车祸当天试图向陈海举报贪官的举报人的真实身份时，获知该举报人是山水集团财务总监刘庆祝，且刘庆祝在陈海车祸同一天在旅游途中蹊跷死亡（后知被祁同伟谋杀）。两部小说虽然都有可证明贪腐犯罪团伙违法犯罪事实的证人在关键时刻死亡的设置，但是，《生死捍卫》中的证人死亡情节一方面表现了作为曾红革涉嫌受贿的关键证人谢谦的内心纠结与悔过心理，另一方面，由于谢谦猝死，市委决定停止对该案的一切侦查活动，杨天翔查案受阻，使故事情节波澜再起，展现出案件侦破的曲折和艰辛；而《人民的名义》中的证人死亡情节表现出祁同伟、高小琴的罪恶形象，展现了贪腐犯罪团伙的危险性，并引出从刘庆祝老婆吴彩霞处侦查得知封口费及山水集团秘密的故事情节，将案件侦破线索引向山水集团。由此可见，虽然《生死捍卫》结合其相应描写呈现的证人死亡情节是具有独创性的表达，但《人民的名义》中的证人死亡情节与之相较在具体情节安排、对人物的刻画和塑造作用、对案件侦破和整个故事发展的作用等方面截然不同。二者唯一相同的是均选取了证人死亡的素材。但是，当故事情节抽象到证人死亡的程度时，已经属于日常生活中的公有领域素材范畴而非《生死捍卫》的独创性表达，并不属于《著作权法》的保护范围。

（三）商场刷卡情节

《生死捍卫》中的商场刷卡情节是白无瑕、柳絮到商场买包，遇到田军军母亲（贺鹏程情人）购买名牌包时招摇过市的张狂嘴脸，故意提高音量高调刷金灿灿的信用卡买了名贵包，与田军军母亲显富斗气、压制其嚣张气焰的情节。《人民的名义》中的商场刷卡情节是欧阳菁因在商场购物时使用了受贿银行卡刷卡结账，从而被检察院成功锁定受贿证据的情节。两部小说虽然都设置了在商场购物刷银行卡的情节，但是，《生死捍卫》中的商场刷卡情节主要用于塑造人物形象，刻画了田军军母亲招摇过市、拜金显富的人物形象，表现了白无瑕、柳絮对田军军母亲的反感和厌恶，也侧面烘托出贺鹏程的反面形象，但对故事情节发展、主题深化没有作用；而《人民的名义》中的商场刷卡情节成为给欧阳菁定罪的关键，呼应了小说前文蔡成功举报欧阳菁但未有确凿证据的情节安排，也为后续欧阳菁乘坐李达康专车外逃途中被带走传唤、欧阳菁被捕后供述贪腐犯罪团伙黑幕的情节设置作出铺垫。从前述分析可知，在商场购物时刷银行卡的生活素材并不能被某一部作品所独占。而商场刷卡这一日常生活场景在两部小说中经过不同作者的描写呈现出了完全不同的表达，并未构成实质性相似。

综上，将李某主张的其他47处具体情节亦分别置于各自小说之中，通过《生死捍卫》中相应情节的具体描述、情节设置以及该情节在塑造人物、表现主题、推动故事发展等方面的作用可知，其中的特定情节表达有其独创性部分，应当受到《著作权法》的保护。但是，《人民的名义》的相应情节内容与《生死捍卫》相比并未构成实质性相似。

四、关于两部小说的文字描写是否构成实质性相似的认定

将李某主张相似的其他75处文字描写亦分别置于各自小说之中可知，李某请求保护的文字描写中的一部分属于常用词汇、固定搭配、俗语俚语、生活语言、特定情境的常用表达等日常生活中的文字描写，其本身并不属于《著作权法》的保护范畴。结合日常生活中的常见文字描写，《生

死捍卫》形成了一部分自己的独创性表达，但《人民的名义》中的相应文字描写段落与其相同之处仅是选取了相同或相似的公有领域素材或者出现了几处相同或相似的词语，二者相较并未构成实质性相似。

通过上述分析可知，小说《人民的名义》与《生死捍卫》在故事结构、18处人物设置、50处具体情节、78处文字描写等方面并未构成实质性相似，而且存在明显的差异性，并不会导致读者对两部小说产生相同或相似的欣赏体验。因此，周某某创作小说《人民的名义》不构成对李某小说《生死捍卫》的剽窃，并未侵犯李某享有的改编权和署名权。

关于周某某创作小说《人民的名义》是否侵犯李某对小说《生死捍卫》享有的保护作品完整权，法院认为，侵犯保护作品完整权的前提是对原作品进行了有违作者本意并歪曲、割裂了作者"烙印"在作品中的精神这样的歪曲、篡改式的改动或使用。而根据《最高人民法院关于审理著作权民事纠纷案件适用法律若干问题的解释》第十五条规定："由不同作者就同一题材创作的作品，作品的表达系独立完成并且有创作性的，应当认定作者各自享有独立著作权。"本案中，经前述比对可知，小说《人民的名义》与《生死捍卫》系由各自作者就检察反腐这一相同题材独立创作并各自享有独立著作权的作品，读者对两部小说不会产生相同或相似的阅读感受。因此，周某某创作小说《人民的名义》不构成对李某小说《生死捍卫》的歪曲、篡改，并未侵犯李某享有的保护作品完整权。基于上述认定，某出版集团出版小说《人民的名义》也并未侵犯李某的复制权、发行权。

裁判要旨

未经许可改编他人作品亦未表明原作者身份，导致公众将他人作品误认为是改编者的作品之行为，属于《著作权法》第四十七条第五项规定的剽窃行为。被诉侵权作品与原作品构成实质性相似是认定构成剽窃的前提。判断两部长篇小说是否构成实质性相似，本案采取的方式是对主张构成实质性相似的一方当事人的举证内容进行梳理和分类，按照当事人认可的抽查方式进行比对和认定。

小说的故事结构、故事情节、人物设置及文字描写中的独创性表达可以受到《著作权法》的保护。当事人举证证明的被诉侵权作品与原作品在非独创性表达层面的相似内容不属于实质性相似的比对范围。本案中，《人民的名义》与《生死捍卫》在故事结构、18 处人物设置、50 处具体情节、78 处文字描写中的独创性表达层面存在明显的差异性，并未构成实质性相似。

关联索引

2010 年《中华人民共和国著作权法》第四十七条第三项、第四项、第五项

2002 年《最高人民法院关于审理著作权民事纠纷案件适用法律若干问题的解释》第十五条

一审：北京市西城区人民法院（2017）京 0102 民初 32282 号（2018 年 12 月 11 日）

二审：北京知识产权法院（2019）京 73 民终 225 号（2020 年 5 月 26 日）

法官评析

本案是典型的影视剧热播之后所引起的原著小说侵权纠纷案件，集中展现了思想—表达二分法在小说侵权判定中的运用思路和认定方法。

一、《著作权法》只保护具有独创性的表达

著作权制度的目的在于促进文学、艺术和科学领域的创新与繁荣。为实现这一目的，《著作权法》应维护激励作者创作与满足社会对知识和信息的需求之间的平衡。为达到这种平衡，必须恰当确定著作权客体的范围，而著作权客体的范围取决于对作品的认定。为此，在司法实践中产生了思想—表达二分法的法律原则，即《著作权法》只保护表达、不保护思想。这意味着只有表达才能构成作品，而思想不能构成作品。但是，并不是所有的表达都能构成作品，只有具备独创性的表达才能被认定为作品进而获得《著作权法》的保护。那些属于公有领域的表达不能被个人所独占，因而并不属于《著作权法》的保护范畴。

二、剽窃行为及其认定方法

根据《著作权法》第四十七条第五项的规定，剽窃他人作品的，应当

根据情况，承担停止侵害、消除影响、赔礼道歉、赔偿损失等民事责任。未经许可改编他人作品并在使用时没有表明原作者身份的行为属于据他人作品为己有的剽窃行为，侵犯了原作者的改编权和署名权。本案中，李某主张周某某未经许可改编其小说《生死捍卫》且未注明其原作者身份，反而署名作者为周某某，故而认为侵犯其改编权、署名权，实质上是主张周某某创作小说《人民的名义》构成对其小说《生死捍卫》的剽窃。

对于"剽窃"的含义，《著作权法》并没有规定，学理上一般认为，剽窃是指"一种将他人作品全部或部分地作为本人的作品来使用的行为，其不仅侵犯他人的财产权，而且涉及侵犯他人的人身权"。而对于怎么判断这种据他人作品为己有的侵权行为，审判实践一般借助"接触+实质性相似"的规则。简言之，即先对两部小说进行实质性相似比对，如果两者构成实质性相似，而在后创作的小说作者具有接触在先小说的合理可能性，则构成剽窃；如果两者不构成实质性相似，即可认定不构成剽窃。

由于是否构成实质性相似是认定是否构成剽窃的前提，故判断《人民的名义》与《生死捍卫》是否构成实质性相似即为本案的焦点问题，这在一审和二审是一致的。对于两部篇幅较长的小说而言，认定是否构成实质性相似往往以当事人认可的抽查比对方式进行。此类案件的审理也通常依据主张构成实质性相似的一方当事人的举证进行梳理和比对。虽然李某在二审中主张两部小说的相似性体现在故事结构、18处人物设置、50处具体情节、78处文字描写等方面与一审时其认为相似性体现在破案线索的推进及逻辑编排、角色设置、人物关系、情节、具体描写等方面有所不同，但是并未改变认定两部小说是否构成实质性相似这一焦点问题。

三、小说构成剽窃的侵权判定思路

小说属于以文字形式表现的文字作品，由题材、主题、结构、人物、情节、背景等内容构成。小说中的表达不局限于遣词造句层面的文字性内容，故事结构、故事情节、人物设置同样是小说表达的组成部分。判断请求保护小说中的哪些表达属于具有独创性的表达是对两部小说进行实质性相似认定的前提。只有当被诉侵权小说中的相应内容与请求保护小说中的独创性表达部分构成相同或相似时，才有可能认定为构成剽窃。

首先，关于故事结构。"开端、发展、高潮、结局"是小说故事结构的基本模式。李某在本案中请求保护的"故事结构"并非这种高度概括的故事结构模式，而是将包含小说的线索设置与情节发展等具体内容的"故事结构"作为比对内容。对于这种"故事结构"是否受到《著作权法》的保护，取决于它是否构成具有独创性的表达。当小说中通过故事情节的前后衔接、逻辑编排呈现出了个性化的故事发展脉络、有独创性的谋篇布局展现时，这样的故事结构是受到《著作权法》保护的。结合本案，判断李某所主张的两部小说的"故事结构"是否构成实质性相似，有必要在梳理总结两部小说在故事脉络、主要故事情节、故事线索推演与逻辑编排等谋篇布局、整体构思上的具体内容之基础上进行认定。小说《生死捍卫》是以检察官调查为叙事主线、以案件侦破为叙事演绎，设置了主线检察线、副线政治线，两条线交叉推进的故事架构。故事内容以爆炸案、田军军抢劫猥亵幼女案、高阳县苗木受贿案、国光厂国资流失案这四个案件为脉络进行谋篇布局，或展现人物形象、或推动情节发展、或烘托小说主旨。小说开篇的爆炸案作为引子，牵扯出的花石湾矿转让纠纷、法官枉法裁判、遗留磁带录音、揭发检举内容等为后续核心案件国光厂国资流失案提供了侦破线索的铺垫。在爆炸案推进的同时设置了用于刻画反派人物形象的田军军抢劫猥亵幼女案。小说前半段设置重点案件高阳县苗木受贿案，该案中检察院公益诉讼受阻、侦查突破之际证人猝死、房屋漏水暴露私藏巨款等情节设置逐渐揭露了全国样板"高阳模式"中复杂纠葛的政商利益关系。小说核心案件国光厂国资流失案在开篇不久以匿名举报信埋下伏笔，在小说后半段逐渐铺展。该案中国光厂工人围堵、群体性突发事件爆发、知情人揭露内幕、老检察长交出卷宗、布局实施抓捕、恶势力设计反扑等情节设置将整部小说的人物矛盾和故事冲突推到高潮。最终政商勾结、行贿受贿、违法放贷、骗取国资的案件告破，"农业学高阳，工业学国光"的神话破灭，整个故事以犯罪分子得到惩处、反腐败斗争获得胜利而结束。而小说《人民的名义》在故事架构上同样设置双线线索，主线是检察官的案件侦查，副线是错综复杂的官场关系，两条线索交叉共进。但是，与《生死捍卫》不同，《人民的名义》在故事脉络上没有相对独立的案件阐述，整个故事推演与谋篇布局通过前后情节与线索的铺设，使人物塑造、主题表现、故事发展环环相扣、一气呵成。小说以查办小官巨贪开篇，受贿人检举揭发副市长行贿。抓捕副市长过程中有人通风报信致使行动失败。大风厂工人举报副市长与山水集团不正当利益、股权质押有黑幕。山水集团强拆大风厂、工人护厂引发"9·16"事件。反贪局局长侦查接近真相时遇害昏迷，男主人公临危受命。大风厂老板举报银行副行长受贿、刷卡锁定证据。"三堂会审"失利、线索中断之时，获知向反贪局局长举报之人来自山水集团。对山水集团试探性扫黄，法院副院长被抓。原省委书记儿子斡旋捞人，与山水集团的利益链浮出水面。对银行副行长审讯突破，供出涉及银行、山水集团、省油气集团、大风厂的过桥款实情，窝案、塌方式腐败显现。省油气集团董事长被捕，贪腐犯罪团伙摆"鸿门宴"，设计陷害、阻挠侦查，将故事冲突和矛盾引向高潮。困局之际，三张照片揭露美色腐败往事。重新侦查违法乱纪行为，H省官场政治生态存在的问题得以揭露，整个故事以贪腐犯罪成员一一接受制裁而结束。通过比对可知，两部小说经由各自的故事发展脉络、侦破线索推演、前后逻辑编排、故事情节推进等设置内容呈现出了个性化的具体故事结构表达，有着较为明显的差异性。虽然《生死捍卫》在故事结构层面有其独创性表达，应当受到《著作权法》的保护，但是，《人民的名义》的故事结构与之相较并未构成实质性相似。尽管两部小说均采取了主线检察线、副线政治线的双线线索设置，但这是反腐题材小说常用的结构模式，并非《生死捍卫》的独创性表达内容，故不属于著作权保护的范围。

　　其次，关于人物设置。人物塑造是小说创作的核心。情节设置和环境描写都围绕人物塑造而展开。人物与情节、环境相互交融，不可分割。人物设置构成实质性相似之所以会导致阅读体验中的雷同感，是由于与人物有关的特定故事情节和环境描写段落中的人物经历、人物矛盾、人物对故事情节发展的作用等具体内容所刻画、塑造、呈现出的具有独创性的人物设置表达构成了相似。但是，当属于公有领域的素材被使用在不同小说中，与不同的人物、情节、环境相结合创作出给予读者完全不同阅读体验的作品时，并不会构成实质性相似。例如，柳絮、柳眉与高小琴、高小凤。《生死捍卫》中的柳絮是荣华集团总经理向荣华的情人。时尚性感、善于应酬的柳絮在小说中参与的故事情节并不多，仅在协助向荣华召开新闻发布会宣布茶油加工厂因火灾被烧毁关闭、在男主人公杨天翔和晏秋豪华游轮上宴请老师叶知秋时进包间寒暄应酬、陪白无瑕商场买包与招摇过市的田军军母亲显富斗气等场景中出现。《生死捍卫》中的柳眉是柳絮的亲妹妹，仅在小说接近结尾处出现，向荣华将其安排在杨天翔的外甥可儿身边、诱骗可儿落入圈套"侵占公款"被抓，以此威胁杨天翔停止对国光厂的调查。柳絮、柳眉仅是小说中的次要反面人物，核心事件均未参与，小说也没有对二人长相是否相似的描写。而《人民的名义》中的高小琴是山水集团老总、H省公安厅厅长祁同伟的情人。风姿绰约、艳而不俗的高小琴有着"阿庆嫂"风范，具有"书卷气与江湖气微妙的混合"，与祁同伟育有一子，两人台前幕后、巧取豪夺、聚敛财富，共同打造的秘密商业帝国山水集团成为从原省委书记赵立春及其儿子赵瑞龙到京州中院副院长陈清泉等一众贪腐成员利益输送、奢靡享乐的场所。作为贪腐犯罪集团的核心成员，高小琴在小说中有着较多情节描写，起到重要的情节作用，如在祁同伟指挥下安排京州市副市长丁义珍出逃，与省油气集团董事长兼总裁刘新建、京州城市银行副行长欧阳菁联合做局谋取大风厂股权，参与谋杀知悉山水集团秘密并试图向陈海举报的刘庆祝等。《人民的名义》中的高小凤是高小琴的双胞胎妹妹，二人长相出众，被赵瑞龙的前生意合伙人杜伯仲发现后进行培训，从土气的渔家姑娘塑造成为知书达理、善解人意的小可人。赵瑞龙、杜伯仲设局将高小凤作为礼物送给高育良，高小凤后与高育良结为夫妻，二人育有一子。通过比对可知，虽然《生死捍卫》对姐妹花柳絮、柳眉的人物设置体现了一定的独创性，但《人民的名义》中的双胞胎姐妹高小琴、高小凤与之相比在人物形象的具体设置、故事情节的参与及剧情推动作用等方面存在显著差异。尤其是《人民的名义》中对高小凤这一人物设置与其情节安排非常独特，如小说在描写了高小琴与祁同伟是情人关系但未铺垫高小琴有双胞胎妹妹高小凤且二人外貌完全相同的背景下，通过侯亮平收到三张高育良与高小琴（实为高小凤）的亲密照片设置疑问和悬念，后通过赵瑞龙、杜伯仲二人回忆当年如何利用高小凤的美色让高育良腐败的往事解答照片疑惑，并通过祁同伟与高小琴在穷途末路之时安排金蝉脱壳之计留下高小凤顶替高小琴拖住侯亮平而设法逃亡的情节，巧妙地运用了高小凤与姐姐高小琴外貌相同的特质，令读者获知真相后恍然大悟，感到既在意料之外、又在情理之中。两部小说中相应人物的相似之处在于美貌与气质俱佳的姐妹花均是反面人物，妹妹均出现在小说尾声，均曾利用美色设计权谋，但这些相同元素并非《生死捍卫》的独创性表达内容，不属于《著作权法》的保护范畴。

再次，关于具体情节。故事情节除了在故事结构上的作用外，同时也为塑造人物、表现主题服务。特定故事情节构成实质性相似之所以会导致阅读体验中的相仿感受，是因为体现着作者独特的素材选取、人物安排、事件编排、逻辑关联等细节设置的具体情节表达呈现出了相似性。但是，针对同一公有领域素材经由不同的具体描述、情节设置以及该情节在塑造人物、表现主题、推动故事发展等方面的作用所呈现的不同情节内容并不会构成实质性相似。例如，商场刷卡情节。《生死捍卫》中的商场刷卡情节是白无瑕、柳絮到商场买包，遇到田军军母亲（贺鹏程情人）购买名牌包时招摇过市的张狂嘴脸，故意提高音量高调刷金灿灿的信用卡买了名贵包，与田军军母亲显富斗气、压制其嚣张气焰的情节。《人民的名义》中的商场刷卡情节是欧阳菁因在商场购物时使用了受贿银行卡刷卡结账，从而被检察院成功锁定受贿证据的情节。两部小说虽然都设置了在商场购物刷银行卡的情节，但是，《生死捍卫》中的商场刷卡情节主要用于塑造人物形象，刻画了田军军母亲招摇过市、拜金显富的人物形象，表现了白无瑕、柳絮对田军军母亲的反感和厌恶，也侧面烘托出贺鹏程的反面形象，但对故事情节发展、主题深化没有作用；而《人民的名义》中的商场刷卡情节成为给欧阳菁定罪的关键，呼应了小说前文蔡成功举报欧阳菁但未有确凿证据的情节安排，也为后续欧阳菁乘坐李达康专车外逃途中被带走传唤、欧阳菁被捕后供述贪腐犯罪团伙黑幕的情节设置作出铺垫。从前述分析可知，在商场购物时刷银行卡的生活素材并不能被某一部作品所独占。而商场刷卡这一日常生活场景在两部小说中经过不同作者的描写呈现出了完全不同的表达，并未构成实质性相似。

最后，关于文字描写。文字组合、遣词造句层面的形式表达是文学作品最直接的呈现样式。文字描写是展现不同语言风格和思想内容的基本载体，最能体现作品的语言魅力和作者的创作风格。常用词汇、固定搭配、俗语俚语、生活语言、特定情境的常用表达等这些日常生活中的文字描写本身并不属于《著作权法》的保护范畴。而选取了相同或相似的公有领域素材或者出现了几处相同或相似词语的文字描写段落也并不会构成实质性相似。两部小说将相同的植物玉兰花（树）选取、编排、加工在不同的场景，烘托不同的环境氛围与人物形象，创作形成了完全不同的表达，并未构成实质性相似。

通过上述分析可知，小说《人民的名义》与《生死捍卫》在故事结构、18 处人物设置、50 处具体情节、78 处文字描写等方面并未构成实质性相似，而且存在明显的差异性，并不会导致读者对两部小说产生相同或相似的欣赏体验。因此，周某某创作小说《人民的名义》不构成对李某小说《生死捍卫》的剽窃，并未侵犯李某享有的改编权和署名权。

影视剧热播之后所引起的原著小说侵权纠纷频发现象，一方面反映出文化艺术产业繁荣大背景下广大公众对于小说文学创作的关注度高涨，另一方面也是当前知识产权保护意识提升、维权意识增强的真实写照。不过，无论是作为法律共同体，还是新闻媒体或普通公众，都需要我们从热血状态回归到理性思维，使权利的主张、意见的发表、观点的陈述都依托于法治的框架进行支撑、阐述和论辩，如此才能真正实现保护和支持原创文学作品发展的目的。

一审法院合议庭成员　温同奇　张玉成　郑耀武
二审法院合议庭成员　张晓霞　杨　洁　刘　辉
编写人　杨　振

22. 东阳某公司诉蒋某、浙江某公司、北京某公司侵害著作权纠纷案

——侵权构成要件与"接触+实质性相似"规则的适用

关键词 著作权 "接触+实质性相似" 抄袭

基本案情

东阳某公司主张其委托蒋某创作电视剧《芈月传》剧本，且约定了该剧本著作权归该公司。蒋某在未经东阳某公司同意的情况下，擅自将该剧本改编为《芈月传》小说，且抄袭剧本的部分内容，并以作者名义许可浙江某公司出版发行《芈月传》小说，图书在北京某公司等地销售。三被告在侵权行为中获取了巨大不当收益，严重损害了原告东阳某公司的合法利益，故请求判令三被告停止侵权，并由蒋某及浙江某公司承担赔偿损失的责任。一审法院经审理后认为：蒋某与东阳某公司以合同的形式将《芈月传》小说著作权保留给了蒋某，小说著作权归蒋某所有。浙江某公司的出版发行行为及北京某公司的销售行为亦属于合法行为，驳回东阳某公司诉讼请求。东阳某公司不服一审判决上诉至二审法院，认为本案应当适用"接触+实质性相似"规则，鉴定结论已经表明《芈月传》小说与剧本相似度高达 62.85%，加之为同一作者，已经构成侵权。剧本是剧组共同创作的结果。作为《芈月传》小说的作者蒋某未能举证证明其小说的完成时间在剧本之前，就应当承担相应举证不利的后果。双方合同中亦没有给蒋某授予《芈月传》小说著作权。一审法院认定错误，请求改判支持东阳某公司的全部诉讼请求。

法院经审理查明：

一、与《芈月传》剧本创作相关的合同签订及履行情况

2012 年 8 月 28 日，东阳某公司（甲方）与蒋某（乙方）签订了《电视剧剧本创作合同》，其中约定：1.1　甲方聘任乙方担任电视剧《芈月传》编剧。1.2　乙方在担任该作品编剧期间，有关该作品的或同该作品电视剧剧本相关联的一切创作和智力劳动成果，著作权归甲方所有。甲方享有本剧电视剧作品包括但不限于在广播电台播放、电视播映、网络、音像制品（含 CD、VCD、DVD 以及在本协议签订以前及以后出现的所有形式的音像制品）复制、出版、发行、传播等全部权利。同时甲方拥有将本剧电视剧作品改编为电影的权利，但该作品系乙方原创小说（还未出版）改编剧本，依据《著作权法》第十五条，乙方享有原小说的发表和出版权利，乙方并保证不在网络上发布。1.5　乙方保证不再使用该作品主要题材、故事情节、人物或与该作品相近似或相类似的内容元素为第三人进行创作。2.4　对该作品质量认定的权利在甲方，乙方有责任根据甲方提出的意见对作品进行修改。聘用期限及交稿时间统一，具体如下：3.1　从合同签订之日起至 2013 年 12 月 30 日止，创作修改时间原则上不超过 16 个月。乙方在规定时间内将剧本稿的电子文本交付甲方，甲方应根据甲方的意见对剧本进行修改至符合甲方要求。双方在该份合同中还对付款方式等进行了约定。

2013 年 7 月 15 日，星某公司（甲方）与蒋某（乙方）签订了《电视剧剧本创作合同》，该合同除签订主体的一方由东阳某公司变为星某公司外，主要内容与前述《电视剧剧本创作合同》一致，合同落款日期为 2012 年 8 月 28 日。同时，双方还签署了《补充协议》，蒋某单方签署了《授权书》。《补充协议》中约定：第一条 乙方著作权：1. 乙方系电视剧《芈月传》的原著创意人，乙方拥有此原著创意小说出版发表以及网络版权等权利，并承诺在电视剧《芈月传》播出的同期，才会将此原著创意出版小说并发行，在此之前不会出版此原著相关内容以及网络发布（不包括合约签订前 2009 年网络流出的 7000 字草稿）。乙方承诺原著创意是乙方单独创作完成的，乙方拥有原创意版权且不存在任何权利瑕疵或被质押等权利限制。2. 乙方确认乙方根据《电视剧剧本创作合同》约定授权甲方在全球范围内永久独占地将此原著创意改编为电视剧剧本、电影剧本并拍摄成电视

剧作品和电影作品（改编作品名称待定）。甲方在全球范围内永久享有在改编和创作过程中形成的一切智力劳动成果和电视剧剧本、电影剧本、电视剧作品、电影作品的全部著作权和衍生品的权利。3. 乙方同意在电视剧《芈月传》片头中署名原创编剧。乙方同意甲方有权将《电视剧剧本创作合同》、本补充协议、授权书中的权利义务一并转让给第三方。第二条 新增许可使用范围和许可使用费：1. 乙方许可甲方有权将原著创意及电视剧《芈月传》改编为游戏（包括但不限于电脑游戏、网络游戏、单机游戏、网页游戏等游戏形式）、漫画、动画片（以下简称改编作品），该许可为全球范围内永久独占且排他性许可，乙方不得自行或许可第三方将此原著创意改编为游戏（包括但不限于电脑游戏、网络游戏、单机游戏、网页游戏等游戏形式）、漫画、动画片。乙方承诺在本协议签署前未授权第三方将此原著创意改编为游戏、漫画、动画片。2. 甲方为获得改编作品向乙方支付许可使用费共计人民币 50 万元。由此产生的个人所得税由乙方自行缴纳。第三条 甲方的权利：1. 甲方依据乙方授权将原著创意改编为本合同第二条许可使用范围内的改编作品并在全球范围内独占地永久性享有改编过程中形成的一切智力劳动成果和改编作品的全部著作权及衍生品的所有权利，甲方因此获得的收益或损失与乙方无关。2. 乙方许可甲方行使的权利范围，甲方无须征得乙方的同意转授权给第三方行使或与第三方共同行使；3. 甲方可在改编作品及衍生品宣传和推广时使用乙方姓名和肖像，表明乙方为原著创意人，使用方式由甲方决定；4. 甲方有权决定以改编作品参加评奖活动，因改编作品获得的奖金和荣誉归甲方享有。第四条 违约责任：1. 乙方对原著的著作权存在权利瑕疵和权利限制的、乙方将本补充协议约定授权甲方使用的权利自行行使或授权第三方行使的，乙方需向甲方支付本补充协议授权使用费总额二倍的违约金，并赔偿给甲方造成的一切损失，损失包括甲方支付的甲方向他人承担的违约责任或赔偿责任、诉讼费、公证费、调查费、律师费等费用。《授权书》中载明："本人蒋某系电视剧《芈月传》（暂定名）的原著创意人，本人授权星某公司将本人原著创意及电视剧《芈月传》改编为游戏（包括但不限于电脑游戏、网络游戏、单机游戏、网页游戏等游戏形式）、漫画、动画片（以下简称改编作品，作品名称待定），星某公司在全球范围内永久独占享有在改编过程中形成的一切智力劳动成果和改编作品的全部著作权及衍生品的所有权利。

星某公司无须征得本人同意即可将本授权书内容部分或全部转授权或转让给第三方行使。"《授权书》及《补充协议》的落款日期存在倒签，为2012年11月18日。

2013年，东阳某公司与星某公司签署《电视剧剧本著作权转让协议》及其《补充协议》。通过上述二协议，星某公司将与蒋某签订的《创作合同（二）》《授权书》《补充协议》中的权利义务转让给东阳某公司，合同权利方面仅保留了《芈月传》电视剧中国大陆以外其他国家和地区的全部发行权益、改编游戏收益的30%分成权；合同义务方面约定由星某公司负担支付给蒋某的报酬，并另行据实结算东阳某公司已向蒋某支付的报酬。

蒋某自2012年9月11日交分集大纲及人物表开始，陆续提交剧本相关作品。其中，2013年3月15日提交第一集剧本，至2014年3月29日提交第50—53集剧本。（2016）京73民终18号民事判决书中认定"蒋某与东阳某公司认可，在《创作合同（二）》签订前，蒋某已经向东阳某公司交付15集剧本"。

二、原告主张蒋某侵权的相关证据

（一）关于《芈月传》小说的创作情况

公证书显示：2009年6月16日，蒋某在晋江文学网发表了共计7000余字文章，2011年6月5日，发表了600余字。东阳某公司认可蒋某在晋江文学网中发表的7000字是其独立创作完成的作品，并认为该7000字是其与蒋某签订的合同中所定义的"原小说""原著创意"的内容，否认小说的其他部分是蒋某独立创作的作品。

东阳某公司提交蒋某交付的1—53集剧本及浙江某公司出版的署名为"蒋某著"的《芈月传》小说六册，蒋某亦提交了小说《芈月传》文稿打印版及电子版，小说共计五卷，蒋某主张其小说的完成时间系打印版的卷末载明的每卷完成时间，分别为：卷一，2009年12月；卷二，2010年9月；卷三，2011年11月；卷四，2012年8月；卷五，2013年6月。蒋某小说电子文稿创作开始及完成时间，其主张为：卷一，2009年5月—2010年6月（2010年6月有修改）；卷二，2009年8月—2010年9月；卷三，

2010 年 4 月—2011 年 11 月；卷四，2011 年 7 月—2012 年 8 月；卷五，2012 年 3 月—2013 年 6 月。蒋某称，浙江某公司出版的六册本《芈月传》小说与其五卷本小说在故事细节描述和文化背景史实考证等方面略有调整或扩写。法庭要求蒋某提交其底稿，蒋某称因更换计算机，其所提交的电子文稿是从底稿拷贝来的，已经更换了几次计算机，且硬盘都已经不在其处，无法提供。东阳某公司不认可该电子文档的真实性，认为不是原始储存介质。

东阳某公司提交的公证书显示：2012 年 7 月 10 日，蒋某将《大秦太后》的分集大纲和人物小传发送给曹某。

公证书显示：2013 年 7 月 15 日，蒋某将网络流出版 7000 字发送给东阳某公司，东阳某公司认为直至 2013 年 7 月，其仍未看到蒋某的小说，只有网络上发表过的 7000 字。

（二）小说版《芈月传》与剧本版《芈月传》比对情况

东阳某公司提交比对表，将《芈月传》剧本与《芈月传》小说进行了对比统计，剧本总字数为 819575 字，小说总字数为 1849000 字，东阳某公司认为小说情节与剧本情节近似，近似情节占小说总字数的 62.85%。蒋某对该比对的内容认可，但认为其创作小说在先，创作剧本在后，剧本是在小说的基础上进行的改编，因此故事情节、主要人物关系近似等情况是正常的。

为证明在剧本创作之前，蒋某并未创作出《芈月传》小说，东阳某公司提交 2012 年 11 月《芈月传》剧本创作讨论会录音，其中郑某某问："小说能不能我们看一点？没写完呢哈？"蒋某回答："小说写得不多，但是就纲吧，把整个的纲列出来了，写是写了一部分，小说写得有一些就是前面的历史，资料什么的比较重要。"东阳某公司认为蒋某在剧本讨论的过程中自认还没有写完小说。蒋某认为，这段对话是在讨论"苏秦"这一部分的内容，小说中写得不多，而不是针对整篇小说来说的。录音中也有蒋某称"我们原来的小说内容是很足的，但是可能就这一块的内容可能不够"，充分说明了小说已经完成了。

东阳某公司认为，蒋某的《芈月传》小说中部分角色和情节是他人创作，与蒋某最初提供的剧本差距较大，可以印证蒋某的《芈月传》小说创作于《芈月传》剧本之后。

（三）其他证据

蒋某主张东阳某公司已经以其行为表明《芈月传》剧本系《芈月传》小说改编而来，其向法院提交如下证据：

1.《芈月传》电视剧海报、片花及微博文字。公证书显示：2015年9月第三版电视剧官方海报中载明"本剧根据蒋某同名小说改编"。

2.《芈月传》电视剧DVD出版物包装盒背面载明"本剧根据蒋某同名小说改编"。

3.《芈月传》电视剧宣传册封底载明"本剧根据蒋某同名小说改编"。

4. 公证书中显示：2015年11月10日，《芈月传》官微发布了制片人曹某11月10日在《芈月传》全国首播新闻发布会就《芈月传》编剧权归属问题的回应，其中写道："一直以来，我们都承认蒋某老师是《芈月传》小说的原创作者，也很尊重蒋老师的才华，没有她就没有《芈月传》这部作品。我们的宣传物料也都有注明'根据蒋某原著小说改编'的字样，我们承认这样的事实。"

东阳某公司对蒋某提交的上述证据真实性认可，但认为其仅仅认可《芈月传》电视剧及剧本的很小比例的内容根据蒋某网络上已经发表的7000字小说作品改编，剧本创作合同签订时尚不存在小说作品。

三、原告主张其他二被告侵权的相关证据

2014年9月3日，上海蒋某影视文化工作室（甲方）与浙江某公司（乙方）就《芈月传》小说出版发行签订了《图书出版合同》，其中约定：甲方保证作品系甲方独立创作完成的，对作品拥有完整、合法的版权权利，甲方依法有权授予乙方发行权。甲方应于2014年12月31日起将上述作品的誊清稿第一册交付乙方，在2015年6月31日前将全部作品共六册交付完毕。乙方采用下列方式及标准向甲方支付版税：（1）版税＝图书定价×版税率×印刷册数。（2）首印量：《芈月传》1—6册，每册保底印数2万，共12万册。（3）版税率10%；销售2万套以上，版税率为11%。以版税形式支付，分册出版后一个月内付已出版图书首印数版税50%，其余在6个月内付清。蒋某庭审中出具情况说明，称上海蒋某影视文化工作室

属于接受蒋某的委托，代表蒋某与浙江某公司处理《芈月传》小说出版事宜，包括签署图书出版合同，代为接受版税收益等。因合同的全部收益等最终归属于蒋某所有，故因合同所产生的法律后果也全部由蒋某承担。蒋某所著《芈月传》小说全六册于 2015 年 8 月至 11 月由浙江某公司出版发行。

2016 年 5 月 29 日，东阳某公司委托代理人在北京某公司购买了《芈月传》1—6 册，共计花费 212.8 元，并取得购书发票一张。

东阳某公司主张：浙江某公司出版发行了《芈月传》小说，北京某公司销售了该小说，蒋某、浙江某公司和北京某公司在该侵权行为中获得了巨大的不当收益，构成共同侵权。

四、原告主张的损害赔偿证据

2016 年 5 月 6 日，东阳某公司的委托代理人对蒋某的微博内容进行了公证保全。（2016）京方正内经证字第 05870 号公证书显示：2016 年 3 月 23 日，蒋某发布微博称"昨天上了一个榜……"微博中配图为"第十届作家榜全民阅读节，榜单出品为大星文化、华西都市报、封面新闻"，其中显示蒋某排名第八，版税为 1350 万元，经典畅销代表作为《芈月传》。东阳某公司认为蒋某和浙江某公司出版发行的《芈月传》小说获利丰厚。同时，根据浙江某公司提交的出版合同来看，《芈月传》已经第五次印刷，其与蒋某之间约定了版税率，因此获利较大。

东阳某公司提交委托代理合同及律师费发票，主张其为本案支出律师费 50 万元。同时，东阳某公司提交公证费发票 2 张，总金额 2000 元。

北京市海淀区人民法院于 2017 年 12 月 28 日作出（2016）京 0108 民初 24428 号民事判决：驳回东阳某公司全部诉讼请求。北京知识产权法院于 2020 年 9 月 28 日作出（2018）京 73 民终 1174 号民事判决：驳回上诉，维持原判。

裁判理由

一、合同抗辩相关事实审查与"接触+实质性相似"规则适用先后顺序的确定

针对被诉侵权的诉讼请求，通过否定侵权构成要件进而否定侵权责任成立是最直接有效的抗辩。合同中是否有关于剧本与小说权利归属的约定直接决定着东阳某公司主张权利的范围。如果双方签订的合同对权利归属进行了约定且蒋某是在约定范围内行使权利，对东阳某公司来说就意味着不存在权利受到侵害这一构成要件。而所谓的"接触+实质性相似"规则是指在一般的侵害著作权纠纷审理中，首先应当对被诉侵权作品是否使用了权利作品进行判断。当两者构成实质性相似时，且如果在后创作的作者具有接触在先作品的可能性，则推定被诉侵权作品并非独立创作而成。故，"接触+实质性相似"规则只是确定被诉侵权作品是否构成对权利作品使用的一种盖然性判断方法。

在双方有合同约定的前提下，小说与剧本的权利归属取决于合同的约定。只有先明确双方合同约定的权利义务边界，才能判断被诉侵权人是否属于履行合同的范围。因为一旦认定双方签订的合同对权利归属进行了约定，则根本没有适用"接触+实质性相似"规则的必要。

二、合同是否为界定双方权利归属的依据取决于蒋某是否为《芈月传》剧本创作的唯一作者的认定

东阳某公司通过与案外人星某公司签订《电视剧剧本著作权转让协议》等系列合同，继受取得了星某公司与蒋某签订的《创作合同（二）》及《补充协议》中的权利义务，取代星某公司与蒋某成为合同的相对当事人，委托蒋某创作《芈月传》剧本。根据《著作权法》第十七条规定："受委托创作的作品，著作权的归属由委托人和受托人通过合同约定。合同未作明确约定或者没有订立合同的，著作权属于受托人。"东阳某公司上诉提出剧本作品并非由蒋某独立创作而是剧组共同创作完成。该上诉理由的法律意义在于如果东阳某公司主张的事实成立，就意味着蒋某不是《芈月传》剧本的唯一作者，那么双方权利的边界不能仅仅依据《创作合

同（二）》及《补充协议》进行界定。因此，双方的合同是否是界定剧本和小说权利归属的唯一依据取决于《芈月传》剧本是否是蒋某独立完成。

根据查明的事实，蒋某通过邮件的方式自 2012 年 9 月 11 日起向东阳某公司提交分集大纲及人物表，2014 年 3 月 29 日提交第 50—53 集剧本，至此剧本创作完成。在创作过程中，虽然东阳某公司相关人员在剧本讨论过程中对蒋某创作的剧本提出过修改意见及建议，但无证据证明该创作已经形成了相应的表达，即具有独创性的作品。根据《著作权法实施条例》第三条规定，为他人创作进行组织工作，提供咨询意见、物质条件，或者进行其他辅助工作，均不视为创作。东阳某公司未提交证据证明其他人参与了《芈月传》剧本的创作而否认一审判决这一认定。因此，蒋某是《芈月传》剧本的唯一作者。在蒋某既是剧本作者也是被诉侵权小说作者的前提下，双方权利的边界应当依据合同进行确定。

三、是否应当对《芈月传》小说完成时间进行证明责任的分配

东阳某公司以合同中有"剧本根据小说改编"之表述为由，认为如果不能证明蒋某创作小说在先，应该进行证明责任分配，由蒋某承担举证不能的不利后果，推定被诉侵权小说是根据《芈月传》剧本改编而成，构成侵权。由于无论是认定小说是根据剧本改编完成，还是认定剧本是根据小说改编完成，都是以被改编的作品创作在先为前提。一旦把该问题作为应当进行证明责任分配认定的事实，蒋某作为《芈月传》剧本和小说的作者，对与该事实相关的证据相较东阳某公司更易于取得，故根据证据学中的证据距离原则，由对证据进行控制便于举证的一方举证，应当由蒋某证明剧本和小说创作完成的时间。蒋某以原始底稿存储介质灭失为由而拒绝提供证据，可能会面临应当举证而未举证承担不利后果之风险。另外，依据《最高人民法院关于适用〈中华人民共和国民事诉讼法〉的解释》（以下简称《民诉法司法解释》）第九十二条第一款规定："一方当事人在法庭审理中，或者在起诉状、答辩状、代理词等书面材料中，对于己不利的事实表示承认的，另一方当事人无需举证证明。"以及 2020 年 5 月 1 日实施的《最高人民法院关于民事诉讼证据的若干规定》第三条规定："在诉讼过程中，一方当事人陈述的于己不利的事实，或者对于己不利的事实明

确表示承认的，另一方当事人无需举证证明。在证据交换、询问、调查过程中，或者在起诉状、答辩状、代理词等书面材料中，当事人明确承认于己不利的事实的，适用前款规定。"该条强调的是当事人在诉讼中作出对己不利的陈述是自认的前提。而一审判决将形成于诉讼外的《芈月传》电视剧宣传物料载明"本剧根据蒋某同名小说改编"的内容作为东阳某公司对剧本根据小说改编事实的自认是对自认制度的错误理解。二审法院在此予以纠正。

但是，《民诉法司法解释》第九十一条规定："（一）主张法律关系存在的当事人，应当对产生该法律关系的基本事实承担举证证明责任；（二）主张法律关系变更、消灭或者权利受到妨害的当事人，应当对该法律关系变更、消灭或者权利受到妨害的基本事实承担举证证明责任。"《最高人民法院民事诉讼法司法解释理解与适用》针对该条认为："这里的基本事实与要件事实同义，即权利及法律关系的构成要件所依赖的事实。"也就是说，直接影响权利发生、变更或消灭之法律效果的要件事实才是证明责任分配的对象，只有在要件事实无法查清时才涉及证明责任的分配，进而由负有证明责任的人承担举证不能的不利法律后果。由于蒋某提出了合同抗辩，故合同如何约定剧本与小说之间的关系以及是否约定了权利归属，直接影响双方主张和抗辩是否成立，该事实与剧本和小说创作完成哪个在先之事实相比更具基本事实之属性。为此，在蒋某提出合同抗辩后，剧本和小说创作完成时间不具有要件事实之属性，尚不涉及证明责任分配的问题。因此，东阳某公司认为在剧本和小说创作时间无法查清时应当由蒋某承担举证不利后果的上诉理由不能成立。

四、关于合同是否约定小说和剧本著作权归属之认定

合同是当事人意思表示一致的结果，是当事人对彼此之间民事权利义务约定的集合。当事人之间存在合同约定的前提下，充分尊重当事人意思自治，既秉承契约自由精神又符合诚信原则。由于当事人进行权利边界划分是在其预见可能的风险范围内而进行的自愿分配，所以唯有按照当事人的真实意思确定其相应的权利义务才符合合同订立的意图。但是，由于文字表达的局限性，事后对合同文字的解读产生分歧时，根据《合同法》第一百二十五条第一款"当事人对合同条款的理解有争议的，应当按照合同

所使用的词句、合同的有关条款、合同的目的、交易习惯以及诚实信用原则，确定该条款的真实意思"之规定，解释过程应该从合同所使用的词句本身含义入手，通过合同上下文条款作出符合当事人真实意思的解释。同时，在必要时需结合订立合同的目的、双方的履行情况、交易习惯以及诚信原则对合同条款进行解释。

（一）针对"小说"含义的解释

本案中，《创作合同（二）》的条款中涉及了剧本与"原小说"（或"原创小说"）权利归属的约定。但是，东阳某公司认为"原小说"（或"原创小说"）是指在合同签订前蒋某已经创作完成的 7000 字小说，试图说明被诉侵权小说不是合同约定的内容；而蒋某否定东阳某公司的解释，认为合同保留了其出版发表小说的权利，《芈月传》小说就是合同约定的小说。可见，双方对合同中约定的小说含义产生了分歧。

根据查明事实可知，《创作合同（二）》中约定蒋某在享有"原小说"发表和出版权利的同时，保证不在网络上发布。而在该合同签订之前，7000 字小说已经在晋江文学网上发表。与之相关，作为《创作合同（二）》从合同《补充协议》的第一条 1 再次对蒋某发表、出版小说时间进行限定，明确约定蒋某"承诺在电视剧《芈月传》播出的同期，才会将此原著创意出版小说并发行，在此之前不会出版此原著相关内容以及网络发布（不包括合约签订前 2009 年网络流出的 7000 字草稿）"，这里的"7000 字草稿"就是指"7000 字小说"。东阳某公司认为合同中的小说是指 7000 字小说意在证明被诉侵权小说不是合同约定范围的上诉理由，法院不能采信。

（二）针对"改编"含义的解释

《创作合同（二）》1.2 条款明确约定了乙方即蒋某享有"原小说"的发表和出版的权利。但因为在约定蒋某享有"原小说"的发表和出版权利时提及了"剧本是基于小说而改编"，为此东阳某公司认为如此约定意味着合同排除了小说根据剧本改编的情形。那么，是否因为合同中有"剧本根据小说改编"之表述，进而在剧本与小说之间建立了一个先后顺序，需要证明小说创作在先，否则就认定小说根据剧本改编而构成侵权呢？一审判决也未忽视这一问题，虽然认定《芈月传》小说的著作权归属与小说是否在《芈月传》剧本完成之前无关，但还是根据小说与剧本的一般创作规律以及当事人自认等理由认为"《芈月传》小说完成于《芈月传》剧本之前"，成为东阳某公司认为一审判决认定事实错误的理由。可见，合同中的"改编"一词的含义直接影响着小说与剧本之间权利边界的认定。

《著作权法》第十条第一款第十四项规定："改编权，即改变作品，创作出具有独创性的新作品的权利。"说明在著作权法领域，"改编"有特定的含义。在这样的语境下理解合同中的"改编"，唯有先有小说后有剧本，才能体现出剧本是对小说的改编。一般情况下，合同中使用的法律概念应当遵从法律赋予的固有含义。但是，双方签订的《创作合同（二）》作为一个委托创作合同，其第一条开宗明义要聘任蒋某担任电视剧《芈月传》编剧。接下来，对双方权利进行约定，即东阳某公司享有蒋某担任该作品编剧期间的有关该作品或者同该作品电视剧剧本相关联的一切创作和智力劳动成果，并明确东阳某公司拥有将本电视剧作品改编为电影的权利。接下来，东阳某公司特别强调的"改编"一词在《创作合同（二）》中是这样出现的："但该作品是原创小说改编剧本"，最后又约定蒋某仍享有原小说的发表和出版权利。在这样的语境中，"改编"一词是否专门限定了小说与剧本之间一定存在序位关系，而且绝对不得有小说是根据剧本进行改编这一情形呢？如何解释"改编"一词的含义才符合订立合同时双方的真实意思表示呢？

纵观整个合同，其中对蒋某享有的权利进行了比较严格的限制，具体为：东阳某公司享有将蒋某小说改编为电视剧、电影、游戏、漫画、动画片等主要作品类型的权利，而蒋某仅仅享有发表出版小说的权利。在对根据蒋某创作的小说改编作品类型进行较为详细罗列的前提下，如果排除蒋某根据剧本改编小说的情形，特别是如果"改编"的顺序会导致权利归属发生变化如此重要后果的话，应当在合同中予以明示才符合签订合同时的真实意思。既然在详细列举的归属东阳某公司的各种作品类别中不包括小说，就不能直接根据合同约定得出东阳某公司享有小说作品著作权的结论。为了理解合同签订时双方的真实意思表示，如果合同强调"改编"含义中的顺序关系，甚至顺序会导致权利归属发生变化，意味着一旦不能证明小说创作在先就可以推定小说根据剧本创作完成进而构成侵权。那么，在合同签订之时，在东阳某公司起诉之前，合同中关于小说权利的归属就处于不确定的状态。显然，这样解释与合同约定存在矛盾。另外，如果因为小说是根据剧本创作完成而将小说的权利划归东阳某公司，剧本就成了合同中约定的"原创小说"。这样解释又与合同约定的"该作品是原创小说（还未出版）改编剧本"存在矛盾。

根据查明的事实，双方签订委托创作合同是源于东阳某公司最初被发表在晋江文学网上的 7000 字小说引人入胜的故事情节所吸引。而且，委托创作合同往往基于对创作者创作水平的信任而签订，具有更强的人合属性。在这种前提下，限定双方拥有不同类型作品的权利才是订立合同时必须要明确的，而强调"改编"的顺序进而限制不能根据剧本改编小说的情形，对双方没有任何实际意义。合同中使用"改编"更多的是为了保证剧本的内容是对 7000 字小说情节的延续，进而确保剧本与小说之间的关联性和同源性。至于蒋某选择在同一时期内同时创作剧本和小说，还是选择腹稿创作小说而后以有载体的方式完成剧本，不应该是合同所关注与限定的内容。

另外，对合同中"改编"内涵的探求，还可以根据合同的履行情况进行推断。《创作合同（二）》虽然签订于 2013 年 7 月，但东阳某公司与蒋某签订《创作合同（一）》是在 2012 年 8 月，两个合同针对剧本与小说权利归属的约定内容是一致的，北京知识产权法院（2016）京 73 民终 18 号民事判决书认定以履行《创作合同（二）》方式解除了《创作合同（一）》。东阳某公司提交 2012 年 11 月 6 日《芈月传》剧本创作讨论会录音文本稿显示，郑某某问："小说能不能给我们看一点？没写完呢哈？"蒋某回答："小说写得不多，但是就纲吧，把整个的纲列出来了，写是写了一部分，小说写得有一些就是前面的历史，资料什么的比较重要。"该剧本创作讨论会录音文本稿记载，当天参与剧本讨论的人员包括郑某某（导演）、王某某、曹某、蒋某等。依据东阳某公司一审起诉时所陈述的事实："从创作之始原告方就大量反复与蒋某讨论剧本创作，导演郑某某、制片人曹某、总编剧王某某……"可见，参与剧本讨论会的郑某某等人都是代表东阳某公司履行合同的人员。当得知蒋某表示小说写得不多后，不仅没有人提出异议，东阳某公司反而于 2013 年 11 月 28 日至 2015 年 2 月 4 日分五笔向蒋某支付了创作剧本的费用。上述事实再次表明，东阳某公司在签订合同时并不在意小说与剧本之间的前后顺序。至于东阳某公司上诉中所主张的《创作合同（二）》5.4，该条处于第五章违约责任，仅限制了在未履行合同情况下蒋某向第三方传播剧本的行为，并未限制蒋某享有"原小说"（或"原创小说"）的权利，与上述条款并不矛盾。

通过对双方有分歧的"小说"和"改编"两个概念含义的解释，可以认为双方合同明确约定了蒋某享有《芈月传》小说作品的权利。一审判决认定"双方在订立合同之时，应已经就《芈月传》小说的著作权归属进行了划分，而不论蒋某是否已经创作出《芈月传》小说，即蒋某享有《芈月传》小说的著作权"是正确的。

五、被诉侵权小说是否为合同约定范围之认定

既然蒋某享有小说的著作权，只要被诉侵权小说是合同约定的作品，蒋某的合同抗辩就具有对抗侵权成立的效力。

根据查明的事实，蒋某于 2012 年 11 月，早于 2014 年 3 月 29 日最后三集剧本提交日已经开始进行小说的创作，且东阳某公司知晓。同时，东阳某公司提交的鉴定结论表明小说与剧本的情节等构成 62.85% 的相似度，蒋某并未否认，该事实表明《芈月传》小说与剧本之间存在关联性。另外，上海蒋某影视文化工作室在 2014 年 9 月 3 日与浙江某公司签订《图书出版合同》，约定提交誊清稿第一册的时间为同年 12 月 31 日，并于 2015 年 8 月正式出版，在合同约定的小说不是 7000 字小说的前提下，也没有证据表明还有其他小说是履行双方合同的成果。因此，蒋某授权浙江某公司出版发行《芈月传》小说是其行使权利的结果。

裁判要旨

1. 针对权利人提出的侵权主张，通过否定侵权构成要件进而否定侵权责任是最直接有效的抗辩方式。"接触+实质性相似"规则是用来判断被诉侵权作品是否使用了权利作品受到著作权保护的独创性表达的一种盖然性判断方法。如果根据关于剧本与小说权利归属的约定，被告是在约定范围内进行使用，则并无必要适用"接触+实质性相似"的规则。

2. 只有在直接影响权利发生、变更或消灭之法律效果的要件事实无法查清时才涉及证明责任的分配，进而由负有证明责任的人承担举证不能的

不利法律后果。

3. 当事人对合同中的用语产生分歧时，需从合同所使用的词句、合同的有关条款入手进行解释，必要时通过履行情况对签订合同时双方的真实意思进行推断。

关联索引

《中华人民共和国合同法》第一百二十五条

2015 年《最高人民法院关于适用〈中华人民共和国民事诉讼法〉的解释》第九十一条

一审：北京市海淀区人民法院（2016）京 0108 民初 24428 号（2017年 12 月 28 日）

二审：北京知识产权法院（2018）京 73 民终 1174 号（2020 年 9 月 28 日）

法官评析

一、本案利用一般侵权构成要件，分析了依据合同主张的抗辩与"接触+实质性相似"规则的适用顺序

作为剧作方，东阳某公司出具鉴定结论主张蒋某在后创作的小说与其享有著作权的剧本近似度高达 62.85%，已经构成实质性相似，加之小说与剧本属于同一作者，应直接认定其侵权。而蒋某则主张自己是在合同约定范围内行使创作小说的权利。应该如何厘清审查顺序？这个问题不仅是诉辩双方思维论战的焦点，还引发了参与本案研讨的法官、专家学者及合议庭成员的思索与讨论。最终经过多次合议与研讨，合议庭跳脱出固有的著作权侵权判断思维，利用侵权法基本原理剖析"接触+实质性相似"规则与合同抗辩在侵权构成要件中所代表的要件，认为如果合同约定了小说权属，在侵权构成要件中意味着东阳某公司作为权利主体不存在权利受到侵害这一要件。而所谓的"接触+实质性相似"规则只是确定被诉侵权作品是否构成对权利作品使用的一种盖然性判断方法，在侵权构成要件中属于侵权行为判断要件。权利要件作为侵权构成中的基础要件，是侵权构成的前提。其审查顺序优于用于判断侵权使用行为的"接触+实质性相似"规则。

二、本案辨析证明责任分配对象判断是否应对小说完成时间进行举证责任分配

东阳某公司认为，如果蒋某作为小说作者无法证明小说创作在先，则应推定小说是依据剧本改编，构成侵权。蒋某作为剧本及小说的作者，对相关事实的获取确实比东阳某公司更易，东阳某公司的主张从证据学中证据距离原则出发确有依据。但是否应当就此分配小说完成时间这一事实的举证责任呢？二审判决通过对《最高人民法院关于适用〈中华人民共和国民事诉讼法〉的解释》第九十一条中证明责任对象进行辨析，认为直接影响权利发生、变更或消灭之法律效果的要件事实才是证明责任分配的对象。而双方所争执的小说创作时间事实问题与关系权利归属的合同约定事实相比，还未直接影响权利发生、变更或消灭，故在未对合同进行审查之前，小说创作时间并不属于要件事实，无须对此进行举证责任分配。

三、通过《著作权法》意义上的创作行为分辨《芈月传》剧本的真实作者

影视剧的制作离不开多方人员的共同努力，作为剧作方，《芈月传》导演郑某某及其他东阳某公司剧组工作人员多次就剧本创作与编剧蒋某开展过讨论，提出过一些意见，东阳某公司因而主张《芈月传》剧本是整个剧组共同创作的结果，并非蒋某个人创作。二审判决将该事实主张的法律意义归结为能否根据《著作权法》第十七条作出权利归属的判断。东阳某公司主张剧本是剧作方共同创作的结果意味着不能用合同作为界定双方权利边界的唯一依据。二审判决在剖析《著作权法》意义上创作行为的基础上，结合一审判决已经查明的事实，最终认定，虽然剧组人员在剧本创作过程中提出过意见，但该行为仅仅属于《著作权法实施条例》第三条中提供咨询意见等不属于创作的辅助工作，作为《芈月传》剧本的创作者，蒋某才是剧本的唯一作者。

四、通过合同解释探寻双方权利约定的真实意思表示

双方的涉案合同中存在关于小说归属的约定，但是针对合同所用语句，双方产生了强烈的分歧，解释合同约定的小说范围成为本案最关键也

是最具难度的问题。尤其是合同中还使用了"剧本根据小说改编"这一限定词来形容小说。从法律意义上看，改编具有先后顺序，东阳某公司由此主张合同约定的小说必须创作于剧本之前，具有其内在法律逻辑。但，作此解释又会产生与合同约定的其他条款或用语产生矛盾的情况。最终，二审法院结合合同其他条款、合同用语、合同目的、双方履行行为等进行合同解释，认为如此约定意在强调小说与剧本之间的关联性及都始自 7000 字小说的同源性，改编中的顺序关系并不是双方实际想要强调的内容。而东阳某公司所主张的《芈月传》小说与剧本具有较高相似度也正印证了二审法院对合同的上述解释。

本案不仅因热播剧而受公众关注，其所体现出的剧作方与作者之间 IP 之争所引发的法律问题值得引起电视剧行业及著作权司法领域从业者的关注与思考。

一审法院合议庭成员　郭振华　张志富　刘佳欣
二审法院合议庭成员　张晓霞　杨　洁　崔宇航
编写人　张嘉艺

23. 王某诉彭某某等六被告著作权权属、侵权纠纷案
——认定作品抄袭的规则分析

关键词 作品抄袭 独创性 接触 实质性相似

基本案情

王某向一审法院起诉称：（1）请求法院判决彭某某等六被告立即在涉案电影及其他一切派生作品的片尾字幕显著位置说明本处改编自王某的剧本《财产继承者之"有钱了"》，否则不得通过影院、电视台、网络等一切途径播出、出版、发行、传播涉案电影及其他一切派生作品；（2）请求法院判决彭某某等六被告分别在各自微博账号持续24小时刊登致歉声明，就侵权行为向王某赔礼道歉；（3）请求法院判决彭某某等六被告共同赔偿王某为制止侵权支付的合理费用26764元。事实和理由：涉案剧本系由王某（笔名王某某）于2015年7月至9月期间创作，著作权归属于王某。涉案剧本虽未公开发表，但曾为寻求投资人在小范围内传播。涉案电影的剧本始创于2015年12月以后，涉案电影于2018年7月27日上映。涉案电影与涉案剧本大纲在主要人物关系、故事情节方面存在大量相同或近似，涉案电影剽窃了涉案剧本大纲的核心独创情节，彭某某等六被告构成著作权侵权。

彭某某等六被告答辩称：第一，王某剧本大纲未公开发表过，本案不存在接触可能性。第二，涉案电影系根据电影《布鲁斯特》改编，具有合法的改编来源，且王某剧本大纲亦抄袭自《布鲁斯特》，其无权主张权利。第三，二者作品不构成实质性相似。

一审法院认定事实如下：

一、涉案剧本大纲及权属相关事实

账号为×××××的邮箱系王某使用的邮箱。2015 年 7 月 22 日、8 月 28 日、9 月 3 日、9 月 11 日，王某通过该邮箱分别向地址为×××××的邮箱发送了包含名为"继承者""继承者 0828""继承者 0903""继承者 0911"的 Word 文档附件，打开后四个文档的题目分别为"《继承者》故事大纲""网络系列剧《财产继承者之'有钱了'》故事大纲""网络系列剧《财产继承者之'有钱了'》故事大纲""网络系列剧《财产继承者之'有钱了'》故事大纲"，除 7 月 22 日大纲无署名外，其余三个 Word 文档在题目下均署名"编剧：王某某"。

上述大纲的故事剧情及梗概如下：男一号是一个时运不济的三线演员，与男二号是圈内好友，女三号系靠外表走红的演员，不待见男一号。男反一信托公司总经理与女二号信托公司经理突然到访，向男一号宣读其"表姑舅姥爷"的遗嘱，遗嘱规定男一号为唯一继承人，如男一号三个月内在符合限定条件下花完 3 个亿（元），则可继承第一批遗产 30 亿元；男一号亦可选择每月领 5000 元。男一号接受三个月内花完 3 个亿（元）挑战……

王某主张权利的情节如下：男一号在暴富后均有租豪车摆阔的行为（以下简称权利作品情节 2）；男一号通过包场演唱会/邀请真人开演唱会的方式达成花钱的目的（以下简称权利作品情节 8）；作品中出现男一号烧钱的场景（以下简称权利作品情节 7）；作品中出现主人公遭遇碰瓷讹钱的情节（以下简称权利作品情节 1）；作品中以复古装修风格的古堡酒店/别墅、鳄鱼/孔雀等宠物形象来体现奢华（以下简称权利作品情节 3）；作品中出现修剪草坪园艺的场景（以下简称权利作品情节 5）；作品中出现男一号与"全民"一起跑步健身的场景（以下简称权利作品情节 9）；男一号因为女主角遭人绑架而面临救人或继承的两难考验（以下简称权利作品情节 10）；作品的遗产继承中设有隐藏规则，男一号通过真爱考验后获悉隐藏规则的存在（以下简称权利作品情节 12）；男一号通过为他人实现梦想买单的行为达成花钱的目的（以下简称权利作品情节 4）；男一号因为真爱而违背规则，选择放弃继承遗产（以下简称权利作品情节 11）；作品中出现以"木兰"为名的球队，出现高尔夫球场两方对抗的场景（以下简称权利作品情节6)。

王某称曾于2015年年底将大纲发送给林某某，但就此并未提交证据证明。就上述故事大纲，王某亦未提交证据证明曾经公开发表过。王某提交了其与北京某传媒有限公司（以下简称某传媒公司）签署于2017年11月15日的编剧合同一份，王某作为乙方接受某旅游公司委托创作剧本，编剧署名为"王某某"。

二、《布鲁斯特》的相关事实

《布鲁斯特》片尾署名"COPYRIGHT©MCMLXXXV by UNIVERSAL CITY STUDIOS，INC. ALL RIGHTS RESERVED"。通过美国版权局查询，《布鲁斯特》创作于1984年，发表于1985年5月6日，该作品权利人为某制片有限责任公司（以下简称某制片公司）。

《布鲁斯特》的剧情概况：男一号蒙弟·布鲁斯特是一个二流棒球运动员，一次赢球后与好友诺兰去酒吧庆祝，与他人斗殴被拘留。当他最穷困潦倒时，舅父的3亿美元遗产从天而降，但想要顺利得到这笔遗产，布鲁斯特必须接受一个考验，那就是他要在30天内先将3000万美元花掉，但有以下条件：（1）30天后，布鲁斯特不能拥有房子、车子、珠宝等任何资产，只能拥有穿的衣服；（2）布鲁斯特可以雇用任何人，但必须接受他们提供的服务；（3）布鲁斯特可以捐5%给慈善，可以赌博输掉5%，但不能送出去，比如购买天价钻石送给流浪汉当生日礼物；（4）布鲁斯特不能毁掉本身有价值的任何东西，否则会马上失去资格；（5）布鲁斯特不能告诉任何人为什么要花掉这些钱。不过，布鲁斯特也可以选择"懦夫条款"，即当这一切都没发生，直接拿100万美元走人，但如果接受挑战却失败了，布鲁斯特将得不到一毛钱，3亿美元会被托管做慈善，并会被收取高额的管理费。为此，安吉拉负责详细记录布鲁斯特的每一笔收支。布鲁斯特选择了挑战，带着3000万美元的任务，在诺兰的帮助下，布鲁斯特想方设法地多方花钱，高价给自己雇用专门的摄影师、专职司机、保安队以及租豪车（以下简称改编情节2）、在高档餐厅用餐，一切都按照最高的待遇，同时还包下了一个豪华酒店，和自己雇用的人和球队队员们入住（以下简称改编情节3）。安吉拉的男朋友沃伦是一名出入上流社会的律师，但却为了高额报酬来给布鲁斯特装潢办公室（以下简称改编情节5），同时也成了资产接管人的耳目。布鲁斯特成立公司，投资不被看好的夕阳产业、买股票、买赔率最高的球队，买最贵的邮票和最贵的红酒，还支付了"碰瓷"者高额赔偿金（以下简称改编情节1），通过帮助他人实现从北极运冰至沙漠等不现实的梦想花钱（以下简称改编情节4），种种五花八门的花钱方法陆续登场。不料，布鲁斯特投资的夕阳产业、股票、赌注全都帮他赚回了钱。正在发愁时，布鲁斯特发现参与竞选是个花钱的好方法，于是一掷千金参加纽约州州长竞选，但竞选标语却是"谁也不要选"，对金钱贿赂选举的丑恶现象讽刺鞭挞得淋漓尽致。终于到了布鲁斯特最看重的公牛队与洋基队的比赛之日，洋基队还是赢得了比赛，布鲁斯特当场宣布退出竞选、退出棒球界。为花光最后一笔38000美元，布鲁斯特在酒店举办派对。30天时间到了，花光所有钱的布鲁斯特穿回了自己曾经的棒球衫，前去接受3亿美元遗产，但沃伦突然出现，拿来了他曾经拿走当家具保证金的2万美元，布鲁斯特承认自己失败了，准备签字放弃遗产。这时，沃伦告诉了安吉拉真相，安吉拉揭穿沃伦故意拖延归还2万美元陷害布鲁斯特的真相，在最后时刻布鲁斯特用2万美元聘用了安吉拉作为律师，最终继承了3亿美元，并收获了与安吉拉的爱情。

三、《布鲁斯特》改编授权的相关事实

2017年12月18日，某制片公司与某盛典公司签署《单部影片许可协议》，确认闫某、彭某某基于服务协议完成了对《布鲁斯特》的剧本改编，在某盛典公司支付协议约定许可使用费的情况下，某制片公司授权某盛典公司对《布鲁斯特》进行翻拍，以制作中文版电影，片名暂定为"小富翁即安"。公映的涉案电影片尾有"特别鸣谢 环球影业"及"根据George Barr、Mc Cutcheon原著改编"字样。2018年4月18日，实名认证新浪微博账号环球影业（Universal Pictures）发表微博，称经其授权，改编自《布鲁斯特》的涉案电影杀青。根据媒体报道，涉案电影公映前，导演及编剧、出品方多次接受媒体采访，对外宣传涉案电影改编自《布鲁斯特》。

四、涉案电影及王某主张构成侵权的情节

（一）涉案电影拍摄、上映的事实

根据新浪微博账号"电影西虹市首富"对外发布的微博，涉案电影于2017年12月15日开机，于2018年4月18日杀青。2018年7月18日，国家电影局就涉案电影颁发电审故字〔2018〕第548号电影公映许可证。涉案电影于2018年7月27日在中国大陆上映。涉案电影片头署名的出品公司包括某盛典公司、西虹市公司、开心麻花公司等。涉案电影的编剧为闫某、彭某某、林某某，通过编剧会议由闫某、彭某某确定电影的人物设置、故事主线、核心情节，林某某负责剧本一稿、二稿的具体写作，后期由闫某和彭某某进行修改与润色。

（二）涉案电影的剧情

男一号足球队守门员王多鱼人生落魄，霉运不断。与好友男二号庄强开车遭遇碰瓷，怒将碰瓷者殴打（被诉侵权情节1），恰巧被女主角夏竹遇到并误会。有一天突然有人给他10个亿（元），必须一个月内花完，才能继承过世的二爷留给他的300亿元，但是这10个亿（元）不能捐赠、不能投资，否则300亿元遗产将由基金会托管。女主角夏竹负责财务记账监督。两位反派基金管理人希望王多鱼挑战失败，就此可获得遗产的托管。王多鱼想尽一切办法花光这些钱，带自己的球队队友住豪华酒店（电影画面中酒店大厅中出现活孔雀，被诉侵权情节3），吃豪华大餐，租婚车招摇（被诉侵权情节2）。为了尽快花掉10个亿（元），王多鱼为不可能实现的梦想投资，可是事与愿违，投资绿股、帮助他人实现从北极运冰到沙漠等梦想（被诉侵权情节4），这些不可能赚钱的投资却让他资产翻倍。情急之下，王多鱼想到把钱烧掉的方法，碰到死去的二爷，醒来才发现是噩梦一场（烧钱情节系被诉侵权情节7）。夏竹的贪财男友教育家柳建男在王多鱼挥霍财产时暴露其贪财本色，不惜自降身份为王多鱼修缮花园（被诉侵权情节5），遭夏竹反感。王多鱼放烟火，恰逢夏竹过生日，夏竹误认为王多鱼是特意准备的生日礼物。后来王多鱼突发奇想把全市的广告买来向监督他的财务夏竹求爱。求爱过程中，王多鱼邀请明星举办私人演唱会，夏竹

激动万分，二人感情升温（被诉侵权情节8）。王多鱼的求爱初期遭遇夏竹抵触，在此期间夏竹亲眼看见了曾经的碰瓷者再次碰瓷，才意识到之前王多鱼打人是误会。最后，王多鱼绞尽脑汁终于想到了好办法花赚来的20亿元，即投资保险，全市所有人只要减掉1公斤就可以获赔1000元钱。为获得保险脂肪险理赔，王多鱼带领市民疯狂跑步减肥（被诉侵权情节9），这让王多鱼剩下的钱很快就花光了。最后在与花巨资请来的恒太队比赛过程中，他拼尽全力找回了原来做守门员的坚持和精神，这时夏竹却被绑架了，需要王多鱼支付1000万元的赎金（被诉侵权情节10），但是因继承规则规定不能把钱花在别人身上，在救人与继承遗产之间，王多鱼内心经历了痛苦的挣扎，最后还是决定拿钱赎回夏竹（被诉侵权情节11），才发现这只是他二爷对他最后的考验。夏竹起初对暴发户王多鱼的行为很不屑，认为金钱不是万能的。在继承300亿元与花钱救人放弃遗产之间，夏竹深信王多鱼不会选择后者。王多鱼拿来1000万元赎了夏竹，这让她备受感动，二人收获爱情，金先生也宣布王多鱼通过了二爷的金钱与人性之间进行选择的最终考验，获得了300亿元遗产的继承权（遗产继承隐藏规则，被诉侵权情节12）。

除上述主要情节外，涉案电影开头在描述王多鱼事业不得志时，曾出现王多鱼冒充女足守门员球员踢球的情节，王多鱼身着印有"木兰"字样的球衣。王多鱼的球队包场了一块高尔夫球场用于足球训练，其时两位反派基金管理人恰好在场（上述"木兰"球队名与高尔夫球场两方对抗的场景共同构成被诉侵权情节6）。

（三）王某主张构成侵权的内容

王某本案主张的侵权事实即涉案电影与王某8月28日大纲、9月3日大纲、9月11日大纲中相近的上述12处情节（上述标注的被诉侵权情节）。王某表示在涉案电影上映后看过《布鲁斯特》，认可涉案电影大的架构改编自《布鲁斯特》，本案主张侵权情节仅限于上述12处。

二审法院另查明：二审庭审中，王某认可其作品并非处于公之于众的状态，但主张涉案剧本大纲曾在影视公司、制片公司或经纪人圈内小范围传播。彭某某等六被上诉人均否认曾接触过王某及其涉案剧本大纲。

此外，王某与林某某均为2010年上映的电影《追踪章鱼保罗》的编剧。王某据此主张其与林某某曾有过合作，林某某关于其完全没有接触过王某的陈述不实。林某某对此回应称，虽然二人同为该电影中的编剧，但系先后进组，双方没有交集。彭某某等六被上诉人认为王某主张的涉案剧本大纲与电影《布鲁斯特》内容亦高度相似，涉嫌抄袭，故王某无权就涉案剧本大纲向六被上诉人主张权利。同时，被上诉人认为在案证据不能证明双方存在接触，故本案已无判断"实质性相似"的必要性。

北京市朝阳区人民法院于 2020 年 9 月 30 日作出（2019）京 0105 民初 10248 号民事判决：驳回王某全部诉讼请求。宣判后，王某提起上诉。北京知识产权法院于 2021 年 9 月 29 日作出（2021）京 73 民终 36 号民事判决：驳回上诉，维持原判。

裁判理由

法院生效裁判认为：

本案的实体问题应当适用 2010 年《著作权法》的相关规定。

《著作权法》保护的客体是作品。根据《著作权法》规定，作品是指文学、艺术和科学领域内具有独创性并能以某种有形形式复制的智力成果。因此，独创性是作品获得《著作权法》保护的必要条件。独创性的基本要求应为作者独立完成创作，即未抄袭他人的在先作品，否则不能获得《著作权法》的保护。但独立创作的要求并不妨碍作者在现有作品的基础上进行再创作，并就再创作的结果获得新的著作权保护，只要新增加的内容满足独创性的要求。

本案中，虽然涉案剧本大纲的主线与在先作品《布鲁斯特》内容存在较多相似，且电影《布鲁斯特》发表时间远早于涉案剧本大纲，但对于涉案剧本大纲与《布鲁斯特》存在的相似部分，王某并未在本案中主张权利。而涉案剧本大纲在人物设置、故事情节走向等方面与《布鲁斯特》存在一定差异，这些新的设定和编排体现了作者的独创性。因此，涉案剧本大纲构成在已有作品基础上的再创作，王某对其独创性的表达部分享有著作权，并有权据此提起本案诉讼。彭某某等六被上诉人关于涉案剧本大纲系抄袭自电影《布鲁斯特》，故王某无权主张相关权利的抗辩理由依据不足，二审不予认可。

基于此，同时根据双方当事人的二审诉辩意见，本案的主要争议焦点为涉案电影在人物设置及情节设定等方面是否构成对王某就涉案剧本大纲享有著作权内容的抄袭。

《著作权法》允许不同作者对相同题材有相似表达，只要该作者系各自独立完成的创作。故对作品是否构成抄袭的判断应为一种法律推定，即通过现有事实推定在后作者是否未付出独创性劳动而将他人作品内容据为己有。判断一部作品是否构成对另一部作品的抄袭，一般情况下可以遵循"接触+实质性相似"的判断原则和方法。"接触"是指被控侵权作品的作者实际接触过权利作品，或具有接触权利作品的可能性。"实质性相似"是指将被控侵权作品与权利作品进行比对，二者表达构成实质性相似。因"接触可能性"是一个概率事实，而作品内容的相似亦有程度之分别，且"实质性相似"在一定程度上会影响"接触"的概率，故对是否构成抄袭的推定应综合考虑上述二要素之间的结合。具体来说，当"接触"的概率较高时，认定抄袭对作品内容相似的程度要求相对较低；当"接触"的概率较低时，则需要证明作品内容高度相似，或存在无法解释的相同独特性表达甚至相同的错误等情形，才足以推定抄袭行为的存在。基于上述推定原则，二审法院对涉案电影是否构成抄袭的分析如下：

一、关于接触的构成问题

如前所述，只要创作过程是作者独立完成的，即使内容雷同亦不能认定为抄袭，故被控侵权作品的作者曾接触过在先作品是抄袭行为认定的前提，在先作品权利人需要证明接触这一事实的存在，即提供证据证明有直接接触或存在接触的可能性。

关于直接接触。本案中，王某主张其曾于微信中向林某某发送过涉案剧本大纲，即林某某直接接触了涉案剧本大纲。但王某未能提供相关微信记录等证据，在案亦无其他证据加以佐证，故在林某某否认该事实的情况下，王某主张的上述"直接接触"事实不能成立。

关于接触可能性。一般来说，若在先作品曾公开发表过，则可认定接触的概率较高。但本案中，涉案剧本大纲未公开发表过，王某对这一事实亦表示认可，在案证据亦未有其他证据证明被上诉人对王某的涉案剧本大纲有较高的接触概率。基于此，彭某某等六被上诉人认为在案证据既不能证明其直接接触过涉案剧本大纲，亦不能证明其对涉案剧本大纲有较高的接触概率从而足以推定"接触"事实成立，故本案已无判断"实质性相似"的必要性。

对此，二审法院认为，虽然在案证据不足以证明"直接接触"或"高接触概率"，但王某提交了其将涉案剧本大纲发送他人邮箱的证据，同时，出庭证人的证言加之王某与林某某曾同为一部影视作品的编剧的事实可以证明双方的社交范围存在交集。在此情况下，二审法院不能否认本案仍然存在接触的可能性，但接触概率较低。依据前述推定原则，当"接触"的概率较低时，仍须对作品内容的相似程度进行判断，并综合二者，最终认定是否构成抄袭。因此，彭某某等六被上诉人关于本案已无判断"实质性相似"必要性的相关意见依据不足，二审法院不予采纳。

二、关于实质性相似的构成问题

《著作权法》并不保护抽象的思想、思路、观念等，而只是保护以文字、音乐、美术等各种有形的方式对思想的具体表达。但实践中，思想与表达的界限并非泾渭分明，尤其在叙事性文字作品中，影视作品或剧本等文学作品中的人物设置、人物关系、场景、情节以及基于故事发展逻辑和布局形成的整体创作元素，往往处于思想和表达之间。一般来说，越概括、越抽象的部分越接近思想，而越具体、越富有独创性的部分更靠近表达。故，对于涉案电影与涉案剧本大纲的上述创作元素之间是否构成实质性相似以及相似程度的判断应首先遵循上述思想与表达的划分原则，并在构成表达的基础上进行评判，同时还应排除其中的公有素材、特定情境以及有限表达等情况。鉴于王某在二审中对其主张的侵权人物设置及12个侵权情节进行了重新确定和整理分类，二审法院将针对其二审主张进行评述。

（一）关于人物设置的相似问题

王某在二审中主张了三个人物，包括男一号好友、女按摩师以及明星歌手。对此，二审法院认为，涉案电影中男一号好友的人物设置及人物关系与电影《布鲁斯特》相同，具有合法的改编来源，王某主张该人物设置构成对其剧本大纲的抄袭缺乏依据。针对女按摩师这一角色，首先，该人物并不构成涉案电影与涉案剧本大纲的主要人物；其次，涉案剧本大纲对应的"性感网红"人物设置为男一号的一个女友,后因故分手。而涉案电影中女按摩师的设置系反派人物为陷害男一号使用的"美人计",二者人物设置、人物关系及角色作用均不同,不足以构成相似表达。故王某对该人物设置构成抄袭的主张亦不能成立。明星的人物设置亦并非作品的主要人物设置,对整个故事脉络及逻辑布局影响较小。同时,王某对该人物设置的侵权主张实际上已包含于明星本人开私人演唱会的被诉侵权情节,二审法院将在情节比对中进行评述。

(二) 关于被诉侵权情节的相似问题

关于王某主张为特殊的场景设置的被诉侵权情节3、情节6。被诉侵权情节3为涉案电影中的一处豪华别墅场景,王某主张该场景设置与涉案剧本大纲中的别墅场景都选择了富人阶层喜欢饲养珍稀动物作为宠物的场景和习惯,从而讽刺过度奢华的生活,二者设计实质相似。被诉侵权情节6包括"木兰"球队队名和高尔夫球场的场景,王某主张上述设置都选择了代表富人阶级的高尔夫球场以及陪同富人打球的"木兰"球队,展现了富人阶级消费观,与涉案剧本大纲相似。对此,二审法院认为,首先,上述内容均为场景设置,并非故事情节,其对比的内容应为该场景的应用及场景描述。其次,对于情节3,涉案电影对所谓"别墅"场景的描写未包含涉案剧本大纲别墅中的元素,且涉案电影的该场景为男一号为花钱而租下的城堡,而涉案剧本大纲的别墅为"九公子"私宅;对于情节6,涉案剧本大纲相关情节为男一号与"九公子"打高尔夫以及请"木兰"球队的高尔夫美女陪自己练球的情节,而涉案电影则分为两个不同情节,一个是影片开场时男一号踢女足时球衣上出现了"木兰"二字,另一个是男一号继承遗产后为花钱,选择去昂贵的高尔夫球场训练足球,二者场景应用不同。最后,关于王某主张的上述两个场景的相似均体现了富人阶级的生活方式、消费观念等,从而构成对该阶层奢靡生活的讽刺。对此,二审法院认为,王某的上述主张为思想层面的内容,而并非具体表达,该思想本身并未落入《著作权法》保护的范围,故即使二者在上述思想层面有相似,亦不能据此认定构成抄袭。

关于王某主张的被诉侵权情节1、情节2、情节4、情节5,王某认可上述情节在《布鲁斯特》中已有体现,但认为该情节与涉案剧本大纲的对应情节更为接近。对此，二审法院认为，首先，上述情节在《布鲁斯特》均有对应的来源。其次，具体分析对应情节：对于情节1，即"碰瓷"事件，从事件设置目的上来看，涉案剧本大纲中的"碰瓷"是为了快速花钱，而涉案电影中的两次"碰瓷"是为了制造男一号与女一号的误会以及解开误会，二者作用不同，表现形式亦有很大差别。对于情节2、情节4、情节5，即"租车""投资""修剪花园"事件，上述事件与《布鲁斯特》对应事件的戏剧目的和表现形式均高度相似，但与涉案剧本大纲对应事件在设置目的及表现方式上均有一定区别。例如，涉案电影中的"租车"不仅有花钱的目的，还有炫富招摇的行为表现，但在涉案剧本大纲中仅体现为男一号租了一车库的豪车。"修剪花园"事件在涉案电影中是为了表现女一号的男友被财富诱惑，放弃了本职工作为男一号打工，具有强烈的讽刺意味，而涉案剧本大纲中的对应事件为男一号和女一号在"九公子"农场比赛除草，二者差距较大。综上，上述情节均在《布鲁斯特》中有对应出处，且与涉案剧本大纲在戏剧目的及表现形式上亦存在较大区别。因此，在涉案电影合法改编自《布鲁斯特》的前提下，王某关于上述情节构成对其创作时间在《布鲁斯特》之后的剧本大纲的抄袭的主张不能成立。

关于王某主张的被诉侵权情节7、情节8、情节9、情节10，即"烧钱""演唱会""跑步""绑架"事件。具体分析上述事件与涉案剧本大纲对应事件的相似之处：对于"烧钱"事件，涉案剧本大纲的情节是男二号失恋后与男一号喝酒，二人在醉酒后把真钱当假钱烧掉，而涉案电影中是在男一号的梦境中出现，无男二号参与，亦未真的烧成。因此，二者在戏剧目的和表现形式以及结果上均不同，相同点仅为"烧钱"这一特定行为，而"烧钱"这一行为本身并不构成《著作权法》意义上的表达。对于"跑步"事件，涉案剧本大纲描述的是男一号在学习富人健身跑步时被卷入马拉松人群中，最后体力不支掉队。而涉案电影的"跑步"场景系男一号为花钱推出了"脂肪险"引发全民健身情节的其中一处表现，该事件并非独立存在，且与涉案剧本大纲的剧情设计、目的以及表现形式区别较大。对于"绑架"事件，涉案剧本大纲的情节设置为女一号与女二号同时被真实绑架，并要求男一号支付大额赎金，男一号未支付赎金而选择亲自救人，并发现自己真正喜欢的是女一号。涉案电影中并没有真实的绑匪，而是一个考验，男一号支付赎金则无法继承巨额遗产，男一号选择支付。

二者在情节设置目的、作用以及具体表现形式上均有所不同，相同点仅为均选择了"绑架"这一行为，但仅该行为本身并不足以构成《著作权法》意义上的表达。对于"演唱会"事件，在涉案剧本大纲的情节描述主要为男一号帮助男二号追求女友而将明星甲（客串）演唱会包场，在涉案电影中的对应情节为男一号将明星乙（客串）请到自己的城堡酒店演出，并推动与女一号的感情戏。二者虽然在人物关系及演出场所上略有区别，但情节均可提炼为男一号利用金钱优势独占演唱会资源为己方服务，且在表现方式上均选择了明星的本色出演，故二者在上述内容的表达上具有一定的相似性。

关于王某主张为特殊结局设定的被诉侵权情节 11、情节 12。王某认为，为爱放弃巨额财产以及触发隐藏继承规则的结局设定是《布鲁斯特》中没有的，但该情节设定与涉案剧本大纲极为相似。对此，二审法院分析如下：涉案剧本大纲的结局设定为男一号被告知继承遗产需终身不娶，男一号选择放弃遗产跟女一号在一起，但此时却触发新继承规则，即如果选择真爱，则自动进入另一继承程序。涉案电影的结局设定为男一号经受住考验选择支付绑匪赎金而放弃遗产后，被告知通过考验，最后金钱、爱情双丰收。二者相同点为"为真爱放弃了遗产并触发隐藏继承规则的反转结局"，但在情节的具体表现形式上不同。对于上述相同点是否能构成"表达"，二审法院认为，如前所述，在叙事类文学作品中，思想与表达的界限并不绝对化，即并非主题性中心思想才是思想，也并非具体到每一个细节的表达才是表达。"为真爱放弃遗产并触发隐藏继承规则的反转结局"固然比"如何放弃遗产"以及"何种隐藏规则"的设计更为上位，但其相对于"如何设计反转结局""如何设计出现另一种继承规则的反转结局"甚至"选择何种价值冲突去触发隐藏的继承规则"等内容来说，显然更为具体，能够体现其个性的选择和编排。同时，考虑到该情节系故事的结局，而结局的选择和设计对一部作品来说足以影响观众的体验感，构成关键情节。因此，彭某某等六被上诉人关于该情节相似点仅属于不被《著作权法》保护的"思想"的意见，二审法院不予采信。对于上述相同点是否能影响二者作品的实质性相似的认定仍须结合接触可能性等因素综合判断。

三、是否构成抄袭的综合判断

基于前述关于"接触可能性"的判断分析，二审法院认为，在本案证据无法证明彭某某等六被上诉人对涉案剧本大纲存在较高接触概率的情况下，除非内容的相似程度已达到难以合理解释为各自独立创作的程度，从而能反向推定接触概率较高，否则抄袭的主张不能成立。通过前述内容相似性的比对，涉案电影与涉案剧本大纲在"表达"层面构成相似的点有两个：一是私人演唱会的明星客串演出；二是为真爱放弃遗产并触发隐藏继承规则的反转结局设计。但根据在案证据，富人邀请明星演出或者包场演唱会均为现实中存在的社会现象，金钱与真爱的人性抉择也是文艺作品中常见的价值冲突题材。同时，电影《布鲁斯特》的结局设定仅为单一的通过继承规则得到财富，而改编者通过设计价值冲突而触发的反转结局来呈现更为丰富的意义和内涵亦是合理的改编思路。因此，虽然涉案电影与涉案剧本大纲表达上存在相似之处，但该相似点或可来源于社会现象、常用题材，或存在合理的改编理由，均未能达到难以解释的巧合程度，不足以反向推定存在高概率的接触事实，无法排除双方属于"各自独立完成的相似表达"之情形。故，王某关于涉案电影构成对其涉案剧本大纲的抄袭的主张依据不足，二审法院难以支持。

裁判要旨

独创性是作品获得《著作权法》保护的必要条件。但独立创作的要求并不妨碍作者在现有作品的基础上进行再创作，并就再创作的结果作为新作品获得著作权保护。《著作权法》允许不同作者对相同题材有相似表达，只要该作者系各自独立完成的创作。对作品是否构成抄袭的判断应为一种法律推定，一般情况下可以遵循"接触+实质性相似"的判断原则和方法。因"接触可能性"是一个概率事实，而作品内容的相似亦有程度之分别，且"实质性相似"在一定程度上会影响"接触"的概率，故对是否构成抄袭的推定应综合考虑上述二要素之间的结合。具体来说，当"接触"的概率较高时，认定抄袭对作品内容相似的程度要求相对较低；当"接触"的概率较低时，则需要证明作品内容高度相似，或存在无法解释的相同独特性表达甚至相同的错误等情形，才足以推定抄袭行为的存在。

关联索引

2010 年《中华人民共和国著作权法》第三条、第十一条

2002 年《最高人民法院关于审理著作权民事纠纷案件适用法律若干问题的解释》第十五条

一审：北京市朝阳区人民法院（2019）京 0105 民初 10248 号（2020年 9 月 30 日）

二审：北京知识产权法院（2021）京 73 民终 36 号（2021 年 9 月 29 日）

法官评析

本案裁判遵循了"判断一部作品是否构成对另一部作品抄袭，一般情况下可以遵循'接触+实质性相似'的判断原则和方法"的裁判规则，该裁判规则对类似案件裁判具有较大指导和借鉴意义。

首先，独创性是作品获得《著作权法》保护的必要条件。然而独立创作的要求并不妨碍作者在现有作品的基础上进行再创作，并就再创作的结果作为新作品获得著作权保护。

其次，因《著作权法》允许不同作者对相同题材有相似表达，只要该作者系各自独立完成的创作。因此，对作品是否构成抄袭的判断应为一种法律推定。判断一部作品是否构成对另一部作品抄袭，一般情况下可以遵循"接触+实质性相似"的判断原则和方法。因"接触可能性"是一个概率事实，而作品内容的相似亦有程度之分别，且"实质性相似"在一定程度上会影响"接触"的概率，故对是否构成抄袭的推定应综合考虑上述二要素之间的结合。具体来说，当"接触"的概率较高时，认定抄袭对作品内容相似的程度要求相对较低；当"接触"的概率较低时，则需要证明作品内容高度相似，或存在无法解释的相同独特性表达甚至相同的错误等情形，才足以推定抄袭行为的存在。

再次，当证据不足以证明"直接接触"或"高接触概率"，但可以证明双方的社交范围存在交集的情况下，不能否认仍然存在接触的可能性，但接触概率较低。依据前述推定原则，当"接触"的概率较低时，仍须对作品内容的相似程度进行判断，并综合二者的结合，最终认定是否构成抄袭。

最后，当进行内容相似性的比对时，表达中若存在的相似点或可来源于社会现象、常用题材，或存在合理的改编理由，且未能达到难以解释的巧合程度，不足以反向推定存在高概率的接触事实时，则无法排除双方属于"各自独立完成的相似表达"之情形。

一审法院合议庭成员 崔树磊 宋京生 张丽丽
二审法院合议庭成员 仪 军 夏 旭 李迎新
编写人 夏 旭

24. 范某诉陈某、某编译出版社著作权权属、侵权纠纷案

——同一外文作品的不同翻译作品的侵权比对

关键词 民事　著作权　外文作品　翻译作品　侵权比对
　　　　实质性相似

基本案情

范某诉称：范某衡是法国儒勒·凡尔纳著作《格兰特船长的儿女》一书的翻译作者，其翻译的《格兰特船长的儿女》一书1956年由中国某出版社出版发行，是学界公认的迄今为止翻译得最好的版本。范某衡去世后，范某继承了著作权。某编译出版社于2010年1月出版了陈某翻译的同名图书，该书剽窃了范某图书内容。故范某起诉至法院，请求判令：陈某、某编译出版社停止侵权、赔礼道歉并赔偿损失10.2万元。

陈某辩称：其作品系独立翻译的，不存在抄袭，范某指出的相同相似内容系通用翻译的人名、地名和原著本身内容的直译，其他翻译内容均有独创性。

某编译出版社辩称：范某所诉不合理，术语相同可能是由于翻译方式有限或者唯一，不能说明是抄袭，其主张应予驳回。

法院经审理查明：1956年8月，中国某出版社出版了《格兰特船长的儿女》一书，作者［法］儒勒·凡尔纳，译者范某衡。原告系范某衡之女，其他继承人均表示放弃对范某衡翻译作品《格兰特船长的儿女》主张著作权，不参加本案诉讼。某编译出版社于2010年1月出版了陈某翻译的同名图书。范某提交的比对意见认为，陈某图书抄袭范某图书主要体现在

直接抄袭的部分、乔装打扮式抄袭的部分、多处译本错误被抄袭的部分、抄袭注释的部分、个别典型字词翻译抄袭的部分等。

北京市西城区人民法院于 2020 年 8 月 28 日作出（2019）京 0102 民初 32859 号民事判决：一、陈某、某编译出版社于本判决生效之日起立即停止复制、发行《格兰特船长的儿女》一书；二、陈某、某编译出版社于本判决生效之日起十五日内在《北京晚报》非中缝位置连续 10 日刊登道歉声明；三、陈某、某编译出版社于本判决生效之日起十日内赔偿原告范某经济损失 8 万元及合理支出 22000 元；四、驳回原告范某的其他诉讼请求。北京知识产权法院于 2022 年 6 月 24 日作出（2020）京 73 民终 3021 号民事判决：一、撤销北京市西城区人民法院（2019）京 0102 民初 32859 号民事判决第一项、第四项；二、维持北京市西城区人民法院（2019）京 0102 民初 32859 号民事判决第二项、第三项；三、驳回范某其他诉讼请求；四、驳回陈某其他上诉请求。

裁判理由

法院生效判决认为：

根据各方当事人的诉辩主张，本案涉及如下焦点问题：（1）范某是否有权单独提起本案诉讼；（2）陈译本是否侵害范译本翻译作品的著作权；（3）如果构成侵权，陈某、某编译出版社应当如何承担侵权责任。

一、范某是否有权单独提起本案诉讼

2010 年《著作权法》第十九条规定："著作权属于公民的，公民死亡后，其本法第十条第一款第（五）项至第（十七）项规定的权利在本法规定的保护期内，依照继承法的规定转移。"第二十一条规定："公民的作品，其发表权、本法第十条第一款第（五）项至第（十七）项规定的权利的保护期为作者终生及其死亡后五十年，截止于作者死亡后第五十年的 12 月 31 日。"2013 年《著作权法实施条例》第十五条规定，作者死亡后，其著作权中的署名权、修改权和保护作品完整权由作者的继承人或者受遗赠人保护。本案中，1956 年 8 月，中国某出版社出版了范某衡译本，图书署名作者［法］儒勒·凡尔纳，译者范某衡，由此可知，范某衡系《格兰特船长的儿女》翻译作品的作者。依据本案查明的事实，范某衡即为范某的

父亲，其对翻译作品享有著作权。范某衡于 1971 年去世，至 2021 年 12 月 31 日涉案作品著作财产权保护期届满前，涉案作品的著作财产权由范某衡的继承人享有，在其他经查明的继承人在本案中均不主张权利的情况下，范某单独提起本案诉讼主张上述著作财产权被侵害符合法律规定。署名权、修改权和保护作品完整权由作者的继承人保护，范某对上述著作人身权亦有权单独主张保护。

二、陈译本是否侵害范译本著作权

翻译是指将一种语言文字转换成另外一种语言文字的创作活动，翻译作品的独创性体现在对语言文字符号的转换上。不同语言文字之间的转换并不存在严格的一一对应关系。在语言文字的转换过程中，译者需要在准确理解原著的基础上，凭借自己对原文化的积累，字斟句酌地选择自己认为的与原著最为契合又最为恰当的语句和语序，并对原文中不符合目标语言表达习惯的部分进行调整，对注释进行翻译和增删，以便于目标语言读者的阅读和理解。这个过程译者既需要尊重原著，又不可避免地受自身认知范围、语言能力、文化功底以及对原著的个人理解等因素的影响，在翻译过程中可以体现出较高的独创性。

在判断翻译作品之间是否构成实质性相似的过程中，因翻译作品是在对原著进行演绎的基础上形成的作品，必将包含原著的文章结构、具体人物、场景描写、人物对话、细节描写、情节推进、逻辑关系、故事脉络等，这些内容都是原著中的实质部分，权利归属于原作者，任何译者都可以而且都需要进行使用。此外，不同译者就同一原著创作的翻译作品，不可避免地使用到相同的人名、地名、专有名词等，对于其中已经约定俗成的内容或者仅有、有限翻译方式的内容，译者不能主张权利。基于翻译作品的独创性表达与原著表达相融合的特性，一审判决未从两者情节、语言等方面是否构成实质性相似的角度进行分析是正确的。一审判决采取确定是否侵权的方式是从接触可能性和细节比对两个角度作出认定。在细节比对方面，一审判决对范某衡译本（以下简称范译本）与陈某译本（以下简称陈译本）相同而与原著直译不同部分、范译本与陈译本相同翻译错误以及对注释的增删处理等部分进行了分析。在先译本与原文内容的不同之处以及对注释的增删处理，通常情况下均体现了译者的独创性表达，属于受著作权保护的内容，而对于翻译错误部分，如在后译者没有说明合理的理由，也可以在事实上佐证在后译本抄袭了在先译本，该种比对方式可以用于认定翻译作品是否侵权。

细节比对的方式也可能存在不足。本案中原文为法文，权利人主张侵权的方式并不是大段或者成章节地直接抄袭范译本中的内容，而是主张章节题目、注释以及正文内容中的部分段落乃至语句抄袭了在先译本，这就不能完全排除相同部分是由于原文翻译表达的有限性造成的，这也是陈某提起上诉的主要理由。基于上述原因，从本案审理的客观实际出发，二审法院选取了王译本和毕译本两个译本，并要求双方当事人在范某一审制作的侵权比对表基础上，与上述两个译本中的章节名称、翻译注释以及正文内容进行比对。需要指出的是，上述两个译本均在范译本之后产生，并且也并非与法文原文完全一致，作为《格兰特船长的儿女》原作的不同译本，仅能用于佐证范某主张侵权部分的翻译表达空间是否有限，相同或相似的翻译方式究竟是源自抄袭还是源自翻译方式的有限性，便于弥补翻译作品侵权比对时仅采用细节比对可能存在的不足。

二审法院结合范某一审提交的侵权比对表和陈某二审制作的比对表对陈译本与范译本是否构成实质性相似作出认定：

关于章节目录的翻译。范某主张陈译本抄袭范译本章节目录的部分。二审法院认为，对于源自原文的直译或者已经约定俗成的翻译表达方式，比如"麦哲伦海峡"，各译本均译作麦哲伦海峡，"南纬三十七度线"，王译本译作南纬三十七度，毕译本译作南纬37°，均为接近的翻译方式，此类内容尚不能认定侵权。但是在章节目录中涉及了一些非专有的人名、地名的翻译，如"玛考姆府""巴加内尔"等，参照王译本和毕译本的翻译，这些人名、地名均存在多种翻译方式，陈译本与范译本则完全相同，则难以用巧合解释。

关于注释部分的侵权。在范译本的注释中存在将原文注释内容放入正文内表述，或者对原文中的注释进行扩展解释的情况，该种注释方式体现了范译本在翻译时的独创性。陈译本的翻译部分与范译本具有独创性的注释方式相同。比如范译本第 11 页、陈译本第 9 页均将原作注释"sink（沉没），aland（上陆），that（此），and（及），lost（必死）"放入正文中；范译本第 20 页、陈译本第 17 页均对"玛考姆府是高地"中的"高地"增加了注释为"苏格兰南部地区的名称";原著中对"夹在浮标和石标之间"中的"石标"进行了注释,而范译本第43页、陈译本第37页均未列出原注释等,上述情况难以用巧合解释。虽然王译本与毕译本的翻译中也存在未列原著注释而在正文中直接翻译的情况,但是与陈译本并不完全相同。陈某主张的注释方式与范译本注释相同,可能是由于翻译时的法文版本即如此,并无证据证明,二审法院不予支持。

关于正文部分。一审判决主要根据存在范译本与陈译本相同而与原著直译不同的部分,以及对于翻译错误部分未作出合理解释,认定存在侵权。二审法院认为,一审判决的上述认定并无不当。主要理由如下:首先,关于翻译错误的部分,范某提交了上海上外翻译总公司对法文原文的翻译内容,显示范译本中存在翻译错误的部分,而陈译本中也存在相同错误,对此陈某并未作出合理解释,也没有举证其他译本中也存在相同错误,故关于其提出的相同错误的翻译可能是由于法文原版即存在错误的主张并无证据证明,故不予采信。其次,本案二审过程中,陈某提供了与王译本及毕译本的对比表。二审法院认为,即使仅从陈某提供20处不同译本的对比情况看,相较于其他译本,陈译本与范译本仍存在多处相似度较高的内容,难以用翻译有限性进行解释。比如范译本第297页第5—7行译为:"开普敦位于开普湾的深处,是一六五二年荷兰人凡·利白克建立起来的。这是一个重要殖民地的首府,这片殖民地在一八一五年条约以后才确定归属英国。"陈译本译为:"开普敦位于开普湾深处,1652年,由荷兰人凡-利伯克建立起来的。它是这儿的殖民地首府,地理位置十分重要。1815年之后,根据所签订的条约,这里才归属英国。"二者的语言顺序非常接近,仅有细微语序的调整。而王译本译为:"开普敦城位于开普敦湾的最里面,一六五二年由荷兰人冯·理耶贝克建立的,是一片广大殖民区的首府,这片地区在一八一五年条约之后,才确定划归英国。"毕译本译为:"由荷兰人冯·瑞伯克于1652年建立的开普敦城,位于开普湾深处。它是一个具有重要地位的殖民地首府,那片殖民地从1815年签订条约之后就归属于大英帝国。"参考王译本和毕译本的翻译,该部分无论从语序还是人名的翻译上,具有可以体现差异化的翻译空间,陈译本与范译本则非常接近。又如范译本第403页第3段译为:"幸而艾尔通没有浪费时间,也没有白跑一趟。第二天天一亮他就带了一个人回来了,这人自己介绍说他是黑点站的钉马蹄铁的铁匠。这家伙健壮有力，身材高大，但是一脸的贱相、畜生相，叫人家看了讨厌。"陈译本译为："幸而艾尔通不负众望，也没浪费多少时间，第二天天一亮，他便带着一个人回来了。此人自称是黑点站钉马掌的铁匠，身材高大魁梧，但面目可憎，让人看着很不顺眼。"二者在人名翻译、语序、词语选择上均较为接近，而王译本则译为："幸亏埃尔东既没浪费时间，又把事情办成了。第二天，天刚亮，他就回来了。还有一个人陪着他，那人自称是黑点站的马蹄匠。这人孔武有力，身材高大，但面相卑微愚鲁，不讨人喜欢。"毕译本则译为："幸运的是，艾尔顿没有浪费时间，也没白跑一趟，第二天天一亮他就赶了回来。陪他一起赶回来的还有一个自称是马蹄铁匠的男人。这个在'黑点'站干活的年轻人身材十分高大，而且健壮有力，只是面相有些凶恶，令人反感。"王译本和毕译本体现了较大差异，而陈译本和范译本则较为接近。

此外，更为重要的是在陈某选择的20处对比内容中，涉及陈译本与范译本一致或者相似度很高的非专属的人名、地名翻译就包括有巴内尔（范译本、陈译本相同），百奴衣角（范译本、陈译本相同），格里那凡（范译本、陈译本相同），凡·利白克（范译本）、凡-利伯克（陈译本），艾尔通（范译本、陈译本相同），约翰·孟格尔（范译本、陈译本相同），海伦夫人（范译本、陈译本相同），摩尔大娘（范译本）、摩尔太太（陈译本）等，而在王译本和毕译本的翻译中，这些人名和地名均有不同的翻译方法。上述人名、地名并非特有名称或者具有约定俗成的翻译方式，对于存在多种翻译可能性的人名和地名，出现较大频率一致的情况，难言巧合。根据上述情况，一审判决认定陈译本采用了出版发行时间在先的范译本的基本表达，对部分内容进行了增删，并进行了出版发行，侵犯了权利人对翻译作品《格兰特船长的儿女》享有的署名权、修改权和复制权、发行权并无不当。

三、陈某、某编译出版社是否以及应当如何承担侵权责任

2010年《著作权法》第五十三条规定，复制品的出版者、制作者不能证明其出版、制作有合法授权的，应当承担法律责任。《最高人民法院关于审理著作权民事纠纷案件适用法律若干问题的解释》第二十条第二款规定，出版者对其出版行为的授权、稿件来源和署名、所编辑出版物的内容

等未尽到合理注意义务的，依据《著作权法》第四十八条的规定，承担赔偿责任。本案中范译本出版在先，在社会上具有较高的知名度，并且两部作品的名称相同、细节高度相似。作为专业出版者，某编译出版社以其专业注意能力对此应该能够审查出来，但其在出版发行时并未注意到范某衡的同名翻译作品，显然对其编辑出版物的内容未尽到合理的注意义务。因此，某编译出版社在出版发行陈译本的过程中存在明显的过错，应当与陈某共同承担民事责任。至于案外人公司向某编译出版社提供有陈某本人的授权文件，并不能替代某编译出版社作为出版者的审核义务。本案二审中，范某认可范某衡于 1971 年去世，至 2021 年 12 月 31 日涉案作品著作财产权已经超过保护期限，因此陈某、某编译出版社不再承担停止复制、发行被控侵权图书的民事责任。范某衡的署名权虽然应当受到保护，但承担侵害署名权的民事责任应以必要为限度，本案以刊登道歉声明的方式要求陈某、某编译出版社承担侵害署名权的民事责任，故二审法院不再支持范某要求陈某、某编译出版社停止复制、发行被控侵权图书的主张。

裁判要旨

同一外文作品的不同翻译作品的侵权比对，应首先确定源于权利作品的独创性表达内容，该独创性表达一般体现于语言文字的转换过程中译者字斟句酌地选择与原著最为契合又最为恰当的语句和语序，并对原文中不符合目标语言表达习惯的部分进行调整等。在确定了源于权利作品的独创性表达内容基础上，采用"细节比对为主、其他译本辅证"的比对方法，从有别于直译的部分、错误的翻译、增删的注释等细节着重分析，并引入其他译本用于佐证被控侵权作品的翻译表达空间是否有限，从而弥补细节比对可能存在的不足。

关联索引

2010 年《中华人民共和国著作权法》第十条第一款第二项、第三项、第四项、第五项、第六项、第十二项，第十一条第四款，第十九条，第二十一条，第五十三条

2002 年《最高人民法院关于审理著作权民事纠纷案件适用法律若干问题的解释》第二十条第二款

《中华人民共和国著作权法实施条例》第十五条

一审：北京市西城区人民法院（2019）京 0102 民初 32859 号（2020年 8 月 28 日）

二审：北京知识产权法院（2020）京 73 民终 3021 号（2022 年 6 月 24 日）

法官评析

对同一外文作品的不同翻译译本进行实质性近似的比对，首先要准确地确定源自在先译者的贡献，即确定翻译作品的保护内容。

关于翻译作品保护内容的确定。翻译作品是在对原著进行演绎的基础上形成的作品，必将包含原著的文章结构、具体人物、场景描写、人物对话、细节描写、情节推进、逻辑关系、故事脉络等，这些内容都是原著中的实质部分，权利归属于原作者，任何译者都可以而且都需要进行使用。此外，不同译者就同一原著创作的翻译作品，不可避免地使用到相同的人名、地名、专有名词等，尤其对于短句、固定概念等不可避免地产生雷同。因此，译者不能就上述部分内容主张权利，当然也就不能作为确定实质性相似的依据。

关于翻译作品保护的部分。翻译过程中，由于除盲文以外，不同语言文字之间的转换并不存在严格的一一对应关系，这就为译者的翻译行为留下了独创空间。在语言文字的转换过程中，译者需要对原著了然于心，结合原文和自己的理解，凭借自己对原文化的积累，字斟句酌地选择自己认为的与原著最为契合又最为恰当的语句和语序，并对原文中不符合目标语言表达习惯的部分进行调整，对注释进行翻译和增删，以便于目标语言读者的阅读和理解。这个过程译者既需要尊重原著，又不可避免地受自身认知范围、语言能力、文化功底以及对原著的个人理解等因素的影响，因此，翻译作品体现出极大的独创性。此种翻译语言的选择和应用体现了译者的独创性，是翻译作品保护的内容。

在确定翻译作品的保护范围后，面临的问题是采用何种方式来认定实质性相似，即比对规则。

关于不同译本之间是否构成实质性相似的比对方式问题。翻译作品受保护的独创性表达体现在译者对翻译语言的选择和应用上，翻译语言又始终受制于原文的语言表达。如果被诉侵权内容是成章节地大段抄袭在先的翻译作品，通常情况下认定侵权并不存在争议。但是本案中原告主张被诉侵权内容并不是大段或者成章节地抄袭，而是主张章节题目、注释以及正文内容中的部分段落乃至语句抄袭了在先译本。这就不能完全排除相同部分是由于翻译语言受制于原文语言、翻译方式有限造成的。

基于上述情况，本案采取了"细节比对+参照其他译本"的方式，确定是否构成实质性相似。关于细节比对，在先译本与原文内容的不同之处以及对注释的增删处理，通常情况下均体现了译者的独创性表达，属于受著作权保护的内容，而对于翻译错误部分，如在后译者没有说明合理的理由，也可以在事实上佐证在后译本抄袭了在先译本。同时，在细节比对的基础上，可引入其他译本作为参照，用于佐证原告主张侵权部分的翻译表达空间是否有限，相同或相似的翻译方式究竟是源自抄袭还是源自原文翻译方式的有限性，便于弥补翻译作品侵权比对时仅采用细节比对可能存在的不足。

综上，通过细节比对为主、其他译本辅证的比对方法，可在司法裁判中树立较为明晰的翻译作品之间是否抄袭的侵权认定规则。本案是北京知识产权法院首例探讨同一外文作品不同译本间实质性相似比对方法的案件，对类案裁判具有重要参考意义。

一审法院合议庭成员 王　辉　邓　璇　黄秋平
二审法院合议庭成员 崔宇航　李志峰　温同奇
编写人 崔宇航

25. 北京某影视公司诉杨某等六被告
侵害作品改编权纠纷案*

—— "一整台戏"及无剧本形式戏剧作品的著作权保护途径

关键词 著作权 戏剧作品 一整台戏 无剧本形式戏剧的侵权比对

基本案情

北京某影视公司起诉称：其是情景舞台表演戏剧作品《五维记忆》的著作权人。《五维记忆》利用多种艺术表现形式，演绎一个关于阴阳两种不同属性的能量幻化成黑、白精灵来到人间经历成长的原创中国故事。2017 年 4 月至 2018 年 6 月，该剧先后在国内外进行公开展演。电影《哪吒之魔童降世》（以下简称《哪吒》）于 2019 年 7 月在院线首映，六被告除杨某系《哪吒》的编剧和导演外，其余均为《哪吒》的出品方。北京某影视公司认为，《哪吒》在人物设定（包括人物形象、人物性格及人物关系）、故事情节及其他要素表达方面与《五维记忆》构成实质性相似，六被告在创作该电影的过程中亦具有实际接触《五维记忆》的可能性，根据《著作权法》的相关规定，六被告的行为侵犯了其就《五维记忆》享有的改编权。故北京某影视公司起诉至法院，要求判令：六被告立即停止侵权行为、刊登道歉声明，并连带赔偿经济损失 5000 万元及合理费用 100 万元。

北京某影视公司明确：其在本案中主张著作权的作品为 2018 年 6 月

---

* 本案例入选 2020 中国十大最具研究价值知识产权裁判案例，被收入中国法院 2023 年度案例（知识产权纠纷）。

23 日在北京某剧院上演的《五维记忆》舞台剧，主张该舞台剧本身构成《著作权法》规定的戏剧作品或者其他作品类型，其诉请要求保护的是与舞台剧表演密不可分并通过表演所体现的故事情节、人物设定及人物关系，而非舞台剧剧本。关于侵权比对，北京某影视公司明确表示不提供《五维记忆》的剧本，主张以《五维记忆》舞台剧的整体演出内容作为比对基础，并提交了针对该剧的由一个机位镜头全程不间断录制且未经剪辑处理的视频（以下简称一镜到底版视频）及录制剪辑之后的视频（以下简称录制剪辑版视频），主张《五维记忆》舞台剧的具体内容以录制剪辑版视频为准。

六被告不同意北京某影视公司的全部诉讼请求，认为《五维记忆》仅为舞台表演，不属于我国《著作权法》所保护的作品；《五维记忆》舞台剧录制剪辑版视频不能作为实质性相似的比对依据；《哪吒》创作早于《五维记忆》，二者既不相同也不相似，不构成对北京某影视公司改编权的侵害。

北京知识产权法院于 2021 年 5 月 28 日作出（2019）京 73 民初 1722 号民事判决：驳回北京某影视公司全部诉讼请求。北京某影视公司不服提起上诉，北京市高级人民法院于 2021 年 12 月 13 日作出（2021）京民终字第 837 号民事裁定：准许北京某影视公司撤回上诉。

裁判理由

法院生效裁判认为：

一、整台《五维记忆》舞台剧是否属于《著作权法》第三条第三项规定的戏剧作品、第九项规定的其他作品

《著作权法》第三条第三项规定："本法所称的作品，包括以下列形式创作的文学、艺术和自然科学、社会科学、工程技术等作品：……（三）音乐、戏剧、曲艺、舞蹈、杂技艺术作品……"《著作权法实施条例》第四条第四项规定，戏剧作品，是指话剧、歌剧、地方戏等供舞台演出的作品。

法院认为，戏剧是以演员表演为中心的，包括文学、音乐、舞蹈、美术等艺术的综合形式，通过上述形式的有机结合，戏剧所要表达的内容才

可完整地表现出来，此时呈现给观众的就是"一整台戏"。这"一整台戏"既包含了导演、文学剧本的创作者、舞蹈设计者、词曲作者的构思，也包含了表演者、演奏者、布景、灯光、道具、服装等舞美设计者的构思。在《著作权法》上，对于"一整台戏"，需要区分不同性质的劳动来决定哪些劳动成果可以构成作品，以及归入哪一类型作品加以保护。演出过程中的音乐呈现可以作为音乐作品进行保护，具有独创性的舞蹈动作设计可以作为舞蹈作品获得保护，服饰造型的美感表现可以作为美术作品进行保护，在舞台上根据作品表演的演员，其作为表演者享有的表演者权可以受到《著作权法》的保护。本案中，根据已查明的事实，整台《五维记忆》舞台剧是借助声、光、电、气等科技手段及大型背景屏幕的使用，并结合舞蹈、乐器、歌曲等多种艺术形式，通过演员的表演将一个故事呈现给观众的"一整台戏"。由北京某影视公司的上述主张可知，其在本案中主张权利的客体——"一整台戏"，包括两部分内容：一是"供舞台演出的作品"部分，其中包含了文字作品、美术作品、音乐作品、舞蹈作品等；二是呈现作品的舞台表演部分。因此，北京某影视公司主张整台《五维记忆》舞台剧构成戏剧作品，缺乏法律依据，法院不予支持。

《著作权法》第三条第九项规定"本法所称的作品，包括以下列形式创作的文学、艺术和自然科学、社会科学、工程技术等作品：……（九）法律、行政法规规定的其他作品。"法律、行政法规均未规定《著作权法》第三条第一项至第八项之外的其他作品类型。因此，北京某影视公司关于整台《五维记忆》舞台剧属于《著作权法》第三条第九项规定的其他作品的主张，缺乏法律依据，法院不予支持。

二、整台《五维记忆》舞台剧中"供舞台演出的作品"部分的表达内容及其法律性质认定

如上所述，整台《五维记忆》舞台剧包括两部分内容：一是"供舞台演出的作品"部分，其中包含了文字作品、美术作品、音乐作品、舞蹈作品等；二是呈现作品的舞台表演部分。本案中，北京某影视公司明确主张《哪吒》电影与《五维记忆》舞台剧中的人物设定、故事情节等方面构成实质性相似，由于其主张仅仅涉及整台《五维记忆》舞台剧所呈现的故事情节、人物设定等部分，故其主张实质仅涉及整台《五维记忆》舞台剧的

"供舞台演出的作品"部分。因此，判断北京某影视公司的上述主张是否成立，实际就是确定"供舞台演出的作品"部分的表达是什么。

《中华人民共和国著作权法释义》一书中针对"戏剧作品"解释为："戏剧作品是指以剧本等形式表现的作品，如话剧、京剧、广播剧等。"①剧本主要是由台词和舞台指示组成，是戏剧艺术创作的文本基础，是编剧与演员演出的依据。但是，戏剧作品不能与写出来的剧本画等号。因为根据戏剧自身的特点，有些戏剧不需要或者不能通过剧本加以表现。甚至有些剧本初稿较为简单，在此后的现场演出过程中不断修改，最终呈现于观众面前的供舞台演出的作品很可能会与最初的剧本存在较大差距，因此不能简单地因戏剧作品缺乏最终的文字表达的载体而否认戏剧作品的构成及创作者著作权的存在。当前技术条件下，即便戏剧作品没有书面载体的存在，也可以以口述、录音录像等形式予以固定其内容。因此，剧本既包括已经写作完成体现在纸质载体或电子载体上的剧本，也包括没有完整体现于载体上而是以口头、动作等行为形成的供舞台演出的剧本。对于后一种形式的剧本，应当以其客观呈现确定其具体内容。

本案中，北京某影视公司表示若提供剧本将影响法院对于《五维记忆》舞台剧内容的理解，故明确表示在本案中不提供剧本。因此，首先应当根据《五维记忆》舞台剧的客观呈现，对其中的"供舞台演出的作品"内容进行归纳确定，再进一步判断该部分能否受《著作权法》的保护。

诉讼中，北京某影视公司向法院提交北京某剧院版《五维记忆》录制剪辑版视频作为对整台《五维记忆》舞台剧的完整记述。对此，法院认为，《五维记忆》舞台剧中"供舞台演出的作品"的内容应以其向广大受众呈现的外在表达的客观内容为准，即广大受众通过现场观看《五维记忆》整场演出所感知的外在表达。因录制剪辑版视频系北京某影视公司针对《五维记忆》舞台剧进行选择、编排后整理而成，并非完整记录了整台《五维记忆》舞台剧内容，无法准确地还原当时"供舞台演出的作品"的外在表达，故应以北京某剧院版《五维记忆》一镜到底版视频作为确定"供舞台演出的作品"内容的基础。

法院根据《五维记忆》一镜到底版视频中所体现的旁白、介绍、字

---

① 胡康生主编：《中华人民共和国著作权法释义》，法律出版社 2002 年版，第 16 页。

幕、为体现特定故事情节发展所选择编排的歌词、曲目等内容，并结合北京市营业性演出准予许可决定、宣传报道等证据，确定了《五维记忆》舞台剧中"供舞台演出的作品"的内容主线。

整台《五维记忆》舞台剧中，创作者借助声、光、电、气等科技手段及大型背景屏幕的使用，并对舞蹈等多种艺术形式的表演进行选择及顺序编排，用以配合故事情节的发展，将一个贯穿始终的故事呈现给观众，让观众通过观看表演感受到故事的开始、发展、高潮和结局，属于文学、艺术和科学领域内的智力成果，具有独创性，且满足作品的可复制性要求。因此，整台《五维记忆》舞台剧中的"供舞台演出的作品"部分符合《著作权法实施条例》第四条第四项规定的戏剧作品的定义，该部分受《著作权法》保护。

三、《哪吒》电影是否侵犯了《五维记忆》舞台剧中"供舞台演出的作品"部分的改编权

关于整台《五维记忆》舞台剧中"供舞台演出的作品"部分的著作权归属。本案中，北京某影视公司提交了两份《五维记忆》的《作品登记证书》，其上均记载作者为王某，著作权人为北京某影视公司，且王某出具了《权属证明》称，《五维记忆》舞台剧系其个人利用北京某影视公司资源和工作时间创作完成，属于职务作品。另结合《五维记忆》舞台剧的相关宣传材料中所体现的北京某影视公司的署名，在六被告未提交证据予以反驳的情况下，法院认定北京某影视公司对整台《五维记忆》舞台剧中"供舞台演出的作品"部分享有著作权，有权对侵害其著作权的行为提起诉讼。

根据《著作权法》第十条第一款第十四项的规定，改编权是改变作品，创作出具有独创性的新作品的权利。司法实践中，对于侵犯改编权行为的认定，一般遵循"接触+实质性相似-其他来源"的判断方法，即需满足以下几个要件：被诉侵权人有接触到权利作品的可能性，被诉侵权内容与权利作品在表达方面相同或实质性相似，以及被诉侵权人不具有其他来源有效抗辩理由。认定是否构成侵犯改编权的前提，是判断改编行为以及改编来源关系即在先作品与在后作品之间在作品表达层面的创作来源与再创作的关系是否存在。

侵犯改编权的成立，不以作品体裁、类型的变化为要件，可以是相同类型作品的改编，也可以是不同类型作品之间的改编。对不同类型作品进行著作权层面的相似性判断时，应当注意以下问题：第一，对于同一作品的不同受众基于个人独特的思想感情、生活经历、教育水平、立场观点等因素会产生不同的主观感受；该作品的创作者对于其作品也会有其个性化的理解。对不同作品进行著作权层面的相似性比对时，应遵照主客观一致的标准。第二，不同形式的文学艺术作品给予受众主观感知的差异程度会有所差别。例如，语言文字的含义相较于音乐、图画、舞蹈等更具确定含义。因此，一般来说，以语言文字为主要表现形式的作品给予不同受众的主观感受的差异程度较小，而以音乐、图画、舞蹈等为主要表现形式的作品给予不同受众的主观感受的差异程度较大。综上，在包含语言文字、音乐、图画、舞蹈等多种形式形成的不同作品进行著作权层面的相似性比对时，应当以外观主义为原则，以广大受众的一般感受为基础，而不能受创作者对于其作品的个性化理解的限制。

本案中，《哪吒》电影与《五维记忆》舞台剧中"供舞台演出的作品"部分属于不同形式的作品，对二者进行著作权层面的相似性比对时，应当遵循上述规则。关于《哪吒》电影是否侵犯了《五维记忆》舞台剧中"供舞台演出的作品"部分的改编权，经比对，二者在北京某影视公司主张的人物设定（包括人物形象、人物性格及人物关系）、故事情节、纱幕结界等方面均不构成实质性相似。因此，北京某影视公司主张的《五维记忆》舞台剧与《哪吒》电影的相关内容未构成实质性相似，因此，北京某影视公司关于六被告侵犯其改编权的主张，缺乏事实依据，法院不予支持。

综上所述，北京某影视公司的诉讼请求不能成立，法院不予支持。故判决：驳回原告的全部诉讼请求。

裁判要旨

在《著作权法》上，对于"一整台戏"，需要区分不同性质的劳动来决定哪些劳动成果可以构成作品，以及归入哪一类型作品加以保护。本案中，北京某影视公司主张权利的客体——"一整台戏"，包括两部分内容：一是"供舞台演出的作品"部分，其中包含了文字作品、美术作品、音乐作品、舞蹈作品等；二是呈现作品的舞台表演部分。整台《五维记忆》舞台剧不能构成《著作权法》意义上的戏剧作品或其他作品。

北京某影视公司主张的《哪吒》与《五维记忆》构成实质性相似的部分，仅涉及整台舞台剧的"供舞台演出的作品"部分。在北京某影视公司不提供剧本载体的情形下，应当以《五维记忆》舞台剧的客观呈现即广大受众通过现场观看整场演出所感知的外在表达确定其中属于"供舞台演出的作品"部分的具体内容。整台《五维记忆》舞台剧中，创作者对舞蹈等多种艺术形式的表演进行选择及顺序编排，将一个贯穿始终的故事呈现给观众，让观众通过观看表演感受到故事的开始、发展、高潮和结局，上述通过舞蹈等多种艺术形式表演所呈现出的人物关系、故事情节及其展开，属于文学、艺术和科学领域内的智力成果，具有独创性，且满足作品的可复制性要求，构成《著作权法》意义上的戏剧作品。

在侵犯改编权案件中，对不同类型作品进行著作权相似性比对时，应当以外观主义为原则，以广大受众的一般感受为基础。经比对，《哪吒》与《五维记忆》在人物设定、故事情节、其他要素等方面均不构成实质性相似。

关联索引

2010 年《中华人民共和国著作权法》第三条第三项、第九项，第十条第一款第十四项，第十六条第二款第二项

2013 年《中华人民共和国著作权法实施条例》第四条第四项

一审：北京知识产权法院（2019）京 73 民初 1722 号（2021 年 5 月 28 日）

二审：北京市高级人民法院（2021）京民终字第 837 号（2021 年 12 月 13 日）

法官评析

在中国文化土壤的滋养下，越来越多的优秀舞台剧走进了人们生活，如话剧、歌剧、地方戏曲等。如何在《著作权法》框架下对舞台剧创作者的创作成果进行有效保护，一直以来都是艺术界普遍关注的焦点。本案判决从以下三个层次厘清了业界对于戏剧作品著作权保护的困惑。

首先，"一整台戏"作为一种综合性的艺术形式，在《著作权法》框

架下应区分为不同的作品类别有区别地进行保护。戏剧是以演员表演为中心的，通过对文学、音乐、舞蹈、美术等艺术的有机结合，所要表达的内容才可完整地表现出来，此时呈现给观众的就是"一整台戏"。这"一整台戏"既包含了导演、文学剧本的创作者、舞蹈设计者、词曲作者的构思，也包含了表演者、演奏者、布景、灯光、道具、服装等舞美设计者的构思。在《著作权法》意义上，对于"一整台戏"，需要区分不同性质的劳动来决定哪些劳动成果可以构成作品，以及归入哪一类型作品加以保护。除了剧本本身可以作为戏剧作品进行保护外，演出过程中的音乐呈现可以作为音乐作品进行保护，具有独创性的舞蹈动作设计可以作为舞蹈作品获得保护，服饰造型的美感表现可以作为美术作品进行保护。在舞台上根据作品表演的演员，其享有的表演者权可以受到《著作权法》邻接权的保护。

其次，无剧本载体的戏剧作品可以获得《著作权法》的保护。戏剧作品是指以剧本等形式表现的作品。剧本主要是由台词和舞台指示组成，是戏剧艺术创作的文本基础，是编剧与演员演出的依据。但戏剧作品不能与写出来的剧本画等号。根据戏剧自身的特点，有些戏剧不需要或者不能形成有形的剧本。甚至有些剧本初稿较为简单，在此后的现场演出过程中不断修改，最终呈现于观众面前的供舞台演出的作品很可能会与最初的剧本存在较大差距。因此，不能简单地因戏剧作品缺乏最终的文字表达的载体而否认戏剧作品的存在或者认为戏剧作品没有固定。当前技术条件下，即便戏剧作品没有书面载体的存在，也可以以口述、录音录像等形式予以固定其内容。因此，剧本既包括已经写作完成体现在纸质载体或电子载体上的剧本，也包括没有完整体现于载体上而是以口头、动作等方式形成的供舞台演出的剧本。对于无剧本载体的戏剧作品，在其符合《著作权法》中关于作品的定义时，可以获得《著作权法》的保护。

最后，以"一整台戏"呈现的无剧本形式的戏剧作品，应以其向广大受众呈现的客观外在表达确定著作权保护的内容。在对此类作品进行著作权层面的相似性判断时，应当注意：第一，同一作品的不同受众基于其个人独特的思想感情、生活经历、教育水平、立场观点等因素会产生不同的主观感受；该作品的创作者对于其作品也会有其个性化的理解。第二，不同形式的文学艺术作品给予受众主观感知的差异程度会有所差别。例如，以音乐、图画、舞蹈等为主要表现形式的作品给予不同受众的主观感受的差异程度较大，而以语言文字形式呈现的作品相较而言更具确定含义。故在包含语言文字、音乐、图画、舞蹈等多种形式形成的不同作品进行著作权相似性比对时，应当以外观主义为原则，以广大受众可以感知的内容为基础，而不能受创作者对于其作品的个性化理解的限制。

综上，虽然该判决驳回了北京某影视公司的诉讼请求，却为"一整台戏"及无剧本形式戏剧作品在现行《著作权法》框架下探寻了受法律保护的路径，确立了保护的方式和标准，将为此类案件裁判标准的完善及该类创作成果的著作权保护提供有益的借鉴。

一审法院合议庭成员　李志峰　冯　刚　左慧玲　刘清田
　　　　　　　　　　　　张　莉　刘　芳　汤才捷
二审法院合议庭成员　孔庆兵　刘　岭　孙柱永
编写人　李志峰　刘　琳

26. 北京某公司诉深圳某公司侵害
作品信息网络传播权纠纷案[*]

——利用他人视听作品中的画面制作图片集行为的定性

关键词 著作权 视听作品 合理使用

基本案情

北京某公司享有电视剧《三生三世十里桃花》（以下简称案涉剧集）的信息网络传播权。"图解电影" App 和 "图解电影" 网站为在线图文电影解说软件，深圳某公司为该软件和网站的运营商。该公司网站首页标明"十分钟品味一部好电影"。"图解电影" 网站上的剧集栏目中提供有《三生三世十里桃花》剧集的连续图片集（以下简称案涉图片集），介绍文字为：杨幂的仙气和狐狸的灵动，赵又廷整容式……案涉图片集共包含图片382 张，均截取自案涉剧集第一集，图片内容涵盖案涉剧集第一集视频内容的主要画面，图中文字为被控侵权图片集制作者另行添加。通过"图解电影" 软件观看图片集可选择 5 秒每张、8 秒每张等速度进行自动播放，也可以自行点击进行手动播放。现北京某公司诉至法院，主张深圳某公司侵犯其案涉作品的信息网络传播权，请求判令：深圳某公司赔偿其经济损失及维权合理费用共计 50 万元。

一审法院经审理查明：

北京某公司享有涉案剧集的信息网络传播权。"图解电影" App 和 "图解电影" 网站为在线图文电影解说软件，深圳某公司为上述软件和网

---

* 本案例为北京法院第二十八批参阅案例。

站的运营商，该公司网站首页上标明，"十分钟品味一部好电影"。2018 年 9 月，代理人在公证员的见证下，使用见证实录浏览器进入"图解电影"网站（网址为：www.graphmovie.com）首页，点击"剧集"，再点击"最热门""古装""大陆"，下拉到约第十排，出现《三生三世十里桃花作品 01》图标，作者昵称为"青青酱"，观看 6.9 万，喜欢 501，豆瓣评分 6.4 分，介绍文字为：杨幂的仙气和狐狸的灵动，赵又廷整整容式……点击进入该"图解电影"内容播放页面。经比对，涉案图片集共包含图片 382 张，均截取自涉案剧集第一集，图片内容涵盖涉案剧集第一集视频内容的主要画面，下部文字为被控侵权图片集制作者另行添加。通过"图解电影"软件观看图片集可选择 5 秒每张、8 秒每张等速度进行自动播放，也可以自行点击下一张的方式手动播放。

北京互联网法院于 2019 年 8 月 6 日作出（2019）京 0491 民初 663 号民事判决：一、深圳某公司于本判决生效之日起 7 日内，向北京某公司赔偿经济损失 3 万元；二、驳回北京某公司的其他诉讼请求。深圳某公司不服，向北京知识产权法院提起上诉。北京知识产权法院于 2020 年 5 月 11 日作出（2020）京 73 民终 187 号民事判决：驳回上诉，维持原判。

裁判理由

一、将他人具有著作权的作品进行截图制作图片集的行为属于提供该作品的行为

按照 2010 年《著作权法》第三条第六项的规定，案涉剧集属于电影作品和以类似摄制电影的方法创作的作品（以下简称类电影作品）。该法第十条第一款第十二项规定的"以有线或者无线方式向公众提供作品"，不应狭隘地理解为向公众提供完整的作品。《著作权法》保护的是独创性的表达，只要是将作品具有独创性表达的部分通过信息网络向公众提供，均属于该作品信息网络传播权的控制范围。类电影作品动态影像画面的表达效果，系应用视觉滞留原理，将一系列独立的画面组合起来，让观众视觉感受到连续运动的视像。根据现有制作技术，流动画面的类电影作品的实质，是静止画面的集合和连续播放，类电影作品中一帧帧的画面是该作品的组成部分。

本案中，案涉图片集过滤了案涉剧集的音效内容，基本以间隔 7 秒左右的时间截取了案涉剧集中的 382 幅画面，其截取的画面并非进入公有领域的创作元素，而是原案涉剧集中具有独创性表达的部分内容，因此，提供案涉图片集的行为构成提供作品的行为。

二、被控侵权行为不构成合理使用

首先，案涉行为不属于适当引用。从使用手段来说，案涉图片集虽改变了表现形式，但具体表达内容并未发生实质性变化，远远超出以评论为目的而适当引用的限度。从使用目的来说，提供案涉图片集的目的并非介绍或评论，而是在当今"快餐文化"背景下，通过 300 多张图片集的连续放映，迎合用户在短时间内获悉剧情、主要画面内容的需求。

其次，案涉行为影响了案涉剧集的正常使用。本案中，案涉图片集分散地从整部作品中截取图片，加之文字解说对动态剧情的描述，能够实质呈现整部剧集的具体表达，包括具体情节、主要画面、主要台词等，公众可以通过浏览上述图片集快捷地获悉案涉剧集的关键画面、主要情节，提供涉案图片集的行为对案涉剧集起到了实质性替代作用，影响了作品的正常使用。

最后，案涉行为不合理地损害了著作权人合法权益。虽深圳某公司认为案涉图片集部分提供的行为对原作品具有"宣传效果"，但从市场角度，以宣传为目的与以替代为目的的提供行为存在显著区别。就案涉图片集提供的主要功能来看，其并非向公众提供保留剧情悬念的推介、宣传信息，而是涵盖了案涉剧集的主要剧情和关键画面，在一般情况下，难以起到激发观众进一步观影兴趣的作用，不具备符合权利人利益需求的宣传效果，损害了权利人的合法权益。

综上，深圳某公司提供案涉图片集的行为已超过适当引用的必要限度，影响案涉剧集的正常使用，损害权利人的合法权益，不属于合理使用。

裁判要旨

1. 将视听作品拆分制作成图片集通过网络向社会公众传播，图片集使用了原视听作品中具有独创性表达的内容，对原作品市场价值造成了实质性影响，视听作品权利人主张相关行为侵害其信息网络传播权的，人民法院应当予以支持。

2. 图片集涵盖了视听作品的主要剧情和关键画面，并非向社会公众提供保留剧情悬念的推介、宣传信息，行为人抗辩相关行为属于合理使用的，人民法院对该抗辩意见不予采纳。

关联索引

2010 年《中华人民共和国著作权法》第三条、第十条、第二十二条
一审：北京互联网法院（2019）京 0491 民初 663 号（2019 年 8 月 6 日）
二审：北京知识产权法院（2020）京 73 民终 187 号（2020 年 5 月 11 日）

法官评析

近几年，短视频、自媒体等各种新兴传播载体迅猛发展。认定合理使用的边界，成为作品权利人、二次创作者及广大自媒体从业者等关注的焦点。2020 年《著作权法》将类电影作品从表述上修改为"视听作品"，其内涵未发生实质变化。下文以视听作品为对象展开分析。

本案是全国首例"图解电影"侵权案，其争议焦点为：第一，利用他人视听作品中的画面制作图片集的行为是否属于提供作品的行为；第二，视听作品剪辑行为合理使用的认定条件。上述争议焦点虽仅涉及个案判断，但由于互联网存在广泛的类似利用形式，亟待司法对此类行为作出明确指引。

一、利用他人视听作品中的画面制作图片集的行为性质认定

流动画面的视听作品与静止图片虽然呈现不同的表现形式和表达效果，但判断是否侵权，仍应适用"接触+实质性相似"标准，考察涉案图片集是否使用了案涉剧集中可以获得保护的独创性表达内容。对于视听作品元素的使用行为，被控侵权人往往抗辩，该行为由于改变了视听作品原有的表现形式，并非对原视听作品的提供行为。该抗辩意见涉及视听作品著作权的保护范围，亦即，视听作品的保护范围是否能够及于其中可以连续展现的作品播放画面截图。对此，本案裁判明确，认定著作权侵权表现形式不应狭隘地限定为以不改变作品形式使用完整作品的行为，只要再度

利用行为使用了原视听作品能够体现该类作品独创性表达的部分，无论具体的作品形式如何，均落入视听作品著作权保护的范围。

二、剪辑视听作品行为构成合理使用的条件

2020 年《著作权法》第二十四条对合理使用的条件进行了规定，但判断某一行为是否属于"适当引用"、是否"影响该作品正常使用"、是否"不合理地损害著作权人合法利益"，仍存在较大的诠释空间。司法实践中的裁判标准需要进一步厘清。剪辑视听作品行为是否构成合理使用，应当从使用目的、使用手段和使用效果三方面予以评判。关于使用目的，合理使用一般运用在推介、宣传、评论等场景，系为推广或评论特定视听作品而进行引用的行为，其主要目的并不在于再现或者利用原作品中受著作权保护的独创性表达部分。关于使用手段，合理使用的判断标准并非单纯取决于引用比例，决定性因素为引用作品部分相对于原作品转化的程度。本案中，由于涉案图片集的利用形式转换程度不高，亦未体现其再创作时的合理融合，故该使用方式超出了介绍、评论的必要性限度。关于使用效果方面，构成合理使用的"介绍、评论"是富有悬念的宣传推介，能起到激发观众进一步观影兴趣的作用，使用行为符合权利人利益所需求的宣传效果。本案的使用行为对案涉剧集起到了实质性替代作用，损害了权利人的合法权益。

综上，本案涉案剪辑视听作品行为不构成合理使用。

本案为进一步厘清合理使用的具体裁判方法和认定标准作出了有益探索，精准划定了影视市场商业化开发和二次创作的边界，为此类案件裁判作出了规则指引，有利于推进影视产业创新激励和健康发展。

一审法院合议庭成员　姜　颖　卢正新　颜　君
二审法院合议庭成员　冯　刚　崔宇航　章　瑾
编写人　姜　颖　冯　刚　颜　君

27. 北京某公司与某有限公司侵害信息网络传播权纠纷案*

——云服务器"通知—必要措施规则"的适用

关键词 云服务 网络服务提供者 注意义务 避风港规则

基本案情

北京某公司诉称：北京某公司从权利人处获得了对动画《我叫MT》改编成游戏的独占许可权，并自主研发了手机游戏软件《我叫MT Online》，取得了游戏软件著作权登记证书。2013年1月《我叫MT Online》在手机安卓平台上线，同年3月在苹果iOS平台上线。2015年8月，北京某公司得知callmt.com网站提供《我叫MT畅爽版》游戏，该游戏系侵权人非法复制《我叫MT Online》游戏的数据包，通过callmt.com网站非法运营获利。经调查发现，《我叫MT畅爽版》游戏内容存储于某有限公司云服务器，并通过该服务器向客户端提供游戏服务。北京某公司遂诉至法院请求判令：某有限公司断开链接并停止为《我叫MT畅爽版》游戏继续提供服务器租赁服务，并赔偿经济损失100万元及合理支出11240元。

某有限公司辩称：（1）北京某公司证据不能证明其是涉案游戏软件的著作权人，亦不能证明该软件与某有限公司服务器存储内容的一致性。（2）某有限公司云服务器业务属于增值电信业务，某有限公司也并非MT

＊ 本案例为全国首例云服务器租赁服务提供者被诉侵权案，入选2019年中国法院50件典型知识产权案例，该案裁判文书获评第四届全国知识产权优秀裁判文书三等奖，以该案撰写的案例分析获评全国法院系统2019年度优秀案例分析评选活动二等奖。

畅爽版游戏的上传者和经营者，未实施直接侵权行为，依法不应承担侵权责任。（3）某有限公司不存在任何直接或间接过错，依法不应承担侵权责任。

法院经审理查明：北京某公司陈述内容与软件著作权登记证书、授权书及其附件，以及北京知识产权法院相关生效判决确认的事实能够相互印证，在无相反证据证明的情况下，应当认定北京某公司开发运营了《我叫MT Online》游戏，并对该游戏享有著作权。

《我叫MT Online》与《我叫MT畅爽版》两款网络游戏，除了游戏名称略有不同，游戏中的虚拟货币兑换价格、选区名称、支付方式存在区别以外，两款游戏在游戏图标、人物形象、游戏界面、游戏规则、游戏中的文字等方面均完全相同，《我叫MT畅爽版》系盗版《我叫MT Online》的游戏。北京某公司提交的证据显示，经查询后发现相关的服务器IP地址均属于某有限公司所有，在某有限公司未提交相反证据的情况下，应当认定涉案的服务器属于某有限公司。

根据案件事实，北京某公司向某有限公司网站客服就他人架设私服问题进行了投诉，其投诉通知构成有效通知。某有限公司仅是将服务器租赁给他人使用，租用人直接上传需要存储的内容，无须通过某有限公司审核，因此某有限公司经营的并非信息存储空间服务。2010年《侵权责任法》第三十六条中规定的网络服务提供者应当承担的侵权责任不仅针对信息存储空间服务的提供者，而是针对所有网络服务的提供者。因此，某有限公司作为服务器提供商，虽然其不具有事先审查被租用的服务器中存储内容是否侵权的义务，但在他人重大利益因其提供的网络服务而受到损害的时候，其作为服务器服务的提供者应当承担其应尽的义务，采取必要的、合理的、适当的措施积极配合权利人的维权行为，防止权利人的损失持续扩大。这类措施不仅包括删除涉嫌侵权的作品、内容，也包括向相关服务器租用人询问相关情况、将权利人的投诉材料转达被投诉的服务器租用人，并根据租用人的反应采取进一步的必要措施。这与某有限公司辩称其不得擅自透露用户信息、无权擅自读取、透露服务器数据等确保用户数据安全并不矛盾。而纵观全案确认的事实，某有限公司对于北京某公司的通知一直持有消极态度，从北京某公司第一次发出通知，到诉讼中某有限公司采取措施，在长达8个月的时间里某有限公司未采取任何措施，远远超出了反应的合理时间，主观上其未意识到损害后果存在过错，客观上导致了损害后果的持续扩大，其应当承担采取补救措施及赔偿损失的民事责任。

北京市石景山区人民法院于 2017 年 4 月 11 日作出（2015）石民（知）初字第 8279 号民事判决：一、某有限公司于本判决生效后十日内赔偿北京某公司经济损失 25 万元及诉讼合理支出 11240 元，两项共计 261240 元；二、驳回北京某公司其他诉讼请求。宣判后，某有限公司提起上诉。北京知识产权法院于 2019 年 6 月 20 日作出（2017）京 73 民终 1194 号民事判决：撤销一审判决，驳回北京某公司的全部诉讼请求。

裁判理由

法院生效裁判认为：《信息网络传播权保护条例》仅规定了自动接入、自动传输、自动缓存、信息存储空间、搜索、链接等类型的服务，并在此基础上作了相应制度安排。同时《著作权法》《信息网络传播权保护条例》未对除此之外的服务进行一般性规定。本案中，某有限公司提供的云服务器租赁服务不属于《信息网络传播权保护条例》规定的服务，故本案不能适用《信息网络传播权保护条例》的规定。

一、云服务器租赁服务与信息存储空间服务属于性质完全不同的服务

首先，在技术特征层面，总体而言，云服务器租赁服务提供者有技术能力对其出租的云服务器进行整体关停或空间释放（即强行删除服务器内全部数据），却没有技术能力对存储在其出租的云服务器中的具体内容进行直接控制。云服务器租赁业务技术性质属于基础电信服务，不能跨过层级对内容进行控制。而信息存储空间服务则是服务提供者利用传统模式或云计算模式，在购买或租用服务器、带宽资源后，通过接入商接入互联网，为公众提供前述综合门户平台、电商平台、媒体平台、网盘等服务。其次，在法律法规规定和行业监管层面，按照主管部门对电信行业的准入和监管分类标准，云服务器租赁服务与信息存储空间服务属于不同的监管类别，颁发不同的许可证照。按照相关国家标准和行业伦理，云服务器租赁服务提供者负有极为严格的安全保护义务、保密义务和隐私保护义务，不允许其接触用户存储的信息内容，更遑论对内容进行核实、处理、删除。另外，从服务层级看，云服务器租赁服务属于底层网络技术服务。从服务内容看，云服务器租赁服务仅相当于传统模式下为用户提供了服务器设施设备、机房环境、带宽资源，使用户具备了接入互联网的基础条件，不包括上层内容服务。从服务对象看，云服务器租赁服务对象是网站主办方、网络平台搭建者、网络应用提供者，而不是访问、获取、使用信息和服务的网络终端用户。

云服务器租赁服务也不同于《信息网络传播权保护条例》规定的自动接入、自动传输和自动缓存服务。在技术特征方面，云服务器承租人租用云服务器的运营目的显然不是为"提高网络传输效率，自动存储从其他网络服务提供者获得的作品、表演、录音录像制品"，而主要是用于向其他网络用户提供网站、网络平台和网络应用，进而提供作品、表演、录音录像制品等内容。在行业监管层面，云服务器租赁服务属于"互联网数据中心业务（B11）"，与提供"互联网接入服务业务（B14）"的中国联通、中国电信等同属于"第一类增值电信业务"。而一部分自动接入、自动传输服务，例如，微信和QQ软件提供的文件传输功能，以及一部分自动缓存服务，例如网页浏览器、视频播放器为"提高网络传输效率，自动存储从其他网络服务提供者获得的作品、表演、录音录像制品"的缓存加速功能，仍属于"第二类增值电信业务"中的"信息服务业务（B25）"。监管部门针对这两类电信业务性质和功能的不同，分类进行准入和监管。因此，法院认为某有限公司提供的云服务器租赁服务也不同于无须承担"通知—删除"义务即可免责的自动接入、自动传输服务和自动缓存服务。

此外，云服务器租赁服务与搜索、链接服务具有明显差异，显然不能适用《著作权法实施条例》关于搜索、链接服务的相关规定。

《侵权责任法》第三十六条针对的是一切发生于网络空间的侵权行为，适用于调整网络用户利用云服务器实施侵权行为时，云服务器租赁服务提供者承担法律责任的情况。某有限公司属于2010年《侵权责任法》第三十六条规定的网络服务提供者。

《侵权责任法》第三十六条第二款规定了权利人有权通知网络服务提供者采取必要措施，以及网络服务提供者接到通知后未采取必要措施应承担的法律责任；第三款进一步规定网络服务提供者在"知道"网络用户利用其网络服务侵害他人民事权益而未采取必要措施的，应当承担法律责任。由于所主张权利的性质不同，网络服务提供者的技术能力、监管责任、对侵权行为的知晓程度、对侵权行为所能采取的措施等也应不同。因此，应结合案件的具体情形适用上述规定。

"通知"的作用在于使网络服务提供者知晓其网络中存在他人上传的侵权信息。权利人发出的通知符合法律规定的合格通知要件即为合格通知，而不应对权利人提出额外的形式或内容要求。反之，权利人发出的通知不满足法律规定的合格通知要件即为不合格通知，不应对网络服务提供者苛以进一步联系、核实、调查等责任。在案证据不能证明北京某公司的通知符合合格通知的法定要件。

二、网络环境下侵权投诉与必要措施应当合理匹配

既要维护该规则对于网络环境下知识产权保护的基本价值，又要注意该规则对网络用户的重大影响，防止权利人滥用该规则妨碍正当日常行为。必要措施的认定，应结合侵权场景和行业特点，秉持审慎、合理之原则，实现权利保护、行业发展与网络用户利益的平衡。根据从某有限公司提供的涉案云服务器租赁服务的性质，简单将"删除、屏蔽或者断开链接"作为某有限公司应采取的必要措施和免责事由，与行业实际情况不符。考虑到某有限公司提供的云服务器租赁服务的技术特征，即使接到有效通知，某有限公司应当基于通知内容所能提供的信息及根据该信息所能作出的一般性合理判断，采取与其技术管理能力和职能相适应的措施。

北京某公司向某有限公司发出的通知不符合法律规定，属于无效通知，某有限公司在接到通知后未采取必要措施未违反法律规定，某有限公司就其出租的云服务器中存储侵权软件的行为，在本案中不应承担侵权责任。网络服务提供者构成侵权的，是对损害的扩大部分与网络用户承担连带责任，而非独立的损害赔偿责任。北京某公司因涉案侵权行为而受到的损失已经实际获得了其认可的弥补。故，即便某有限公司构成帮助侵权并应当依法承担赔偿责任，亦不应判决某有限公司额外再向北京某公司支付赔偿款项。

因此，二审法院判决驳回北京某公司的全部诉讼请求。

裁判要旨

1. 关于《信息网络传播权保护条例》与 2010 年《侵权责任法》的法律适用问题。对于信息网络传播权纠纷，应当优先适用《信息网络传播权保护条例》；对于《信息网络传播权保护条例》没有规定的情况，适用 2010 年《侵权责任法》。

对于网络技术服务，《信息网络传播权保护条例》仅就自动接入、自动传输、自动存储、信息存储空间以及搜索、链接等类型的服务作出了具体规定，对于信息存储空间以及搜索、链接作出了"通知—删除"的规定。《侵权责任法》第三十六条第二款和第三款适用于其他网络技术服务。

云服务器租赁服务不属于《信息网络传播权保护条例》规定的具体网络技术服务类型，因此不适用《信息网络传播权保护条例》，而应当适用 2010 年《侵权责任法》第三十六条第二款和第三款。

2. 关于合格通知的判断标准问题。《侵权责任法》第三十六条第二款中的通知的形式、内容及通知的程序可以参照适用《信息网络传播权保护条例》和相关司法解释中的有关规定。通知是否合格，关键在于能否使网络服务提供者准确识别权利人、准确快速定位侵权内容并易于对侵权行为作出判断。权利人发出的通知符合法律规定的合格通知要件即为合格通知，而不应对权利人提出额外的形式或内容要求。反之，权利人发出的通知不满足法律规定的合格通知要件即为不合格通知，不应对网络服务提供者苛以进一步联系、核实、调查等责任。

3. 关于必要措施的问题。接到合格通知后，应当采取的"必要措施"不仅限于删除、断链，还包括转通知等其他行为方式。也就是说，"必要措施"不是一个具体措施，而是一套具体措施，并且是一套从轻到重的具体措施体系。

必要措施的认定，应结合侵权场景和行业特点，秉持审慎、合理之原则，实现权利保护、行业发展与网络用户利益的平衡。

网络服务提供者构成侵权的，是对损害的扩大部分与网络用户承担连带责任，而非独立的损害赔偿责任。

关联索引

《中华人民共和国民法典》第一千一百九十四条至第一千一百九十七条（本案适用的是 2010 年 7 月 1 日起施行的《中华人民共和国侵权责任法》第三十六条）

2010 年《中华人民共和国著作权法》第十条第一款第十二项、第四十九条

2013 年《信息网络传播权保护条例》第十四条至第十七条、第二十二条、第二十三条、第二十四条

2014 年《最高人民法院关于审理利用信息网络侵害人身权益民事纠纷案件适用法律若干问题的规定》第五条

一审：北京市石景山区人民法院（2015）石民（知）初字第 8279 号（2017 年 4 月 11 日）

二审：北京知识产权法院（2017）京 73 民终 1194 号（2019 年 6 月 20 日）

法官评析

通常的云服务提供商是指提供一种云存储服务，向用户提供服务器租赁服务，即通过集群应用、网格技术或分布式文件系统等功能，将网络中大量各种不同类型的存储设备通过应用软件集合起来协同工作，共同对外提供数据存储和业务访问功能的一个系统。其中，所有云存储的内容来自用户上传。①

当前，涉及云服务提供商的版权纠纷开始出现。特别是北京某公司与某有限公司侵害信息网络传播权纠纷案，引起了学界和实务界的普遍关注。该案侵权民事责任规则之设定，涉及当事人之间利益之平衡，亦会影响整个云计算行业的发展。②

问题在于，应如何判定云服务提供商版权侵权责任？云服务提供商的版权侵权涉及两个问题：一是云服务提供商是否应适用信息存储空间或者

---

① 参见北京某公司与某有限公司侵害信息网络传播权纠纷案，北京知识产权法院（2017）京 73 民终 1194 号民事判决书。

② 参见北京某公司与某有限公司侵害信息网络传播权纠纷案，北京知识产权法院（2017）京 73 民终 1194 号民事判决书。

提供搜索、链接服务的网络服务提供商的避风港规定，即云服务提供商是否应适用"通知—删除规则"；二是云服务提供商的注意义务的边界在哪里，应从哪些角度去考虑云服务提供商责任适用的具体规则。

一、云服务提供商是否适用"通知—删除规则"的逻辑判断

网络服务提供商应适用"通知—删除规则"，体现在《侵权责任法》第三十六条第二款规定中，即"网络用户利用网络服务实施侵权行为的，被侵权人有权通知网络服务提供者采取删除、屏蔽、断开链接等必要措施。网络服务提供者接到通知后未及时采取必要措施的，对损害的扩大部分与该网络用户承担连带责任"。

同时，在版权法领域，2006年实施的《信息网络传播权保护条例》第十四条到第十七条具体确定了网络服务提供商的"通知—删除规则"。但该"通知—删除"规则只针对提供信息存储空间或者提供搜索、链接服务的网络服务提供者。

就云服务提供商而言，是否应适用"通知—删除规则"，则是一个特别值得探讨的问题。具体而言：

首先，要明确云服务提供商的"通知—删除规则"适用《侵权责任法》第三十六条还是《信息网络传播权保护条例》。关于侵害信息网络传播权纠纷，《侵权责任法》第三十六条与《信息网络传播权保护条例》是一般性条款与特殊规定之间的关系。因此，在适用选择时，应当优先适用《信息网络传播权保护条例》，从而避免对《侵权责任法》第三十六条中一般性条款的概括适用和扩大解释。《侵权责任法》第三十六条作为一般性条款，只有在没有特别法（如《商标法》）予以适用的情形下，才可根据被诉侵权行为侵害的具体权利性质、被诉具体侵权行为等，谨慎适用。

具体到云服务提供商而言，应首先适用《信息网络传播权保护条例》及相关司法解释。只有云服务提供商不属于《信息网络传播权保护条例》第二十条至第二十三条规定的四类网络服务提供者情形，且《信息网络传播权保护条例》及相关司法解释无一般性规定的，再考虑适用《侵权责任法》第三十六条。

其次，"通知—删除规则"的制度目的不是适用于所有网络服务提供者。"通知—删除规则"（takedown notice rule）最早来源于《美国新千年

版权保护法案》（DMCA），在512条（c）网络存储服务和512条（d）搜索工具服务予以规定。① 其背后制度逻辑在于："一方面，由于数字作品在全球范围内可被轻松复制和分发，因此版权权利人为避免大规模盗版，将不愿意在互联网上提供作品；另一方面，如互联网的服务提供可能有助于侵犯版权，服务提供者因之被起诉，那么版权作品也将无法满足任何人的利益。"② 这也是由网络交互信息海量的特点决定的，要求网络服务提供商对每一条信息都事先审查既不客观也不现实。因此，利用以"通知—删除规则"为核心的避风港条款，限制服务提供者责任，确保互联网的效率继续提高，互联网上服务的种类和质量将继续扩大。③

简而言之，"通知—删除规则"是网络服务提供商特性的责任与利益的平衡器。但是，《美国新千年版权保护法案》未将"通知—删除规则"作为一种普遍适用的制度，仅适用于信息存储空间服务商和搜索、链接服务商。这是因为，只有这两类服务提供商对存储于平台上作品具有控制能力，在收到权利人的合格通知后，不但可以定位被诉信息具体位置，还可以知悉其具体的内容。因此，不管是网络自动接入服务、网络自动传输服务，还是系统缓存服务，都不具备这方面的能力。对于其而言，"通知—删除规则"就不是一种合适的利益平衡机制。

因此，就云服务提供商来讲，是否采用"通知—删除规则"，要根据其具体的服务内容，结合其技术能力、监管责任、对侵权行为的知晓程度、对侵权行为所能采取的措施等，具体分析能否产生利益平衡作用。

再次，"通知—删除规则"不适用云服务提供商服务的内容特性。如前所述，"通知—删除规则"适用于信息存储空间服务、搜索和链接服务，原因在于，平台方对信息、作品的内容具有直接控制的能力，适用"通知—删除规则"可以产生利益平衡作用。与之不同，云服务提供商提供的是云服务器的租赁服务，有其完全不同的特性：一是云服务器租赁服务不同于信息存储空间服务。从云服务的技术性质来看，云服务器提供商是通过将基础设施虚拟化，使诸如光驱、硬盘等硬件成为随网提供，这种网络

① *See* Commerce Rep.（DMCA），p. 57; S. Rep.（DMCA），p. 48.

② *See* Nimmer on Copyright § 12B. 01（2019）.

③ *See* Nimmer on Copyright § 12B. 01（2019）.

服务提供方式是一种新型服务。信息存储空间与云服务器租赁服务在网络服务中处于不同的业务流程和技术层级，信息存储空间是服务提供者利用传统模式或云计算模式，在购买或租用服务器、带宽资源后，通过接入商接入互联网，为公众提供门户平台、电商平台等服务。而云计算服务只负责提供基础设施、保障前者的合同利益，而不参与也不可能参与前者的经营活动，与前者存在本质的差异。二是云服务器租赁服务与搜索、链接服务具有明显差异，显然不能适用条例关于搜索、链接服务中"通知—删除"的相关规定，也不能简单套用到云服务提供商。三是云服务器租赁服务也不同于自动接入、自动传输和自动缓存服务。与不承担"通知—删除"义务的自动接入、自动传输服务和自动缓存服务相比，云服务器租赁服务在对具体内容控制能力层面，接近于自动接入、自动传输服务和自动缓存服务。但是，云服务器租赁服务与自动接入、自动传输服务和自动缓存服务在技术特征和行业监管规则层面仍有明显不同。四是云服务器租赁服务的特性本身也决定了难以适用"通知—删除规则"。云服务器租赁服务对于云服务器中运行的软件系统和存储的具体信息内容根本无法直接控制，在技术上不能采取"删除、屏蔽、断开链接"乃至"关停"服务器等措施。

最后，类似司法案例可以佐证云服务提供商不适用"通知—删除规则"。比如，在杭州某网络科技有限公司诉长沙某网络科技有限公司、深圳市某计算机系统有限公司侵害作品信息网络传播权一案中，法院认为，腾讯公司作为向开发者提供小程序平台服务的网络服务提供者，为小程序开发者提供的仅是架构和接入的基础性网络服务，客观上难以对小程序的内容进行审核，从技术上决定了腾讯公司无法针对开发者提供的具体服务内容采取删除、屏蔽等必要措施。①

综合上述的分析，法院应根据云服务提供商的技术能力、监管责任、对侵权行为的知晓程度、对侵权行为所能采取的具体措施等具体情况，对云服务提供商是否应当适用"通知—删除规则"作出个案化的认定。

---

① 参见杭州某网络科技有限公司诉长沙某网络科技有限公司、深圳市某计算机系统有限公司侵害作品信息网络传播权一案，浙江互联网法院（2018）浙0192民初7184号民事判决书。

二、云服务提供商注意义务边界的适用规则

如前所述，云服务提供商不属于《信息网络传播权保护条例》中规定的任何一种网络服务，问题在于应如何确定其责任边界呢？这一问题的解决思路，其本质上是相对滞后的法律如何回应技术变革带来的新问题。任何侵权规则的设计和侵权事实的认定，都是在既有法律的框架内探求个人自由与社会安全之间的合理风险配置。回顾网络服务提供者共同侵权责任的认定，无论是过错责任考量上关于明知和应知范畴的调整，还是必要措施范围和程序的细化，都是不变的法律对技术变革带来的新问题作出的回应。有如下几个因素应值得关注：

第一，要考虑云服务提供商对侵权信息的控制能力和处理能力因素，理解云服务提供商的注意义务。对于云服务提供商而言，其在技术上和商业伦理上均不能对侵权信息定位和处理。技术上而言，云服务提供商提供的是基础服务，其能够控制的范围非常底层，其提供的第一层级 IaaS 仅有技术能力对服务器进行整体关停或空间释放，对用户利用云基础设施开设的网站和网络应用总存储的信息无法直接控制。而且，商业伦理上不允许其直接控制用户数据。按照《信息安全技术云计算服务安全指南》等国家标准和行业伦理，云服务器租赁服务提供者负有极为严格的安全保护义务、保密义务和隐私保护义务，不允许其接触用户存储的信息内容，更遑论对内容进行核实、处理、删除。如果司法上苛求其针对服务器中存储信息承担核实和删除义务，会带来严重的行业伦理冲突。

因此，在这种情况下，就不能赋予其过高的审核义务，增加其不必要的负担和成本开支。

第二，以合格的通知为前提，规范云服务提供者需要承担的注意义务。"通知"的作用在于使网络服务提供者知晓其网络中存在他人上传的侵权信息。适用《侵权责任法》第三十六条第二款中的通知，有关通知的形式、内容及通知的程序可以参照适用《信息网络传播权保护条例》及其司法解释中的有关规定。

一方面，权利人发出的通知符合法律规定的合格通知要件即为合格通知，而不应对权利人提出额外的形式或内容要求；另一方面，权利人发出的通知不满足法律规定的合格通知要件即为不合格通知，不应对网络服务

提供者苛以进一步联系、核实、调查等责任。如果容忍通知缺少法律规定的要件，并要求网络服务提供者进一步联系、核实、调查，无疑使得法律对通知合格要件的规定落空，进而引发对缺失哪些要件的通知，网络服务提供者有义务进一步联系、核实、调查的争论，以及由于通知人联络渠道或专业能力不同而导致不能通过一次联络解决问题，进而讨论进一步联系、核实、调查的频次，以及核实到何种程度等问题。在《侵权责任法》对前述问题没有规定的情况下，上述要求必然使得网络服务提供者面临责任承担的不确定性。

进一步来讲，云服务提供商在经营过程中接收到大量投诉，要求其对每份不能准确表述侵权行为或难以定位侵权信息的通知主动进行联系核实，甚至是类似本案权利人没有准确描述和引导，且需要下载、安装客户端部分并通过非常规技术手段发现 IP 地址的方式进行主动调查的情况，将明显增加运营成本。故该要求既没有法律依据，也缺少合理性。同时，这样也不利于激励权利人本着对自身权利负责的态度去准备通知材料，更容易陷入调查边界等细节问题的判断，从而使得合格通知的规定完全落空。

第三，要从"通知—必要措施规则"的制度渊源和价值初衷，给予云服务提供商合理的注意义务。如前所述，美国 DMCA 规定"通知—删除规则"有其内在的制度初衷。其实，《侵权责任法》第三十六条第二款对网络服务提供者接到权利人的有效通知后应当采取的防止侵权扩大的必要措施采取了开放性态度，既考虑到权利人主张著作权、商标权或人格权等权益的性质和侵权判断难度不同，也考虑到网络服务提供者可能不仅限于提供"信息存储空间服务"和"搜索、链接服务"，接到有效通知后简单采取移除措施或其他等效措施，有可能会对提供其他性质服务的网络服务提供者或其用户的合法利益造成不当损害。对于提供其他性质服务的网络服务提供者，其在接到侵权通知后，应当在技术可能做到的范围内采取必要措施，这些措施不会使其违反普遍服务义务，在技术和经济上增加不合理的负担。因此，在规则的实施中，既要维护该规则对于网络环境下知识产权保护的基本价值，又要注意该规则对网络用户的重大影响，防止权利人滥用该规则妨碍正当日常行为。特别是，在该规则对网络服务提供者的必要措施采取了开放性规定的情况下，如何针对不同的侵权投诉场景匹配合理的必要措施就显得尤为重要。

第四，"转通知"将成为合格投诉通知场景下云服务提供商的必要措施。一方面，对必要措施的认定，应结合侵权场景和行业特点，秉持审慎、合理之原则，实现权利保护、行业发展与网络用户利益的平衡。如果简单将"删除、屏蔽或者断开链接"作为应采取的必要措施和免责事由，与行业实际情况不符。进一步来讲，鉴于信息服务业务类型不同，以及权利人主张权利内容不同，如果云服务提供商根据权利人通知即采取后果最严厉的"关停服务器"或"强行删除服务器内全部数据"措施有可能给云计算行业乃至整个互联网行业带来严重的影响，并不适当，不符合审慎、合理之原则。云服务提供商即使接到有效通知，也应当基于通知内容所能提供的信息及根据该信息所能作出的一般性合理判断，采取与其技术管理能力和职能相适应的措施。

另一方面，随着"通知—删除规则"扩张至《信息网络传播权保护条例》以外的场合，"转通知"本身具有了成为独立必要措施的价值。在不适合直接采取删除措施的情况下，转通知体现了网络服务提供者"警示"侵权人的意图，从而在一定程度上有利于防止损害后果扩大，可以成为"必要措施"从而使得网络服务提供者达到免责条件。如果权利人的通知属于合格通知，则云服务提供商应负有转通知的义务，即将权利人的投诉材料转达相关云服务器的承租人，并根据承租人收到投诉材料后的反馈情况，再行决定是否采取其他必要措施。若投诉通知合格，云服务提供商没有在合理期间内进行"转通知"，则可能不符合免责条件，进而在直接侵权成立的情况下，构成帮助侵权并因此承担侵权责任。

第五，要从"比例原则"和"效益最大化"角度考虑云服务提供商的注意义务。当前，网络服务提供者之间已经出现了层级叠加和分化的现象，如果权利人为图省事，直接找相对底层的基础服务提供者处理，而不要求直接侵权人或者离侵权行为最近的网络服务提供方尽到更多控制侵权的义务，则不利于这些服务商提升知识产权保护能力。从技术角度，云服务器提供者只能通过整体删除或者断开服务的方式来阻止侵权行为，其应对成本较高，且直接关停或整体删除，对用户的数据和日常经营会带来重大影响。如果司法鼓励这种模式，有违"效益最大化"的原则，也极有可能给用户造成的损失大于权利人被侵权的损失，有违比例原则。

第六，从激励产业发展角度，采用"通知—转通知规则"与云服务提供者的注意义务相适应。根据激励理论，对知识产权的保护，离不开对各方的有效激励。只有为网络服务提供者设定合理的注意义务，促进各方通过"成本—收益"的衡量作出理性选择，才能促进其对知识产品的传播，激发其积极性，从而带动互联网行业的繁荣发展，最终激励社会创新及创新成果的传播。从我国云计算行业的发展阶段来看，若对云计算服务提供者在侵权领域的必要措施和免责条件的要求过于苛刻，势必会激励其将大量资源投入法律风险的防范，增加运营成本，给行业发展带来巨大的负面影响。而动辄要求云计算服务提供者删除用户数据或关闭服务器，也会严重影响用户对其正常经营和数据安全的信心，影响行业整体发展。

三、结论

"通知—删除规则"行之有效的原因在于，网络服务提供商、搜索、链接服务提供者对于涉嫌侵权的信息内容具有控制能力，要求其尽到"合理义务"并无不妥，且可借助控制能力判断主观过错要件，这是互联网海量信息的特性决定的，更是"通知—删除规则"建立背后的制度逻辑。然而，云服务提供商对于侵权内容缺乏实质的控制力，这就使得"通知—删除规则"欠缺了适用的土壤，不能简单类比其他服务提供商。除此之外，不管从制度渊源和价值初衷，还是从"比例原则"、效益最大化以及激励产业发展的角度，合格通知应成为合理注意义务的判断基础，转通知作为云服务提供商的必要合理措施也符合其服务特性和产业发展规律。

二审法院合议庭成员　陈锦川　冯　刚　宋　鹏

编写人　冯　刚

28. 湖南某公司诉甲某公司侵害作品信息网络传播权纠纷案

——搜索、链接服务提供者主观过错的认定

关键词 信息网络传播权 服务器标准 主观过错 主动链接
被动链接

基本案情

湖南某公司一审诉称：湖南某公司经授权获得综艺节目《天天向上》（20101224、20101217、20101210、20101203、20101126、20101119、20101105、20101029、20101022、20101008）的独家信息网络传播权。"清华同方灵悦3智能电视宝"由甲某公司生产，该产品设置了影视点播功能，用户可以通过该智能电视宝点播涉案节目，湖南某公司对相关情况进行了公证保全。甲某公司的上述行为未经湖南某公司授权，侵犯了湖南某公司的合法权益，请求法院判令甲某公司：（1）停止使用"清华同方灵悦3智能电视宝"对综艺节目《天天向上》提供在线播放服务；（2）赔偿经济损失8万元。

甲某公司一审辩称：第一，对《天天向上》的权属有异议，授权了未来作品，涉案作品在授权之后产生。第二，侵权公证书不合法、不真实，公证的地点为湖南某公司代理人律师事务所的办公室，未对互联网链接环境进行清洁性检查，显示有外接设备，但公证书并未说明是什么外接设备，同时录像未显示电视机盒子，因此公证书不具有合法性。第三，电视机盒子是硬件产品，具有非侵权用途，甲某公司提供电视机盒子不构成侵权。第四，涉及兔子视频软件，该软件的开发商是案外第三人，应当有该

第三人参加诉讼；涉案作品由其他门户网站链接过来，查明直接侵权与否，是确定侵权责任的前提。第五，信息网络传播权应适用服务器标准。第六，停止播放行为甲某公司无法实现，因此该诉讼请求不适用于甲某公司。因此，不同意湖南某公司的全部诉讼请求。

一审法院经审理查明：

2006 年 6 月 15 日，湖南电视台出具《授权书》，将其所属卫星频道的自有版权及经合法授权的电视节目内容和品牌资源（包括但不限于电影、电视剧、音乐、大型活动、综艺节目等）的开发经营权，在下列领域内授权给湖南某公司独家经营：（1）与互联网有关的权利，包括视音频播放、下载，虚拟社区，互联网广告，博客，播客，游戏开发等；（2）电信增值业务权利，包括短信、彩信、彩铃、声讯、WAP 等业务；（3）与节目和品牌相关的实物产品开发，包括卡通玩具、工艺品等。授权期限为 10 年，自 2006 年 6 月 30 日起至 2016 年 6 月 30 日止。

2007 年 9 月 28 日，湖南电视台出具《说明书》，表示其已于 2006 年 6 月将其自有版权的电视节目和电视剧的信息网络传播权独家授予湖南某公司，期限自 2006 年 6 月 30 日起至 2016 年 6 月 30 日止。未经湖南某公司书面许可，任何人、任何网站不得以任何形式在互联网上使用、传播湖南电视台享有版权的电视节目和电视剧。

2010 年 1 月 25 日，湖南省人民政府发布湘政函（2010）34 号文件，撤销湖南广播影视集团、湖南人民广播电台、湖南电视台、湖南经济电视台，组建湖南广播电视台。

2011 年 3 月 7 日，湖南广播电视台出具《说明书》，说明前述《授权书》和《说明书》均表示湖南电视台已将其自有版权的作品（包括电视节目、电视剧、电影、音乐、大型活动等）的信息网络传播权独家授权给了湖南某公司，期限自 2006 年 6 月 30 日起至 2016 年 6 月 30 日止。其中，在授权期限之前湖南电视台已经享有版权的作品，以及授权期限之内湖南电视台或湖南广播电视台享有版权的作品均在授权范围之内。此外，以该台申请办理著作权登记证书的《天天向上》等作品的独家信息网络传播权均由湖南某公司享有。

2010 年 11 月 4 日和 2011 年 7 月 30 日，湖南省版权局分别为作品《天天向上》88 期（2009.1.2—2010.10.22）、32 期（2010.10.29—2011.7.1）颁

发了著作权登记证书。其中显示：作品类型，电视作品；作者，湖南广播电视台；著作权人，湖南广播电视台；作品完成日期分别为 2010 年 10 月 22 日、2011 年 7 月 1 日。

2013 年 8 月 22 日，北京市中信公证处对唐某从互联网上在线购买"清华同方灵悦 3 智能高清播放器"以及接收过程进行保全证据，据此作出的公证书显示：

在清华同方网站（网址：www. tongfangpc. com）关于"灵悦 3 系列智能电视宝 HD200"的介绍内容中，包括有"海量高清片源""智能检索、轻松呈现""海量安卓应用"等介绍，其中"海量高清片源"项下显示"灵悦·智能电视宝独创的兔子视频平台，聚合了优酷、土豆、搜狐等 17 家主流的在线视频网站，拥有超过百万的正版视频资源……"等内容。

另进入天猫 TMALL. COM（网址：www. tmall. com），在"清华同方电脑旗舰店"关于"清华同方灵悦 3 安卓智能高清播放器"产品下方的"常见问题"中显示"灵悦 3 是由清华甲某公司推出的一款高清网络播放器……灵悦 3 预置了强大的播放应用：兔子视频，它聚合了优酷、搜狐、乐视等 17 家主流的在线视频网站资源，一站看遍全网视频……"等内容。

公证购买后，收到的包裹内装有"清华同方灵悦 3 智能电视宝"高清媒体播放器一台，价格为 399 元，该播放器封存于公证处。公证书后附的播放器外观照片显示，该播放器包装盒上显示"功能特性：独家开发的兔子视频平台带来全新网络视频观看体验……公司名称：甲某公司"。

2013 年 9 月 12 日，经北京市恒德律师事务所申请，北京市中信公证处对其代理人使用"清华同方灵悦 3 智能电视宝"高清媒体播放器（于 2013 年 8 月 22 日公证购买后封存于公证处）播放影片的过程进行公证。

公证书所附光盘显示操作过程显示：选择"兔子桌面"，点击"兔子视频 2.0"进入兔子视频界面，点击界面左侧的"影视分类"，选择"综艺""2011"，在界面右侧的影视作品海报中翻找并选中涉案节目，跳出页面中显示涉案节目主演、类型及简介等，点击"分集"，可播放涉案节目相应内容。点击上述剧集后，页面左侧显示"兔子视频 HD2.0"，右侧显示"正在分析接入点……""youku"标识及进度条，并显示优酷网页面。

甲某公司提交了（2014）京海诚内民证字第（2437）号公证书、（2014）京海诚内民证字第（2438）号公证书、（2014）京海诚内民证字第

（2439）号公证书等证据，用于证明兔子视频软件版权归属于案外人北京某公司，与甲某公司无关，且甲某公司仅制作硬件，涉案产品为微型计算机，对点播涉案节目的行为没有主观过错；甲某公司产品本身不能播放视频，具有实质性非侵权用途，其用途选择、播放软件安装及播放内容选择均系用户行为；并且其他同类硬件产品也可以使用兔子视频软件播放涉案节目。

一审法院经审理认为：

根据现有证据，能够证明湖南某公司在授权范围及授权期限内获得了涉案节目（以类似摄制电影的方法创作的作品）的独占性信息网络传播权，有权限制他人营利性使用。甲某公司未经许可，将兔子视频软件预置在涉案产品中并置于开机桌面向用户推荐，使消费者在首次开机时即可使用兔子视频播放涉案节目，并将兔子视频及其播放影视作品的功能作为涉案产品的宣传，未尽到合理审查义务，构成侵权，应当承担侵权责任。甲某公司辩称其仅为硬件生产商、涉案产品具有实质性非侵权用途等，于法无据，一审法院不予采信。对于赔偿数额，一审法院综合考虑涉案节目情况、侵权情节等酌情予以确定，不再全额支持湖南某公司的主张。综上，一审法院判决如下：一、自本判决生效之日起，甲某公司停止侵权；二、自本判决生效之日起十日内，甲某公司赔偿湖南某公司经济损失15000元；三、驳回湖南某公司的其他诉讼请求。

甲某公司不服一审判决，在法定期限内向北京知识产权法院提起上诉称：

（1）一审判决存在程序违法情形。因被诉内容均系通过兔子视频而获得，故针对被诉行为的相关责任应由兔子视频软件开发者承担。虽然用户使用涉案机顶盒可以下载并使用兔子视频软件，但我公司仅是机顶盒这一硬件产品的提供者，并非兔子视频软件的开发者，故应追加兔子视频的开发者作为第三人参加诉讼，我公司在一审程序中曾提出这一申请，但一审法院对此未予处理，一审法院这一做法构成程序违法。

（2）一审判决存在事实认定错误情形。被诉机顶盒产品中并未预置兔子视频软件，该软件系由用户自行下载，但一审法院认定被诉机顶盒产品中预置了该软件，这一认定属于认定事实错误。

（3）一审判决存在适用法律错误情形。①我公司提供的涉案机顶盒产品具有实质性非侵权用途，用户既可以通过该产品获得被诉内容，亦可以使用其他功能。因此，我公司向用户提供机顶盒产品的行为不构成侵权。②被诉内容均系通过兔子视频软件而获得，但我公司仅是机顶盒产品的提供者，并未开发并向用户提供兔子视频，因此，我公司不应对兔子视频提供被诉内容的行为承担责任。③被诉内容并未存储在兔子视频的服务器中，因此，兔子视频提供的仅是链接服务，而非信息网络传播行为。对于搜索、链接服务提供者而言，只有在被链接网站提供的内容系未经著作权人许可，且该搜索、链接提供者主观具有过错的情况下，其才有可能承担侵权责任，但本案并不符合上述情形。据此，即便我公司应对与兔子视频相关的行为承担责任，针对被诉行为而言，我公司亦不应承担侵权责任。

综上，一审判决认定事实及适用法律有误，且程序违法，故请求二审法院依法予以撤销，并判决驳回被上诉人一审的全部诉讼请求。

被上诉人湖南某公司辩称：兔子视频提前预置在被诉机顶盒中，在提供被诉内容的过程中，页面并未跳转，网络用户会认为系由兔子视频提供的被诉内容，因此，兔子视频的行为属于信息网络传播行为，而非搜索、链接服务行为。因该行为并未获得我公司许可，故其构成对我公司著作权的直接侵犯。一审判决认定事实清楚，适用法律正确，请求法院依法予以维持。

对于一审判决查明的事实，除上诉人对于被诉机顶盒中是否预置兔子视频这一事实提出异议外，其他事实双方当事人均无异议，故对于其他事实二审法院予以确认。

二审法院补充查明如下事实：

一审过程中，上诉人甲某公司申请追加北京某公司为第三人参加诉讼，理由为兔子视频系由北京某公司开发运营，追加北京某公司有利于查明案件事实。一审法院根据在案证据，在一审庭审时驳回了甲某公司追加北京某公司作为第三人参加诉讼的申请。

根据涉案公证书显示，被诉机顶盒中使用兔子视频获得涉案节目的具体过程如下：

第一步：打开机顶盒，进入主页；

第二步：点击"兔子视频2.0"，进入兔子视频界面；

第三步：点击界面左侧的"影视分类"，选择"综艺""2011"；

第四步：在界面右侧的影视作品海报中翻找并选中涉案节目，点击进入该节目页面，页面中显示涉案节目主演、类型及简介等；

第五步：点击"分集"，选择具体剧集并点击，进入跳转页面；

第六步：播放涉案节目相应内容。

双方当事人均认可被诉内容系点击列表中具体选项而获得，并非通过搜索获得。上诉人甲某公司虽表示不同内容的播放源有所不同，且数量亦有差异，但认可仅涉及有限的几家网站。

此外，被上诉人湖南某公司明确表示，其在本案中所起诉的行为是上诉人甲某公司通过在其生产的机顶盒中绑定兔子视频软件向用户提供被诉内容的行为。

北京市海淀区人民法院于 2014 年 6 月 22 日作出（2014）海民（知）初字第 19960 号民事判决：一、自本判决生效之日起，甲某公司停止侵权；二、自本判决生效之日起十日内，甲某公司赔偿湖南某公司经济损失 15000 元；三、驳回湖南某公司的其他诉讼请求。宣判后，甲某公司提起上诉。北京知识产权法院于 2015 年 10 月 15 日作出（2015）京知民终字第 559 号民事判决：驳回上诉，维持原判。

裁判理由

法院生效裁判认为：

一、一审判决是否存在认定事实错误的情形

上诉人主张一审判决中认定涉案机顶盒中预置了兔子视频，该认定事实错误。对此，二审法院认为，本案被诉行为是上诉人在涉案机顶盒中绑定兔子视频，并通过兔子视频向用户提供被诉内容的行为。因无论机顶盒中兔子视频系由上诉人事先预置，还是基于页面中的提示而由用户下载安装，都不能否认涉案机顶盒中绑定兔子视频这一事实的存在，涉案机顶盒中是否预置兔子视频软件这一事实对于被诉行为性质的认定并无影响，故该事实在本案中无认定必要，上诉人这一上诉主张不能成立，二审法院不予支持。

二、一审判决是否存在适用法律错误的情形

（一）上诉人是否应为提供涉案机顶盒的行为承担责任

上诉人主张，涉案机顶盒具有实质性非侵权用途，因此，上诉人提供机顶盒产品的行为并无不当。对此，二审法院认为，本案中被上诉人指控上诉人实施的行为是上诉人"在其所提供的机顶盒中绑定兔子视频从而使用户获得被诉内容的行为"，而非提供涉案机顶盒的行为，因此，一审判决中对于提供涉案机顶盒行为的性质未予评述并无不当。在此基础上，二审法院进一步认为，在被诉行为中，机顶盒仅仅起工具的作用，其是否具有非侵权用途，对被诉行为性质的认定亦并不会产生影响。据此，上诉人该上诉主张不能成立，二审法院不予支持。

（二）上诉人是否应对兔子视频提供的被诉内容承担责任

本案被诉行为是上诉人在其机顶盒上绑定兔子视频软件以向用户提供被诉内容的行为，因兔子视频提供被诉内容的行为构成侵权是被诉行为构成侵权的前提，故二审法院现首先对此予以评述。

1. 信息网络传播行为的认定标准

本案中，被上诉人主张兔子视频中所提供的被诉内容在整个过程中并未跳转到被链接网站，这一情形使得网络用户会认为被诉内容系由兔子视频提供，因此，该行为系信息网络传播行为。但上诉人则主张，兔子视频的服务器中并未存储被诉内容，因此，兔子视频提供者实施的并非信息网络传播行为，而是搜索、链接服务提供行为。

双方当事人上述分歧的实质在于信息网络传播行为的用户感知标准与服务器标准之争。被上诉人主张采用用户感知标准，而上诉人则主张采用服务器标准。用户感知标准是指，判断被诉行为是否为信息网络传播行为，应考虑网络用户的感知，如果被诉行为使得用户认为被诉内容系由上诉人提供，即应认定上诉人实施了信息网络传播行为。该标准通常考虑的是被诉行为的外在表现形式，至于被诉内容是否存储于上诉人服务器中则在所不论。服务器标准则是指，判断被诉行为是否为信息网络传播行为，应考虑的是被诉内容是否存储于上诉人的服务器中。无论被诉行为的外在

表现形式是否使得用户认为被诉内容系由上诉人提供，只要被诉内容未存储在上诉人服务器中，就不应认定上诉人实施了信息网络传播行为。需要指出的是，此处的"服务器"系广义概念，泛指一切可存储信息的硬件介质，既包括网站服务器，亦包括个人计算机、手机等。

对于信息网络传播行为标准的确定，应以其文字含义及立法渊源为基础。《著作权法》第十条第一款第十二项规定，信息网络传播权，即以有线或者无线方式向公众提供作品，使公众可以在其个人选定的时间和地点获得作品的权利。该规定将信息网络传播行为特征限定于"提供行为"，但至于何种行为属于"提供行为"，提供行为应采用服务器标准，还是用户感知标准，其并未涉及。《最高人民法院关于审理侵害信息网络传播权民事纠纷案件适用法律若干问题的规定》（以下简称《网络著作权司法解释》）及《著作权法实施条例》《信息网络传播权保护条例》对此亦均未予涉及。

在法律无明确规定的情况下，对于法律规定的具体理解，可参考该规定的立法渊源。《著作权法》第十条第一款第十二项系我国履行国际公约义务的结果，源于世界知识产权组织1996年12月20日通过的《世界知识产权组织版权公约》（WCT）。该公约第八条规定，"在不损害伯尔尼公约有关条款规定的情况下，'文学和艺术作品的作者应享有专有权，以授权将其作品以有线或无线方式向公众传播，包括将其作品向公众提供，使公众中的成员在其个人选定的地点和时间可获得这些作品'"。该条款整体是针对传播权的规定，但其后半句系我国《著作权法》中信息网络传播权的来源。

这一立法渊源表明对于《著作权法》第十条第一款第十二项中"提供行为"的理解，WCT缔结过程中的相关文件具有参考意义。关于WCT的"基础提案"在针对WCT草案第十条（最终通过的文本中为第八条）的说明中指出，构成向公众提供作品的行为是提供作品的"初始行为"（the initial act of making the work available），而不是单纯提供服务器空间、通讯连接或为信号的传输或路由提供便利的行为（the mere provision of severe space, communication connections, or facilities for carriage and routing of signals)。①因该文件对于条约的解释具有很高的权威性，故依据上述记载，该条款中的"提供"行为指向的是"最初"将作品置于网络中的行为，亦即将作品上传至服务器的行为，而非提供信息存储空间、链接以及接入设备等行为。基于此，《著作权法》第十条第一款第十二项所规定的信息网络传播行为亦应指向的是最初将作品置于服务器中的行为。可见，我国《著作权法》中信息网络传播行为的确定标准应是服务器标准，而非用户感知标准。

在司法实践中，亦曾经长期存在服务器标准与用户感知标准的分歧。2003 年的华纳公司诉世纪悦博公司案是最早体现出上述分歧的案件。该案中，涉案歌曲并不存储于被告世纪悦博公司经营的 CHINAMP3 网站，但网络用户可以通过逐级点击的方法在被告网站上直接获得涉案歌曲的下载，整个过程并不进入第三方网站。对于该行为是否可以被认定构成信息网络传播行为，北京市第一中级人民法院采用了用户感知标准，指出因该过程并不进入第三方网站，其足以使网络用户认为提供歌曲下载服务者提供者为 CHINAMP3 网站，故被告行为构成信息网络传播行为。②

但北京市高级人民法院在该案的二审中则采用了服务器标准，认为世纪悦博公司虽然以逐层递进的方式引导用户下载，但其不能完全控制被链接网站的资源，一旦被链接网站网址发生变化或者网站采取加密等限制访问措施，访问要求就会被拒绝。世纪悦博公司没有复制、向公众传播被链接的录音制品，因此，世纪悦博公司在该案中所提供的服务本质上依然属于链接通道服务。③

此后的相当长时期内，两种做法在案件中均有所体现。例如，在 2007 年的梦通公司诉衡准公司案④中，北京市海淀区人民法院采用用户感知标准，指出衡准公司在给出查询结果之后，不仅提供相应的摘要信息，还通过技术手段将作品的内容直接展示在自己的网页上，衡准公司已经成为网

---

① 世界知识产权组织：《供外交会议考虑的〈有关保护文学艺术作品特定问题的条约〉实体条款的基础提案》，第 10.10 段［WIPO, Basic Proposal for the Substantive Provisions of the Treaty on Certain Questions Cencerning the Protection of Literary and Artistic Works to be considered by the Diplomatic Conference (1996), para 10.10]。

② 参见北京市第一中级人民法院（2003）一中民初字第 12189 号民事判决书。

③ 参见北京市高级人民法院（2004）高民终字第 1303 号民事判决书。

④ 参见北京市海淀区人民法院（2007）海民初字第 25153 号民事判决书。

络内容提供者，不再是搜索服务提供者。

但北京市高级人民法院自始至终采用的均为服务器标准。如在 2007 年的泛亚公司诉百度公司案①中，法院认为，虽然用户在百度网页下即可获得涉案歌曲，无须进入被链接网站页面，但因百度网站的服务器上并未上载或储存被链接的涉案歌曲，故其所提供的是定位和链接服务，并非信息网络传播行为。

目前，这一分歧局面逐渐开始统一，越来越多的案件中采用了服务器标准。这一做法不仅体现在北京市各级法院审理的案件中，最高人民法院对此亦予以认同。

在 2009 年审结的慈文公司诉海南网通公司案②中，最高人民法院指出，慈文公司提交的公证书中显示，通过互联网进入海南网通公司网站，点击其首页的"影视频道"，即可在进入的页面上进行操作观看电影《七剑》。进入的网页上并无任何信息可以表明该网页属于第三方所有。海南网通公司如欲证明该网页仅是其链接的第三方网站，其应提交相关证据。在海南网通公司未提供相关证据的情况下，其关于仅提供链接服务的抗辩不能得到支持。该案中，法院虽无服务器标准的明确表述，但该标准实为其暗含之义。亦即，被告只有证明被诉内容并未存储于其服务器中，方能证明其所提供的是链接服务。

在 2011 年审结的肇庆数字文化网数字影院案③中，最高人民法院则明确指出应适用服务器标准。法院认为，因肇庆数字文化网数字影院所播放的涉案四部影片并未存储在该网站的服务器上，因此，肇庆市广电局、肇庆市图书馆向用户提供的是相关链接服务。

在 2012 年审结的前文提及的泛亚公司诉百度公司案的二审④中，最高人民法院亦对一审法院所采用的服务器标准予以认同。其指出，百度公司网站提供 MP3 下载，虽然整体过程并不脱离百度公司网站的页面，但其并非我国《著作权法》及《信息网络传播权保护条例》所规定的通过信息网络提供他人作品的行为，而属于提供信息定位服务。

① 参见北京市高级人民法院（2007）高民初字第 1201 号民事判决书。
② 参见最高人民法院（2009）民提字第 17 号民事判决书。
③ 参见最高人民法院（2011）民申字第 686 号民事裁定书。
④ 参见最高人民法院（2009）民三终字第 2 号民事判决书。

此后，2013 年 1 月 1 日生效施行的《网络著作权司法解释》第三条规定，网络用户、网络服务提供者未经许可，通过信息网络提供权利人享有信息网络传播权的作品、表演、录音录像制品，除法律、行政法规另有规定外，人民法院应当认定其构成侵害信息网络传播权行为。通过上传到网络服务器、设置共享文件或者利用文件分享软件等方式，将作品、表演、录音录像制品置于信息网络中，使公众能够在个人选定的时间和地点以下载、浏览或者其他方式获得的，人民法院应当认定其实施了前款规定的提供行为。该规定中虽并无服务器标准的明确表示，但因"置于信息网络中"通常应被理解为置于服务器中，因此，结合最高人民法院相关判决，不难理解出服务器标准这一含义。

综上，二审法院认为，无论是基于对《著作权法》第十条第一款第十二项立法渊源的理解，还是基于司法实践中的做法，对于信息网络传播行为的理解均应采用服务器标准，而非用户感知标准。

2. 兔子视频提供被诉内容的行为是否属于信息网络传播行为

由前文分析可知，判断兔子视频提供被诉内容的行为是否属于信息网络传播行为，关键因素在于被诉内容是否存储于兔子视频的服务器中，而对这一事实则应结合证据予以认定。本案中，虽然用户通过点击兔子视频页面中的相关图标即可进入播放页面，该播放页面系全屏显示，并未被嵌入在被链接网站的页面下，但不可忽视的是，在这一过程中，存在一个跳转页面，该页面中显示有被链接网页。为确认针对不同内容以及不同网站，该跳转页面并不相同，庭审中上诉人对于这一过程进行了多次演示。通过演示可以看出，点击不同内容所跳转的页面涉及不同网站的不同页面，因被上诉人对于这一演示过程与涉案公证过程具有一致性表示认可，故二审法院认为兔子视频提供的被诉内容系来源于其他网站，而非来源于兔子视频的服务器。据此，上诉人认为兔子视频提供被诉内容的行为属于链接服务提供行为的主张成立，二审法院予以支持。被上诉人认为该行为属于信息网络传播行为的主张不能成立，二审法院不予支持。

3. 兔子视频提供的链接服务行为是否构成侵权行为

《民法通则》第一百三十条规定："二人以上共同侵权造成他人损害的，应当承担连带责任。"《侵权责任法》第九条规定："教唆、帮助他人实施侵权行为的，应当与行为人承担连带责任。"第三十六条规定："网络服务提供者知道网络用户利用其网络服务侵害他人民事权益，未采取必要措施的，与该网络用户承担连带责任。"《信息网络传播权保护条例》第二十三条规定："网络服务提供者为服务对象提供搜索或者链接服务，在接到权利人的通知后，根据本条例规定断开与侵权的作品、表演、录音录像制品的链接的，不承担赔偿责任；但是，明知或者应知所链接的作品、表演、录音录像制品侵权的，应当承担共同侵权责任。"《网络著作权司法解释》第七条规定："网络服务提供者明知或者应知网络用户利用网络服务侵害信息网络传播权，未采取删除、屏蔽、断开链接等必要措施，或者提供技术支持等帮助行为的，人民法院应当认定其构成帮助侵权行为。"

本案中，兔子视频提供的链接服务虽并不构成直接侵犯信息网络传播权的行为，但因其客观上对于被链接网站内容的传播起到了帮助作用，故依据上述规定，该行为将可能构成共同侵权行为。结合上述法律规定以及共同侵权制度相关法理，二审法院认为判断该行为是否构成共同侵权行为，应考虑如下因素：

（1）被链接网站实施的信息网络传播行为是否构成直接侵权行为。本案中，因被上诉人明确表示其并未许可任何网站对于被诉内容进行信息网络传播，而上诉人并未提交相反证据，故基于在案证据，二审法院认定被链接网站中对于被诉内容的传播系未经许可的传播行为，构成直接侵犯信息网络传播权的行为。

（2）兔子视频提供者是否"明知"或"应知"被链接网站提供的内容未经权利人许可。依据上述法律规定，搜索、链接服务提供者等网络服务提供者承担共同侵权责任的主观要件为"明知或应知"。其中，"明知"是指网络服务提供者明确知晓其所链接的作品、表演、录音录像制品构成侵权。"应知"则是指网络服务提供者虽不明确知晓所链接的作品、表演、录音录像制品构成侵权，但依据现有证据足以合理推知其应当知晓被链接网站的传播行为属于未经权利人许可进行的传播行为。

本案中，因被上诉人并未向兔子视频提供者发送侵权通知，亦无其他证据证明兔子视频提供者存在明知的情形，因此，本案中尚无法认定兔子视频提供者存在明知的情形。据此，本案的关键在于认定兔子视频提供者是否存在应知的情形。在考虑如下因素的情况下，二审法院对此持肯定态度。

其一，兔子视频提供者客观上具有"接触"到被诉内容或与之相关信息的可能性。

搜索、链接服务提供者主观过错的认定系以其对被链接网站直接侵权行为的主观认知为基础。通常而言，只有在接触到被链接网站中相关内容的情况下，其才可能对于该内容是否构成侵权具有认知，故认定搜索、链接服务提供者具有主观过错的前提条件应为其客观上对于被链接内容或相关信息具有接触的可能性。

本案中，由查明的事实可知，兔子视频提供者对于被链接内容进行了编辑整理，制作了节目列表，并同时提供节目介绍，被诉内容即是被上诉人通过在上述节目列表中进行翻找而获得。上述编辑结果中，虽列表形式存在由程序自动生成的可能性，但节目介绍页面通常是人工编辑的结果。因在人工编辑过程中，兔子视频提供者必然会接触到被编辑整理的内容，而即便对于自动生成的节目列表，兔子视频提供者在对网站网页进行日常维护时亦会对载有这些信息的网页有所了解。据此，无论属于何种情形，兔子视频提供者对于被诉内容或与之相关的信息均具有接触的可能性，其应知晓被链接的内容中存在被诉内容。

其二，兔子视频提供者对于被链接网站中被诉内容是否构成侵权具有"认知能力"。

因现有网络环境中同时存在合法传播与非法传播的内容，故搜索、链接服务提供者知晓被链接网站中存在被诉内容，并不足以认定其知晓被链接内容系非法传播内容，还应进一步考虑其对于被诉内容构成侵权是否具有认知能力。如搜索、链接服务提供者对此具有认知能力，则可认定其主观具有过错。而对于认知能力的确定，则在很大程度上取决于具体的"链接方式"及"被链接内容的性质"。

就链接方式而言，相对于被动的全网搜索、链接服务提供行为，主动的定向链接服务行为（即提供者对于被链接内容进行主动整理编排，且其链接仅指向少量有限网站）提供者应负有更高的认知义务。这一认知义务的具体内容，在相当程度上受到被链接内容性质的影响。通常而言，如果被链接内容是影视类作品，则链接服务提供者有义务对被链接网站传播的内容是否属于正版传播内容进行了解，并应尽可能将其链接服务指向正版的链接网站。这一了解渠道包括多种方式，既包括向权利人询问，亦包括向集体管理组织或被链接网站询问，以及从公开网络信息中查询，等等。如果链接服务提供者尽到上述了解义务，则即便其最终链接到的内容确非合法传播的内容，仍应认定其主观不具有过错。

之所以作此认定，系考虑到主动定向链接中，链接服务提供者进行的选择、编排或整理等系基于网络用户的用户体验考虑而主动设置，这一做法一方面会为网络用户提供更具有针对性的指引，使得搜索、链接网站具有更大的用户黏性，并进而为其带来更多的经济利益；另一方面会在被链接网站的行为构成侵权的情况下，对权利人造成更大的损害。而上述情形对于被动全网链接显然均不存在，在此情况下，如认定主动定向链接提供者与被动全网链接提供者具有相同的认知义务，显然有失公平。

对于被链接内容而言，影视类作品与其他类型的作品有所不同，权利人虽亦会授权网站予以传播，但此类内容的权利人数量并不多，且被授权的正版网站的数量通常较为有限，因此，即便要求主动定向链接服务提供者应对于上述作品的正版网站有所认知，并尽量做到仅提供针对正版网站的链接，亦不会为其带来过重的负担。反之，如果不对其赋予这一义务，则很可能出现的情形是，即便主动定向链接服务提供者知道被链接内容并非合法传播，但因其对这一情形并无了解的义务，故其仍会主张其主观并不知道，而著作权人客观上亦很难要求其对该情形予以了解，从而无法证明其主观具有过错，客观上使得著作权人虽受到损害，但却无法获得保护。据此，对于主动定向链接服务提供者赋予上述义务较为合理。

本案中，由查明事实可知，兔子视频提供者对被链接内容进行了编辑整理，且针对被整理编辑内容仅提供指向有限几家网站的链接，因此，兔子视频提供的是主动定向链接服务，而非被动全网链接服务。鉴于此，兔子视频软件提供者对于被链接内容是否属于合法传播的行为，应负有较高的认知义务。因被链接内容属于影视作品，兔子视频提供者在提供主动定向链接的情况下，应对于被链接内容是否属于合法授权的内容有所了解。鉴于现有证据无法证明兔子视频提供者实施了上述行为，因此，二审法院合理认定兔子视频提供者未尽到其应有的认知义务。

综上，鉴于兔子视频提供者知晓被链接网站中存在被诉内容，其对于该内容是否为合法传播负有认知义务，因此，在被诉内容系未经被上诉人许可而传播的情况下，兔子视频提供者应对此有所认知，但却仍然提供被诉内容的链接服务，其主观状态属于应知，故该行为构成共同侵权行为。

（三）上诉人是否应为兔子视频提供被诉内容的行为承担责任

上诉人主张，因其并非兔子视频的开发及提供者，故不应对兔子视频中的被诉内容承担责任。在考虑以下因素的情况下，对于上诉人这一主张，二审法院不予支持。

首先，现有证据不足以证明上诉人并非兔子视频的开发及提供者。由查明的事实可知，上诉人生产的涉案机顶盒中明确标注"功能特性：独家开发的兔子视频平台带来全新网络视频观看体验……公司名称：甲某公司"，该标注表明上诉人向社会公众公示其系兔子视频的开发者。虽然被上诉人提交了北京某公司出具的《授权书》，其中显示北京某公司为兔子视频的开发者，其仅仅是许可上诉人使用该软件，该证据作为法人出具的证明，依据《最高人民法院关于适用〈中华人民共和国民事诉讼法〉的解释》第一百一十五条的规定，应当由单位负责人及制作证明材料的人员签名或者盖章，并加盖单位印章。但该证明仅有公司盖章，并无单位负责人及制作证明材料的人员的签名或签章，该证据不符合此类证据的法定要件，故对其真实性二审法院无法确认。在此情况下，二审法院进一步认为，即便其真实性可以确认，但该证据的证明力显然低于公证购买产品上的标注，在该证据与产品标注中的信息有矛盾的情况下，产品标注更具有证明力。

其次，即便上诉人并非开发及提供者，但至少可以肯定的是，基于兔子视频提供者出具的证明、公证产品上的上述标注等情形，二审法院足以认定上诉人与兔子视频提供者就传播内容方面具有密切合作关系。《网络著作权司法解释》第四条规定，"有证据证明网络服务提供者与他人以分工合作等方式共同提供作品、表演、录音录像制品，构成共同侵权行为的，人民法院应当判令其承担连带责任"。依据上述规定可知，在具有内容合作关系的情况下，网络服务提供行为构成共同侵权行为。据此，本案中，即便上诉人并非兔子视频软件的提供者，其行为亦同样构成共同侵权行为，应承担相应民事责任。

综上，在二审法院已认定兔子视频提供被诉内容的行为构成共同侵权行为的情况下，上诉人应对该行为承担相应民事责任。上诉人认为其不应承担相应责任的上诉理由不能成立，二审法院不予支持。

三、一审判决是否存在程序违法的情形

上诉人主张其并非兔子视频软件提供者，但一审法院未将兔子视频软件提供者追加为第三人参加本案诉讼，构成程序违法。对此，二审法院认为，因二审法院已认定上诉人为兔子视频软件开发及提供者，因此，本案中无须再追加其他民事主体参加本案诉讼。

在此基础上，二审法院进一步认为，即便上诉人并非兔子视频软件开发及提供者，一审法院亦无须追加兔子视频软件提供者参加本案诉讼。原因在于，虽然与兔子视频软件提供行为相关的事实确会对上诉人行为性质的认定产生实质影响，但法院可以通过举证责任分配来查明相关事实，故兔子视频软件提供者不参加本案诉讼并不会影响对该事实的查明。因此，一审法院未追加兔子视频软件提供者作为第三人参加诉讼并无不当，上诉人据此认为该做法构成程序违法的主张不能成立。

此外，由一审法院的庭审笔录可以看出，对于上诉人的这一申请，一审法院已予以答复，故上诉人认为一审法院对其申请未予处理，从而构成程序违法的主张亦不能成立，二审法院不予支持。

裁判要旨

主动提供定向链接的网络服务提供者负有较高的注意义务。如被链接内容是影视作品，则链接服务提供者有义务对被链接网站传播的内容是否属于正版传播内容进行了解，并应尽可能将其链接服务指向正版的链接网站。如果提供者尽到上述了解义务，即便其最终链接到的内容确非合法传播的内容，亦不因此而认定链接服务提供者主观具有过错。

关联索引

2010 年《中华人民共和国著作权法》第十条第一款第十二项

2009 年《中华人民共和国民法通则》第一百三十条

《中华人民共和国侵权责任法》第九条、第三十六条

2013 年《信息网络传播权保护条例》第二十三条

2013 年《中华人民共和国民事诉讼法》第一百七十条第一款第一项

《最高人民法院关于审理侵害信息网络传播权民事纠纷案件适用法律若干问题的规定》第三条、第四条、第七条

一审：北京市海淀区人民法院（2014）海民（知）初字第 19960 号（2014 年 6 月 22 日）

二审：北京知识产权法院（2015）京知民终字第 559 号（2015 年 10 月 15 日）

法官评析

本案的审理焦点之一在于搜索、链接提供者主观过错的认定。依据《信息网络传播权保护条例》第二十三条规定，搜索、链接服务的提供者承担共同侵权责任的主观要件为"明知或应知"，即"明知或者应知所链接的作品、表演、录音录像制品侵权"。

"明知"与"应知"均指的是搜索、链接服务提供者对于被链接的作品、表演、录音录像制品是否侵权的一种主观状态。"明知"系指搜索、链接服务提供者明确知晓被链接内容为侵权内容。"应知"则系指虽无证据证明搜索、链接服务提供者确切知晓被链接内容构成侵权，但依据其所具有的认知能力及所负有的注意义务，其应当意识到该被链接内容构成侵权。

鉴于主观明知具有相当高的认定标准，因此，其对证据有严格要求。实践案件中的明知证据通常系权利人发出的侵权通知。但应注意的是，并非权利人发出通知即可认定搜索、链接服务提供者为主观明知，还应看其是否符合其他要件。如果该侵权通知无法使搜索、链接服务提供者对侵权内容进行准确定位，从而无法明确知晓哪些被链接内容构成侵权，或者被链接内容本身并不构成对权利人信息网络传播权的侵犯，则均无法认定搜索、链接服务提供者主观为明知。

具体到本案，因并无证据证明存在"明知"情形，因此，本案主要在于确定兔子视频提供者是否存在"应知"情形。与"明知"不同，"应知"的认定相对复杂。通常情况下，如符合下列两个要件，则可以认定搜索、链接服务提供者主观上为应知。

一、搜索、链接服务提供者客观上具有"接触"到被链接的侵权作品、表演、录音录像制品或与之相关信息的可能性

因搜索、链接服务提供者的主观过错系基于对被链接者实施的直接侵权行为的主观认知。通常而言，只有在接触到被链接者的侵权行为的情况下，才可能对于该内容是否构成侵权具有认知，故认定搜索、链接服务提供者具有主观过错的前提条件应为其客观上具有接触的可能性。

在此基础上，因搜索、链接服务提供者承担的系事后的注意义务，因此，其对侵权内容是否具有接触的可能性需要视链接的具体情况而定。通常而言，如链接服务提供者提供的是"主动链接"，即其主动对于被链接信息进行了编辑整理，设置了各种栏目或榜单等（如一些搜索引擎设置有"电影金曲""热点推荐"等榜单），则可认定其对于侵权内容具有接触的可能性。因为此类栏目或榜单等通常系网站编辑在对现有被链接网站的信息进行筛选的结果，而即便相关栏目中的信息可能系由程序自动生成而非网站编辑人工编辑（如有些网站中的"歌曲 TOP100"等），但鉴于设链网站的编辑会进行网站网页的日常维护，而此类栏目信息所载页面系位于提供链接网站而非被链接网站，网站编辑当然会对载有这些信息的网页予以维护，因此，上述情况下均当然可以认定链接服务提供者对此具有接触的可能性。

但如果搜索、链接服务提供者提供的仅系"被动链接"（即基于用户的搜索指令而提供相应搜索结果的链接），则此时搜索、链接服务提供者无法预知用户的搜索指令，而依据该搜索指令产生的搜索结果及相应链接亦系由程序自动生成，不涉及人工因素，因此设链网站的编辑通常无法接触到被链接内容，不具有接触的可能性，无法对被链接内容是否侵权作出判定。

本案中，兔子视频提供者对被链接内容进行了编辑整理，制作了节目列表，并同时提供节目介绍。上述编辑结果中，虽列表形式存在由程序自动生成的可能性，但节目介绍页面通常是人工编辑的结果。因在人工编辑过程中，兔子视频提供者必然会接触到被编辑整理的内容，而即便对于自动生成的节目列表，兔子视频提供者在对网站网页进行日常维护时亦会对载有这些信息的网页有所了解。据此，无论属于何种情形，兔子视频提供

者对于被诉内容或与之相关的信息均具有接触的可能性，其应知晓被链接的内容中存在被诉内容。

二、主观上认识到被链接的作品、表演或录音录像制品系未经权利人许可而传播，即对于直接侵权行为具有认知能力（义务）

搜索、链接服务提供者认知义务的确定取决于其所实施的具体搜索、链接服务的具体方式。通常情况下，如果搜索、链接服务提供者提供的是"被动链接"服务（如搜索引擎的空白搜索框搜索），则应认定其对于被链接"内容"的侵权情况不具有认知义务。因"被动链接"系基于用户的指令而提供的链接行为，该链接服务的提供完全基于技术而形成，服务提供者在服务过程中未主动实施任何与具体内容相关的链接行为，因此，链接服务提供者仅需承担与这一被动的技术提供行为相匹配的认知义务即可。相对于这一行为，链接服务提供者的侵权认知义务仅限于对于"技术"本身的认知，而不涉及"内容"。具体而言，如果在现有环境下，已可以成熟地使用一种技术，将合法与非法的内容予以甄别过滤，则应认定链接提供者对此有认知义务及能力，并有义务使用这一技术避免侵权风险。如果其未尽到这一义务，仍提供无法甄别侵权情况的链接技术，则应认定其具有过错。但在目前尚未出现此类技术、链接服务提供者仅具有注意义务且"技术中立原则"被普遍接受的情况下，显然不应对链接服务提供者提出与其实施的具体行为并不匹配的认知要求。这也就意味着，如果搜索引擎公司仅提供空白搜索框搜索，则在现有技术条件下，基本上可以排除"主观应知"的认定。

但"主动链接"则不然，此类服务提供者对于其主动链接的具体内容具有认知义务。实践中，很多搜索、链接网站均提供针对"特定"类型内容的搜索、链接，如"影视""mp3"等，而在其项下又会设置各种分类、榜单等，如"TOP100""热门电影"等。因这些分类、榜单等均由网站编辑所设置，其中所涉被链接内容系由网站主动提供给用户。故这一设置具体"内容"链接的行为使得搜索、链接服务提供者相应具有了对这些被链接内容侵权状况的认知义务。

对于"主动链接"的提供者应尽到何种认知义务，在现有网络环境下，考虑到不同性质的内容合法传播的可能性及链接提供者认知侵权的经营成本，可以在一定情况下要求"主动链接"的提供者"对于主动链接的内容是否来源于合法传播的网站有所认知，从而尽可能设置对于合法传播的网站的链接，除非这一要求为搜索、链接服务提供者增加了不合理的负担"，否则，应认定其未尽到合理义务，主观上具有过错。

具体到影视作品，如果搜索、链接服务提供者主动设置了链接，则其有义务对于"哪些网站有权对该内容进行网络传播"有所了解，从而尽可能地保证其主动链接的网站系合法传播的网站，否则应认定搜索、链接服务提供者主观上具有过错。了解合法传播的网站的渠道可以是主动向相关权利人了解，亦可以主动向相关行业协会（如美国电影协会、国际唱片业协会等）或集体管理组织（如中国电影著作权协会、中国音乐家著作权协会等）了解，当然亦可以通过一些公开的信息予以了解（实践中一些行业协会或权利人本身均有信息公开的网站）。

但本案中，兔子视频提供者在针对影视作品提供主动定向链接服务的情况下，并未对被链接内容是否属于合法授权的内容有所了解。基于此，兔子视频提供者未尽到其应有的认知义务，构成主观"应知"的情形。

一审法院合议庭成员　李东涛　吴园妹　王婧玲
二审承办人　芮松艳
编写人　芮松艳

29. 北京某文化有限公司诉武汉某科技有限公司侵害著作权纠纷案

——网络直播平台法律责任的认定

关键词 著作权 网络直播 网络主播 注意义务

基本案情

北京某文化有限公司（以下简称北京某文化公司）经继受取得了涉案歌曲《小跳蛙》的词曲著作权，系涉案歌曲的著作权人。武汉某科技有限公司（以下简称武汉某科技公司）是斗鱼直播 App 和斗鱼网站的网络经营者，网络主播可以在斗鱼直播平台进行注册并按照平台的规定进行直播活动。

北京某文化公司公证取证显示：2016 年至 2019 年，斗鱼平台、哔哩哔哩网站、优酷网站等网络平台中，斗鱼主播"冯提莫"等 12 名主播在直播间演唱《小跳蛙》的视频共有 59 个，供网络用户点击、浏览、播放、分享、下载。北京某文化公司主张进行侵权取证固定侵权行为的方式有三种：第一种方式，通过在斗鱼网站直播回放页面取证，从该证据呈现内容可见，涉案视频系对主播在直播间中的直播行为进行固定并回放。第二种方式，通过哔哩哔哩网站存储传播的视频取证，上述视频网站中的被诉侵权视频系网络主播在直播中使用涉案作品的回看视频，部分视频播放过程中出现斗鱼的水印，部分视频标题或简介中出现"斗鱼直播"或"斗鱼"房间号及链接地址。第三种方式，通过哔哩哔哩网站、腾讯视频网站、优酷视频网站、西瓜视频网站存储传播的视频取证，上述视频网站中的被诉侵权视频系网络主播"阿冷""二珂"或"冯提莫"等在直播中使用涉案作品的回看视频，部分视频播放过程中出现斗鱼的水印。

北京某文化公司主张：武汉某科技公司作为斗鱼网站的著作权人及开发运营者，与其主播未经许可，在直播活动中以营利为目的多次演唱涉案歌曲，严重侵害北京某文化公司对涉案歌曲依法享有的词曲著作权之表演权及《著作权法》第十条第一款第十七项规定的其他权利。综上，请求法院判令：（1）删除斗鱼网站主播"冯提莫"等所有演唱涉案歌曲的相关侵权视频；（2）赔偿北京某文化公司经济损失 11.8 万元；（3）赔偿北京某文化公司合理支出的律师费 1.2 万元。庭审中，北京某文化公司撤回第一项诉讼请求。

武汉某科技公司辩称：不同意北京某文化公司的诉讼请求。北京某文化公司提供的现有证据无法证明涉案视频系在斗鱼平台直播。涉案主播如"二珂""阿冷"等并非仅在斗鱼平台直播，也可能在其他直播平台直播，视频中带有斗鱼水印亦不能直接推定视频在斗鱼直播间产生。我公司对于网络主播直播并上传视频仅提供了中立的直播技术、信息存储网络服务，属于网络服务提供平台，不参与直播的策划与安排，也未对直播视频进行推荐与编辑，不应承担侵权责任。北京某文化公司主张的经济损失缺乏法律依据，涉案视频未产生直接收益，且目前市场上一首歌曲的使用费为200 元，北京某文化公司主张费用过高。

法院经审理查明：

北京某文化公司经授权取得了歌曲《小跳蛙》的著作财产权，依法享有该歌曲的表演权。"斗鱼" App 和网站（以下简称斗鱼网站）是一家在线解说网站，为用户提供视频直播服务，武汉某科技公司为上述软件和网站的运营商。北京某文化公司进行侵权取证，2016 年 11 月至 2019 年 8 月，包括"冯提莫"在内的 12 位网络主播，在"斗鱼"直播间内在线直播的过程中，表演了歌曲《小跳蛙》共计 59 次，其中 57 次为唱歌，1 次为吹笛子，1 次为跳舞作为伴奏。上述取证方式包括以下几种方式：第一种方式，通过在斗鱼网站直播回放页面取证，从该证据呈现内容可见，涉案视频系对主播在直播间中的直播行为进行固定并回放，侵权视频上传的最早时间为 2017 年 11 月 26 日，最晚时间为 2019 年 1 月 14 日。第二种方式，通过哔哩哔哩网站存储传播的视频取证，上述视频网站中的被诉侵权视频系网络主播在直播中使用涉案作品的回看视频，部分视频播放过程中出现斗鱼的水印，部分视频标题或简介中出现"斗鱼直播"或"斗鱼"房间号及链接地址，侵权视频上传的最早时间为 2017 年 5 月 23 日，最晚时间为 2018 年 6 月 18 日。第三种方式，通过哔哩哔哩网站、腾讯视频网站、优酷视频网站、西瓜视频网站存储传播的视频取证，上述视频网站中的被诉侵权视频系网络主播"阿冷""二珂"或"冯提莫"等在直播中使用涉案作品的回看视频，部分视频播放过程中出现斗鱼的水印，侵权视频上传的最早时间为 2017 年 2 月 16 日，最晚时间为 2019 年 3 月 26 日。

北京互联网法院于 2020 年 6 月 28 日作出（2019）京 0491 民初 23408 号民事判决：一、武汉某科技公司于一审判决生效之日起七日内赔偿北京某文化公司经济损失 37400 元和律师费支出 12000 元；二、驳回北京某文化公司的其他诉讼请求。宣判后，武汉某科技公司提起上诉。北京知识产权法院于 2021 年 9 月 30 日作出（2020）京 73 民终 2905 号民事判决：一、撤销北京互联网法院作出的（2019）京 0491 民初 23408 号民事判决；二、改判武汉某科技公司于本判决生效之日起十日内赔偿北京某文化公司经济损失 29000 元及律师费支出 12000 元；三、驳回武汉某科技公司其他上诉请求；四、驳回北京某文化公司其他诉讼请求。

裁判理由

法院生效裁判认为：

网络直播平台的服务方式多种多样，应当根据网络直播平台的服务类型确定其性质和法律责任。实践中网络直播平台的服务方式主要包括平台服务方式和主播签约方式。（1）网络直播平台提供直播平台服务时，其性质为网络直播技术服务提供者，要求网络直播平台承担侵权责任时，应当认定其具有"应知"或"明知"的过错，即知道或了解具体侵权事实或行为。（2）网络直播平台提供签约主播直播服务时，根据网络直播平台对签约主播的分工以及网络主播参与内容选择的程度，网络直播平台的性质是网络直播内容提供者，抑或与网络主播分工合作共同提供内容，网络直播平台均应当对网络主播直播中发生的侵权行为承担法律责任。

本案中，北京某文化公司主张斗鱼平台的三种侵权方式：（1）网络主播在斗鱼平台直播时形成被诉侵权视频；（2）被诉侵权视频的存储及播放平台虽非斗鱼平台，但被诉侵权视频带有"斗鱼"水印或"斗鱼"房间号链接地址；（3）斗鱼公司签约主播在斗鱼平台及其他网络平台直播的被诉侵权视频。

针对前两种被诉侵权行为，武汉某科技公司作为网络服务提供者，对主播的直播行为没有直接的控制力和决定权，应当适用一般注意义务。鉴于武汉某科技公司对网络主播的侵权行为不具有"明知"或"应知"的过错，不应当承担间接侵权的法律责任。针对第三种被诉侵权行为，因武汉某科技公司与签约主播直接系劳动关系或者具有特殊的收益分成约定，故武汉某科技公司应当承担直接侵权的法律责任。综上，二审法院改判武汉某科技公司赔偿北京某文化公司经济损失 29000 元及律师费支出 12000 元。

裁判要旨

1. 网络直播平台的服务方式多种多样，应当根据网络直播平台的服务类型确定其性质和法律责任。网络直播平台提供直播平台服务时，其性质为网络直播技术服务提供者，要求网络直播平台承担侵权责任时，应当认定其具有"应知"或"明知"的过错，即知道或了解具体侵权事实或行为。

网络直播平台提供签约主播直播服务时，根据网络直播平台对签约主播的分工以及网络主播参与内容选择的程度，网络直播平台的性质是网络直播内容提供者，抑或与网络主播分工合作共同提供内容，网络直播平台均应当对网络主播直播中发生的侵权行为承担法律责任。

2. 网络服务提供者注意义务的设定，一般应当考虑以下几个因素：

（1）控制能力。网络服务提供者对于网络平台上存储传播内容的管理控制能力越强，对于可能发生侵权行为的预见性越高，越能够"知道"或"应当知道"侵权行为的发生，相应地应当承担较高的注意义务。

（2）直接获得经济利益。网络服务提供者收取一般性广告费、一次性注册费、会员费等，均不被认为直接获得经济利益。如果网络服务提供者能够从直接侵权人的侵权行为中直接获得经济利益，则应当承担较高的注意义务。这里的直接获得经济利益，应在直接侵权行为实施的过程中，并与侵权行为直接关联。例如在侵权作品传播过程中投放特定广告、从主播直播侵权行为获得的打赏中分成等。

（3）平台干预。网络服务提供者在提供网络技术服务时，如果存在对网络用户上传的内容进行编辑、整理、推荐、置顶等主动干预因素，则网络服务提供者应当承担较高的注意义务。

（4）合理措施。网络服务提供者在网络平台上设置侵权投诉渠道、对热播影视剧进行审核等，均视为网络服务提供者已经采取了有效的技术措施。随着网络技术的发展，网络服务提供者可以采取的技术过滤措施手段越来越先进，网络服务提供者可以在权利人提供作品信息、影视剧热播等情况下，采取与技术手段相适应的过滤措施，既维护权利人的利益，又避免自身陷入侵权的风险。

（5）合格通知。《信息网络传播权保护条例》对于权利人发送通知的内容作了明确的规定，对于符合该条例规定的合格通知，网络服务提供者自知悉该通知时，即明知侵权行为的具体内容，网络服务提供者应当按照"通知—删除"规则，及时删除相关内容。

（6）作品类型和知名度。网络平台传播的作品类型存在多种表现形式，如文字、图片、音乐、视频等，对于不同类型的作品，网络服务提供者进行侵权判定的难度不同，注意义务也有所不同。同时，对于国家版权局预警名单中的重点作品、大规模宣传或热播的影视剧和综艺节目等，网络服务提供者应当承担较高的注意义务。

关联索引

《中华人民共和国侵权责任法》第三十六条第一款

2010 年《中华人民共和国著作权法》第十条第一款第十七项、第四十七条第七项

一审：北京互联网法院（2019）京 0491 民初 23408 号（2020 年 6 月 28 日）

二审：北京知识产权法院（2020）京 73 民终 2905 号（2021 年 9 月 30 日）

法官评析

本案是认定网络直播平台法律责任的典型案例。网络直播是伴随互联网技术发展新兴的信息传播方式，网络直播的参与主体主要有网络直播平台、网络主播和网络直播节目的观看者。司法实践中，对于网络主播在网络直播过程中侵害他人作品著作权，网络直播平台经营者是否应当承担著

作权侵权法律责任，存在不同认识。本案法院生效判决详细论述了网络直播平台的法律性质及注意义务，对于法院审理同类案件具有较好的指引作用。

一、网络直播平台的法律性质

网络直播是伴随互联网技术发展新兴的信息传播方式，是指在现场架设独立的信号采集设备，导入导播端，再通过网络上传至服务器，发布到网络供公众观看。网络直播通过音频、视频、图文等方式向观众传递实时发生的信息，实时性是网络直播最大的特点。网络直播的参与主体主要有网络直播平台、网络主播和网络直播节目的观看者。

网络直播平台的服务方式主要包括平台服务方式和主播签约方式。平台服务方式是指网络用户申请注册为平台主播，网络用户作为主播，对其直播的内容具有自主决定权，网络直播平台对主播的直播行为没有直接的控制力。在此情况下，网络直播平台的性质为网络直播技术服务提供者，要求网络直播平台承担侵权责任时，应当认定其具有"应知"或"明知"的过错，即知道或了解具体侵权事实或行为。

主播签约方式是指网络主播与网络直播平台签订劳动合同或者其他合作协议，网络主播接受网络平台的管理和安排，平台对主播的内容具有直接的控制权和决定权。在此情况下，根据网络直播平台对签约主播的分工以及网络主播参与内容选择的程度，网络直播平台的性质是网络直播内容提供者，抑或与网络主播分工合作共同提供内容，网络直播平台均应当对网络主播直播中发生的侵权行为承担法律责任。

二、网络直播平台注意义务的认定

《侵权责任法》第三十六条规定："网络用户、网络服务提供者利用网络侵害他人民事权益的，应当承担侵权责任。网络用户利用网络服务实施侵权行为的，被侵权人有权通知网络服务提供者采取删除、屏蔽、断开链接等必要措施。网络服务提供者接到通知后未及时采取必要措施的，对损害的扩大部分与该网络用户承担连带责任。网络服务提供者知道网络用户利用其网络服务侵害他人民事权益，未采取必要措施的，与该网络用户承担连带责任。"

2013 年《信息网络传播权保护条例》第二十二条规定："网络服务提供者为服务对象提供信息存储空间，供服务对象通过信息网络向公众提供作品、表演、录音录像制品，并具备下列条件的，不承担赔偿责任：（一）明确标示该信息存储空间是为服务对象所提供，并公开网络服务提供者的名称、联系人、网络地址；（二）未改变服务对象所提供的作品、表演、录音录像制品；（三）不知道也没有合理的理由应当知道服务对象提供的作品、表演、录音录像制品侵权；（四）未从服务对象提供作品、表演、录音录像制品中直接获得经济利益；（五）在接到权利人的通知书后，根据本条例规定删除权利人认为侵权的作品、表演、录音录像制品。"

《最高人民法院关于审理侵害信息网络传播权民事纠纷案件适用法律若干问题的规定》（以下简称《关于审理侵害信息网络传播权民事纠纷规定》）第八条规定："人民法院应当根据网络服务提供者的过错，确定其是否承担教唆、帮助侵权责任。网络服务提供者的过错包括对于网络用户侵害信息网络传播权行为的明知或者应知。网络服务提供者未对网络用户侵害信息网络传播权的行为主动进行审查的，人民法院不应据此认定其具有过错。"第九条规定："人民法院应当根据网络用户侵害信息网络传播权的具体事实是否明显，综合考虑以下因素，认定网络服务提供者是否构成应知：（一）基于网络服务提供者提供服务的性质、方式及其引发侵权的可能性大小，应当具备的管理信息的能力；（二）传播的作品、表演、录音录像制品的类型、知名度及侵权信息的明显程度；（三）网络服务提供者是否主动对作品、表演、录音录像制品进行了选择、编辑、修改、推荐等；（四）网络服务提供者是否积极采取了预防侵权的合理措施；（五）网络服务提供者是否设置便捷程序接收侵权通知并及时对侵权通知作出合理的反应；（六）网络服务提供者是否针对同一网络用户的重复侵权行为采取了相应的合理措施；（七）其他相关因素。"第十一条规定："网络服务提供者从网络用户提供的作品、表演、录音录像制品中直接获得经济利益的，人民法院应当认定其对该网络用户侵害信息网络传播权的行为负有较高的注意义务。"

上述法律规定确定了网络服务提供者承担责任的归责原则是过错责任原则。没有过错是免除赔偿责任的前提条件。在适用过错责任原则对侵权责任进行认定时，判断网络服务提供者是否具有过错的关键，在于确定网络服务提供者的注意义务。

《侵权责任法》和《关于审理侵害信息网络传播权民事纠纷规定》并未规定网络服务提供者承担一般性的事先审查义务，其未对著作权侵权行为主动审查的，不应据此认定其具有过错。之所以作这样的规定，是由于网络空间的信息数量浩大且实时更新，若法律要求网络服务提供者负有事先审查义务，将会使其承担巨大的经济和技术负担，不利于网络服务行业和信息技术产业的长远发展。

在不负有一般性事先审查义务的情况下，网络服务提供者注意义务的设定，一般应当考虑以下几个因素：

（一）控制能力

注意义务程度的高低，应当与网络服务提供者提供服务的方式和管理控制能力相一致。网络服务提供者对于网络平台上存储传播内容的管理控制能力越强，对于可能发生侵权行为的预见性越高，越能够"知道"或"应当知道"侵权行为的发生，相应地应当承担较高的注意义务。

（二）直接获得经济利益

网络服务提供者收取一般性广告费、一次性注册费、会员费等，均不被认为直接获得经济利益。如果网络服务提供者能够从直接侵权人的侵权行为中直接获得经济利益，则应当承担较高的注意义务。这里的直接获得经济利益，应在直接侵权行为实施过程中，并与侵权行为直接关联。例如，在侵权作品传播过程中投放特定广告、从主播直播侵权行为获得的打赏中分成等。网络直播平台与网络主播在平台上签订的《网络直播协议》中约定了直播视频著作权转让或者专有授权使用，网络直播平台通过实施著作权转让或许可使用等行为获得的经济利益，不应视为直接获得经济利益，网络直播平台亦不应当因此而承担过高的注意义务。

（三）平台干预

网络服务提供者在提供网络技术服务时，如果存在对网络用户上传的内容进行编辑、整理、推荐、置顶等主动干预因素，则网络服务提供者应当承担较高的注意义务。

（四）合理措施

《关于审理侵害信息网络传播权民事纠纷规定》第八条第三款规定："网络服务提供者能够证明已采取合理、有效的技术措施，仍难以发现网络用户侵害信息网络传播权行为的，人民法院应当认定其不具有过错。"第九条规定："人民法院应当根据网络用户侵害信息网络传播权的具体事实是否明显，综合考虑以下因素，认定网络服务提供者是否构成应知：……（四）网络服务提供者是否积极采取了预防侵权的合理措施；……"网络服务提供者在网络平台上设置侵权投诉渠道、对热播影视剧进行审核等，均视为网络服务提供者已经采取了有效的技术措施。随着网络技术的发展，网络服务提供者可以采取的技术过滤措施手段越来越先进，网络服务提供者的注意义务也随之提高。网络服务提供者可以在权利人提供作品信息、影视剧热播等情况下，采取与技术手段相适应的过滤措施，既维护权利人的利益，又避免自身陷入侵权的风险。

（五）合格通知

《信息网络传播权保护条例》对于权利人发送通知的内容作了明确的规定，对于符合该条例规定的合格通知，网络服务提供者自知悉该通知时，即明知侵权行为的具体内容，网络服务提供者应当按照"通知—删除"规则，及时删除相关内容。

（六）作品类型和知名度

网络平台传播的作品类型存在多种表现形式，如文字、图片、音乐、视频等，对于不同类型的作品，网络服务提供者进行侵权判定的难度不同，注意义务也有所不同。同时，对于国家版权局预警名单中的重点作品、大规模宣传或热播的影视剧和综艺节目等，网络服务提供者应当承担较高的注意义务。

二审法院合议庭成员　杨　洁　姜丽娜　李迎新
编写人　杨　洁

30. 某文化公司诉某科技公司计算机软件著作权侵权纠纷案

——抄袭剽窃类软件侵权的认定

关键词　著作权　计算机软件　修改权　复制权　代码比对

基本案情

某文化公司主张：其公司是一家依法成立的从事网络游戏、手机游戏等软件开发、设计和运营的公司。2021 年 12 月，某文化公司在原有游戏《猛鬼宿舍》的基础上完成《躺平发育》游戏的开发，并申请了计算机软件著作权登记证书，该游戏于 2022 年 1 月 11 日在抖音平台上线，目前在业界也已具有了较高的知名度。2022 年 1 月 14 日，某文化公司发现某科技公司在抖音平台上线其游戏《堡垒派对》，该游戏的玩法、游戏设计（包括但不限于游戏中的攻击逻辑、建筑作用和升级数值等内容）、美术界面、游戏的位置、音效、特效等均与某文化公司开发的《躺平发育》游戏完全一致，甚至连程序代码中的部分 bug 都与某文化公司权利游戏代码中的 bug 一致。原告某文化公司认为，某科技公司的被诉游戏软件系抄袭原告权利软件的源代码形成，严重侵害了某文化公司计算机软件著作权的复制权和修改权，请求判令被告某科技公司停止侵权并赔偿经济损失 200 万元和维权支出 2 万元。

某科技公司辩称：涉案游戏《堡垒派对》的部分元素和设计是借鉴了市场上知名的其他同类游戏，但全部代码均由其独立自主开发完成，并未抄袭原告权利软件的源代码，未侵害原告游戏的著作权。

法院经审理查明：

一、涉案游戏软件权属相关事实

（一）权利软件

2022年1月7日，国家版权局制发的第8993468号《计算机软件著作权登记证书》载明：《躺平发育游戏》（以下简称《躺平发育》）V1.0软件开发完成日期为2021年12月17日，首次发表时间为2021年12月17日，著作权人为某文化公司，权利取得方式为原始取得，权利范围为全部权利。

该游戏于2022年1月11日在抖音平台上线发布。

（二）被诉侵权软件

2021年4月20日，国家版权局制发的第E0072350号《计算机软件著作权登记证书》载明：《堡垒派对游戏》（以下简称《堡垒派对》）V1.0软件开发完成日期为2020年12月24日，首次发表时间为2020年12月25日，著作权人为某科技公司，权利取得方式为原始取得，权利范围为全部权利。

审理中，某科技公司自认其被诉游戏2022年1月14日在抖音平台上线为其实际首次发表时间。

（三）某文化公司主张的其他在先软件

某文化公司主张其本案软件来源于在先软件《猛鬼宿舍》，该游戏于2021年12月27日在vivo平台首次上线。某文化公司就此未提交证据。

二、关于被诉侵权行为的事实

某文化公司主张被诉行为侵害其对权利软件享有的复制权、修改权。

某文化公司提交的（2020）京方圆内经证字第790号公证书记载：2022年1月17日，公证员对操作使用的笔记本电脑进行检查和清洁后，进行了如下操作：在网址栏内输入并进入"www.baidu.com"，在搜索栏内输入"夜神安卓模拟器"，下载并安装"夜神模拟器"。在"夜神模拟器"页面内所显示的搜索栏内输入"抖音"，点击"搜索"图标，进入新"夜神模拟器"页面……在该"夜神模拟器"页面内所显示的空白框内输入相应手机号码，并勾选所显示的"已阅读并同意用户协议和隐私政策，同时登录并使用抖音火山版（原'火山小视频'）和抖音"，点击"获取短信验证码"，进入新页面，使用其手机编辑短信后登录，进入新"夜神模拟器"页面……在前述"夜神模拟器"页面内所显示的搜索栏内输入"抖音小游戏"，点击"搜索"，进入新"夜神模拟器"页面……点击所显示的"即玩游戏"……点击所显示的"游戏排行榜"……点击所显示的《躺平发育》，进入新页面……点击所显示的"关于"……点击所显示的原告公司名称进行相关操作演示。演示完毕后，返回前步骤的"夜神模拟器"页面……点击所显示的被告公司名称进入新页面……进行相关操作演示。演示完毕后返回前步骤的"夜神模拟器"页面……点击所显示"游戏发行人计划"右侧的"进入"，点击所显示的"堡垒派对"进入新页面，弹出"链接已复制，可粘贴至浏览器打开"窗口……粘贴复制的链接，进入新页面点击方框图标，弹出下拉菜单，将鼠标放置在该下拉菜单内所显示的"更多工具"上，点击所显示的"开发者工具"，进入新页面……点击所显示的"Dimensions：Responsive"，弹出下拉菜单点击所显示的"iPhone SE"，进入新页面进行相关操作演示。演示完毕后点击所显示的"Sources"，进入新页面查看"Sources"项下的相关内容……

公证光盘显示，被诉游戏的主体信息和开发者为被告某科技公司，原告在被诉游戏源代码中的"bundle.js"文件夹中复制了一行234550字符的代码，在被诉游戏中下载了部分图片。该部分图片中包含有与权利游戏软件中的"小熊""猫爪印"等相同的图形元素。公证取证过程中保存了网页中开发者工具中获取的涉案游戏源代码，进行了屏幕录像。

被诉《堡垒派对》V1.0软件于2022年1月14日在抖音平台上线发布。原告向抖音平台投诉后，该软件于2022年1月19日在抖音平台下架。

三、庭审勘验情况

经庭审勘验，被诉侵权软件运行界面、部分图形元素和颜色设计上与权利软件存在相似，均在广告倒计时中出现部分读秒缺失的特点。

四、代码比对情况

（一）比对范围

某文化公司向法院提交了权利软件源代码，经勘验，双方当事人一致确认了该代码与权利软件的对应性。

某科技公司亦向法院提交了被诉软件源代码。某文化公司主张以其公证取证获取的被诉软件源代码作为比对对象，某科技公司认为该源代码与其被诉软件源代码不完全一致。经勘验，双方当事人一致确认了某文化公司公证取证的代码在取证过程中未被篡改或编辑。某科技公司主张其软件发布上线后，存在被他人从网站另行篡改的可能性，但未就此提交证据予以证明。

双方当事人确认用以比对的代码均为核心代码文件 bundle.js，代码中涉及开源代码的内容，仅是调用开源引擎平台（Laya 引擎）的相关接口函数，而不存在其他使用方式。

（二）比对工具

双方当事人一致同意选用 Beyond Compare 软件进行代码比对。

（三）比对方法

技术调查官认为，由于相关源代码只有单一程序文件，其中包含的代码量较大，如果不进行拆分，会造成对齐误差的累积，从而严重影响对比的准确性。因此，为准确进行比对，以某文化公司代码文件中的类（class）为单元，将一个或多个类组成一个代码段，共划分成 29 个代码段，分别与公证光盘中的代码进行对比。

具体比对流程为：

（1）将权利软件代码文件以类（class）为单元，分成 29 个代码段，每个代码段包含一个或多个类代码（类相对独立，是构成源代码文件的完整个体）。分段的原则是在源代码文件中位置相邻，且功能上具有一定关联性的若干个类划分为一个片段，否则将一个类单独作为一个代码段。

（2）在公证代码文件中寻找与权利软件代码划分后的各代码段相对应

的代码段，作为对应的对比代码段。

（3）利用 Beyond Compare 软件，选择"文本比对"功能，在界面的左、右两侧分别选择权利软件某代码段文件及对应的对比代码段文件，进行代码比对，通过"相同"标签查看相同的代码行，记录相同代码行数量。

（4）前期分析发现，使用 Beyond Compare 软件对比，受到类名、变量名修改的影响非常大，某些类（class）的定义中变量定义、参数取值、方法实现几乎完全一致，代码段相似度非常高，区别仅在于类名、变量名字不同。故在使用 Beyond Compare 软件比对相同代码行数的同时，也会根据类的功能、结构、参数变量、方法实现等进行技术判断，以更准确判断代码之间的相似性。

（四）比对结果

根据比对意见，代码段 1、2、8、13、14、15、17、23 具有较高的相似度，分别为 29.85%、32.37%、29.25%、24.15%、21.88%、20%、26.28%、45%。对于上述具有较高相似度的代码段，除列入相似比例的代码外，其余比对显示为不相似的代码之间的差异也主要体现为：（1）将类名和部分变量名进行重命名，但主要逻辑和功能没有改变；（2）存在一些逻辑上完全等价的表达方式，如用"！0"替换"true"，"．2"替换"0．2"，用"1e3"替换"1000"；（3）使用"？＝:"的等价表达方式替换 if 条件语句的表达。

五、关于损害赔偿相关事实

（一）关于原告某文化公司主张的损失

原告主张依据其因被诉侵权行为遭受的损失计算某科技公司赔偿数额，具体计算方式为权利软件在 2022 年 1 月期间抖音平台的日均收入乘以被诉侵权软件在抖音的上线运营时间共 5 天来计算。原告提交其在抖音平台的后台数据截图，内容为 2021 年 1 月 12 日至 2021 年 1 月 31 日期间的收入曲线图和广告数据，其中，广告收入显示为 15874275．56 元。被告某科技公司对此不予认可。

（二）关于维权合理支出

原告某文化公司提交了公证费发票、委托代理合同、发票和支付凭证，金额共计 53160 元。

六、其他事实

本案中，原告某文化公司曾一并起诉主张被告某科技公司实施不正当竞争行为侵害其权益，后在开庭审理中，原告自愿撤回该项诉讼主张。

北京知识产权法院于 2023 年 12 月 27 日作出（2022）京 73 民初 1225 号民事判决：一、被告某科技公司于本判决生效之日起立即停止侵害原告某文化公司享有著作权的《躺平发育》游戏软件 V1.0 的行为；二、被告某科技公司于本判决生效之日起十日内赔偿原告某文化公司经济损失 10 万元及维权合理支出 3 万元；三、驳回原告某文化公司的其他诉讼请求。

一审宣判后，双方当事人均未上诉。一审判决自上诉期满即已发生法律效力。

裁判理由

法院生效裁判认为：

一、关于是否侵权的认定

《计算机软件保护条例》第九条规定："软件著作权属于软件开发者，本条例另有规定的除外。如无相反证明，在软件上署名的自然人、法人或者其他组织为开发者。"《最高人民法院关于审理著作权民事纠纷案件适用法律若干问题的解释》第七条规定："当事人提供的涉及著作权的底稿、原件、合法出版物、著作权登记证书、认证机构出具的证明、取得权利的合同等，可以作为证据。"本案中，计算机软件著作权权属登记证书能够证明某文化公司是涉案权利软件的著作权人，有权提起本案诉讼。

本案中，某文化公司主张被侵害的软件权项为复制权和修改权。法院认为，认定抄袭、剽窃类软件侵权行为，需遵循"接触+实质性相似-合理理由或合法来源"的判断标准。

（一）关于接触可能性

虽然依据著作权权属登记证书的记载，被诉侵权软件开发时间早于权利软件开发时间，但根据查明的事实，权利软件游戏在抖音平台首次公开发布时间为 2022 年 1 月 11 日，某科技公司自认被诉软件首次发表时间为 2022 年 1 月 14 日。权利软件发表时间早于被诉软件发表时间，故某科技公司存在接触权利软件的可能性。

（二）关于实质性相似的认定

首先，某文化公司关于被诉软件中使用其美术作品的主张，不属于计算机软件侵权法律关系范畴。软件侵权层面的相似性比对，主要范围为软件的程序、代码和文档。经勘验和比对，一方面，被诉侵权软件与权利软件在运行界面、部分图形元素和颜色设计方面高度相似，并具有相同运行特点；另一方面，经对软件核心文件的源代码比对，被诉侵权软件的源代码与权利软件源代码高度相似。故法院认为，被诉侵权软件与权利软件构成实质性相似。某科技公司未举证证明其软件源代码具有其他合理来源。

综上，法院认为，某科技公司的被诉侵权软件复制、修改某文化公司享有权利的软件源代码，侵害了某文化公司对权利软件享有的复制权和修改权。

二、关于某科技公司应承担的法律责任

如前所述，某科技公司被诉行为构成侵权，依法应当承担法律责任。本案中，某文化公司主张以其损失作为赔偿金额的依据，其虽提交了收入截图证据，但该收入统计截图并未体现与本案游戏的直接关联性，未证明其实际收入情况，且其据此主张被诉侵权游戏在线 5 日给其造成分流损失，但该证据亦未显示其收入在该 5 日时间内因被诉游戏而受影响，故该证据并不能证明某文化公司因被诉行为遭受的损失。同时，在案亦无证据证明某科技公司因侵权行为的获利情况。故法院综合考虑涉案软件具体情况、代码相似比例、侵权持续时间等因素，适用法定赔偿酌情确定某科技公司应承担的赔偿数额。对于维权合理支出，某文化公司对此提供公证费和律师费支付凭证予以证明，考虑到其最初诉讼主张还包括本案以外其他案由和事实主张，法院对其维权合理支出金额酌情予以支持。

裁判要旨

1. 认定抄袭、剽窃类软件侵权行为，需遵循"接触+实质性相似－合理理由或合法来源"的判断标准。关于接触可能性，如当事人已提交充分证据证明作品实际完成时间和首次发表时间的，可以予以认定。关于实质性相似，可通过软件目标程序和代码的比对来进行。经比对被诉侵权软件与权利软件高度相似，且无合理解释的，可以认定构成侵权。

2. 对原告在诉前通过公证取证方式获得的被诉侵权软件源代码，如果被告对公证取证过程无异议或者对异议未能提出合理质疑并举证证明的，可以以原告公证取证的被诉软件代码作为比对对象。被告主张代码在上传公开平台后可能被他人篡改但就此未举证证明的，应对此辩称意见承担举证责任。

3. 侵害他人计算机软件著作权，依法应承担停止侵权、赔偿损失和维权合理支出等民事责任。在适用法定赔偿确定被告应赔偿的经济损失数额时，应结合涉案软件具体情况、代码相似比例、侵权持续时间等因素，综合予以判定。

关联索引

2020 年《中华人民共和国著作权法》第五十四条

2020 年《最高人民法院关于审理著作权民事纠纷案件适用法律若干问题的解释》第七条、第二十一条

2013 年《计算机软件保护条例》第八条第一款第三项、第四项，第九条，第二十四条第一款第一项，第二十五条

一审：北京知识产权法院（2022）京 73 民初 1225 号（2023 年 12 月 27 日）

法官评析

本案是计算机软件著作权抄袭剽窃类侵权的典型案例，涉及侵权认定标准、具体比对范围和比对方法的确定、赔偿损失金额的确定等问题。

一、抄袭剽窃类软件侵权案件的认定标准

认定抄袭、剽窃类软件侵权行为，需遵循"接触+实质性相似－合理理

由或合法来源"的判断标准。

首先，关于接触可能性。根据《计算机软件保护条例》第七条的规定："软件著作权人可以向国务院著作权行政管理部门认定的软件登记机构办理登记。软件登记机构发放的登记证明文件是登记事项的初步证明。"故当事人提交的软件著作权权属登记证书可以作为认定作品完成时间和首次发表时间的初步证据。

但因著作权权属登记时一般仅进行形式审查，若当事人主张实际完成及发表时间与著作权权属登记证书记载内容不一致的，应当对此承担举证责任。当事人提供的证据可以充分证明作品实际完成及首次发表时间的，应当对实际情况予以认定。本案中，结合被告关于被诉侵权软件在抖音平台上线系其软件首次发表时间的自认，可以认定原告权利软件发表时间早于被诉侵权软件。被告具有接触原告软件的可能性，满足"接触"要件。

其次，关于实质性相似的认定。软件比对一般先进行目标程序的比对，在目标程序的运行界面等具有高度相似性的情况下，进一步进行软件源代码的比对。司法实践中，对于源代码的比对，可由法院经询问双方当事人意见后，会同技术调查官共同选择常用的代码比对工具软件。但由于侵权人在抄袭权利软件代码时，通常会对代码进行一定的修改、增删或再编写，具有隐蔽性。所以，以工具软件进行机械整体比对时，还需要考虑是否存在因类名、变量名修改造成的人为干扰。

本案中，一开始技术调查官采用常用的比对工具 Beyond Compare 软件进行源代码比对，但通过前期分析发现，使用上述常规比对方法受到类名、变量名修改的影响非常大，某些类（class）的定义中变量定义、参数取值、方法实现几乎完全一致，代码段相似度非常高，区别仅在于类名、变量名字不同，有使用自动化工具进行混淆处理的嫌疑。本案被诉侵权软件将类名和部分变量名进行重命名，但主要逻辑和功能没有改变，且存在一些逻辑上完全等价的简单替换表达方式，可能是由工具或脚本自动生成或进行了混淆处理。在独立编写程序代码的情况下，不大可能出现上述如此高度相似的情况。最终经细致比对，法院认定被诉侵权软件与权利软件部分代码完全一致，另有大量比对结果显示不一致的代码主要区别也仅在于变量命名上的差异，据此认定被诉侵权软件和权利软件构成实质性相似。

二、对比对范围的确定

实践中，原告为了防止被告在诉讼中提交修改后的被诉软件源代码逃避软件比对，往往在诉讼前会通过公证取证等方式获取被诉软件的代码，固定侵权证据。但对于原告提交的公证取证代码，被告往往会提出取证过程不规范、不科学，或保全的代码经过人为篡改，与被告被诉软件代码不完全一致等，对原告取证的代码不予认可。在此情况下，一方面，需严格审查原告取证过程的合法性、规范性；另一方面，被告如果主张代码被篡改的，应就此承担举证责任。

本案中，被告对取证过程的科学性提出异议，经技术调查官提出技术意见后，认可了技术调查官的意见，但认为其被诉游戏软件代码上传公开平台后，可能被他人进行篡改。依照"谁主张，谁举证"的原则，被告对此应当承担举证责任。在被告未能举证而仅辩称存在该种可能性的情况下，法院依法对其该项辩称意见不予采纳，认定原告所提交的公证取证代码可以作为比对的对象。

三、确定软件侵权案件赔偿损失金额的考量因素

本案中，原告主张以其损失作为赔偿金额的依据，其虽提交了收入截图证据，但一方面，该收入统计截图并未体现与本案游戏的直接关联性，亦无相应银行流水、对账单等财务凭证予以佐证，故并不能证明其关于权利游戏的实际收入情况；另一方面，原告据此主张被诉侵权游戏在线5日给其造成分流损失，但依据该证据，并未体现在被诉侵权游戏软件上线运营的5日时间内，对其权利游戏运营收入造成实际影响。因此，本案原告提交的证据并不能证明其因被诉行为遭受的损失。同时，在案亦无证据证明被告公司因侵权行为的获利情况。故法院综合考虑涉案软件具体情况、代码相似比例、侵权持续时间等因素，适用法定赔偿酌情确定被告应承担的赔偿数额及维权合理支出金额。

一审法院合议庭成员 左慧玲　宫朝红　张　毅

编写人　左慧玲

31. 深圳市某公司与某有限公司侵害作品信息网络传播权纠纷案*

——损害赔偿数额确定的基本原则与方法

关键词 损害赔偿数额　裁量性赔偿　合理开支

基本案情

深圳市某公司诉称：深圳市某公司依法拥有由上海某公司制作的大型励志专业音乐评论节目《中国好声音（第三季）》独家信息网络传播权。经查证，某有限公司在未取得节目信息网络传播权的情况下，在其经营的网站上播放该节目第三期"0801汪峰飙歌狂抢5人"（以下简称涉案节目）。某有限公司明知涉案节目的信息网络传播权由深圳市某公司独家所有，却仍在其经营的网站上播放，严重侵害深圳市某公司的合法权益。《中国好声音（第三季）》具有极为广泛的社会影响力和受众，单期播放量巨大。某有限公司所经营网站是行业内的知名视频网站，拥有数量庞大的用户群，某有限公司故意实施的上述侵权行为影响了深圳市某公司对于该节目的运营收益。

某有限公司辩称：（1）根据深圳市某公司提供的证据，不能证明某有限公司是本案必然适格主体。（2）关于深圳市某公司的诉讼请求，某有限

---

* 本案例入选2017年中国法院十大知识产权案件，入选2017年中国版权十件大事。

公司认为无事实依据，且并不能证明某有限公司的行为给深圳市某公司造成了经济损失。理由是：（1）通过深圳市某公司对涉案节目的采购成本共16期1.2亿元、深圳市某公司随机选取的13份广告合同总金额为1.9亿元可以看出，深圳市某公司是获利的；（2）所有广告投放、竞标行为应发生在深圳市某公司获得涉案节目的权利之前，即深圳市某公司在所谓暴风影音客户端上取证前就已产生，因此某有限公司在所谓暴风影音客户端上涉嫌播放的行为并不会对深圳市某公司获得广告投放的结果产生任何影响，进而不会对其收益产生影响；（3）对合理支出，深圳市某公司均表示无任何票据予以佐证，不能证明为本案已实际支出。

法院经审理查明：

涉案节目片尾署名的著作权人为上海某公司，深圳某公司与上海某公司签订许可使用合同，获得了《中国好声音（第三季）》中国大陆的独占信息网络传播权、维权权利及转授权权利，授权费用为1.2亿元。2014年8月29日，暴风影音客户端播放了涉案节目。《中国好声音（第三季）》首播时间为2014年7月18日，收视率高，具有巨大商业价值，位列国家版权局公布的"2014年第二批重点影视作品预警名单"之首。涉案节目播出之前，中国版权保护中心曾受深圳市某公司委托向某有限公司邮箱发出警示通知，请某有限公司就可能出现的侵权行为采取必要措施。某有限公司未经许可在其经营的暴风影音客户端提供涉案节目在线播放服务，已构成对涉案节目信息网络传播权的侵犯，依法应承担相应的法律责任。

在权利人的实际损失和某有限公司因侵权行为的违法所得均难以确定的情况下，本案应适用法定赔偿方式确定赔偿数额。本案中，《中国好声音（第三季）》具有很高的知名度及极高的商业价值；某有限公司在涉案节目热播期间实施侵权行为，其侵权的主观恶意非常明显；某有限公司网站的知名度高、用户数量大、广告客户覆盖面广，且某有限公司在涉案节目片头单独投放了广告，在相关播放页面上亦投放了广告。综上，深圳市某公司因某有限公司涉案侵权行为所遭受的经济损失明显超出《著作权法》法定赔偿数额的上限50万元，为弥补权利人的经济损失、惩戒恶意侵权行为，酌定本案赔偿数额为100万元。

北京市石景山区人民法院于2017年5月16日作出（2016）京0107民初4685号民事判决：某有限公司赔偿深圳市某公司经济损失100万元及合

理开支 1 万元。宣判后，某有限公司提出上诉，北京知识产权法院于 2017 年 11 月 15 日作出（2017）京 73 民终 1263 号民事判决：驳回上诉，维持原判。

裁判理由

法院生效裁判认为：

权利人提供了用以证明其实际损失或者侵权人违法所得的部分证据，足以认定计算赔偿所需的部分数据的，应当尽量选择运用酌定赔偿方法确定损害赔偿数额。

首先，深圳市某公司是涉案作品信息网络传播权独占许可使用合同的被许可人，深圳市某公司虽然没有将涉案作品许可他人进行信息网络传播，但其获得许可的对价即是正常许可费的重要参考。深圳市某公司实际履行的正常许可费为 750 万元/期，授权期限为 3 年。此类系列综艺节目在首轮播出时价值最高，此后随播出次数的增加和时间的推移而价值递减，某有限公司播出涉案节目的时间正处于涉案节目首轮播出并且是热播期间，致使深圳市某公司事实上未能够享有独家播出权利，造成其独家采购协议目的落空。

其次，涉案节目进行信息网络传播的模式为"网民免费+广告收费"，这种经营模式具有正当性，应当受到法律保护。在案证据显示，涉案节目的信息网络传播产生了极高的广告收益，该节目具有极高的商业价值。

再次，某有限公司的侵权行为具有明显恶意。在涉案节目播出前，深圳市某公司曾特意告知某有限公司采取措施，避免侵害涉案节目的信息网络传播权。国家版权局亦公布了包含涉案节目的重点影视作品预警名单，要求包括某有限公司在内的相关网站采取措施。综合上述情况，某有限公司的传播行为显属明知故犯，且系进行大规模侵权，行为性质恶劣。

最后，某有限公司的侵权行为持续时间长、影响范围广。侵权期间持续长达一个月以上，且上述侵权期间恰好处于涉案节目的热播期间，话题度、点击率均处于较高水平。由此可见，某有限公司的侵权行为给深圳市某公司造成了严重的经济损失。

裁判要旨

1. 确定损害赔偿数额的基本原则：侵害著作权损害赔偿的目的既包括弥补权利人的损失，也包括制止侵权人再次侵权，还包括有效遏制未来潜在侵权行为的普遍发生。在确定损害赔偿数额时，应当根据案件的具体情况，既考虑个案中权利人的实际损失、侵权人的违法所得，也考虑同一侵权人类似侵权行为被起诉的概率，综合确定损害赔偿的数额。确定损害赔偿数额的基本原则：（1）加大对于侵害著作权行为的惩治力度，提高侵害著作权赔偿数额；（2）探索建立侵害著作权惩罚性赔偿制度，对于以恶意侵权为代表的情节严重的侵权行为实施惩罚性赔偿；（3）由侵权人承担权利人为制止侵权行为所支付的合理开支，提高侵权成本。

2. 确定损害赔偿数额的思路：（1）审查权利人损失的一般规则。应当鼓励权利人提交涉案作品以涉案侵权方式合法使用的正常许可费的证据材料。权利人提交以下证据材料可以作为正常许可费的重要参考：①与涉案作品类似的作品以涉案侵权方式合法使用的正常许可费；②涉案作品以与涉案侵权方式类似的方式合法使用的正常许可费；③与涉案作品类似的作品以与涉案侵权方式类似的方式合法使用的正常许可费。权利人能够提交许可合同及实际履行证据的，在没有相反证据的情况下，不得无理由地怀疑相关证据的真实性，进而无依据地降低损害赔偿数额。

（2）审查侵权人违法所得的一般规则。侵权人对于涉案侵权行为的自行宣传以及中立的第三方对于涉案侵权行为的宣传，应当作为侵权人违法所得的证据。侵权人否定前述证据应当提交充分的相反证据。侵权人未能提交充分的相反证据，仅以商业宣传中具有夸大因素为由否定前述证据的，不予支持。

（3）酌情确定损害赔偿数额的考量因素。作品方面的考量因素包括：作品的性质、类型，文学价值、历史价值，获奖情况及社会影响等；作者方面的考量因素包括：作者的地位、贡献、获奖情况及社会影响等；侵权方面的考量因素包括：侵权行为的方式、手段，持续时间、影响范围，商业性使用的程度、与侵权目的的关联与配合程度，重复侵权情况，大规模侵权情况以及恶意侵权情况等。

关联索引

《中华人民共和国民法典》第六十七条第二款（本案适用的是 2017 年 10 月 1 日起施行的《中华人民共和国民法总则》第六十七条第二款）

《中华人民共和国民法典》第五百六十二条第二款、第五百六十五条第五百六十六条、第五百七十七条、第五百八十四条（本案适用的是 1999 年 10 月 1 日起施行的《中华人民共和国合同法》第九十三条第二款、第九十六条第一款、第九十七条、第一百零七条、第一百一十三条第一款）

一审：北京市石景山区人民法院（2016）京 0107 民初 4685 号（2017 年 5 月 16 日）

二审：北京知识产权法院（2017）京 73 民终 1263 号（2017 年 11 月 15 日）

法官评析

侵害著作权损害赔偿的目的既包括弥补权利人的损失，也包括制止侵权人再次侵权，还包括有效遏制未来潜在侵权行为的普遍发生。在确定损害赔偿数额时，应当根据案件的具体情况，既考虑个案中权利人的实际损失、侵权人的违法所得，也考虑同一侵权人类似侵权行为被起诉的概率，综合确定损害赔偿的数额。确定损害赔偿数额的基本原则：（1）加大对于侵害著作权行为的惩治力度，提高侵害著作权赔偿数额；（2）探索建立侵害著作权惩罚性赔偿制度，对于以恶意侵权为代表的情节严重的侵权行为实施惩罚性赔偿；（3）由侵权人承担权利人为制止侵权行为所支付的合理开支，提高侵权成本。

确定侵害著作权案件的损害赔偿数额一直是法院审理此类案件的难点所在。由于知识产权客体的无形性等特点，权利人往往难以全面掌握能够证明其因侵权行为所遭受的损失数额或侵权人获利数额的证据。出于保护著作权人的考虑，我国《著作权法》将法定赔偿作为侵害著作权及邻接权损害赔偿的计算方法，并对各种损害赔偿的计算方法作出了具有顺位要求的规定：第一顺位是权利人的实际损失，第二顺位是侵权人的违法所得，第三顺位是法定赔偿。可以适用前顺位方法时，排除后顺位方法的适用。确定权利人的实际损失与侵权人的违法所得包含多个参数。通常情况下，难以查明所有参数的准确数值，但也几乎不会出现无法查明任何参数的准确数值的情况。然而在司法实践中，无论著作权人是否提交了与权利人损失或侵权人获利相关的证据，绝大多数的侵害著作权案件都径直适用了法定赔偿的计算方法来确定损害赔偿数额。这一方面导致法官的自由裁量权过大，另一方面也因缺少对认定损害赔偿数额的依据的论述而使得法院判决的权威性和严肃性大打折扣。

裁量性赔偿是根据能够查明的证据，对权利人实际损失或者侵权所得予以酌定的方法，属于依据权利人损失或者侵权所得确定的赔偿数额，并不属于法定赔偿，不受法定赔偿区间规定的限制。在本案的审理中即明确了在计算侵害著作权及邻接权损害赔偿的数额时，能够查明权利人的实际损失或者侵权人的违法所得的部分参数时，应当尽量利用裁量性赔偿方法确定权利人的实际损失或者侵权人的违法所得，而不是直接适用法定赔偿，并在高于法定赔偿的 50 万元限额之上确定赔偿数额。具体适用可以参考以下思路：

（1）审查权利人损失的一般规则。应当鼓励权利人提交涉案作品以涉案侵权方式合法使用的正常许可费的证据材料。能够查明权利作品通过信息网络传播的许可费的，以许可费数额为基础，根据许可使用的方式、许可使用的范围、许可使用的期限等因素，按照可比性原则合理确定原告实际损失。权利人提交以下证据材料可以作为正常许可费的重要参考：①与涉案作品类似的作品以涉案侵权方式合法使用的正常许可费；②涉案作品以与涉案侵权方式类似的方式合法使用的正常许可费；③与涉案作品类似的作品以与涉案侵权方式类似的方式合法使用的正常许可费。权利人能够提交许可合同及实际履行证据的，在没有相反证据的情况下，不得无理由地怀疑相关证据的真实性，进而无依据地降低损害赔偿数额。

（2）审查侵权人违法所得的一般规则。侵权人对于涉案侵权行为的自行宣传以及中立的第三方对于涉案侵权行为的宣传，应当作为侵权人违法所得的证据。侵权人否定前述证据应当提交充分的相反证据。侵权人未能提交充分的相反证据，仅以商业宣传中具有夸大因素为由否定前述证据的，不予支持。

（3）酌情确定损害赔偿数额的考量因素。作品方面的考量因素包括：作品的性质、类型，文学价值、历史价值，获奖情况及社会影响等；作者方面的考量因素包括：作者的地位、贡献、获奖情况及社会影响等；侵权方面的考量因素包括：侵权行为的方式、手段，持续时间、影响范围，商业性使用的程度、与侵权目的的关联与配合程度，重复侵权情况，大规模侵权情况以及恶意侵权情况等。能够查明侵权作品的下载量或者播放量的，区分侵权人是否向网络用户收取费用进行处理，若侵权作品是付费下载或者播放的，可以将下载量或者播放量作为计算被侵权人实际损失或者侵权人违法所得的依据；若侵权作品是免费下载或者播放的，考虑到下载量、阅读量等数据形成的具体情况比较复杂，下载量、播放量等数据仅作为计算被侵权人实际损失或者侵权人违法所得的参考因素，对下载量、阅读量等应运用逻辑推理和日常生活经验法则予以合理酌定。

一审法院合议庭成员　易珍春　王新村　郭凤香
二审法院合议庭成员　冯　刚　章　瑾　宋　鹏
编写人　冯　刚

32. 北京某文化传媒有限公司、美国某出版社与北京某网络技术有限公司、某新媒体有限公司侵害作品信息网络传播权纠纷案*

——侵害文字作品信息网络传播权赔偿数额的认定

关键词　民事　著作侵权　文字作品　赔偿数额

基本案情

北京某文化传媒有限公司、美国某出版社经授权获得了《中越战争秘录》一书（以下简称涉案作品）的出版、发行、信息网络传播权及电子书的发行权。2013 年 5 月至 2015 年 5 月，北京某文化传媒有限公司、美国某出版社发现北京某网络技术有限公司、某新媒体有限公司在其经营的网站及手机 App 上向公众提供涉案作品的付费阅读和下载。北京某文化传媒有限公司、美国某出版社认为北京某网络技术有限公司、某新媒体有限公司的上述行为侵害了其就涉案作品享有的信息网络传播权，遂提起诉讼，请求判令北京某网络技术有限公司、某新媒体有限公司停止侵权并赔偿损失。因被诉侵权网站上显示涉案作品的点击量累计超过 1400 万，故北京某文化传媒有限公司、美国某出版社请求法院判令北京某网络技术有限公司、某新媒体有限公司向其支付近亿元的高额赔偿。

北京知识产权法院于 2020 年 4 月 22 日作出（2018）京 73 民初 105 号民事判决。宣判后，北京某文化传媒有限公司、美国某出版社以及北京某

---

* 本案例入选"2015 年度全国打击侵权盗版十大案件"。

网络技术有限公司提起上诉。北京市高级人民法院于 2020 年 12 月 2 日作出（2020）京民终 546 号民事判决：驳回上诉，维持原判。

裁判理由

法院生效裁判认为：

本案争议焦点主要有：第一，北京某文化传媒有限公司、美国某出版社是否有权提起本案诉讼；第二，北京某网络技术有限公司、某新媒体有限公司在涉案网站、军事秘录合集 App 中传播涉案作品是否存在过错，是否通过凤凰开卷 App 传播涉案作品；第三，一审判决关于赔偿数额的计算是否合理；第四，北京某文化传媒有限公司、美国某出版社就 2013 年 6 月 14 日之前的行为提起本案诉讼是否超出诉讼时效期间。

一、关于北京某文化传媒有限公司、美国某出版社是否有权提起本案诉讼

本案中，北京某文化传媒有限公司、美国某出版社已提交相关证据证明其经涉案作品作者授权，取得了 2012 年 4 月 2 日至 2020 年 4 月 2 日期间在全球范围内的信息网络传播权等专有权利，有权提起本案诉讼。虽然涉案作品曾通过某文艺出版社、中国某出版社出版发行，但本案缺乏证据证明相关出版社取得了作者授予的信息网络传播权，故北京某网络技术有限公司的此部分上诉意见及辩称，缺乏事实依据，二审法院不予支持。

二、关于被诉侵权行为

本案中，在案证据显示北京某网络技术有限公司、某新媒体有限公司未经许可，通过涉案网站及 App 提供涉案作品的在线阅读及下载，使公众可以在其个人选定的时间和地点获得涉案作品，侵害了北京某文化传媒有限公司、美国某出版社就涉案作品享有的信息网络传播权。一审判决对此认定正确，二审法院予以确认。

至于北京某文化传媒有限公司、美国某出版社强调涉案作品通过 PC 端、App 端两种途径以及 PC 端分别两次传播，应分别作出认定并裁判的主张，因北京某文化传媒有限公司、美国某出版社所提诉讼请求时，并未按不同端口、行为发生时间等分别提出主张，且一审判决已将上述情形作

为侵权情节的考虑因素通过判赔数额计算得以体现，并未对北京某文化传媒有限公司、美国某出版社所提诉讼主张产生影响，故北京某文化传媒有限公司、美国某出版社的此部分上诉主张，缺乏事实依据，二审法院不予支持。

北京某网络技术有限公司虽称其已尽到审查义务，但未提交充分证据证明向其授予涉案作品相关权利的案外人公司已取得涉案作品权利人的授权，某新媒体有限公司未审查此部分授权链条，不足以证明其传播涉案作品尽到了审查义务，故北京某网络技术有限公司通过涉案网站及 App 向公众提供涉案作品的行为存在主观过错。另外，北京某网络技术有限公司、某新媒体有限公司直接提供了涉案作品，不属于销售商，其上诉理由缺乏事实依据，二审法院不予支持。

三、关于赔偿数额的计算

《著作权法》第四十九条规定："侵犯著作权或者与著作权有关的权利的，侵权人应当按照权利人的实际损失给予赔偿；实际损失难以计算的，可以按照侵权人的违法所得给予赔偿。赔偿数额还应当包括权利人为制止侵权行为所支付的合理开支。权利人的实际损失或者侵权人的违法所得不能确定的，由人民法院根据侵权行为的情节，判决给予五十万元以下的赔偿。"

当事人应当按照权利人的实际损失、侵权人的获利、许可使用费、法定赔偿的顺序，提出具体的赔偿计算方法。当事人选择后序赔偿计算方法的，可以推定前序赔偿计算方法难以确定赔偿数额。

本案中，北京某文化传媒有限公司、美国某出版社主张北京某网络技术有限公司、某新媒体有限公司的侵权行为对其造成的实际损失中，相关数额来自将涉案网站点击数乘以涉案作品图书定价再乘以 45% 的计算方法。二审法院对此评述如下：

第一，北京某文化传媒有限公司、美国某出版社虽提交了与某公司订立的协议等证据，但未提供双方协议履行情况以及某网站向公众提供涉案作品电子书实际获益的证据。北京某文化传媒有限公司、美国某出版社提交的某网站 Kindle 商店公证书显示，不论是"编辑推荐"，还是"新书上架"中的电子书价格均远低于对应的纸书价格，而涉案作品电子书在上架四年多后销售排名位于 5 万名后。北京某文化传媒有限公司、美国某出版社虽主张涉案作品电子书约有 50 万付费用户，但未提交相应证据予以证明，故在案证据不足以证明北京某文化传媒有限公司、美国某出版社就涉案作品以电子书等方式通过信息网络传播取得了较高的市场收益。

当前，由于电商平台销售商品在仓储、物流、店面展示等商品流通环节的流程优化和成本降低优势，电商平台上正版纸质图书一般都能以图书定价相应折扣的价格销售，而电子书的制作、销售、复制、传播、存储等方式均明显不同于纸质书籍，相应的成本也更低。北京某文化传媒有限公司、美国某出版社虽主张涉案作品电子书在某网站上定价为 69 元（同纸质书价格），第 21225 号公证书显示该作品电子书定价为 38.98 元，其与某公司的结算价为 31.05 元，不论哪个价格，均远高于目前一般电子书的定价，在北京某文化传媒有限公司、美国某出版社未提交充分证据证明其所主张的权利人单位利润具有合理性的情况下，一审法院判决将北京某文化传媒有限公司、美国某出版社主张的涉案作品单位利润作为确定单位利润的参考因素而非唯一依据，在考虑作品的提供方式、预期销量、营销渠道、行业利润率等因素基础上，酌定涉案作品的单位利润作为确定本案损害赔偿数额的因素并无不当。

第二，关于网站点击数量与侵权复制品数量。一般而言，网站中的点击量是评价网站内相关内容被访问人次的数量，与纸质作品复制件数量不属于同一逻辑层次的概念。侵权复制品数量通常针对权利作品涉及复制权、发行权时为评价侵权行为范围和影响程度而使用的概念。本案涉及侵害作品信息网络传播权，针对此权利的侵权行为的评价概念中通常不包括侵权复制品数量，而是考察侵权行为持续时间、侵权网站受关注度、公众访问侵权作品是否需要付费等，即使侵权网站不体现作品点击量，也不影响对相关行为侵权性质的判断以及损害赔偿数额的计算。至于北京某文化传媒有限公司、美国某出版社提出一审判决认定事实时遗漏其提交的公证书，对此，二审法院注意到，与侵权行为同时期取证的第 9666 号、第 9667 号公证书仅查询了涉案网站中部分作品的介绍及目录页，并未进一步点击阅读具体章节内容，而同日取证的通过手机端查询相同作品时，阅读人数均有增加。尽管 2019 年取证的涉案网站相关作品"总人气"不因阅读作品内容而增加，但考虑到该公证时间远晚于本案侵权行为发生时间，涉案网站已改版，无助于解释本案侵权行为涉及的点击数。因此，将涉案网站中涉案作品点击数直接等同于侵权复制品数量并不合理，但点击数可以作为涉案侵权行为相应情节的考虑因素，一审法院判决的相关认定并无不当，二审法院予以确认。

第三，因在案证据无法证明权利人因侵权所造成的复制品发行减少量或侵权复制品销售量以及权利人发行该复制品的单位利润，故一审法院判决未适用《最高人民法院关于审理著作权民事纠纷案件适用法律若干问题的解释》第二十四条的规定正确，二审法院予以确认。在先判决所提及的"阅读人数或下载量乘以单品利润"的计算方法，是特定案件查明相关事实后使用的计算方法，但这并不意味着该计算方法对于其他案件而言即为必须适用的标准。一审法院根据本案查明的具体事实情况，选取最相关的线索组合，确定个案中的实际损失并无不妥。

一审法院判决综合考虑各种因素，并对在案证据充分估算后，虽认为北京某文化传媒有限公司、美国某出版社的实际损失已超过法定赔偿额上限，但认为北京某文化传媒有限公司、美国某出版社所主张的赔偿数额过高，后适用裁量性赔偿在法定赔偿额以上对涉案网站上的侵权行为确定赔偿数额，同时综合考虑涉案作品的性质及知名度、北京某网络技术有限公司和某新媒体有限公司的主观过错、侵权情节等因素对涉案军事秘录合集App上侵权行为的损害赔偿数额予以酌定并无不当，二审法院予以确认。北京某文化传媒有限公司、美国某出版社以及北京某网络技术有限公司的此部分上诉理由均无事实和法律依据，二审法院不予支持。由于北京某文化传媒有限公司、美国某出版社提出的上诉主张缺乏事实和法律依据，故其在二审诉讼期间增加的律师费开支，二审法院不予支持。

四、关于诉讼时效

鉴于北京某网络技术有限公司对一审法院判决查明的事实不持异议，对于2013年6月14日之前涉案网站传播涉案作品的行为，北京某文化传媒有限公司、美国某出版社曾先后于2015年、2017年两次向法院起诉主张权利，故于2018年提起本案诉讼时，并未超出诉讼时效期间。北京某网络技术有限公司的此项上诉主张，二审法院不予支持。至于技术调查官的署名问题，一审法院判决应适用相关司法解释的规定进行署名，二审法院予以指出，但不影响一审法院判决结论正确。

裁判要旨

本案涉及文字作品信息网络传播权受到侵害时权利人实际损失的确定。第一，《最高人民法院关于审理著作权民事纠纷案件适用法律若干问题的解释》第二十四条并不能被视为对权利人实际损失具体计算方法的全面阐释，对于权利人的利益并非全部来自有形载体传播市场以及侵权行为发生于无形传播市场的情况，不宜直接适用该条款规定的计算方法确定损害赔偿数额。第二，在先判决所采用的损害赔偿数额计算方法，在特定案件的证据背景下可能是最优的计算方法，但并不意味着该计算方法对于其他案件而言即为必须适用的标准。第三，实际的损害后果通常是由于多种因素相互交织、共同作用导致的，权利人实际损失的计算亦是一项高度复杂的工作，并不存在可以直接套用的公式，但充分运用逻辑推理和日常生活经验，亦能够尽量对其进行量化认定，进而对损害赔偿数额作出相对精准的计算。通常情况下，若侵权人未经许可实施了受专有权利控制的行为，那么其原本应当缴纳的合理许可费即应为权利人所遭受的实际损失。合理许可费的数额可参照权利人以该特定方式实施该专有权利的实际许可费、权利人以其他方式实施该特定权利的可比许可费或是相关市场交易信息等综合确定。第四，著作权损害赔偿制度系以实现作品的市场价值为指引，补偿为主、惩罚为辅。其目标既在于通过完全补偿填平权利人因侵权行为而受到的损失，亦在于通过惩罚性赔偿有效遏制侵权动机，以实现社会层面的最优预防。损害赔偿数额的上限即应为能够实现最佳预防的数额，《著作权法》不应追求超出最佳预防的威慑效果。

关联索引

2010 年《中华人民共和国著作权法》第四十八条、第四十九条

2002 年《最高人民法院关于审理著作权民事纠纷案件适用法律若干问题的解释》第二十五条、第二十六条

一审：北京知识产权法院（2018）京 73 民初 105 号（2020 年 4 月 22 日）

二审：北京市高级人民法院（2020）京民终 546 号（2020 年 12 月 2 日）

法官评析

本案涉及互联网行业知名企业，且被诉侵权行为曾于 2015 年经国家版权局立案调查后予以行政处罚，并被国家版权局评为"2015 年度全国打击侵权盗版十大案件"，立案伊始即受到了社会各界的广泛关注。随着信息技术的发展，消费者购买、阅读书籍的习惯和方式已经在逐步发生变化，除传统书籍之外，消费者购买、阅读电子书已经越来越普遍。该案判决通过对网络环境中"点击数"对确定侵害文字作品信息网络传播权赔偿数额的影响，以及《最高人民法院关于审理著作权民事纠纷案件适用法律若干问题的解释》第二十四条规定的理解与具体适用的充分阐释，梳理并归纳了在文字作品信息网络传播权受到侵害时权利人实际损失的认定思路及参考因素。

一、《最高人民法院关于审理著作权民事纠纷案件适用法律若干问题的解释》第二十四条的理解与具体适用

尽管该条款以权利人实际损失的具体计算方法为规范对象，但该条款并不能被视为对权利人实际损失具体计算方法的全面阐释。该条款在《著作权法》损害赔偿相关规范中的地位，更接近于为特定场景下实际损失的计算提供初步的理念指引。对于权利人的利益并非全部来自有形载体传播市场以及侵权行为发生于无形传播市场的情况，不宜直接适用该条款规定的计算方法确定损害赔偿数额。

二、在确定损害赔偿数额时在先案例的参考作用

在先判决所采用的损害赔偿数额计算方法，在特定案件的证据背景下可能是最优的计算方法，但并不意味着该计算方法对于其他案件而言即为必须适用的标准。尤其是在其他案件所呈现的损害赔偿线索与在先判决计算方法所要求的线索有所区别的情况下，法院应根据具体案件中可查明的事实情况，选取最相关的线索组合，确定个案中的实际损失。

三、权利人实际损失确定的具体思路及参考因素

实际的损害后果通常是由于多种因素相互交织、共同作用导致的，权

利人实际损失的计算亦是一项高度复杂的工作，并不存在可以直接套用的公式，但充分运用逻辑推理和日常生活经验，亦能够尽量对其进行量化认定，进而对损害赔偿数额作出相对精准的计算。通常情况下，若侵权人未经许可实施了受专有权利控制的行为，那么其原本应当缴纳的合理许可费即应为权利人所遭受的实际损失。故若依据在案证据可以确定权利人以该特定方式实施该专有权利的实际许可费，即可优先考虑参照该实际许可费确定相应的损害赔偿数额，且以此确定的损害赔偿数额相对而言最能反映该特定权利的市场价值，亦能最大限度地填补权利人的实际损失。而在无法确定上述实际许可费，但存在权利人以其他方式实施该特定权利的可比许可费的情况下，亦可在充分考虑正常许可与侵权实施在实施方式、时间和规模等方面的区别的基础上，结合侵权赔偿金适当高于正常许可费的精神，参照该可比许可费酌情确定相应的损害赔偿数额。若依据在案证据既无法确定实际许可费，亦无法确定可比许可费，也可参照相关市场交易信息等综合确定合理许可费的数额，如权利人主张权利作品的市场价格、发行量、所在行业正常利润率；侵权商品的市场价格、销售数量、所在行业正常利润率以及作品对商品售价的贡献率；权利人主张权利的作品类型、所在行业的经营主体盈利模式，如互联网流量、点击率、广告收入等对合理许可费的影响；等等。

同时应注意，著作权损害赔偿制度系以实现作品的市场价值为指引，补偿为主、惩罚为辅。其目标既在于通过完全补偿填平权利人因侵权行为而受到的损失，亦在于通过惩罚性赔偿有效遏制侵权动机，以实现社会层面的最优预防。在此基础上，损害赔偿数额的上限即应为能够实现最佳预防的数额。《著作权法》不应追求超出最佳预防的威慑效果，否则，过度预防对作品利用造成的妨碍将会超过其为著作权人带来的激励，从而减损社会福利，影响社会层面的持续创作。

四、"点击数"对确定侵害文字作品信息网络传播权赔偿数额的影响

通常情况下，"点击数"表示的是来访用户点击该页面或其中控件（如广告、图片等）的次数；而"下载量"指的是用户将作品保存至其存储设备的次数。侵权作品能否实质性地替代权利作品，应结合侵权作品的

传播形式，运用逻辑推理和日常生活经验法则予以合理判断。免费阅读、浏览侵权作品的网络用户不当然是权利作品的潜在购买者，权利作品的潜在购买者亦不必然因在网络上接触了侵权作品而不再购买权利作品或者其电子书。即便在涉案网站上完整浏览了某一作品，亦不意味着该侵权作品能实质性地替代权利作品。在网络用户通过下载的方式获得侵权作品后，侵权作品已经能够实质性地替代权利作品；相比之下，若用户不能将侵权作品下载至本地，由于作品篇幅较长，用户只能以分时、分次的方式多次点击访问同一网址，点击一次未必产生一次复制行为。故下载量在很大程度上能够反映出侵权复制品的销售量或是权利复制品的发行减少量，而点击数与侵权复制品的销售量或是权利复制品的发行减少量的对应关系较弱。

北京知识产权法院从个案出发探讨类案的审理思路，对侵害文字作品信息网络传播权损害赔偿的计算方式问题进行了系统论述，促进了裁判标准的统一。

一审法院合议庭成员 宋鱼水　崔宇航　李志峰
二审法院合议庭成员 陶　钧　曹丽萍　孙柱永
编写人 崔宇航

33. 央视某公司诉某聚公司著作权侵权及不正当竞争纠纷案

——惩罚性赔偿适用条件的认定

关键词 著作权　惩罚性赔偿　倍数　基数　故意　情节严重

基本案情

央视某公司诉称：某聚公司未经授权，截录中央广播电视总台（以下简称央视）经国际奥林匹克委员会（以下简称国际奥委会）授权播出的东京奥运会开、闭幕式与赛事节目画面，并制作成 GIF 动态视频，通过"一点资讯"应用程序（以下简称涉案应用程序）设置的"东京奥运会"专区向公众提供，构成对央视某公司经央视授权，就东京奥运会开、闭幕式与赛事节目享有的复制权、广播权、信息网络传播权，以及广播组织权的侵犯。此外，某聚公司在应用市场采用"全新奥运频道上线，独家内容不容错过"等宣传表述，意在使公众误认为其提供的东京奥运会直播服务与央视某公司有关，构成不正当竞争。故诉至一审法院，请求判令：（1）某聚公司立即停止通过涉案应用程序提供东京奥运会开、闭幕式及赛事节目内容；（2）某聚公司在涉案应用程序客户端开屏位置连续十日刊登声明以消除影响，同时在《法治日报》非中缝位置刊登声明以消除影响；（3）某聚公司赔偿央视某公司经济损失 500 万元、惩罚性赔偿 500 万元、维权支出的律师费 5000 元及公证费 5000 元，合计 1001 万元。

某聚公司辩称：某聚公司使用涉案 GIF 动图是在介绍体育赛事，属于进行新闻报道时不可避免地使用他人作品，构成合理使用。同时，涉案作品由案外人蜂某公司直接提供，某聚公司仅提供帮助便利，不构成直接侵权行为，亦不构成虚假宣传不正当竞争行为，央视某公司主张停止侵权及损害赔偿缺乏依据，且其主张的赔偿金额过高。

法院经审理查明：

2009年4月20日，原中央电视台（现中央广播电视总台）将该台拍摄、制作或者广播的，享有著作权或与著作权有关的权利，或者获得相关授权的，该台所有电视频道及其所含之全部电视节目，通过信息网络向公众传播、广播（包括但不限于实时转播或延时转播）、提供之权利，授权央视某公司在全世界范围内独占行使，并授权央视某公司以自己的名义采取维权措施。

2020年12月14日，央视经国际奥委会授权取得2017年1月1日至2021年12月31日在中国境内通过所有媒体平台以直播、延时转播和点播的方式，用普通话和粤语广播和展示包含奥林匹克运动会视听画面的作品或信号，以及分许可他人在上述授权期限和授权区域内从事上述广播和展示的专有权利，央视及其被授权人央视某公司有权以自己的名义就侵犯上述权利及不正当竞争行为单独提起诉讼。

东京奥运会举办期间，某聚公司的涉案应用程序设有"东京奥运会"专区，对东京奥运会的开、闭幕式与部分赛事进行了直播，直播形式为"文字描述+精彩画面GIF动图"，GIF动图时长均在几秒至十几秒之间，直播结束后可以点击回看，并有"全新奥运频道上线，独家内容不容错过"等宣传用语。央视某公司对其中的1802段GIF动图进行了取证，涉及东京奥运会开、闭幕式与170场赛事节目（以下简称涉案作品）。

央视与某视频平台签订的《中央广播电视总台2020东京奥运会、2022北京冬奥会版权许可和媒体合作协议基础协议》显示，协议约定的许可使用方式包括短视频、长视频，其中东京奥运会及残奥会的许可期限约定为自协议签订之日起至2021年12月31日，许可费为×亿元。国家版权局曾于2021年7月22日就东京奥运会相关节目发布版权保护预警名单。央视曾于2021年4月30日发布《中央广播电视总台关于2020年东京奥运会的版权声明》（以下简称版权声明），内容为：未经书面许可，任何机构或个人在中国大陆地区通过任何媒体平台传播上述赛事视音频内容及相关素材，或以获得上述赛事媒体权利名义进行广告招商，将依法追究其法律责任。

另查：多份法院生效判决认定，某聚公司未经授权擅自提供 2019 年央视春节联欢晚会的直播服务，未经授权擅自提供 2018 年平昌冬奥会开、闭幕式和赛事节目的直播与点播服务。

北京互联网法院于 2022 年 12 月 29 日作出（2022）京 0491 民初 5947 号民事判决：一、某聚公司于判决生效之日起十日内赔偿央视某公司经济损失 500 万元及合理开支 9140 元；二、驳回央视某公司的其他诉讼请求。宣判后，央视某公司以本案未适用惩罚性赔偿为由提起上诉。北京知识产权法院支持了惩罚性赔偿的主张，但因为调整了惩罚性赔偿的基数，在适用一倍惩罚性赔偿倍数后得到的赔偿数额与一审法院判赔数额一致，故没有调整一审法院判赔数额。北京知识产权法院于 2023 年 6 月 30 日作出（2023）京 73 民终 850 号民事判决：驳回上诉，维持原判。

裁判理由

法院生效裁判认为：

一、某聚公司侵犯了央视某公司对涉案作品的著作权

央视某公司对涉案作品享有广播权、信息网络传播权，以及相应的广播组织权。某聚公司采用"文字描述+精彩画面 GIF 动图"的方式对东京奥运会开、闭幕式及 170 场涉案赛事节目进行了直播，并提供回看服务，使得公众可以在其个人选定的时间和地点通过浏览涉案 GIF 动图获得涉案东京奥运会开、闭幕式及赛事节目作品的精彩片段，构成对央视某公司信息网络传播权的侵犯。

某聚公司使用涉案作品的方式包括以"文字描述+精彩画面 GIF 动图"进行直播以及提供回看服务，其中，提供直播行为属于以有线或无线方式公开传播作品的行为，该行为落入了央视某公司对涉案作品享有的广播权的控制范围，构成对央视某公司广播权的侵犯。

某聚公司未经授权，将央视播放的东京奥运会开、闭幕式及 170 场涉案赛事节目中的精彩片段以 GIF 动图形式通过涉案应用程序向公众传播，该行为落入了央视某公司从央视获得的广播组织权的控制范围，构成对央视某公司广播组织权的侵犯。

二、某聚公司的被诉行为不构成不正当竞争

央视某公司诉诸《反不正当竞争法》寻求保护的利益基础在于其对东京奥运会开、闭幕式及赛事节目画面享有的权利。鉴于法院已经认定前述权利客体构成作品，并认定被诉行为侵犯了央视某公司的著作权，故对于央视某公司同时主张被诉行为违反《反不正当竞争法》相关规定的诉讼请求，不应予以支持。

三、某聚公司应承担的民事责任

本案符合适用惩罚性赔偿的条件，依法应适用惩罚性赔偿。具体理由如下：

首先，某聚公司的行为属于故意侵权行为。第一，东京奥运会属于国际上影响力极高的体育赛事，社会关注度高，具备较高的传播价值，某聚公司在东京奥运会举办期间在涉案应用程序中专门设置"东京奥运会"专区以吸引用户注意，具有侵权主观故意。第二，在东京奥运会召开之前，央视于2021年4月30日即公开发布版权声明进行侵权预警，明确指出除已获授权机构外，任何机构或个人不得通过任何媒体平台传播赛事视音频内容及相关素材。第三，国家版权局在东京奥运会开幕的前一天即2020年7月22日，就东京奥运会相关节目发布了版权保护预警名单。某聚公司作为新闻资讯平台运营主体，对上述情况理应知晓，却在东京奥运会举办期间，在明知未获授权的情况下，仍以GIF动图形式传播东京奥运会开、闭幕式及170场体育赛事节目的部分精彩画面，主观上具有明显的侵权故意。

其次，某聚公司的行为属于侵权情节严重。第一，根据央视某公司在一审期间提交的民事判决书的相关记载，自2020年起，某聚公司曾数次因提供2018年平昌冬奥会开、闭幕式及赛事节目，2019年央视春节联欢晚会等作品的直播，侵犯央视某公司对相关作品享有的著作权，被法院裁判承担民事责任，但在本案中仍然实施类似的以精彩画面GIF动图方式提供涉案作品的侵犯著作权行为；第二，某聚公司对涉案作品的侵权行为既包括直播，也包括回看点播，同时侵犯了央视某公司对涉案作品享有的广播权、信息网络传播权、广播组织权等多项权利，侵权情节恶劣，损害后果严重；第三，根据在案证据，某聚公司在涉案应用程序设置的"东京奥运

会"专区投放有运动员代言的汽车广告，而涉案 GIF 动图的使用显然有助于为这一专区吸引流量，为某聚公司增加财产性收益；第四，参考央视某公司提交的央视与某视频平台签订的协议显示，央视许可该视频平台以短视频与长视频方式传播东京奥运会及残奥会赛事的许可费为×亿元，且许可的方式仅限于短视频在相关画面许可内容首次通过央视总台媒体平台播出的 40 分钟以后方可在许可平台发布，而本案被控侵权行为包括直播方式；第五，央视某公司提交的一份涉 2016 年里约奥运会 GIF 动图使用的著作权及不正当竞争判决显示，该案中 GIF 动图涉及 2016 年里约奥运会开、闭幕式与 90 场赛事节目，数量为 1460 段，法院确定的经济损失数额为×元。据此，上述证据能够证明央视某公司受损巨大。综上，本案符合惩罚性赔偿的适用条件。

在某聚公司的违法所得和央视某公司的实际损失均无法确定的情况下，本案参照作品权利许可使用费计算惩罚性赔偿的基数，并综合考虑授权的期限、内容、范围、被诉行为涉及的赛事节目场次和时长等因素，酌定惩罚性赔偿的基数为 250 万元，并适用一倍的惩罚性赔偿倍数，据此确定损害赔偿金额为 250 万元×（1+1）＝500 万元。一审法院以赔偿基数无法确定为由未适用惩罚性赔偿有误，应予纠正。

裁判要旨

权利许可使用费的合理倍数可以作为惩罚性赔偿的基数。对惩罚性赔偿基数的计算精度不应苛以过高要求，不能仅因权利人的实际损失或侵权人的违法所得难以计算，即得出无法准确计算惩罚性赔偿的基数的结论，从而否定惩罚性赔偿的适用条件。根据在案证据适用裁量性赔偿确定的权利人实际损失、侵权人侵权获利或参照权利许可使用费的合理倍数确定的数额，可以作为惩罚性赔偿的计算基数。

关联索引

2020 年《中华人民共和国著作权法》第五十四条

一审：北京互联网法院（2022）京 0491 民初 5947 号（2022 年 12 月 29 日）

二审：北京知识产权法院（2023）京 73 民终 850 号（2023 年 6 月 30 日）

法官评析

本案涉及惩罚性赔偿基数的计算依据，并对惩罚性赔偿的故意要件和情节要件进行了详细评述，明晰了惩罚性赔偿的适用条件。

惩罚性赔偿是依法惩处严重侵害知识产权行为，阻遏侵权并充分补偿权利人的重要手段，有利于全面加强知识产权保护，激发社会创新活力，推动社会高质量发展。在适用惩罚性赔偿时，不应对惩罚性赔偿计算基数的计算精度提出过高要求，在实际损失或侵权获利难以计算的情况下，权利使用许可费可以作为惩罚性赔偿的计算基数。

一、惩罚性赔偿计算基数的确定

根据《最高人民法院关于审理侵害知识产权民事案件适用惩罚性赔偿的解释》（以下简称《惩罚性赔偿司法解释》）第五条的规定，惩罚性赔偿的基数可以按照以下三种方式确定：一是权利人因侵权行为所受到的实际损失；二是侵权人因侵权行为所获得的利益；三是许可使用费的合理倍数。在适用惩罚性赔偿时，应当注意以下几方面要求：

第一，惩罚性赔偿基数的计算方法存在先后顺序。首先应当按照权利人实际损失或侵权人侵权获利确定赔偿基数，在权利人实际损失及侵权人侵权获利均难以计算的情况下，可以参照权利许可使用费的合理倍数确定赔偿基数。即惩罚性赔偿基数的第一顺位为实际损失或侵权获利，第二顺位为权利许可使用费。其中，对于第一顺位中的实际损失和侵权获利的适用顺位，不同知识产权部门法分别作了不同规定。依照《专利法》《著作权法》适用惩罚性赔偿时，实际损失和侵权获利之间不存在先后适用顺序。依照《商标法》《反不正当竞争法》《种子法》适用惩罚性赔偿时，一般先按照权利人的实际损失确定赔偿基数，权利人的实际损失难以计算时按照侵权人的侵权获利确定赔偿基数。

第二，适用裁量赔偿确定的数额可以作为惩罚性赔偿基数。通常情况下，权利人实际损失、侵权人侵权获利均难以精确计算，即便是参照权利许可使用费的合理倍数确定，该数额也是根据在案证据酌定的数额，但这种情况不属于赔偿基数无法确定的情形，不能据此否定惩罚性赔偿的适用条件。赔偿基数无法确定是指在案证据无法证明权利人实际损失、侵权人侵权获利，亦无权利许可使用费可以参照而需要适用法定赔偿的情形。惩罚性赔偿是对填平原则的补充，是在填平原则的基础上对故意且情节严重侵权行为的惩罚措施。由于法定赔偿数额是在无法确定实际损失或侵权获利的情况下，法律在一定限额范围内划定的最高或最低赔偿数额，故其不得作为计算惩罚性赔偿的基数。裁量赔偿是在案证据能够证明权利人实际损失或侵权人侵权获利的大致情况，但因无法计算精确的数额，由法院根据在案证据予以酌定，该数额能够在一定程度上反映权利人实际损失或侵权人侵权获利，具有客观性，可以作为计算惩罚性赔偿的基数。最高人民法院在辽宁某种业公司诉凌海某种业公司植物新品种侵权纠纷案中指出，虽然惩罚性赔偿需要以确定的赔偿基数为前提，但是对于赔偿基数的计算精度不宜作过于严苛的要求，可以根据现有证据和案情裁量确定合理的赔偿基数，即可以在计算赔偿基数所需的部分数据确有证据支持的基础上，根据案情运用裁量权确定计算赔偿所需的其他数据，酌定公平合理的赔偿基数。

第三，部分基数能够查明时亦可适用惩罚性赔偿。惩罚性赔偿的目的在于打击源头侵权、恶意侵权、重复侵权等情节恶劣的侵权行为，对潜在侵权者形成威慑力，从而阻遏侵权行为发生。虽然基数的全部数额难以查明，但只要能够查明基数的部分数额，就不妨碍惩罚性赔偿的适用。在最高人民法院第 219 号指导性案例中，法院在权利人实际损失无法全部查清的情况下，根据已查明的被控侵权人部分销售情况计算得出部分侵权获利，并以此作为惩罚性赔偿基数。

第四，权利许可使用费是裁量赔偿的重要方式之一，参照权利许可使用费的合理倍数确定的数额可以作为惩罚性赔偿的基数。权利许可使用费能够体现知识产权的市场价值，也能在一定程度上反映权利人实际损失。因此，在权利人实际损失或侵权人侵权获利无法查明的情况下，可以参照权利许可使用费的合理倍数确定赔偿数额，并以此作为惩罚性赔偿基数。在参照权利许可使用费确定赔偿基数时，应当综合考虑许可使用合同的实际履行情况及相应证据，许可使用与侵权使用的可比性，许可使用费是否受到诉讼、并购、破产、清算等因素的影响，许可人与被许可人之间是否存在亲属关系、投资关系或者实际控制关系等关联关系，同行业或者相关行业通常的许可使用费或者权利使用费标准，许可使用合同的备案情况等因素。以许可使用费的合理倍数计算惩罚性赔偿基数的，可以根据案件具体情况，综合考虑权利客体的性质、商业价值、研发成本、创新高度、可能带来的竞争优势，侵权行为与被许可行为所涉及的权利性质、许可期限、范围的异同等因素确定该倍数。本案中，央视某公司对某短视频平台涉案 2020 年东京奥运会节目视频授权播出费用为×亿元，且提交了许可使用合同及付款凭证等实际履行证据，可以作为赔偿基数的计算依据。法院综合考虑了许可使用的内容、方式，侵权 GIF 动图覆盖的赛事场次、时间、内容等因素，酌定赔偿基数为 250 万元。

第五，当事人存在举证妨碍情形的，可以适当放宽惩罚性赔偿的适用要求。司法实践中，由于计算权利人实际损失或侵权人侵权获利存在很大难度，导致惩罚性赔偿的适用时常面临困境。为解决上述难题，《惩罚性赔偿司法解释》第五条第三款专门规定了举证妨碍情形下可以适用惩罚性赔偿的情形。即在权利人已经尽了必要举证责任，但侵权获利的证据主要由侵权人掌握，且侵权人无正当理由拒不提供相关证据、仅提供明显少于其实际获利的部分证据，或者故意提供虚假证据，妨碍惩罚性赔偿基数认定的，可以根据案件具体情况，参考权利人的主张及相关证据确定惩罚性赔偿的基数。上述规定防止了刻意规避惩罚性赔偿适用情形的发生，是确保惩罚性赔偿制度有效落地的重要举措。

二、"故意"及"情节严重"的认定

"故意"及"情节严重"系适用惩罚性赔偿的实体要件，该实体要件一方面在于实现惩罚性赔偿的惩罚和预防的社会控制功能，另一方面在于防止惩罚性赔偿被滥用。

"故意"要件作为主观要件，往往通过客观行为及相应证据予以体现。首先，故意与恶意在惩罚性赔偿的语境下为同一含义。《民法典》作为上位法，规定了惩罚性赔偿的主观要件为故意，对《商标法》和《反不正当竞争法》有关恶意的解释应当与《民法典》保持一致。且实践中，故意与恶意通常难以严格区分，二者作同一解释有利于保持裁判尺度的统一。其次，对故意要件的认定应当综合考虑被控侵权人是否明知或应知的客观证据，其中，涉案权利的知名度越大、被控侵权人与权利人关系越密切的，明知或应知的可能性就越大。本案中，东京奥运会影响力大、社会关注度高，某聚公司不可能不知晓；在东京奥运会召开之前，央视曾公开发布版权声明进行侵权预警，国家版权局亦公布了版权保护预警名单。某聚公司作为新闻资讯平台运营主体，理应知晓涉案作品的权利主体，足见其具有侵权之故意。

"情节"要件是适用惩罚性赔偿的客观要件，《惩罚性赔偿司法解释》第四条对司法实践中常见的情节严重情形进行了列举，包括重复侵权，以侵权为业，举证妨碍，拒不履行保全裁定，损失或获利巨大，危害国家安全、公共利益或人身健康等。此外，侵权规模、侵权方式、侵权持续时间、是否受到刑事处罚等也是认定情节是否严重的重要考量因素。本案中，某聚公司自2020年起，曾数次因提供2018年平昌冬奥会开、闭幕式及赛事节目，2019年央视春节联欢晚会等作品的直播被法院裁判承担民事责任，但仍实施本案的类似侵权行为，所侵犯的涉案作品权利包括广播权、信息网络传播权、广播组织权等多项权利，并通过设置奥运专区吸引流量，投放广告，显然构成侵权情节严重的情形。法院据此适用一倍的惩罚性赔偿倍数确定损害赔偿数额为500万元。

本案明确了参照权利许可使用费裁量确定的数额可以作为惩罚性赔偿基数，并从赔偿基数的计算依据和计算方法、故意要件和情节要件的考量因素等方面对惩罚性赔偿的适用条件进行了明晰，对于准确理解和适用惩罚性赔偿具有借鉴意义。

一审法院合议庭成员　楼三丹　张　倩　赵晓畅
二审法院合议庭成员　谢甄珂　兰国红　杨　钊
编写人　兰国红

著作权合同

34. 某著作权集体管理协会与某文化集团有限公司、广州某文化发展有限公司等合同纠纷案*

——著作权集体管理制度中使用费收取与分配的核心作用

关键词 著作权 著作权集体管理 使用费

基本案情

某著作权集体管理协会主张：2007 年 12 月 27 日，某著作权集体管理协会（作为甲方）与某文化集团有限公司（原名北京某文化有限公司，作为乙方）签订了为期十年的《服务协议》，此后某著作权集体管理协会同某文化集团有限公司又签订了系列补充合同。甲方委托乙方在全国范围内组建卡拉 OK 版权交易服务机构，代甲方向全国各地的卡拉 OK 经营者收取卡拉 OK 节目版权使用费。某文化集团有限公司更名后，其所属地方运营服务机构或下属机构变更为各省的子公司，即被告 2 至被告 21。所有被告共同代理某著作权集体管理协会履行委托事务，共同执行著作权许可的收费、转付、运营和服务。在收取的著作权许可使用费全国总金额扣除税金后，作为履行合同义务的对价，各被告共同获取 25% 的份额作为渠道服务费，其中某文化集团有限公司获取 5% 的份额，子公司获取 20% 的份额。合同履行中，某文化集团有限公司及其子公司存在多种问题，主要包括：

---

* 本案例入选"2022 年中国版权十件大事"。

"三统一"工作未完成、迟延支付、与案外人北京某科技有限公司及其子公司违规操作、违规收取 MiniKTV 版权费。故某著作权集体管理协会诉至法院，请求判令：某文化集团有限公司及其子公司支付合同款及迟延履行的利息，并赔偿损失、返还制式合同等。

某文化集团有限公司及其子公司辩称：子公司不属于适格被告。某著作权集体管理协会与某文化集团有限公司之间的系列合同不应解除，某著作权集体管理协会提出的"约定解除""法定解除""任意解除"三个理由均不成立，涉案合同应继续履行。

反诉原告某文化集团有限公司反诉主张：某著作权集体管理协会在履行与某文化集团有限公司的合作协议时，存在"多头授权"、拒不履行"正版曲库"和"MiniKTV"协议、"设站收费"的问题，反诉请求判令：某著作权集体管理协会继续履行涉案系列合同，向某文化集团有限公司支付违约金，赔偿发布解除公告给某文化集团有限公司造成的损失，以及撤销联络处。

某著作权集体管理协会反诉辩称：某文化集团有限公司及其子公司的违约行为已经构成严重违约，某著作权集体管理协会享有解除权且不存在违约。某文化集团有限公司的反诉主张均不能成立。

法院经审理查明：

关于"三统一"工作。某著作权集体管理协会与某文化集团有限公司在《补充协议（四）》中约定了"三统一"工作的时间表，即某文化集团有限公司于 2015 年 12 月 31 日前完成乙方体系内的"三统一"工作的第一步，即乙方开具一个甲、乙双方共管的账户；2017 年 12 月 26 日前，完成"三统一"的第二步，就乙方代甲方向卡拉 OK 场所开具版权费发票事宜统一改为由甲方向卡拉 OK 场所开具版权使用费发票，并由卡拉 OK 场所直接将版权费汇至甲方开设的双方均可自行查询的账户。实际履行中，截至 2015 年 12 月 31 日，"三统一"的第一步并没有按照约定在某文化集团有限公司的体系内完成。截至 2017 年 12 月 26 日，以卡拉 OK 场所直接将版权费汇至某著作权集体管理协会开设的双方均可自行查询的账户为标志的"三统一"第二步也没有实现。

关于迟延支付。《服务协议》第 3.5 条约定双方实行版权使用费快速分配原则，结算周期为三个月结算一次。双方后续在补充协议中进一步明确了结算周期。根据双方约定，双方结算的周期最长应为一个季度。实际履行中，某文化集团有限公司及其各子公司自 2016 年第四季度开始延迟结算版权费，此后的版权费均未按时结算。2016 年第四季度某著作权集体管理协会应收入的版权费，经某著作权集体管理协会催告后于 2017 年 12 月 25 日结算，比约定的时间延迟三个季度。2017 年第一、第二季度某著作权集体管理协会应收入的版权费，某文化集团有限公司及其各子公司延迟于 2018 年 5 月 28 日结算，比约定时间分别延迟二个至三个季度。2018 年 6 月 29 日，某著作权集体管理协会向某文化集团有限公司发出《敦促履行合同义务通知函》，要求某文化集团有限公司对 2017 年第三、四季度及 2018 年第一季度收取的版权费进行对账，最迟截至 2018 年 7 月 20 日前进行结算，但到截止日某文化集团有限公司及其各子公司仍未进行结算。

关于与案外人北京某科技有限公司的合作。2017 年至 2018 年，被告 2 广州某文化发展有限公司、北京某科技有限公司与 KTV 公司签订著作权许可合同，各 KTV 公司均发生了同一天分别与某著作权集体管理协会和北京某科技有限公司签署合同，各按照包房数或者端口数支付相关费用的情况。两份不同合同的金额相加之和，与该卡拉 OK 使用者此前与某著作权集体管理协会签署的许可协议的金额及包房数或者完全相同或者基本相当。

关于子公司违规操作。被告 2、被告 7、被告 11 在合同履行中，多次出现涉及许可使用费的违规操作，在某著作权集体管理协会提交的双方举行的会议纪要中，某文化集团有限公司也认可其子公司存在"跑冒滴漏"的行为。

关于收取 MiniKTV 版权费。某文化集团有限公司在没有获得某著作权集体管理协会授权的前提下，私下与案外人公司签署《著作权许可合同》并收取 100 万元版权费汇入自有账户。此后，双方签署《MiniKTV 业务合作框架协议》，该协议第一条第 8 项中，对该行为作出"乙方 2017 年收取案外人公司关于'咪哒 KTV'版权费一事欠妥，今后应保证不再发生类似事件"的处理。

北京知识产权法院于 2021 年 7 月 29 日作出（2018）京 73 民初 904 号民事判决：确认双方签订的前述以代收使用费为核心的多份合同于某著作权集体管理协会发出解除通知之日起解除，并判令某文化集团有限公司及其子公司支付合同款，赔偿损失。宣判后，某文化集团有限公司提起上诉，北京市高级人民法院于 2022 年 11 月 20 日作出（2021）京民终 929 号民事判决：驳回上诉，维持原判。

裁判理由

法院生效裁判认为：实际履行中，某文化集团有限公司没有兑现"三统一"的承诺，使得后续某文化集团有限公司及其各子公司仍控制着全部版权费收入，某文化集团有限公司及其各子公司自 2016 年第四季度开始延迟结算版权费，此后的版权费均未按时结算。2018 年 6 月 29 日，某著作权集体管理协会向某文化集团有限公司发出《敦促履行合同义务通知函》要求某文化集团有限公司对 2017 年第三、四季度及 2018 年第一季度收取的版权费进行对账，最迟截至 2018 年 7 月 20 日前进行结算，但到截止日某文化集团有限公司及其各子公司仍未进行结算。某文化集团有限公司迟延履行结算义务，导致某著作权集体管理协会不能按时给会员分配版权费的严重后果，给某著作权集体管理协会的著作权集体管理活动造成损害。另外，某文化集团有限公司作为某著作权集体管理协会在卡拉 OK 经营市场从事著作权集体管理活动的独家代理人，利用某著作权集体管理协会作为著作权集体管理组织的特殊法律地位，在独家代理的活动中通过案外公司截留版权费、收取使用费进入自己的账户或者直接收受现金等方式进行营利活动，不符合著作权集体管理活动的非营利性、公益性的制度规范，给某著作权集体管理协会的著作权集体管理活动造成损害。涉案合同目的已无法实现，且某文化集团有限公司的违约行为已满足约定解除条件，一审法院据此判决确认双方签订的前述以代收使用费为核心的多份合同于某著作权集体管理协会发出解除通知之日起解除，并判令某文化集团有限公司及其子公司支付合同款，赔偿损失。

裁判要旨

1. 著作权集体管理组织职责中使用费分配的重要地位。某著作权集体管理协会与某文化集团有限公司签订的《服务协议》及相关协议应作为整体处理。某文化集团有限公司及其子公司依据上述合同，独家代理某著作权集体管理协会与卡拉 OK 经营者签订许可合同，实际上是在履行著作权集体管理组织的职能。某文化集团有限公司没有兑现"三统一"的承诺、多次迟延履行结算义务，并导致某著作权集体管理协会不能按时给会员分配版权费，使某著作权集体管理协会的合同目的无法实现。此外，某文化集团有限公司存在多种不符合著作权集体管理活动的非营利性、公益性制度规范的行为，影响了某著作权集体管理协会著作权集体管理活动。按期结算构成合同的基本要素，是某文化集团有限公司及其各子公司的基本合同义务，也是某著作权集体管理协会的主要合同目的，多次持续超出履行期限将会严重影响某著作权集体管理协会作为著作权集体管理组织的主要活动，造成某著作权集体管理协会合同目的无法实现，且某文化集团有限公司的违约行为已满足约定解除条件，某著作权集体管理协会有权解除涉案合同。

2. 合同解除后，应根据合同性质处理解除后果。涉案合同应属许可使用合同，合同解除向未来发生效力。对某文化集团有限公司及其子公司尚未支付的款项，应当支付本金及迟延履行的利息；对合同履行期间违约行为造成的损失，应当予以赔偿；对某著作权集体管理协会许可某文化集团有限公司与卡拉 OK 企业签约、收费的《著作权许可合同》的制式合同文本，应以合同解除时间为限，返还相应部分。

关联索引

《中华人民共和国民法典》第六十七条第二款（本案适用的是 2017 年 10 月 1 日起施行的《中华人民共和国民法总则》第六十七条第二款）

《中华人民共和国民法典》第五百六十二条第二款、第五百六十五条、第五百六十六条、第五百七十七条、第五百八十四条（本案适用的是 1999 年 10 月 1 日起施行的《中华人民共和国合同法》第九十三条第二款、第九十六条第一款、第九十七条、第一百零七条、第一百一十三条第一款）

一审：北京知识产权法院（2018）京 73 民初 904 号（2021 年 7 月 29 日）

二审：北京市高级人民法院（2021）京民终 929 号（2022 年 11 月 20 日）

法官评析

本案关系到我国著作权集体管理制度的完善。

一、著作权集体管理组织的核心工作——使用费的收取与分配

（一）域外著作权集体管理组织的起源与典型模式

著作权作为私权，由权利人（包括著作权人和邻接权人）直接行使是基本原则。但是，在不少情况下，权利人与使用者对作品或邻接权客体（以下统一称为作品）的使用存在双向困境：其一，是使用者可能用到大量作品，一一找到权利人获得许可既有现实困境，也不利于新的智力成果的产生；其二，权利人面对众多使用者可能难以直接收取使用费，也可能缺乏议价能力。因此，对著作权进行集体管理，即大量权利人将其作品委托集体管理组织统一管理，集体管理组织向使用者收取使用费、发放许可，向权利人分配使用费，是作品有序利用的必然要求。①

著作权集体管理组织作为集体管理的实现机构，是该制度的核心。

著作权集体管理组织的雏形为 1777 年 7 月在法国成立的戏剧立法局（今法国戏剧作者和作曲者协会），由著名戏剧家傅马舍创立，其初衷为与拒绝支付演出费的剧院老板斗争。著作权集体管理史上另一个更具重要性的"咖啡厅事件"② 发生于 1847 年，自此事件后，在比才和其他音乐家倡导下，成立了第一家现代意义上的著作权集体管理组织。此后，各国纷纷成立了类似组织。

目前，以著作权集体管理组织对著作权中所谓小权利，即表演权、放映权、信息网络传播权等权利人自己难以有效实施的权利进行集体管理的模式，为大部分国家所采纳，但不同国家的组织形式存在差别。

1. 美国著作权集体管理组织

美国著作权集体管理组织一般依照公司法设立，并受竞争法与反垄断法规制，允许对同一类作品设立多家集体管理组织。例如，美国词曲作者和出版者协会（ASCAP）与美国广播音乐公司（BMI），会员均包括词曲作者，授权类型以音乐作品表演权为主，两家集体管理组织存在竞争

① 参见王迁：《著作权法》（第二版），中国人民大学出版社 2023 年版，第 473 页。
② 法国作曲家比才在一家音乐咖啡厅喝咖啡时，发现咖啡厅正在免费演奏其作品，于是拒绝支付咖啡费，并诉至法院，法院判令咖啡厅支付比才使用费。参见王莉莉：《著作权集体管理制度研究》，东北财经大学 2007 年硕士学位论文。

关系。

美国著作权集体管理组织的设立遵循私人自治的原则，由权利人创设和参与运作，许可条件、费率均由权利人决定。[①]

2. 德国著作权集体管理组织

德国的著作权集体管理组织具有一定垄断性，根据不同作品类型及许可方式，设立多个业务范围不交叉的集体管理组织，相对该业务领域，某一集体管理组织具备垄断性地位。例如，德国最大的著作权集体管理组织——音乐表演权和复制权联合会（GEMA），顾名思义，其会员为词曲作者、音乐出版者，涉及许可方式为表演权和复制权，它是德国唯一的此类机构。

德国承认 GEMA 的垄断地位，并根据判例法确立了"GEMA Vermutung"规则，允许 GEMA 进行延伸集体管理。[②]

3. 意大利著作权集体管理组织

《意大利版权法》第 180 条第 1 款规定："作为居间人直接或间接介入、居间、代理，或转让演出、朗诵、播放、机械录制和电影制片的行使权的权利，由意大利版权组织独占保留。"因此，意大利版权组织，即意大利作者协会（SIAE）是意大利唯一的著作权集体管理组织，其成立于 1882 年，管理的作品种类是多方面的，包括文字、音乐、戏剧、美术、摄影、电影和电视等，并代表这些作品的作者管理与之相关的各种权利，其负责全部著作权集体管理工作，事实上形成了全国性垄断。[③]

权利人与 SIAE 签订的权利转让协议为代理性质的转让，SIAE 的独占权利不妨碍权利人直接行使权利。

（二）我国著作权集体管理组织的性质

前文所述三种模式，根据垄断程度的差异，可将著作权集体管理组织分为三类：一类是全国垄断模式，以意大利为代表；一类是相对垄断模

[①] 参见熊琦：《论著作权集体管理中的私人自治——兼评我国集体管理制度立法的谬误》，载《法律科学（西北政法大学学报）》2013 年第 1 期。

[②] Torremans, Paul , Copyright Law: A Handbook of Contemporary Research, *Research Handbooks in Intellectual Property*, (Cheltenham: Edward Elgar Publishing, 2007) pp. 263-265.

[③] 邓玉华：《意大利作者协会 SIAE 简介》，载《中国版权》2004 年第 5 期。

式，以德国为代表；一类是竞争模式，以美国为代表。相较而言，我国著作权集体管理组织与德国模式更为相近。

《著作权集体管理条例》（以下简称《条例》）第三条规定："本条例所称著作权集体管理组织，是指为权利人的利益依法设立，根据权利人授权、对权利人的著作权或者与著作权有关的权利进行集体管理的社会团体。"根据《条例》的规定，结合集体管理出现的必然性，著作权集体管理组织的性质应当包括以下几个方面：

第一，自治——以权利人意思自治为组织基础。集体管理是著作权直接行使的例外，其例外的范围不应扩大至对著作权性质的例外。著作权的私权属性，不会因权利人参与集体管理而改变，相反，权利人意思自治是集体管理组织设立的基础。考察域外集体管理组织成立的历史，尤其是美国版权结算中心、词曲作者和出版者协会、电影协会等集体管理组织，无一不是经权利人授权而设立的机构。一般来说，著作权集体管理组织管理的只能是权利人在与其签订合同时授予的权利，合同中没有明确授予的权利，原则上不能由集体管理组织行使，只能由权利人自己行使。①

我国著作权集体管理制度中存在对私人自治的过多干涉，著作权集体管理组织具有浓厚的半官方性。② 从我国集体管理组织实际运行效果看，上述观点不无道理。需要厘清的是，我国著作权集体管理组织的形成，跳过了权利人自发成立管理组织，并由权利人与管理组织之间进行博弈的过程，也即，我国的权利人缺乏形成某个集体管理组织的合意。在集体管理组织的起源上，权利人意思有所欠缺，是由政府主导成立了各个集体管理组织。③ 但是，上述特点也并未影响我国集体管理组织的基础为权利人的意思自治。集体管理组织行使职能的权利基础来自权利人，权利人可以选择参加或不参加集体管理组织，已经参加的权利人可以选择退出。

第二，非营利——以权利人利益为活动目的。根据《著作权法》第八条第一款的规定，著作权集体管理组织作为社会团体，属于非营利法人。

---

① 叶世强：《美国著作权集体管理制度及其对我国的借鉴意义》，暨南大学 2018 年硕士学位论文。

② 张秀峰、沈玲、钟紫红：《中美著作权集体管理组织现状比较及对我国科技期刊版权保护的启示》，载《中国科技期刊研究》2012 年第 1 期。

③ 熊琦：《中国著作权立法中的制度创新》，载《中国社会科学》2018 年第 7 期。

从社会团体成立方式看，其设立前提是基于会员共同意愿，为公益或会员共同利益。如前所述，权利人的意思自治是集体管理组织的基础，那么，集体管理组织自成立之日起，其一切活动的目的即在于为权利人的利益。这意味着，集体管理组织的商业活动，不应以营利为目的，也不得减损权利人的利益。《条例》第二十九条第一款规定："著作权集体管理组织收取的使用费，在提取管理费后，应当全部转付给权利人，不得挪作他用。"此外，管理费用随着收取使用费的增加还应逐步降低。例如，中国音乐著作权协会（以下简称音著协）2022 年共进行了 13 次分配，涉及许可收入金额约 4.28 亿元，协会管理费比例为 15.7%。[①]

第三，信托——以自己名义行使集体管理。根据《著作权法》及《条例》的规定，集体管理组织得以自己名义为权利人主张权利。通说认为，集体管理组织符合我国《信托法》第二条的规定，属于信托机构。[②] 权利人与集体管理组织之间的信托关系，归根结底，是一种信任关系。信任是市场经济存在和发展的道德基础，因其减少交易成本和促使帕累托最优交易的效用得以成为每笔交易的核心。[③] 著作权集体管理组织作为联结著作权人和使用者的桥梁，具备版权交易市场典型的中介人角色，是构建起交易双方信任关系的关键和枢纽。[④]

（三）著作权集体管理组织的工作——以使用费为核心

《条例》第二条规定："著作权集体管理，是指著作权集体管理组织经权利人授权，集中行使权利人的有关权利并以自己的名义进行的下列活动：（一）与使用者订立著作权或者与著作权有关的权利许可使用合同（以下简称许可使用合同）；（二）向使用者收取使用费；（三）向权利人转付使用费；（四）进行涉及著作权或者与著作权有关的权利的诉讼、仲裁等。"

---

① 参见《中国音乐著作权协会会讯》（2023 年总第 44 期）。

② 王迁：《著作权法》（第二版），中国人民大学出版社 2023 年版，第 482 页。

③ See: Hirsch F, Goldthorpe J H, Group I P E, et al., *The Political Economy of Inflation*, Boston: Harvard University Press, 1978, p. 26.

④ 张祥志：《破解信任困局：我国著作权集体管理"信任机制"的法治关注》，载《新闻与传播研究》2019 年第 3 期。

《条例》第四章规定了著作权集体管理活动，涉及权利人加入、退出著作权集体管理组织的程序，著作权集体管理组织向使用者授权的程序，以及使用费收取、分配程序。第五章规定了对著作权集体管理组织的监督，监督对象集中于使用费的收取与分配。

通过《条例》的规定可知，著作权集体管理组织的职责，实际上是围绕"使用费"展开的。

首先，著作权集体管理组织为非营利性组织，所以对外许可获得的使用费，应是其财务收入的唯一来源。其次，著作权集体管理组织代表权利人的利益，所以，除保留维持正常运作的必要管理费外，其他使用费应全部分配给权利人。最后，著作权集体管理组织是权利人意思自治的组织，使用费收取与分配方式，应由权利人决定。

我国著作权集体管理制度的完善，主要围绕集体管理组织的职能范围、机构管理、收费及分配方式等方面开展。2020 年《著作权法》对著作权集体管理组织的相关内容进行了修改。其中第八条第三款为新增内容，主要涉及著作权使用费的收取、标准、转付、管理以及相关信息查询等工作机制。

在《著作权法》第三次修改中，著作权集体管理组织关于使用费的收取、标准、转付、管理以及相关信息查询等工作，实践中反映较为强烈。[①] 本案即与著作权集体管理组织的收费方式直接相关。本案查明的事实也能反映出，部分卡拉 OK 经营者存在多次支付使用费的情形，某文化集团有限公司及其子公司存在"跑冒滴漏"、迟延支付使用费的问题。上述情形，既影响卡拉 OK 经营者的正常经营，损害其经济利益；更会直接影响权利人著作权使用费的收益，从而影响某著作权集体管理协会著作权集体管理工作的开展。

因此，权利人与使用人对著作权集体管理组织工作的评价，是围绕使用费的收取与分配展开的。使用费定价是否合理，分配是否及时、公开，与权利人、使用人密切相关，也直接影响著作权集体管理组织的工作效果。

---

① 黄薇、王雷鸣：《中华人民共和国著作权法导读与释义》，中国民主法制出版社 2021 年版，第 76 页。

二、解除涉案合同的正当性

本案涉及金额近亿元，覆盖全国二十余个省级地区，其影响不可谓不重大。但本案对我国著作权集体管理制度最关键的意义在于，终止了某著作权集体管理协会与某文化集团有限公司延续十余年的"代收使用费"的合同关系，自此，某著作权集体管理协会得以独立实施收取使用费的工作。

某著作权集体管理协会在起诉中主张确认合同解除，其可以依据约定解除权、法定解除权或任意解除权解除涉案系列合同，法定解除权的依据为《合同法》第九十四条第三项、第四项。法院在判令解除涉案系列合同时认定，某著作权集体管理协会既可以依据合同约定行使解除权，也可以依据法律规定行使解除权。

《合同法》第九十四条第二项至第四项规定了因违约产生解除权的具体要求，其中第四项规定："当事人一方迟延履行债务或者有其他违约行为致使不能实现合同目的，另一方可以解除合同。"《全国法院民商事审判工作会议纪要》（以下简称《九民纪要》）第四十七条①规定了约定解除的实质性要求。

合同解除作为合同严守原则的例外，其适用条件理应严格，根据《合同法》及《九民纪要》的规定，无论是约定解除还是法定解除，合同履行障碍需已经达到致使"合同目的不能实现"的程度。本案中，法院的认定思路也在于此："……某著作权集体管理协会希望通过签订涉案系列《服务协议》提升著作权集体管理活动的效率、更好地服务权利人和使用者、更好地完成某著作权集体管理协会作为著作权集体管理组织的制度使命的合同目的无法实现。"

本案中，某文化集团有限公司及其子公司的违约行为，主要涉及违规收取使用费、迟延转交使用费。一般而言，金钱债务不存在履行不能的情况，为了商业合作的稳定性、持续性，收款方不会轻易选择解除合同，尤

---

① 《九民纪要》第四十七条规定："合同约定的解除条件成就时，守约方以此为由请求解除合同的，人民法院应当审查违约方的违约程度是否显著轻微，是否影响守约方合同目的的实现，根据诚实信用原则，确定合同应否解除。违约方的违约程度显著轻微，不影响守约方合同目的的实现，守约方请求解除合同的，人民法院不予支持；反之，则依法予以支持。"

其是对已经合作多年的客户，放宽付款期限并酌增迟延利息是更常见的处理方式。本案中，某著作权集体管理协会与某文化集团有限公司的合作自2007年开始，至起诉之日已有十余年，某文化集团有限公司迟延支付使用费的情况自2016年第四季度开始出现，但最终2017年第一季、第二季度的使用费也已经结算完毕，至起诉时，未结算的使用费为2017年第三季度至2018年第一季度，随着诉讼进展，某文化集团有限公司陆续支付了2018年第三季度之前的版权费。可以想见，如果双方合同继续履行，某文化集团有限公司及其子公司将迟延结算的使用费支付完毕并非不可能。

因此，本案合同解除的正当性，在于回答某文化集团有限公司及其子公司违规收取使用费、迟延结算使用费的行为，缘何致使某著作权集体管理协会的合同目的无法实现。

《服务协议》中记载了某著作权集体管理协会的工作职能包括为使用者提供许可，向权利人分配使用费，而某文化集团有限公司及其子公司的工作则在于协助某著作权集体管理协会完成上述工作职能。可见，某著作权集体管理协会与某文化集团有限公司签订涉案系列合同的目的，在于通过某文化集团有限公司及其子公司的协助，更好地完成其著作权集体管理的职能。

如前所述，使用费的收取与分配是著作权集体管理组织的核心工作，也是著作权集体管理组织性质的集中体现。某文化集团有限公司及其子公司的工作为收取使用费并向某著作权集体管理协会结算，而某著作权集体管理协会向权利人分配的使用费，来源于某文化集团有限公司及其子公司结算的款项。由此可见，某文化集团有限公司及其子公司承担了某著作权集体管理协会作为著作权集体管理组织的核心工作，其不仅作为某著作权集体管理协会的受托方对外收取使用费，更可以视为著作权集体管理工作的实际执行方。

于是，对某文化集团有限公司及其子公司违约行为的评价，便不能局限于该行为造成的金钱损失，而应从合同目的入手，分析其对某著作权集体管理协会集体管理工作造成的影响。

其一，关于收取使用费的违规操作，主要涉及利用某著作权集体管理协会的许可权，增加使用费数额；利用代某著作权集体管理协会收取使用费形成的优势，扩展业务，代其他版权机构收取使用费；将收取的使用费汇入其他账户以避免纳入需分配的总账目中等。这些行为，不符合著作权集体管理活动的非营利性、公益性的制度规范。上述行为所涉金额占比虽然不大，但是具有多发性、持续性的特点，其违约性质和后果是严重的，足以造成使用者乃至社会公众质疑某著作权集体管理协会从事著作权集体管理活动的规范性。

其二，关于迟延结算使用费的行为，直接致使某著作权集体管理协会无法按期分配使用费。而某著作权集体管理协会作为著作权集体管理组织，其性质属于权利人意思自治的社会团体，活动目的即在于权利人的利益。著作权集体管理组织产生的目的之一便在于权利人可以更好地对外许可，而著作权、邻接权的基本权能即在于获取报酬，对某著作权集体管理协会而言，无法将使用作品的对价及时分配给权利人，后果十分严重。

进一步，对使用者而言，虽然面对的收费方并非某著作权集体管理协会，但无论是签署的许可协议还是许可权的实际来源，均指向某著作权集体管理协会，那么在使用者支付较高使用费，甚至重复支付使用费时，自然会对某著作权集体管理协会的工作产生怀疑。对权利人而言，因某文化集团有限公司迟延支付使用费导致某著作权集体管理协会迟延分配使用费的责任，自然也归因于某著作权集体管理协会。于是，某文化集团有限公司及其子公司前述违约行为，最终影响某著作权集体管理协会的集体管理职能，致使合同目的无法实现。

综上所述，某著作权集体管理协会与某文化集团有限公司合同纠纷案中，法院判令解除双方涉案系列合同，事实清楚，理由充分。

三、本案的典型意义

中国版权协会发布"2022年中国版权十件大事"时，对本案的评价为："该判决有效落实了著作权法律法规相关规定，有力支持了国家版权局关于商业机构不得介入著作权集体管理事务的监管要求，为我国著作权集体管理事业健康发展提供了坚实的司法保障。"①

诚如是，某著作权集体管理协会与某文化集团有限公司合同纠纷案关

① 《2022年中国版权十大事件》，载 https://www.ncac.gov.cn/chinacopyright/contents/12759/357514.shtml，最后访问时间：2023年4月5日。

系到我国著作权集体管理制度的完善。

对某著作权集体管理协会而言，按时给会员分配版权费，是其重要甚至是核心职责。按期结算构成合同的基本要素，是某文化集团有限公司及其各子公司的基本合同义务，也是某著作权集体管理协会的主要合同目的，多次持续超出履行期限将会严重影响某著作权集体管理协会作为著作权集体管理组织的主要活动，造成某著作权集体管理协会合同目的无法实现。某文化集团有限公司及其子公司在合同履行中出现的问题，本质是"代收使用费"这一收费方式缺乏合理性的体现，无论从合理性还是合法性分析，某著作权集体管理协会解除涉案系列合同，终止"代收使用费"的合作关系，对某著作权集体管理协会履行其著作权集体管理职能都是重要的。

本案在梳理某著作权集体管理协会与某文化集团有限公司及其子公司合同履行情况后，判令解除涉案合同，并由某文化集团有限公司及其子公司支付迟延履行的使用费等费用，有效解决了十余年间某著作权集体管理协会与某文化集团有限公司及其子公司使用费分配问题，有效帮助了某著作权集体管理协会更好地行使其著作权集体管理职责。

因此，本案关系到著作权集体管理收费的公开、透明、充分、及时，关系到著作权集体管理制度的行业评价和社会形象，关系到著作权领域良好秩序的形成，对我国著作权集体管理制度的完善具有重要意义。

一审法院合议庭成员 冯　刚　李志峰　王　鹏
二审法院合议庭成员 亓　蕾　曹丽萍　郭　伟
编写人 汪　舟

35. 某设计工作室诉北京某传媒有限公司著作权合同纠纷案

——影视投资合同解除后关于恢复原状和违约金的判定

关键词 著作权 合同解除 恢复原状 违约金 影视投资

基本案情

某设计工作室（以下简称某工作室）诉称：2015 年 6 月 11 日，某工作室与北京某传媒有限公司（以下简称某传媒公司）签订了《真实电影〈重返狼群〉合作协议》（以下简称《合作协议》），约定双方共同投资制作发行真实电影《重返狼群》。按照《合作协议》第 3.4 条约定，某传媒公司负担投资的 480 万元应在合同签订后两个月内支付完毕。但签约后，某传媒公司并未在合同约定的期限内履行付款义务，尚欠付投资款 130 万元。《合作协议》第 7.1 条约定，双方必须严格遵守本协议之内容，一方违约的，守约方有权要求违约方在 5 日内立即纠正，若违约方拒不纠正或未能纠正的，守约方有权单方解除本协议并要求违约方对守约方进行赔偿，赔偿金额为协议第四条约定"投入的 100%＋利息"。2015 年 9 月 14 日，某工作室向某传媒公司发送《催款函》，要求其在 5 个工作日内支付全部投资款，但某传媒公司仍未支付。因此，某工作室于 2015 年 9 月 24 日向某传媒公司发送解除通知函，某传媒公司也确认收到，《合作协议》于 9 月 25 日已经解除。此外，在影片制作过程中，某传媒公司要求在影片中加入大量演员表演内容，并要求进行重拍重演，违反了该影片是真实电影的约定；某传媒公司还强行要求按照其提供的大纲主导电影拍摄，剥夺了某工作室的导演权利，违反了由某工作室主导该电影制作的约定。某传媒公司上述行为均构成违约，现双方合同已经解除，某传媒公司应当按照合同约定承担相应的违约责任。某工作室诉至一审法院，请求判令：（1）确认某工作室与某传媒公司签订的《合作协议》于2015年9月25日解除；（2）判令某传媒公司向某工作室支付违约金480万元。

某传媒公司针对本诉辩称：首先，《合作协议》约定内容不完整，本合同尚未生效。协议第3.1条约定，后期制作预算及交片计划表由某工作室的总制片与某传媒公司委托的制片主任共同制定，作为本合同附件，由双方代表签署书面文件并加盖公章确认。但事实上，双方并未制作后期预算和交片计划表，某传媒公司委派的制片主任程某在与对方协商不一致的情况下直接被对方"轰"走了，故双方仅为初步合作意向，并未最终达成一致意见。由于对方提出来需要补拍部分镜头，而且因季节影响需要抓紧时间补拍，基于与对方前期合作的信任某传媒公司就预付了部分款项，但鉴于双方协议并未生效，某工作室关于某传媒公司延迟付款构成违约的主张不能成立，其也不享有合同解除权。其次，某工作室主张《合作协议》在2015年9月25日解除，属于形成之诉，需要以当时的情况确认该主张是否成立。前述某传媒公司已经说明，因协议未生效故某工作室并不享有合同解除权。而且，某传媒公司在9月24日收到的《解除函》上仅有律师签名，缺少形式要件，无法判断是否为某工作室的真实意思。此外，从双方在2015年9月之后的长期沟通和后续共同推进涉案影片发行等事实来看，也无法得出某工作室于9月24日已通知解除合同的意思表示。因此，在诉讼中某工作室主张以《解除函》到达的时间确认协议解除，该主张不能成立。北京知识产权法院在发回裁定中关于某工作室对律师委托代理关系追认有效的表述不符合法律规定，并且这样处理会导致所有合同相对方以任意主体的名义发送各种文件，只要事后认可就补签授权，会严重扰乱市场秩序。最后，关于某工作室提出某传媒公司违反真实电影的约定、干扰导演创作等事由，某传媒公司与对方签订的是《合作协议》，并且对涉案影片投资了350万元，作为合作方当然有权对影片制作提出合理化的意见和建议。综上，请求法院驳回某工作室的全部诉讼请求，另外《合作协议》约定的违约金过高，请求法院依法调整。

某传媒公司反诉称：某传媒公司曾与某工作室的经营者龚某合作出版以龚某亲身经历撰写的文学作品《重返狼群》，并了解到龚某保存了大量与小狼格林相处的视频资料，双方商议决定联合投资将这些视频资料剪辑制作成纪实电影《重返狼群》。2015 年，某传媒公司与某工作室先后签订了《关于〈重返狼群〉纪录电影合作意向书》《〈重返狼群〉影视项目计划书》《合作协议》等合同。协议签订后，某传媒公司先后向某工作室支付了 350 万元投资款，并委派程某作为制片主任参与电影项目，某传媒公司副总安某为该片撰写了剧本。合作期间，某传媒公司多次催促某工作室制订预算和交片计划，并按规定使用和管理投资款，向某传媒公司提交财务凭证、预算执行报告等，但对方一直拒绝提供。而且因为某工作室的原因，某传媒公司委派的制片主任程某在与对方协商不一致的情况下直接被对方"轰"走，双方亦未能就后期制作预算达成一致，致使后续履行的节点和费用支付没有合同依据。但是本着求同存异和共同推进项目获利的出发点，某传媒公司仍持续大力支持某工作室的制作工作，双方合作的电影最终在 2016 年 7 月制作完成。后续某传媒公司领导带着龚某和涉案影片导演亦某多次与国内知名导演及电影公司联系，为电影的院线发行寻求合作。但在 2017 年 6 月，某传媒公司突然发现某工作室与案外人上线公映了电影《重返·狼群》，该公映影片与双方合作的《重返狼群》内容完全一致。某工作室至今仍未向某传媒公司交付依据《合作协议》制作完成的电影《重返狼群》及相关财务凭证，且其擅自授权案外人发行公映内容相同的影片，事实上造成双方《合作协议》的合同目的无法实现，给某传媒公司造成重大经济损失。故请求法院判令：（1）解除双方签订的《合作协议》；（2）判令某工作室返还某传媒公司投资款 350 万元，并赔偿某传媒公司经济损失 105 万元。

某工作室针对反诉答辩称：首先，因某传媒公司延迟付款且经催告后仍拒绝支付，构成违约，某工作室已经行使解除权，通过发送解除函解除了涉案《合作协议》。协议解除后，某工作室寻找新的合作者和投资人并不构成对某传媒公司的违约，并且某工作室寻找新合作方与某传媒公司无关。其次，某传媒公司是违约方，无论是按照合同约定还是法律规定，其均无权要求某工作室返还投资款并赔偿损失。关于 350 万元投资款，某工作室已经用于影片制作，制作完成后某工作室曾与某传媒公司协商将其列为影片的联合出品方，并在影片发行票房分成中给予对方一定比例的投资回报。某传媒公司刚开始表示同意，并提供了部分资料，但最终双方并未签订新的合作协议，致使其没有被署名为联合出品方，责任不在某工作室。影片发行放映之后，票房收入尚不足以支付发行公司垫付的发行费，因此也不存在可以分配的收益，也就是说，即使某传媒公司按照原《合作协议》足额投资 480 万元，也是没有任何回报的。最后，某工作室需要对某传媒公司的不实陈述予以明确：（1）《合作协议》约定 480 万元是包干制作费，某工作室无须向某传媒公司提供财务凭证、预算执行报告等材料；（2）程某是某传媒公司委托在剧组做辅助性工作的人员并非制片主任，且其仅服务 19 天后就自行离开；（3）安某起草的影片提纲系为申报所需，并非电影大纲，在双方合作之初影片已经完成 90% 以上，而纪录片并不需要剧本，并且《合作协议》约定影片应由某工作室主导创作和后期制作，某传媒公司并未参与；（4）某工作室在解除合同之后与某传媒公司的接触，是因为某工作室负责人龚某与某传媒公司存在图书出版方面的合作，与涉案影片无关。请求法院驳回某传媒公司的反诉请求。

法院经审理查明：

2010 年，龚某（笔名李某某）将其救助抚养小狼"格林"并助其重返狼群的经历写成《重返狼群》一书，该书由某出版社出版，其关联公司某传媒公司和龚某作为经营者的某工作室于 2015 年 4 月签订《〈重返狼群〉影视项目计划书》（以下简称《计划书》），约定双方合作制作院线纪录电影《重返狼群》。主要约定如下：项目预算估算为 3000 万元，其中制作费用估算为 1200 万元，前期某工作室已投入设备、5 年时间和初剪、音效及音乐合计 720 万元，后期制作预计为 480 万元，为某传媒公司投入。前期记录部分，某工作室完成整个影片的 90% 以上，并计划补录部分镜头。某工作室负责纪录项目的制作，某传媒公司负责项目的投资和宣发以及后续项目的投资和宣发。

2015 年 6 月 11 日，某工作室（甲方）与某传媒公司（乙方）签订《合作协议》，主要约定如下内容：甲、乙双方拟共同投资及制作真实电影《重返狼群》，并在全世界范围内发行，共担风险、共享收益。甲方拥有所有原始影像素材之著作权，甲方将本片之原始素材作为投资投入本片制作。甲方负责投入全部内容素材并负责完成本片制作，乙方负责以现金投入后期制作资金并负责宣传发行及商务开发，双方分别享有本片净收益 60% 和 40% 的分配权（分红权）。本片的前期摄制已由甲方完成，后期制作由乙方投入资金，由甲方负责技术制作。后期制作总体预算不超过 480 万元，由乙方一次性投资 480 万元，交于甲方包干制作。乙方在本协议签订之前预付 100 万元，本协议签订后两个月内支付其余 380 万元。素材摄制成本已由甲方投入，双方确认为 720 万元。如乙方逾期未支付投资款，造成项目拖延，甲方有权终止本协议，并要求乙方补齐投资款同时赔偿甲方，赔偿金额为第 4.1 条款约定的"投入的 100%+利息"。

2015 年 6 月 12 日，某工作室与某传媒公司协商由安某草拟剧本大纲。2015 年 7 月 2 日，安某携其草拟的剧本大纲赴成都，与龚某及涉案影片导演亦某见面，安某对亦某提交的进度安排表示认可。但在安某发送第二稿剧本大纲后双方对于影片制作走向开始产生分歧。

2015 年 7 月至 8 月，某传媒公司共向某工作室支付 250 万元投资款。9 月，安某赴成都观看后期制作的涉案影片，但并不满意，某工作室称安某大闹导致原始素材损毁，但未提供证据证明，对方亦不予以认可。

2015 年 9 月 1 日，某工作室邀请安某赴成都观看其完成后期。9 月 3 日，安某在成都某工作室的操作台上观看了涉案影片的工程文件（尚未形成最终格式），但其对此版内容并不满意。一审法院审理中，某工作室称安某为此大闹工作室，导致运行中的磁盘阵列受损，毁掉了 500 多小时的原始素材。某传媒公司不予认可，某工作室就此并未提供证据。

2015 年 9 月 14 日，某工作室向某传媒公司发送《催款函》称，某传媒公司已逾期支付合同尾款 130 万元，请收到催款函之日起 5 个工作日内支付该款项，否则将单方解除协议。9 月 24 日，某工作室委托律师发送《解除合同通知函》，表示解除《合作协议》。

此后，双方多次经人介入斡旋沟通，2016 年 7 月 26 日，龚某、亦某在某传媒公司的会议室中播放了其完成后期制作的影片《重返狼群》，但最终还是未能达成合作意向。

2017 年 4 月，四川某传媒有限公司、亦某传媒有限公司与某影业有限公司签订《电影〈重返狼群〉投资发行协议》，约定三方共同投资发行影片《重返狼群》。5 月，纪录片《重返·狼群》取得电影公映许可证，出品单位不包括某传媒公司。5 月底至 6 月初，某工作室和某传媒公司虽再次协商，但因存在分歧未能达成新合约。6 月 16 日，纪录片《重返·狼群》在国内院线公映，署名信息均与某传媒公司无关。

一审法院审理中，某工作室确认 2015 年 9 月邀请安某在成都观看的是已经完成后期制作的影片版本，与公映版影片相比，当时的完成度已经达到 97%。2016 年 7 月在某传媒公司会议室播放的影片版本是其完成后期制作并修复的版本，该版与公映版本相比完成度达到 99% 以上，公映版本仅是根据广电部门要求进行微调，加上了龙标、片头片尾字幕等。公映版《重返·狼群》片长 1 小时 37 分钟，其叙事主线及具体情节安排顺序与安某的剧本大纲有一定的重合度。某工作室认可该公映影片中使用过两组与某传媒公司合作期间拍摄的镜头，一组为老人转经筒和转经筒的特写，一组为龚某本人丢龙达，时长总计约为 8 秒钟。

为证明涉案项目支出情况，某工作室提交了自制表格和 2015 年度部分会计账册。

北京市朝阳区人民法院于 2020 年 10 月 31 日作出（2019）京 0105 民初 83411 号民事判决：一、确认某工作室与某传媒公司于 2015 年 6 月 11 日签署的《合作协议》于 2015 年 9 月 24 日解除；二、某传媒公司于本判决生效之日起十日内赔偿某工作室违约金 50 万元；三、某工作室于本判决生效之日起十日内返还某传媒公司投资款 350 万元；四、驳回某工作室的其他诉讼请求；五、驳回某传媒公司的其他反诉请求。宣判后，某工作室不服提起上诉，北京知识产权法院于 2023 年 3 月 13 日作出（2021）京 73 民终 959 号民事判决：驳回上诉，维持原判。

裁判理由

法院生效裁判认为：

基于一审法院查明的事实和相关认定，某传媒公司在向某工作室支付 350 万元投资款项后，到期尚欠付 130 万元，该行为已构成违约。按照《合作协议》第 7.1 条的约定，某工作室有权单方面行使合同解除权，而某工作室于 2015 年 9 月 24 日委托律师发送的《解除合同通知函》亦于当日到达某传媒公司，该份通知函因得到某工作室的追认而于到达之日产生法律效力，在本案二审期间，双方当事人也表示对一审法院确认合同解除无异议，故《合作协议》于 2015 年 9 月 24 日解除，二审法院对此予以确认。结合当事人的二审诉辩主张，本案的焦点问题在于一审法院所判决的某工作室返还某传媒公司投资款 350 万元以及某传媒公司赔偿某工作室违约金 50 万元是否合理。

一、关于《合作协议》解除后某工作室是否应当返还投资款 350 万元的问题

某工作室的主要上诉理由在于其已经履行了制作交付长江版《重返狼群》纪录片的合同义务，某工作室所投入的时间、智力、劳动等已转化为客观存在的长江版半成品影片这一物质载体，且长江版和公映版影片本身不具有继承性，属于完全不同的作品。二审法院认为，一方面，某工作室在 2015 年 9 月初邀请某传媒公司的涉案项目负责人安某观看经过后期制作的涉案影片，但并未得到安某的认可，尚不能视作涉案影片已交付给某传媒公司。及至《合作协议》因某工作室发送《解除合同通知函》而产生合同解除的效力后，某工作室和某传媒公司在案外人的调解斡旋之下保持沟通联系，并就涉案影片的上映以及引入第三方等事宜进行协商，这均属于合同解除后双方寻求新的合作的行为，虽然在此期间龚某和亦某于 2016 年 7 月在某传媒公司会议室完整播放制作完成的《重返狼群》，但某工作室表示该行为并非交付影片的行为，且双方最终未达成新的合作协议，故在案证据不能证明某工作室已履行影片制作完毕并交付的义务。

另一方面，在涉案合同已经解除且双方未达成新的合作意向后，某工作室最终与案外人某影业公司签订《电影〈重返狼群〉投资发行协议》，纪录片《重返·狼群》成功上映，某传媒公司并非该次发行公映的相关合同主体，故未能署名，亦不享有相关发行收益任何权利。由于《重返狼群》纪录片的素材绝大部分在《合作协议》签订前已经积累和固定，某工作室负责人龚某曾于一审庭审中明确表示公映版和此前交给某传媒公司验收版本以及在北京观看的版本几乎相同，其于二审期间虽否认该项事实的有关陈述，但应当提供充足的证据予以佐证。通过某工作室提交的长江版和公映版的比对说明可看出，二者在部分画面和剧情上剪辑手法、旁白、音乐和字幕等方面仅存在较小差异，并未改变纪录片基本的故事脉络和表达的核心思想情感，同时涉案影片因纪录片的题材类型和素材固定等因素的限制其本身在剧情内容的编排设计上具有较大的局限性，仅有画面、音乐和字幕的调整并不构成实质性的内容变动，从而无法证明两个版本能够给予受众具有实质性差异的欣赏体验和观感，故某工作室所述的长江版和

公映版系完全不同的作品的主张缺乏事实依据。

所谓合同解除后如何恢复原状应当根据合同履行情况和合同性质来判断。对于本案来说，所不能忽略的事实在于，在《计划书》的项目预算里已确定前期某工作室已投入设备、5 年时间和初剪、音效及音乐，在预算和投入占比上，某工作室以影像视频内容的版权以及导演、制作的工作占比 60%，某传媒公司以投入现金和宣发资源占比 40%，项目进度中的前期记录部分，某工作室已完成整个影片的 90% 以上。及至某工作室和某传媒公司签署正式的《合作协议》，基本延续了《计划书》的主要合作意向，即某工作室将涉案影片之原始素材作为投资投入本片制作，负责投入全部内容素材并完成影片制作；某传媒公司以现金投入后期制作并负责宣传发行及商务开发；前期摄制已由某工作室完成，某传媒公司投资的包干制作费用包括用于电影的后期制作、镜头补拍等事项。

经由上述《计划书》《合作协议》所确定的项目已完成进度和约定的合同双方权利义务可知，某工作室对于涉案影片的最大投入在于素材内容和制作的人力技术成本，尤其是前期已摄制的影视原始素材以及围绕《重返狼群》这一 IP 项目的知识产权价值，是促成双方在文字作品基础上进一步探索影视改编开发的最根本合作资源和动力。但结合前述有关长江版和公映版构成实质性相似问题的认定亦可看出，涉案影片的核心素材内容本身因其已固定而具有不可更改性，《重返狼群》所蕴含的影视方面知识产权开发热度和价值也会因公映版的公开播映而得到利用和消耗，且公映版里还使用过两组与某传媒公司合作期间拍摄的镜头，该种利用方式和结果正是某传媒公司通过投资后期包干制作和履行相关宣发义务所预期可能达到的结果。

因此，合同解除后应恢复原状而采取的返还和补救等措施对于合同双方应当是相互的和对等的。本案如若应某工作室请求不判令其返还 350 万元投资款，则某工作室也应当承担与该投资额对等的素材投入和制作义务，但在某工作室已将固定素材投入到与其他合作公司制作的公映版纪录片中，《重返狼群》影视改编的知识产权价值已得到充分利用的情况下，对于某传媒公司来说，事实上已无法获得与公映版存在实质性不同且与合同签订时的目的相符的影片版本，否则亦将导致某传媒公司就其 350 万元投资款处于利益不对等和失衡的地位，从而丧失履行利益。基于维护合同实质正义和市场交易公平诚信原则的考虑，一审法院判决某工作室返还350万元以恢复原状并无不当。

当然，在涉案协议解除后，违约方应当承担的违约责任并不能因此免除，某传媒公司因未如期足额支付投资款致使某工作室有权单方解除，亦有权要求其承担相应的违约责任。但在违约金承担的具体数额的问题上，某工作室主张应严格按照《合作协议》约定所涉及的"投入的100%+利息"即480万元作为违约金，而某传媒公司提出双方约定的违约金过高请求法院予以调整的主张。

在当事人对本案违约金提出予以调整的情况下，依据相关规定，法院应当对某工作室主张的违约金是否过高以及如若确实过高应如何调整进行审查和裁决。二审法院亦认为，在尊重民事主体之间合同约定自由的同时，也应注意避免因约定的权利义务和履行的客观情况之间相差悬殊而导致一方获取过分不合理利益的后果，因此在违约金的数额过高或者过低时允许法院予以调整是实现民法公平原则的要求，而衡量违约金是否过高的最重要标准是违约造成的损失，且应以当事人的实际损失为基础。

本案中，某传媒公司应当按照《合作协议》约定自签订后两个月内（即2015年8月11日之前）支付480万元，故某工作室的实际损失应当是自某传媒公司违约之日2015年8月12日起至合同解除之日2015年9月24日期间中，因某传媒公司迟延支付而对纪录片拍摄制作的停滞延期等相关事务所造成的财产或费用的现实损失。可见某传媒公司承担实际损失所对应的违约持续期限仅一个多月，虽然某工作室依据合同约定享有解除权，但某传媒公司系在已支付超过投资款项的70%后才停止履行合同主要义务，显然某工作室主张的违约金过高。同时，某工作室对于其主张的违约金应当承担举证证明的责任，但某工作室所提交的后期制作项目支出流水账册涵盖了某传媒公司违约之前的期间，且多项内容具体信息无法和会计凭证对应，所称的安某故意损毁工作室磁盘素材亦未举证证明，某工作室不能证明其主张的480万元违约金具备正当性和合理性，故一审法院对某传媒公司应当承担的损失赔偿采取酌定调整的方式并无不妥。

二、就违约金如何具体调整的问题

二审法院认为，首先，涉案协议约定双方投资《重返狼群》在全世界范围发行，并共担风险、共享收益，由于《重返狼群》影片系面向不特定公众公开播映，其院线收入、版权收入和商务收入等市场收益在签订和履约过程中尚处于未知状态，风险和收益并存，故某工作室所期待的预期利益难以确认。其次，在合同履行方面，某传媒公司所支付的投资款已超过应支付金额的70%，履约程度较高，而在某传媒公司迟延支付后某工作室在较短时间内发送通知解除函，并依自身意愿和案外人展开新的合作，利用原有的素材内容促成签订了新的投资发行协议并完成纪录片最终公映上线，其在解除合同和跳出履行僵局后寻求投入新的商业交易机会，也事实上避免了因某传媒公司的违约行为产生更为扩大的损失。最后，虽然按照协议约定某工作室主导影片制作，而某传媒公司主导宣传发行和商务开发，此前某工作室与某传媒公司协商由安某草拟剧本大纲，后者也委派专人作为制片主任参与项目制作，说明双方均同意某传媒公司有权参与纪录片的制作过程并提供意见参考。在某传媒公司已经支付超70%的合同款项后，双方主要因在剧情情节和影片侧重点等制作基调方向上观念不同而产生了较大分歧，且一直无法调和达成一致意见，基于对影片艺术审美追求的差异和市场预期的担忧，某传媒公司选择停止支付剩余的合同款项，其违约持续期间尚较短，违约程度和造成的损害有限。

结合前述认定，一审法院综合考虑某传媒公司的履约程度及对后期工作进度和质量的有限影响、某工作室对相关损失的举证证明力度不足等因素，所酌定的50万元违约金合理妥当，二审法院予以确认。

裁判要旨

合同解除后应恢复原状而采取的返还和补救等措施对于合同双方应当是相互的和对等的，对于风险和收益并存、履行过程中投资款的给付已经物化为其他价值形态的影视投资合同来说，判定是否因合同解除全额返还投资款，需将合同履行的实际情况以及当事人后续对IP知识产权价值的再利用造成的实质性影响纳入重要考虑因素，如在被投资方于合同解除后与案外人已充分消耗和利用涉案影视投资项目的相应素材成本和IP热度及产权价值，且无法再交付构成实质性差异的新作品的情况下，基于维护合同实质正义和市场交易公平诚信的基本原则，应当判决全额返还投资款。

就违约金酌定调整的问题，在当事人提出予以调整的情况下，法院应当对一方主张的违约金是否具备正当性和合理性以及如若确实过高应如何调整进行审查和裁决，应注意避免因约定的权利义务和履行的客观情况之间相差悬殊而导致一方获取过分不合理利益的后果。同时综合考虑涉案合同特点、守约方预期利益是否可以确认、违约方履约程度和违约持续期间、合同履行过程中发生分歧矛盾的主观原因、因违约所造成的实际损害等各项因素，来酌定最终的违约金数额。

关联索引

《中华人民共和国合同法》第九十七条

《最高人民法院关于适用〈中华人民共和国合同法〉若干问题的解释（二）》第二十九条

一审：北京市朝阳区人民法院（2019）京 0105 民初 83411 号（2020 年 10 月 31 日）

二审：北京知识产权法院（2021）京 73 民终 959 号（2023 年 3 月 13 日）

法官评析

本案主要涉及合同解除后以何种形式恢复原状以及违约金酌定的问题。相较于其他合同来说，影视投资合同的特点体现为风险与收益并存、预期利益难以确定、IP 知识产权价值利用的递减规律甚至存在一次性耗尽等方面。某传媒公司因逾期未支付投资款构成合同违约，双方合同也因某工作室发出《解除合同通知函》而产生解除效力，虽然某工作室认为其已将所投入的时间、智力、劳动转化为客观存在的某传媒公司版本的半成品影片这一物质载体，其中当然也包括某传媒公司的资金投入，故已不具备恢复原状的可能性。但本案基于所查明的事实，确认双方最终未达成新的合作协议，某工作室也不能证明已履行影片制作完毕并交付的义务，更不能忽略的是，前期已摄制的影视原始素材以及围绕《重返狼群》这一 IP 项目的知识产权价值，是促成双方在文字作品基础上进一步探索影视改编开发的最根本合作资源和动力，涉案影片的核心素材内容本身因其已固定而具有不可更改性，《重返狼群》所蕴含的影视方面知识产权开发热度和价值也会因某工作室和案外人合作完成的公映版的公开播映而得到利用和消耗，但公映版和某传媒公司毫无关联，对于某传媒公司来说，事实上已无法获得与公映版存在实质性不同且与合同签订时的目的相符的影片版本，否则亦将导致某传媒公司就其350万元投资款处于利益不对等和失衡的地位，从而丧失履行利益。基于维护合同实质正义和市场交易公平诚信原则的考虑，本案最终认定一审法院判决某工作室返还投资款并无不当。

而针对某传媒公司提出约定的违约金过高应予以调整的问题，二审法院判决从某工作室主张的违约金是否具备正当性和合理性的角度论述了应否对其予以调整，并综合考虑涉案合同的特点、某工作室对其实际损失有无提供证据证明、其预期利益是否可以确认、某传媒公司履约程度和违约持续时间、双方发生分歧矛盾的主观原因，以及龚某之后通过与第三方合作的方式实际上已对影片进行公映的事实，对一审法院判决酌情确定的50万元违约金予以确认。

一审法院合议庭成员 巫霁 裘晖 谭雅文
二审法院合议庭成员 宋鱼水 章瑾 李志峰
编写人 章瑾 宋雅颖

36. 某科技有限公司诉某文化股份有限公司委托创作合同纠纷案

——委托创作的节目不能播出时违约责任的认定及损失风险分配

关键词 著作权 委托创作合同 违约责任 损失分配

基本案情

某科技有限公司诉称：某科技有限公司委托某文化股份有限公司制作一档明星亲子类综艺节目《童话镇》（以下简称涉案节目），并于 2018 年 5 月 18 日签订《合作协议书》（以下简称涉案合同），约定由某科技有限公司出资，某文化股份有限公司执行节目及制作并负责节目模式制定，某科技有限公司按合同约定向某文化股份有限公司支付制作费共计 35195000 元。某文化股份有限公司在设计节目模式时，将明星父母与其孩子的互动作为节目模式的一部分进行制作、拍摄，因该模式不符合有关部门规定，最终导致涉案节目无法通过审核并上线播放，某文化股份有限公司的行为违反涉案合同第 5.3 条和第 5.4 条内容，未能保证提供的台本/节目模式不违反法律法规、相关规范性文件、现行及未来有效的国家行政主管部门的规定，致使某科技有限公司合同目的无法实现，并给某科技有限公司造成重大经济损失。某科技有限公司诉至法院，请求判令：（1）解除某科技有限公司与某文化股份有限公司于 2018 年 5 月 18 日签订的涉案合同；（2）某文化股份有限公司退还已支付的制作费用 35195000 元；（3）某文化股份有限公司支付某科技有限公司资金占用费。

某文化股份有限公司辩称：我方与湖南某公司（以下简称案外人）签订委托协议，就涉案节目的制作形成转委托，我方未参与节目制作，不应承担责任。涉案节目模式为亲子类综艺节目，内容也积极向上，并不违规，原告未能有效证明涉案节目系因节目模式违规而致未过审。即便涉案节目违约归因于被告，但审核的政策变化为不能预见、不能避免且不能克服的客观情况，属于不可抗力，我方应当免责。为制作涉案节目，各方已经投入劳务与智力付出，即使合同解除，原告要求恢复原状，不但显失公平，也无法实现。

法院经审理查明：

2018 年 5 月 18 日，某科技有限公司（甲方）与某文化股份有限公司（乙方）就涉案节目（后更名为《童话侠》）合作事宜签订涉案合同，该合同主要约定：1.2 项目由甲方负责出资，委托乙方执行节目策划及制作；1.3 节目期数与每期时长为 12 期，每期时长 60 分钟；1.5.2 主创人员：乙方向甲方承诺保障并由其负责，名单如下：……实际播出嘉宾的量级应不低于前述嘉宾，最终嘉宾名单应在本协议第 2.3.1 条所述第一期付款前由乙方提供给甲方确认，在得到甲方书面确认后方可使用，如未经甲方书面确认，则甲方有权解除本协议，乙方在收到甲方书面的解除通知之日起 5 个工作日内返还甲方已支付的全部制作费用；1.6 筹备与策划的时间安排为……1.7.1 甲方为节目的委托方，为节目制作提供资金支持，有权制定节目制作要求，监督节目制作过程，审核乙方提交的工作成果，提供节目播出平台；1.7.2 乙方根据甲方对节目的要求全面负责节目的拍摄制作，包括但不限于统筹节目筹备工作，整合制作团队资源，组织协调编剧、导演、演员、摄像师、灯光师等主创人员的聘用工作，负责节目的拍摄，把控节目的艺术和技术质量，组织进行节目的后期制作，并将标准拷贝向甲方交付；1.7.3 甲方监督乙方委托的第三方（如有）的拍摄制作工作，有权对节目制作及乙方完成的样片和各项节目的成片提出修改意见，乙方须按甲方要求制作、修改，直至达到甲方要求；2.1 本协议书总费用为 39514000 元；2.3.1 费用支付期限及方式：……3.3 乙方应按照节目时间安排和要求提供节目录制台本定稿，并严格按照甲方审查通过的剧本拍摄节目，如乙方确需对节目名称、主要人物、主要情节及其对节目具有重要影响的事项进行变更的，则需要事先征得甲方书面同意，乙方不得擅自更改，否则甲方有权解除本协议。乙方在接到甲方书面通知后，1 日内未得到甲方书面回复，视为同意；4.1 节目的著作权归属：……5.1 本节目前期创意及台本的改编创作由乙方负责并聘用编剧完成，并在获得甲方书面认可后方能拍摄；5.2 双方一致同意，本节目将严格按照甲方审查通过的台本拍摄，如乙方确需对节目名称、主要人物、主要情节及其他对节目摄制具有重要影响的事项进行变更的，则需事先征得甲方书面同意，乙方不得擅自更改，否则甲方有权解除本协议，乙方在收到甲方书面的解除通知之日起的 5 个工作日内返还甲方已经支付的制作费用；5.3 乙方负责进行台本/节目模式的创作策划工作，且确保有权基于该台本/节目模式与甲方进行本协议书下的合作，同时，乙方应保证其提供的台本/节目模式不违反法律法规、相关规范性文件、现行及未来有效的国家行政主管部门的规定，亦不侵犯任何第三方的合法权利，同时应尊重中国国情及中华民族的风俗习惯；5.4 若由乙方提供的台本/节目模式存在版权瑕疵、违法违规、有悖道德伦理等，导致节目不能公开履行、放映、播放、传播的，或者一经公开履行、放映、播放、传播即侵犯他人合法权利的，则视违约，同时因此产生的第三方投诉、与第三方的法律纠纷或一切赔偿责任应由乙方独自承担并解决；5.5 甲方有权限时在合理的范围内对台本/节目模式、拍摄制作细节提出修改意见，经双方协商一致，乙方负责对台本/节目模式进行修改，如双方修改意见协调不一致，且不违反本条款 5.3 条时，则应以甲方意见为准，乙方负责根据甲方意见对台本/节目模式进行修改。

随后，某文化股份有限公司与案外人签订《〈童话镇〉嘉宾演出服务协议书》（以下简称演出合同）与《委托节目制作合同》（以下简称制作合同）。演出合同就某文化股份有限公司委托案外人邀请艺人参与涉案节目录制事宜进行约定。某文化股份有限公司分期向案外人支付相关费用。

经询，某科技有限公司称其在涉案合同签订前，与明星亲子类节目知名主持人李某沟通合作事宜，欲制作和《爸爸去哪儿》同类型的亲子真人秀节目，还称李某最初希望通过案外人与其合作，但因风险考虑而未同意，最终李某通过某文化股份有限公司参与合作。

自 2018 年 5 月 18 日始，某科技有限公司陆续向某文化股份有限公司转账支付艺人使用费用、制作费用等，某文化股份有限公司扣除 400 万元后，将其余费用支付给实际制作人。

2018 年 7 月 19 日，双方以邮件方式沟通节目报审意见，载明涉案节目为"亲子类节目"，讲述了四位文体明星带着子女在寻找"童话侠"的探险之旅，节目所传递的价值导向及其创作观念值得商榷和质疑，节目的核心仍然是在沿袭炒作明星和子女的亲子秀节目的老套路，节目对明星崇拜心理，靠拼爹拼妈获得普通人享受不到的独特感、优越感等负面情绪和人生观的建立，会对孩子的成长产生不利影响，"存在问题及修改意见"部分列有 4 条对不当言语、音效的删改意见，"评审意见"部分为延期播出。

2018 年 8 月 24 日，国家广播电视总局发布关于《未成年人节目管理规定（征求意见稿）》公开征求意见的通知。该征求意见稿表示，未成年人节目不得宣扬童星效应或者包装、炒作明星子女。某科技有限公司称，该通知发出后，所有涉及未成年人"星二代"的节目都不能在国内播出，而涉案节目的节目模式无法修改，故该节目因无修改空间而亦无法获批。某科技有限公司就此提交了关于《爸爸去哪儿 6》无法在国内网络平台播出的新闻报道。某文化股份有限公司不予认可，称此后仍有同类型节目播出。

2018 年 8 月 30 日，双方再次以邮件方式沟通送审意见。文件"总体评价"部分载明，涉案节目"未能克服亲子类综艺节目的通病，过度娱乐化倾向严重"，"有过度消费幼童之嫌"，"建议制作方对不妥内容进行删改"。"存在问题及修改意见"部分列有 10 条对于节目逻辑、背景音乐、字幕错误、不当言语的修改意见，"评议意见"部分为修改后复审。

2019 年 4 月 30 日，国家广播电视总局开始实施《未成年人节目管理规定》，第十四条第二款规定，未成年人节目不得宣扬童星效应或者包装、炒作明星子女。某科技有限公司称，该规定实施后，与涉案节目类似的节目被禁止播出。某文化股份有限公司不予认可，辩称该规定未禁止相关节目的播出。

案外人向一审法院提交情况说明称：其一，涉案节目是以明星家长带其子女进行情景主题式冒险为内容，该方案是由某科技有限公司指定；其二，在涉案节目的制作过程中，某科技有限公司知晓案外人与某文化股份有限公司签订合同并参与涉案节目的实际制作，案外人亦承担了大部分节目的拍摄与制作工作；其三，案外人向某科技有限公司发送全部 12 期拍摄脚本并获得了确认，才进行了拍摄工作；其四，涉案节目所有的编剧工作、现场导演执行工作、技术拍摄工作、艺人嘉宾的演出工作，12 期 DIT

素材整理工作和 9 期成片剪辑工作均已经完成，由于某科技有限公司资金链断裂、官司冗繁、对接人员全体离职等原因，案外人才迫不得已搁置涉案节目最后 3 期节目的交付。

北京市朝阳区人民法院于 2022 年 5 月 30 日作出（2021）京 0105 民初 10628 号民事判决：一、某科技有限公司与某文化股份有限公司于 2018 年 5 月 18 日签订的《合作协议书》于一审判决生效之日起解除；二、驳回某科技有限公司其他诉讼请求。

宣判后，某科技有限公司提起上诉。北京知识产权法院于 2023 年 7 月 13 日作出（2022）京 73 民终 2060 号民事判决：一、维持（2021）京 0105 民初 10628 号民事判决第一项；二、撤销（2021）京 0105 民初 10628 号民事判决第二项；三、某文化股份有限公司于判决生效后十日内返还某科技有限公司费用 400 万元；四、驳回某科技有限公司的其他诉讼请求。

裁判理由

法院生效裁判认为：

因双方当事人均无继续履行合同的意愿，故涉案合同已经陷入不能继续履行的僵局，合同目的无法实现，涉案合同应当判决解除，一审法院对此认定正确。

关于涉案合同解除的法律后果，生效裁判结合涉案合同的约定内容及实际履行情况作如下分析：本案的涉案合同无论是从合同的文本内容上，还是从合同的实际履行上都可以看出，涉案节目是在某科技有限公司的主导下创作完成。首先，涉案合同文本内容有如下约定：最终嘉宾名单由某科技有限公司确定；某科技有限公司有权制定节目制作要求、监督节目制作过程、审核工作成果；某文化股份有限公司应按照某科技有限公司审核通过后的剧本拍摄节目；重要事项变更均须通过某科技有限公司同意……其次，涉案合同在实际履行中有如下情形：涉案合同订立之前某科技有限公司即与案外人沟通确定所拍摄的节目类型为亲子真人秀节目，并最终确认节目嘉宾为黄某等明星及其子女；制作方系将拍摄脚本发送某科技有限公司并获最终确认后开始拍摄……由此可见，某科技有限公司不仅是涉案节目的投资方，其还全程参与了涉案节目制作，包括从立项到具体拍摄直至拍摄完成并报审，而最终涉案节目在审核中出现了因节目价值导向和创作理念而不能过审的问题，导致涉案节目迟迟不能审核通过，错过了上映的最佳市场时机而至今不能实现商业价值，应当说某科技有限公司作为涉案节目委托主体对此负有不可推卸的责任。一审法院对此认定是正确的。

但是，本案有区别于常规委托创作合同的特殊性，不能完全按照商业惯例确定风险的负担。因为涉案合同对相应的风险负担作出了约定，而一审法院忽略了对涉案合同相关约定——主要是对涉案合同第5.3条、第5.4条内容的审查及其背后所蕴含的当事人真实意思表示的探究。上述合同条款系某文化股份有限公司对涉案节目台本/节目模式承担保证义务的约定，即某文化股份有限公司有义务保证涉案节目台本/节目模式合法合规，并不因违法违规导致无法上映。虽然根据已查明的事实不能认定某文化股份有限公司违反上述合同约定构成根本违约，但生效判决认为，虽然按照商业惯例应当由投资方即某科技有限公司承担相应的商业风险，但在双方当事人对涉案节目不能如期播出的商业风险有一定程度约定的情况下，应当尊重当事人的意思自治确定此项风险的负担，而不应仅按照商业惯例将该此风险分配至某科技有限公司独自承担。涉案合同第5.3条、第5.4条从当事人真实意思表示的角度上理解，实际上是赋予了某文化股份有限公司审查节目台本、节目模式，并保证节目模式不影响最终上映播出一定程度上的合同义务。上述合同条款无论是某科技有限公司基于自身投入所进行风险转嫁，还是某文化股份有限公司基于自身获益所进行的利益让渡，都是双方当事人在协商一致的情况下，基于真实意思表示所作出的权利义务安排，应当予以尊重。某科技有限公司主张其系基于对某文化股份有限公司制作能力的信任要求某文化股份有限公司负担此项全部风险，说法有悖基本的商业逻辑，但某文化股份有限公司作为专业的影视节目及综艺节目制作公司，具有一定制作同类型综艺节目的专业能力和经验，其应当具备一定的商业风险预见能力和把控能力，也应当有能力负担一定的商业风险。某文化股份有限公司在制作涉案节目获取收益的同时，特别是在合同约定其有义务审查节目台本及模式的情况下，确实应对涉案节目因模式问题迟迟不能过审产生的商业风险，承担与其注意义务及过错程度相应的责任。

综上，涉案节目迟迟不能上映导致合同目的不能实现是受多方面的商业风险所致，双方当事人对涉案合同的解除均负有各自的过错。其中，某科技有限公司作为节目投资主体及主导节目制作完成的主体，对此负有主要的过错，亦应负担绝大部分的损失。某文化股份有限公司作为合同约定的对涉案节目模式负有审查义务的制作主体，对涉案节目迟迟不能上映亦负有相应的过错，亦应承担一定程度的损失负担责任。考虑到某文化股份有限公司的过错仅限于其负有相应的节目审核义务，而据此应当负担节目不能上映的部分损失，故某文化股份有限公司应承担的责任为将已收取且未用于节目制作的 400 万元返回给某科技有限公司，作为对某科技有限公司全部损失的部分补偿，亦作为某文化股份有限公司投入制作成本未获取收益的损失负担。400 万元费用的返还即可视为某文化股份有限公司承担的与其过错程度相适应的损失分担责任，其余某科技有限公司已支付的费用均由其自行承担损失。综上，一审法院因对部分事实认定不清，导致对涉案合同解除的法律后果确认有误，二审法院在明确事实的基础上予以纠正并改判。

裁判要旨

委托创作合同履行中，节目因不能过审无法上映或者播出，致使合同目的无法实现，由此导致的违约责任承担及风险分配应当结合委托创作合同的约定及商业惯例综合予以审查判断。如果合同中对相关的风险分配或者责任承担有明确的约定，那么不宜仅因为委托方对节目的制作起到主导作用或者委托方对委托创作的节目台本、模式、成片进行多次审查为由即认定应由委托方独自承担相应的风险。

关联索引

《中华人民共和国合同法》第九十七条

一审：北京市朝阳区人民法院（2021）京 0105 民初 10628 号（2022年 5 月 30 日）

二审：北京知识产权法院（2022）京 73 民终 2060 号（2023 年 7 月 13 日）

法官评析

在影视类作品的委托创作合同中，委托方一般为投资方，受托方一般为节目制作方。委托方投资并委托受托方制作相关作品，欲通过对影视作品的后续市场利用获取商业价值。在此类合同的履行过程中，经常出现因作品不能过审而无法上映或者播出的情况，而此种情况的出现一般并非因当事人的故意违约所导致，而是受市场环境变化、政策导向等多方因素所致。但应当明确的是，此种情况并不属于超出当事人预期的无法避免的客观情况，即不可抗力，其仍属于当事人应当承受的商业风险范围。故此，在此种情况下，风险应当如何分配以及违约责任应当如何确定，是司法实践中经常出现的争议问题。

有观点认为，按照此类合同订立的商业逻辑及履行的商业惯例，应当由对作品主题或模式确定具有决定权利的合同主体，或者起主导作用的合同主体承担委托创作的作品不能播出或上映的风险，一般应认定由委托方承担责任。另有观点认为，应当根据合同的约定确定责任承担，如果合同对作品不能上映或者播出的风险有明确的约定，则应当由合同约定的风险负担主体承担相应的损失。

笔者认为，对此问题不能一概而论，而是应当在不违背基本商业逻辑和商业惯例的基础上充分尊重当事人的意思自治，确定违约责任的承担和风险的分配。根据委托创作合同的基本商业逻辑与行业习惯，投资方即委托方应当对委托创作的作品能否最终播出、能否获取商业利益承担风险。而且，通常情况下，影视作品均是在委托方的主导下创作完成，一般由委托方制定制作要求、监督制作过程、审核工作成果，有时还要涉及演职人员的确定、台本或剧本的修改确认，等等。有时委托方甚至全程参与制作，包括从立项到具体拍摄直至拍摄完成并报审。在这种情况下，如果作品在最终审核时，出现了不能过审的问题，错过了上映的最佳市场时机而不能实现商业价值，应当说委托方对此负有不可推卸的责任。

但是，在委托合同对相应的风险负担作出明确约定的情形下，不能完全按照商业惯例确定风险的负担。作品审核未通过不能上映的客观情况，是双方当事人在订立合同时均没有预见到的商业风险。但是前文已述，未预见的商业风险不等同于不可抗力，由此导致损失亦不属于在双方当事人均无过错情况下进行损失分担的范畴。商业风险的最终分配应当考察合同双方在订立合同时对该商业风险预见义务的负担是否有约定，并结合双方当事人对该商业风险的预见能力等因素综合确定。具体而言，应当充分审查合同订立的背景情况、约定内容，在此基础上探寻当事人相关条款约定的真实意思表示。如果委托合同相关条款从当事人真实意思的角度上解释，实际是赋予了受托方审查节目台本、节目模式，并保证节目模式不影响最终上映播出的合同义务，那么应当予以尊重。受托方通常为专业的影视节目及综艺节目制作公司，具有一定制作同类型作品或节目的专业能力和经验，亦应当具备一定的商业风险预见能力和把控能力，有能力负担一定的商业风险。受托方在制作作品获取收益的同时，特别是在合同约定其有义务审查台本及模式的情况下，确实应对作品因模式问题迟迟不能过审所产生的商业风险，承担与其注意义务及过错程度相应的责任，在此基础上结合合同实际履行情况确定风险的分配和责任的承担。

二审法院合议庭成员 姜丽娜 夏 旭 李 洹
编写人 姜丽娜

37. 北京某文化传媒公司与上海孙某工作室等委托创作合同纠纷案

——委托创作合同质量验收条款的认定

关键词 委托创作合同　质量验收条款　质量验收条款效力　合同解除

基本案情

上海孙某工作室（以下简称孙某工作室）向一审法院起诉，请求判令：（1）北京某文化传媒公司支付1—6集剧本创作酬金18万元及违约金15万元；（2）北京某文化传媒公司支付创作酬金差额12万元及违约金12.96万元；（3）石某对北京某文化传媒公司的前述付款义务承担连带责任。事实与理由：我方受北京某文化传媒公司委托创作12集网络剧剧本，合同约定剧本创作酬金总额为60万元。我方按照北京某文化传媒公司要求进行剧本创作并完成第二阶段创作工作（即1—6集剧本），但北京某文化传媒公司仅支付前二期酬金12万元，一直未支付第三期酬金18万元。后北京某文化传媒公司提出对项目进行重大调整，将原定12集的网络剧变更为24集，我方基于对变更后合同内容的信任，依照北京某文化传媒公司的意见对剧本内容进行了重大调整，并重新交付了24集分集梗概、人物小传以及调整后的3集剧本。后双方协商一致不再继续履行合同义务，但北京某文化传媒公司始终没有支付我方第三期创作酬金以及前二期酬金差额。北京某文化传媒公司违反合同约定，应当支付相应的违约金。北京某文化传媒公司是由石某设立的一人有限责任公司，石某应当对北京某文化传媒公司的债务承担连带责任。

北京某文化传媒公司辩称：北京某文化传媒公司并无违约行为，1—6集剧本没有达成经"书面认可"的付款条件。孙某工作室对于第三期的创作没有经过北京某文化传媒公司审核通过，北京某文化传媒公司并未同意支付第三期款项，不同意孙某工作室的全部诉讼请求。

石某辩称：不同意孙某工作室的全部诉讼请求。石某与北京某文化传媒公司各自独立，不构成人格混同。不同意孙某工作室的全部诉讼请求。

法院经审理查明：

2020年5月8日，孙某工作室（乙方）与北京某文化传媒公司（甲方）签订涉案合同，约定甲方委托乙方编剧具体负责涉案剧本的创作工作，剧本创作酬金共税前60万元。合同签订5个工作日内，甲方向乙方支付第一期创作酬金6万元。乙方编剧完成第一阶段工作，即该剧故事大纲、分集梗概、人物小传，并经甲方验收合格后10个工作日内，甲方向乙方支付第二期创作酬金6万元。乙方编剧完成第二阶段工作，即1—6集剧本，并经甲方验收合格后10个工作日内，甲方向乙方支付第三期创作酬金18万元。合同约定，甲方委托乙方编剧进行该剧本创作，是基于甲方对乙方编剧的独立创作能力及经验的信任和要求，乙方编剧在本合同项下的一切创作工作和义务，均应由其本人亲自完成，未经甲方另行书面许可，乙方及乙方编剧均不得将本合同项下的创作工作（含修改工作）以任何形式转交任何第三人完成。除另有约定外，甲方应在收到乙方编剧每一阶段创作文稿后的10个工作日内给予修改意见，乙方编剧应在收到甲方的修改意见后按照甲方要求完成修改工作，直至该阶段创作文稿经甲方书面认可，且甲方无须就修改工作另行支付乙方或乙方编剧任何费用。

庭审中，孙某工作室主张其已经完成的创作内容为：12集剧本的涉案合同约定的情况下，完成了第一阶段故事大纲、分集梗概、人物小传，第二阶段1—6集的剧本，北京某文化传媒公司要求12集剧本变为24集后，又重新完成了故事大纲、分集梗概，人物小传北京某文化传媒公司没有要求修改，完成了1—3集的剧本。北京某文化传媒公司认可孙某工作室完成上述内容并且收到，但认为剧本1—6集并未通过审核要求，未达到第三阶段的付款条件。

就涉案剧本的修改，北京某文化传媒公司有过如下表示："孙老师尽力了，但很担心还是达不到要求""感觉快到极限了""孙老师确实已经在甜宠领域突破了自己""先这样吧，孙老师已经尽力了""现在项目节奏由项目组把握，确实跟最早的男性科幻有较大变换"……孙某工作室也表示"甜宠方向"并非其擅长。

双方一致认可孙某工作室与北京某文化传媒公司已于2021年3月协商一致解除涉案合同。

北京市朝阳区人民法院于2022年7月26日作出（2021）京0105民初88342号民事判决：一、北京某文化传媒公司于本判决生效之日起七日内向孙某工作室支付合同款18万元；二、驳回孙某工作室的其他诉讼请求。宣判后，北京某文化传媒公司不服，提起上诉。北京知识产权法院于2023年1月5日作出（2022）京73民终3360号民事判决：驳回上诉，维持原判。

裁判理由

法院生效裁判认为：

第一，"经书面认可"等内容应为有效的合同约定，对双方当事人具有约束力，应予以遵守。在涉案合同正常履行的情况下，该约定是委托创作内容完成标准的判定基础，应当据此对受托方交付的成果是否符合合同约定要求进行认定。

第二，孙某工作室在完成第一阶段工作后，北京某文化传媒公司虽并未出具书面认可，但未提出异议并支付了相应款项，应当认定以实际履行行为变更了创作完成需要其书面认可的合同约定。

第三，因合同并未约定逾期答复修改意见视为验收合格，故不能直接认定北京某文化传媒公司逾期未答复即认为第1—6集剧本符合合同约定的标准，且在文义上该条款不能够被唯一合理地解释为逾期答复修改意见即视为验收合格；另从交易习惯来看，双方此前尚无逾期答复即视为验收合格的习惯，且剧本第一次交付就完全合格也不符合作品创作规律和委托创作合同特点。在无法律规定、当事人约定不明确且不符合交易习惯的情形下，北京某文化传媒公司超过一个半月未予以答复，尚不能当然理解为符合合同约定的交付要求。

第四，涉案合同协商一致解除后，对已经履行的部分，即孙某工作室已交付的成果，在无法恢复合同签订时原有状态的情况下，应当根据涉案合同履行情况和合同性质合理确定赔偿损失，该赔偿损失实际上应为合同无法恢复原状情形下，出于公平原则对乙方已履行部分所支付的价值补偿。创作方向转为并非孙某擅长的"甜宠方向"是导致剧本无法满足北京某文化传媒公司要求的最主要原因。在受托方尽最大的善意积极勤勉履行合同义务后，仍无法满足委托方的需求，应归咎于委托方对市场定位的问题，属于其应当承担的正常市场风险。因此，本案双方当事人协商一致解除合同，主要责任应在于北京某文化传媒公司。

裁判要旨

委托方未按合同约定进行书面认可，但直接支付了创作报酬，此种情形下，属于当事人以实际履行行为变更了需要其书面认可的合同约定。

委托方逾期答复修改意见，受托方无异议，继续协商，并按照委托人的要求进行修改。该同意协商及后续继续修改的行为表明受托方也认可作品尚不符合合同约定的质量要求，应回到原合同质量验收条款的框架下进行判断。

关联索引

《中华人民共和国合同法》第七十七条、第七十八条

《中华人民共和国民法典》第五百六十六条

一审：北京市朝阳区人民法院（2021）京0105民初88342号（2022年7月26日）

二审：北京知识产权法院（2022）京73民终3360号（2023年1月5日）

法官评析

优秀的影视作品离不开优秀的剧本，影视行业繁荣的背后离不开委托创作合同的基础保障。如何确保委托创作的作品质量满足委托人的需求，是委托创作合同的重要内容。

一、司法实践中常见的作品质量验收条款

委托创作合同就质量验收的内容，通常可分为：（1）客观性条款，如每集字数、时长、修改次数等；（2）主观性条款，如约定剧本应当"得到委托人认可"等；（3）综合性条款，即委托人出于维护自身利益的考虑，

为降低客观性条款的机械性，同时也为避免主观性条款的不确定性和法律上可能存在的风险，除在合同中约定了客观性条款之外，还会同时约定主观性条款。

在适用顺位上，首先要遵循客观标准，也即优先判断是否符合客观性条款的约定，不满足客观标准的，受托人构成违约；反之，则作品符合验收标准。[①] 若不存在客观性条款，则不能机械适用主观性条款，否则将在合同双方当事人之间出现严重失衡的情形。司法实践中的争议点往往集中于主观性质量验收条款或者兼具主观性和客观性的质量验收条款的综合性条款。

二、作品质量验收条款特点和效力分析

（一）作品质量验收条款特点

作品质量验收条款依托于委托创作合同，服务于作品创作过程，首先需要对委托创作合同的特点和剧本创作规律进行分析。

1. 关于委托创作合同的特点

由于委托创作合同并非法律规定的有名合同，有观点认为属于委托合同，[②] 也有观点认为属于承揽合同，[③] 并无定论。司法实践中也鲜见直接依据委托合同或者承揽合同进行认定并据此裁判的情况。因此，与其说是需要对委托创作合同的性质进行认定，不如说是对委托创作合同的特点进行分析。委托创作合同约定的标的是影视作品剧本的创作。一方面，影视作品的制作需要投入巨大的成本，委托人作为剧本的投资者对此承担相应的市场风险。剧本是影视作品制作的基础，剧本质量直接影响影视作品的质量。如果脱离剧本质量，简单认定该类条款存在效力上问题，不利于保护委托人的利益。另一方面，剧本作为思想外在化的智力成果，表达具有很强的个性，不同受托人因受本人价值判断、语言风格、生活阅历等影响，在表现形式上存在诸多差异。如果仅以委托人单方认可作为验收标准，无

---

① 梅锋：《委托作品的验收标准刍议——以若干委托创作合同纠纷为例》，载《知识产权》2010 年第 3 期。

② 金勇军：《知识产权法原理》，中国政法大学出版社 2002 年版，第 289 页。

③ 刘春田主编：《知识产权法》（第二版），中国人民大学出版社 2002 年版，第 92~93 页。

论受托人如何积极勤勉地进行创作，委托人均可简单地拒绝验收，则又将违背公平原则。因此，作品质量验收条款妥当与否需要综合考虑委托人和受托人双方的利益。

2. 关于剧本创作规律

剧本创作过程中，受托人的义务是服从委托人的安排，根据委托人的要求创作作品、修改作品、完成作品；而委托人的义务则是确定创作方向、指示创作、提出修改意见、支付报酬。委托创作合同的顺利履行，立足于彼此信任，需要双方配合才能顺利推进创作的完成。在受托人完成作品初稿后，委托人应及时提出修改意见，受托人据此进行修改以实现合同目的。受托人一般交付的作品需要经过多次修改，而委托人的修改意见也会根据受托人每一次提交作品的情况发生变化。作品的修改是一个持续、多次、动态的过程。后续仍有可能继续对前面的人物设定、故事情节等进行调整，但这并不意味着对前一阶段的工作的否认；如果是一般修改，则属于对前序工作的进一步完善；如果是重大调整，则需根据具体情况判断编剧工作量增加情况。评价作品质量验收条款实际上需要在委托人和受托人之间、在服从安排和创作自由之间、在鼓励创作和激活市场之间寻求平衡点。

（二）作品质量验收条款效力

在作品质量发生争议的时候，受托人可能以合同约定的质量验收条款显失公平、构成格式合同等做效力相关方面的抗辩。

1. 作品质量验收条款一般应为有效合同条款

《民法典》第一百四十三条规定："具备下列条件的民事法律行为有效：（一）行为人具有相应的民事行为能力；（二）意思表示真实；（三）不违反法律、行政法规的强制性规定，不违背公序良俗。"在委托创作合同中，合同双方均具有相应的民事行为能力，在缔约时一般也不会存在欺诈、胁迫等意思表示不真实的情形，在不违反法律、行政法规强制性规定的情况下，"经书面认可"或者"委托人认可"等内容应为有效的合同约定，对合同当事方具有约束力。

2. 作品质量验收条款一般不符合《民法典》规定的显失公平的情形

显失公平应是一方利用对方处于危困状态、缺乏判断能力等情形，致使民事法律行为成立的情形，而如果该民事法律行为成立将导致原本应对等的合同当事人之间出现显失公平的情形。在委托创作合同中，一般难以认定受托人处于危困状态、缺乏判断能力等情形，故不能适用。

3. 作品质量验收条款一般不构成格式条款

格式条款是当事人为了重复使用而预先拟定，并在订立合同时未与对方协商的条款。委托创作合同虽然具有一定的格式性，但其成立需要合同双方当事人进行协商，故不能认定为格式条款。

三、作品质量验收条款在履行中的更改

如上分析，剧本创作是循环往复提意见、修改的过程，在委托创作合同履行过程中具有较大的灵活性，虽然约定有"经书面确认"等主观性或综合性的质量验收条款，但委托人可能会以其他形式予以确认。这涉及作品质量验收条款的变更。双方当事人协商一致变更合同是意思自治原则的基本要求。在实际履行过程中，如果委托人和受托人就作品质量验收条款形成了新的合意并以新的合同更改了原来的意思表示，自然以新的质量验收条款为准。

但实践中，可能存在如下四种未能签订新的合同的情形：

情形一：双方就合同内容进行了协商，但新的合同最终未能签署。此种情形下，无论后续履行是否在新的合同框架下，相关权利义务仍应受原合同的约束，故仍应遵守原合同约定的作品质量验收条款。

情形二：双方未签署新的合同，但委托人支付了创作报酬。此种情形下，属于当事人以实际履行行为变更了需要其书面认可的合同约定。法律仅规定在当事人协商一致的情况下可以变更合同，并未要求该变更必须采取书面形式。未采用书面形式但一方已经实际履行变更后的合同内容，对方接受的，应视为双方协商一致变更合同内容。如在合同履行过程中，在受托人交付作品后，委托人虽未出具书面认可，但支付了合同约定的对价，则应当视为委托人对受托人工作的认可；而这一变更对受托人来说，降低了验收标准，在法律上显示属于增加其利益的行为，应当成立。如果委托人后续继续提出了修改意见，但基于委托创作合同中作品本身存在不

断修改调整的空间，该修改意见应当认定是对该阶段工作的进一步完善，而非对该阶段工作的否定。

情形三：委托人保持沉默，未进行验收，亦未答复修改意见。《民法典》六百二十一条第一款规定："当事人约定检验期限的，买受人应当在检验期限内将标的物的数量或者质量不符合约定的情形通知出卖人。买受人怠于通知的，视为标的物的数量或者质量符合约定。"委托创作合同答复期不同于买卖合同的检验期，买卖合同标的物是现实存在的，而委托创作合同标的物往往经历从无到有的过程，一次交付即满足委托人的要求极为罕见，往往需要双方多次沟通修改。故不宜直接参照买卖合同检验期的相关规定。《民法典》第一百四十条规定："行为人可以明示或者默示作出意思表示。沉默只有在有法律规定、当事人约定或者符合当事人之间的交易习惯时，才可以视为意思表示。"合同变更禁止推定，是指当事人变更合同的意思表示须以明示或者默示但不含糊的方式为之，当事人未以这两种方式表达合同变更意愿的，禁止根据某种事实推定当事人存在变更合同主观意愿的规则。①《民法典》第五百四十四条规定："当事人对合同变更的内容约定不明确的，推定为未变更。"以实际履行行为变更合同亦受该条约束。在没有法律规定、当事人约定或者不符合交易习惯时，委托人的沉默不能视为作品验收合格。基于对受托人利益的保护，委托创作合同中一般都会约定有委托人回复修改意见的时限及后果。如果明确约定逾期验收即视为验收合格，则委托人逾期保持沉默，不反馈修改意见应视为验收合格；如果仅约定应当在特定期限内反馈修改意见但对于逾期的后果未作约定，则应属于合同约定不明确，应结合合同条款和法律规定，通过合同解释的方法，根据合同所使用的词句，结合相关条款、行为的性质和目的、习惯以及诚信原则进行解释。具体而言，首先该条款仅约定了反馈修改意见的时限，但并未约定逾期答复修改意见视为验收合格，故不能直接认定逾期未答复即产生作品符合合同约定的后果。且从文义上，逾期答复产生的法律后果并不是唯一的，除理解为创作文稿验收合格无修改之余地之外，也可解释成创作文稿验收不合格无修改之必要。当然，长时间不反馈修改意见应有违诚信原则，但尚不能当然理解为作品验收合格。

---

① 杨立新：《合同变更禁止推定规则及适用》，载《国家检察官学院学报》2019 年第 6 期。

情形四：委托人逾期答复修改意见，受托人无异议，继续按照委托人的要求进行修改。若委托创作合同约定有逾期答复即视为验收合格，在合同履行过程中，受托人不及时向委托人宣示该条款约定的法律后果，反而仍同意继续就后续的修改进行进一步协商，该等同意协商以及后续继续修改的行为表明其认可作品尚不符合合同约定的质量要求。受托人这一主动放弃该条款适用的行为，使得其已提交的作品是否符合合同约定的质量要求再次回到不确定的状态，并需要对修改后作品回到原合同质量验收条款的框架下重新进行判断。

四、作品质量验收不合格的后果

委托创作合同的唯一目的即在于创作出委托人满意的剧本供影视作品使用。作品质量验收不合格，意味着合同目的完全落空，双方无继续履行之可能，面临的后果就是合同的解除。此种解除的情形包括双方协商一致解除、约定解除以及法定解除。除非当事人进行了特别约定，对解除后果应当遵循法律规定。《民法典》第五百六十六条第一款规定："合同解除后，尚未履行的，终止履行；已经履行的，根据履行情况和合同性质，当事人可以请求恢复原状或者采取其他补救措施，并有权请求赔偿损失。"第二款规定："合同因违约解除的，解除权人可以请求违约方承担违约责任，但是当事人另有约定的除外。"

委托创作合同解除后，除非合同尚未开始履行，一般受托人均已启动相应的创作工作并交付了一定的创作成果，难以回到合同订立时的状态，恢复原状在事实上是不可能实现的；而其他补救措施一般特指《民法典》第一百七十九条规定的修理、重作、更换，属于对被损坏的财产进行的修补，也不适用于委托创作合同。因此委托创作合同的解除后果，应是体现在赔偿损失上。如果存在违约情形的，原则上不会动摇违约金条款和法定违约赔偿规则的适用。[①] 解除权人可以请求违约方承担违约责任。如果不存在违约情形，即使涉案合同约定了违约金，也不存在承担违约责任的问题，赔偿损失与违约金无关。违约责任的承担应当依据委托创作合同的具体内容进行判定。

---

① 姚明斌：《基于合意解除合同的规范构造》，载《法学研究》2021 年第 1 期。

对于赔偿损失，实际上应为合同无法恢复原状情形下，出于公平原则对对方已履行部分所支付的价值补偿。就委托创作合同而言，应当根据合同履行情况和合同性质合理确定赔偿损失。

第一，考虑委托创作合同的性质。如前所述，委托创作合同的履行，依赖于委托人和受托人双方积极、勤勉地履行义务。在确定创作方向和创作阶段后，受托人进行剧本创作，委托人及时反馈修改意见，受托人进一步修改以完善剧本，前一阶段创作完成之后，后续仍有可能继续对前面的人物设定、故事情节等进行调整，但这并不意味着对前一阶段的工作的否认。其中，如果是一般性修改，则属于对前序工作的进一步完善；如果是重大调整，则需根据具体情况判断编剧工作量增加情况。

第二，考虑合同订立过程。委托人在确定受托人时一般均会进行一定考察，在认可受托人创作能力的前提下才会签订委托创作合同。虽然初次合作和多次合作存在不同的市场风险，但均应在委托人可以预期的范围之内，对于初次合作的受托人，委托人会承担更高的市场风险。

第三，考虑合同履行过程。委托人提出修改意见，受托人进行修改，需要不断磨合以实现剧本在文学和商业上的价值。虽然委托人作为投资方会根据市场变化对创作需求进行动态调整，受托人也应及时修改以满足委托人的需求。对委托人提出的合理修改意见，若受托人未尽最大努力进行修改导致剧本难以验收合格，受托人存在违约之虞；若受托人尽最大努力进行修改但确系自身能力问题导致剧本无法验收合格，则应对合同解除负主要责任。

在不存在违约行为的情况下，即使合同正常履行，受托人所能获得的全部对价即为合同约定的价款，故在赔偿损失的数额上应以此为限，并在这一范围内，考虑实际完成情况确定赔偿损失的具体数额。若是存在违约行为，在确定完赔偿损失之后，并不排除违约责任的适用。

一审法院独任审判员　谭乃文
二审法院合议庭成员　吴园妹　崔宇航　章　瑾
编写人　吴园妹

38. 某咨询公司诉某科技公司
计算机软件开发合同纠纷案[*]

——开发需求未明确时逾期履行的处理与责任认定

关键词 计算机软件开发合同　开发需求　违约责任

基本案情

某咨询公司诉称：2015 年 4 月 7 日，双方签订《网娱电商 ERP 客户端软件开发协议》（以下简称《开发协议》），约定由某科技公司根据某咨询公司业务和需求特点，为某咨询公司提供制作、测试、上线、技术培训和售后等客户端软件配套服务，共执行 120 个工作日。合同生效后，在某科技公司未依约完成开发任务时，为了不影响双方的合作态度，某咨询公司仍决定先把预付款支付给某科技公司。但某科技公司在收到预付款人民币 63000 元后，仍以各种理由推脱延迟开发时间，某科技公司未提供初稿或总页面的 50%。因此，某科技公司未依约向某咨询公司提供相应客户端软件服务的行为已经严重违反了上述《开发协议》的约定，构成违约，理应承担相应的法律责任。某咨询公司多次与某科技公司沟通无果，现诉至法院。请求判令：（1）解除某咨询公司与某科技公司签订的《开发协议》，某科技公司退还软件开发费 63000 元；（2）某科技公司支付违约金 63000 元。

---

[*] 本案例作为"2022 年北京知识产权法院计算机软件著作权十大典型案件"之一发布。

某科技公司辩称：不同意某咨询公司的诉讼请求，从《开发协议》的签订到涉案合同客户端软件的开发过程中，某咨询公司一直没有确认完整的需求，这是导致项目至今确实没有开发完成的原因。除此之外，合同约定可以延期，但是某咨询公司的项目工作人员更换了三四个，并且不提供技术支持，不提供有效开发接口，直至最后某咨询公司表示放弃做这个软件。

某科技公司提起反诉，请求判令：某咨询公司继续履行合同。双方《开发协议》签署时间为 2015 年 4 月 7 日，合同期限为 120 个工作日。2015 年 4 月 10 日，某科技公司向某咨询公司催促提供最终《多店铺电商ERP 需求报告》和相关接口文件，经多次催促和沟通，某咨询公司于 2015年 9 月 30 日才正式回复和确定技术委托需求方案。由于某咨询公司的原因，某科技公司无法按照既定的时间履约，且因不确定性因素多，双方当时未明确延长的具体时间。在开发过程中，需要某咨询公司提供开发接口信息、京东和淘宝等第三方电商的"测试商铺"和"数据对接接口授权"，但某咨询公司仅提供过一个京东的测试账户，该账户数据为空，无法发布产品，也无法进行接口测试，直接导致某科技公司无法正常推进项目。直到 2016 年 5 月 6 日，某咨询公司仍未提供任何有效的接口信息给某科技公司。故项目延迟责任不在某科技公司，现某科技公司已经完成该项目超过80% 的页面和基本功能，故《开发协议》应继续履行。

某咨询公司辩称：某科技公司的反诉请求不属于法院的受理范围，只是对本案的抗辩意见。某科技公司的行为已经致使某咨询公司无法达到履行合同的目的，且经某咨询公司了解，某科技公司不具备履行涉案合同的能力。

法院经审理查明：

一、关于《开发协议》约定内容

2015 年 4 月 7 日，某咨询公司（甲方）与某科技公司（乙方）签订《开发协议》。

《开发协议》第一条约定了合同目的。内容为：1.1 甲方是由于其自身业务需要而委托乙方开发特定的软件，乙方表示已充分了解了甲方委托其开发软件之目的，并保证所开发之软件符合甲方业务目的，适应甲方业务需求，且软件全面、准确地符合本协议附件一《多店铺电商 ERP 技术方案》的要求，其中包含对软件分版本的要求和适配的要求。

《开发协议》第二条约定了项目开发计划和实施。内容为：2.1 项目开发计划：本项目执行期限为 120 个工作日，到 5 月底项目初步上线（暂时只做一个电商接口），从合同签署之日起开始计算。项目启动之后，乙方会提供《软件开发计划表》，其中约定了每个步骤（开发、测试、发布、提交等）的完成时间。2.2 软件支付：2.2.1 乙方根据附件一功能要求，将以"卖家云"为基准，设计开发系统；最终实现效果按《多店铺电商 ERP 需求确认书》（项目开展调查后再确认）为准。2.2.2 乙方应根据附件一的要求，进行软件的系统分析，划分功能模块、设计数据字典以及代码开发等工作。

《开发协议》第三条约定了期限与报酬。3.2 付款义务分四次进行：第一次付款为预付款，金额为 63000 元，占总金额比例 30%，付款条件为本合同签订后，乙方开始开发工作，提供初稿或总页面 50% 后 5 个工作日内付款；第二次付款为验收款，付款金额为 63000 元，占总金额比例 30%，付款条件为在系统初步上线并经甲方验收后的 5 个工作日内甲方向乙方支付；第三次付款为验收款，付款金额为 63000 元。最后一笔款项为尾款，金额为 21000 元。

《开发协议》第四条约定了甲方的权利与义务。4.2 甲方托付乙方开发软件时必须以书面或邮件的形式详细地说出需求模块，提供给乙方各项技术指标。4.3 甲方托付乙方开发的软件在签订合同之后如需增加其他功能，必须以书面或邮件的形式呈交给乙方。

《开发协议》第六条约定了违约责任。6.1 由于甲方未及时提供软件开发所需的信息而导致乙方工作不能按时完成，乙方不负任何责任，并有权向甲方提出延期要求，延期时间由双方协商确定。6.2 由于乙方原因未能按时完成软件的开发，或开发软件存在使用瑕疵、权利瑕疵，或未能满足甲方要求的，甲方有权向乙方提出违约赔偿，具体额度不少于甲方自行完成剩余开发所需人工成本或甲方另找外包所花外包费用（索赔金额不超过本项目的相应功能模块的开发费用）。

《开发协议》第十一条约定了转让、修改与终止。11.3 本协议经双方协商一致可以修改。11.4 如发生下列情况之一的，本协议终止：11.4.1

甲方与乙方一致同意终止本协议；11.4.2 如一方根本性违约导致不能实现本合同目的的，则守约方可以解除本协议，并要求违约方按照不高于合同总金额的 30% 承担违约责任，并赔偿相应损失；11.4.3 甲方不得向乙方提出常规软件使用要求（以"卖家云"为基准）外的实现效果、系统架构、功能范围，否则乙方有权暂停工作进度（验收时间顺延），直到双方协商可接受为止；11.4.4 发生第 9.1 条的情形，致使本协议无法履行或丧失预期经济利益，守约方可单方终止，并有权要求违约方承担违约责任并赔偿相应损失。

《开发协议》第十二条规定了争议解决。12.1 双方应本着相互信任、以诚相待的原则，共同协商解决由本协议引起的所有争议。如通过协商不能解决，双方同意将争议提交甲方所在地人民法院解决。12.2 诉讼进行过程中，双方将继续履行诉讼部分以外的内容。

《开发协议》第十三条约定了其他事项。13.10 本协议功能按《多店铺电商 ERP 技术方案》，最终实现效果以《多店铺电商 ERP 需求确认书》（项目开展调研后再确认）为准。

附件《多店铺电商 ERP 技术方案》第五条约定了主要功能。其中关于接口，载明：短信 SP 接口，商城接口包括京东商城、淘宝、壹号店、苏宁、聚美优品 5 家和微商城接口。（1）订单同步接口默认按 5 分支同步一次，同时支持手动同步。（2）网店商品自动下架、自动上架、价格同步和库存同步，按手动点击按钮下同步实现。（3）商品导入、标准类目和店内分类，按手动点击按钮下载。

二、关于《开发协议》的履行及双方沟通情况

2015 年 4 月 10 日，某科技公司向某咨询公司工作发送邮件，询问"需求这样可以吗"，并发送附件《多店铺电商 ERP 需求报告》。

6 月 10 日，某咨询公司向某科技公司发送邮件，邮件内容为"我们寻求到一个天猫测试账号：用户名：董酒旗舰店，密码：……同时，烦请给出天猫接入的预计完成时间。京东和 ecshop 的我们随后会给出"。6 月 12 日，某科技公司给某咨询公司发送邮件，告知因某科技公司不具备条件，需要请某咨询公司申请天猫第三方 IT 工具开发商。

7 月 18 日，某科技公司通过邮件告知某咨询公司，软件"功能基本都

出来了，要不你 21 日、22 日过来清河一下，确认一下需求、一起推动项目往前走"。

9 月 22 日，某科技公司给某咨询公司发送邮件，邮件无正文内容，附件中包含《多店铺电商 ERP 需求报告》word 和 pdf 版本。9 月 30 日，某咨询公司给某科技公司发送邮件，具体内容为："您好，这是部分修改要求。你们十一期间有时间的话可以看看。如果你们休息的话，回来我们再联系，谢谢"，附件中为《店家云部分要求》。

11 月 5 日，某咨询公司给某科技公司发送邮件，具体内容为："您好，在接口申请还没有结果的情况下，目前我们第一目标是保证产品的本地功能走通，但是我们目前还未达到这一要求。这几天我们公司测试了下，附件是我们测试找到的 BUG，查看 BUG 详情的话就打开链接。登录名和密码分别为：……希望您能参照卖家云一一解决，如有问题我们再随时沟通，谢谢您的帮助！"附件中为《BUG 汇总》。

11 月 20 日，某咨询公司向某科技公司通过银行转账方式支付合同款 63000 元。

11 月 23 日，某咨询公司给某科技公司发送邮件，邮件具体内容为"您好，我们京东服务商已申请，账号密码如下：京东账号：网娱智信科技咨询（北京）有限公司，京东密码：……请您查看开发者专区信息，可先研究京东的接口测试。淘宝的服务商我们正在申请，之前未通过，需我们提供访问地址，并让淘宝测试本地功能，因此本地功能的正常流转是必要的。附件为目前本地功能我们测试的 BUG，BUG 详情可点开链接查看，用户名和密码分别为：……另外，还有部分 BUG 在我们另一个专门的外包项目管理平台，mantis 账号。我们以前向您发过邮件，您设置一下密码就可以了，查看我们的 BUG，BUG 修改我们优先功能性，页面的 BUG 可放后面，谢谢您的配合"。附件为《BUG 汇总》。

2016 年 5 月 6 日，某科技公司给某咨询公司发送邮件，具体内容为："来信收阅，谢谢你对工作的督促与提醒！当初，你只提交了京东商城开发 appkey，这个接口我们已经做好了，还在测试中，但你提到的苏宁和其他的第三方开发者权限，没有收到，也许是我误解了！麻烦你再发一下给我，好吗！另外，对于接口开发，确实需要真实的店面数据测试才合适，希望贵公司领导理解！同时我们会抓紧时间，继续推进项目！顺颂商祺！"

8月10日，某科技公司给某咨询公司发送邮件，具体内容为："感谢你的来电，你们终于关心ERP这个项目了！首先，我愿意继续推进这个项目！我们在江苏已经做了'亲耕田电商项目'，亲耕田电商有完备的电商实体店管理、移动商城等管理功能，详见附件！根据商业的需要，我们可以调整业务需求和合作模式，以更前瞻的方式开展电商业务！……另外，有关以前提到的京东、阿里、苏宁等其他接口的还得继续推进……有关其他事宜见面商议再定！"

2016年8月23日，某咨询公司给某科技公司发送邮件，具体内容为："经过我们公司财务的确认，退款打到的账户信息如下：……退款到此账号上，打款时请填好备注信息，感谢支持！"某咨询公司主张在该日发送邮件时要求退款即明确了要求解除合同的意思，某科技公司对此予以认可，但表示其公司并未同意解除合同。

2017年1月19日，某咨询公司向某科技公司发送律师函，要求某科技公司退还预付款63000元。1月21日，某科技公司收到该律师函。9月27日，某咨询公司向某科技公司发出解除合同的书面通知，某科技公司于9月30日收到。

北京知识产权法院于2019年7月26日作出（2018）京73民初122号民事判决：驳回原告某咨询公司的诉讼请求，驳回某科技公司的反诉请求。当事人未提起上诉。

裁判理由

法院生效裁判认为：

一、某咨询公司是否有权解除《开发协议》

根据已查明的事实，《开发协议》约定，涉案软件需在2015年5月底进行初步上线，初步上线系第二笔合同款付款条件之一，初步上线时涉案软件暂时只做一个接口，此后需包括京东商城、淘宝、壹号店、苏宁、聚美优品5家和微商城接口，涉案软件需在2015年4月7日起120个工作日内开发完毕，用以实现多店铺电商管理。但涉案软件未能实现初步上线。

现某咨询公司主张某科技公司未在合同约定的期限内交付符合合同要求的开发成果，经催告仍未在合理期限内提交，致使某咨询公司无法实现合同目的，构成根本违约，故其于 2016 年 8 月 23 日向某科技公司发送电子邮件要求解除合同并返还已付款。某科技公司认为超期未完成开发系因某咨询公司未能及时确认开发需求且未能提供接口所致，其一直积极履行合同，现涉案软件已开发完成超过 80%，涉案合同应继续履行。

对此，法院认为，关于需求确认问题，本案系某科技公司系依据某咨询公司业务需求来开发涉案软件，以符合某咨询公司的实际使用需要。软件基本功能的确认不等同于开发需求的确认，软件具体技术效果的实现要以相应开发需求的确认为基础，而开发需求需要软件开发方与委托方共同确认。本案中，某科技公司 2015 年 4 月 10 日即向某咨询公司发送了需求报告，7 月 18 日又提出要求某咨询公司确认需求。9 月 22 日，某科技公司再次向某咨询公司发送需求报告。9 月 30 日，某咨询公司回复并提出了部分修改需求，此时已临近《开发协议》约定的 120 个工作日执行期限。在某咨询公司未举证某科技公司发送的需求报告存在明显问题或者某科技公司未及时应某咨询公司要求修改需求报告的情况下，法院认为，由于某咨询公司未及时确认开发需求，对开发进度造成影响，原确认的开发期限应予以合理延长。

关于接口问题，虽然《开发协议》并未明确约定由哪方提供接口，但从电子邮件往来情况可知，某咨询公司实际在负责提供接口，此亦符合此类软件开发的行业惯例，故可认定双方通过合同履行已明确由某咨询公司提供接口。关于具体需提供的接口，《多店铺电商 ERP 技术方案》中明确包括京东商城、淘宝、壹号店、苏宁、聚美优品 5 家和微商城接口。现某咨询公司未举证证明除京东接口外，其曾提供其他接口，故法院认定某咨询公司仅提供了京东接口。

由于某咨询公司确认需求、提供第一个接口的时间均已超过《开发协议》原约定初步上线的时间即 2015 年 5 月底，提供接口的时间还超出了《开发协议》原约定的开发期限，而《开发协议》原系约定"暂定"只做一个接口，在早已超过原约定开发期限的情况下，是否仍在此后特定时点前先实现一个接口的软件初步上线，需双方进一步约定而予以明确。现本案并无证据显示双方就此后开发工作应实现多接口的一并上线还是仍按原合同暂时只做一个接口曾进行协商，考虑到某咨询公司表示在同时申请多个接口，且并未在 2016 年 8 月 23 日要求退款前提出要求某科技公司先提交一个接口的软件版本先予以上线，故法院有理由认为某咨询公司系要求某科技公司提交多接口的软件。依据前述认定，某咨询公司仅提供了京东接口，因此某科技公司无法完成多接口的"多店铺电商ERP"软件开发工作，进而无法提交相应开发成果。

据此，由于某咨询公司未及时确认需求以及提供相应接口导致某科技公司无法按要求进行开发，开发期限应相应顺延。因此，某咨询公司主张某科技公司的根本违约行为不成立。某咨询公司以此为由要求解除《开发协议》，缺乏事实与法律依据，法院不予支持。

本案某科技公司反诉要求某咨询公司继续履行《开发协议》，但并未指出某咨询公司继续履行《开发协议》需具体为或不为何种特定行为，在此情况下，如果抽象地判决某咨询公司继续履行《开发协议》，那么某咨询公司应当继续履行的合同义务就是不明确、不固定的，难以保障裁判的可强制执行性。尤其是如果合同约定义务内容不完备，或者实际履行中存在变更情况，后续合同义务的履行可能需要双方进一步协商方能确定，如简单判决继续履行会对判断执行义务人是否执行了生效民事判决内容造成较大障碍。据此，对于某科技公司要求某咨询公司继续履行《开发协议》的反诉请求，法院不予支持。

二、某科技公司是否应当支付某咨询公司主张的违约金

如前所述，由于某咨询公司未及时确认需求以及提供相应接口导致开发期限顺延，因此，其关于某科技公司迟延履行的主张不成立，某咨询公司依据《开发协议》上述约定主张违约金或损害赔偿，依据不足。同时，某咨询公司未举证证明存在其公司自行开发或另行委托他人开发的情形，亦未举证证明其主张的某科技公司的违约行为给其造成的其他损失情况。据此，对于某咨询公司主张的违约金63000元，法院不予支持。

裁判要旨

计算机软件开发工作推进的前提是软件功能和需求的确定，在因委托方原因导致开发需求迟迟未能明确的情形下，开发方对开发周期有权相应顺延，不构成违约。

合同纠纷中，原告主张继续履行合同的诉讼请求应当明确、具体，具

有可执行性，否则不予支持。

关联索引

2017 年《中华人民共和国民事诉讼法》第六十四条第一款

2001 年《最高人民法院关于民事诉讼证据的若干规定》第六十六条、第七十三条

一审：北京知识产权法院（2018）京 73 民初 122 号（2019 年 7 月 26 日）

法官评析

在计算机软件开发合同的订立和履行过程中，开发需求随着履行过程推进而不断进行调整是行业中的常见情况，也是大多数此类合同纠纷的起因所在。在合同中约定清晰明确的开发需求范围以及作出调整的规范流程至关重要，能够指引双方顺利履行合同，实现合同目的，也便于纠纷产生时的责任划分。如果因委托方原因导致开发需求迟迟未能明确，开发方实际上并没有条件履行合同的开发义务，此时开发方对开发周期有权相应顺延，不构成违约。

合同纠纷中，要求继续履行合同的诉讼请求需要明确指出对方继续履行合同需具体为或不为何种特定行为，否则，应当继续履行的合同义务就是不明确、不固定的，难以保障裁判的可强制执行性。尤其是如果合同约定义务内容不完备，或者实际履行中存在变更情况，后续合同义务的履行可能需要双方进一步协商方能确定，如简单判决继续履行会对判断执行义务人是否执行了生效民事判决内容造成较大障碍。需要指出的是，不判令继续履行合同并不代表合同无须继续履行，如果不存在法定无效或客观履行不能的情形，双方应继续履行合同，否则可能构成违约。如存在相应情形而发生纠纷，则可另案处理。

一审法院合议庭成员 宋　鹏　刘秀娟　周　华

编写人 屈　伟

39. 某投资公司诉某有限公司 计算机软件开发合同纠纷案

——大型 ERP 软件实施中双方违约责任的 认定及合同解除后果的处理

关键词 计算机软件 ERP 软件 违约责任 合同解除

基本案情

原告某投资公司系一家大型企业集团，为进行自身企业管理的现代化转型，就 ERP 软件项目进行招投标。被告某有限公司以其自有的 ERP 软件和 54234494 元的总价格（包括实施费用 35434494 元和通用 ERP 软件价格 1880 万元）中标。后，双方就 ERP 软件二次开发和实施单独签订了软件开发合同。原告另从被告推荐的代理商处购买了通用 ERP 软件，并向代理商支付了软件价款 17354125 元。原告主张，被告严重逾期履行合同义务，未按里程碑约定的时间交付业务蓝图，构成违约，故起诉要求解除软件开发合同，被告退还已收取的开发费 5933799 元并赔偿原告向第三方购买被告通用 ERP 软件的费用 17354125 元。

被告某有限公司辩称，本案迟延履行的原因在于原告违约。原告在软硬件环境到位、关键用户和高层的访谈、业务流程的调研和确认等方面未履行配合义务，故被告未违约，不应退款。合同中亦有约定因原告自身原因解除合同的，被告已收取的合同款不予退还。另，被告并非原告购买通用 ERP 软件的合同相对方，且即便合同解除，原告向第三方购买的通用 ERP 软件本身具有使用价值，不构成原告的损失。

法院经审理查明：

一、双方当事人招投标及签订合同之相关事实

2016 年 7 月 28 日，经招投标程序，被告中标原告的 ERP 项目，中标价为 54234494 元。

投标文件《分期报价表》中载明：（1）三期软件总价（含税及 2017 年 1 月前的维护费）1880 万元。包括：①基础 ERP 软件；②资金管理内部银行；③资金管理；④银企直联等本地化版本；⑤全面预算与合并管理；⑥发票扫描软件；⑦财务共享中心；⑧零售行业方案；⑨不动产租赁方案；⑩销售管理；⑪交互中心（网络+语音）；⑫服务与派工；⑬仓储管理；⑭运输管理；⑮供应链金融；⑯会员和合伙人数据平台；⑰市场营销；⑱可视化管理；⑲消费者行为库；⑳商务智能套件（BO）；㉑技术产品：中间件；㉒技术产品：单点登录；㉓实时数据库。（2）实施费用 35434494 元，包括一期实施价格 27379554 元、二期实施价格 3892320 元和三期实施价格 4162620 元。《月度工作和预算计划表》中列明了共计 25 个月中每个月份的工作内容和计划预算，其中第一期分两个阶段共 12 个月。第一个月工作内容为一期一阶段项目启动及现状调研，预算为 3513900 元；第二个月工作内容为一期一阶段现状调研及蓝图搭建，预算为 3598050 元；第三个月工作内容为一期一阶段蓝图搭建、系统流程设计及确认，预算为 3626100 元。

投标文件中载明项目分为三期，列明了各期阶段性成果（具体内容略）。

中标后，双方签订了于 2016 年 9 月 1 日起生效的订购单及其附录 1《高级约定服务协议》、附录 2《补充高级约定服务》、附录 4《开发服务协议》。订购单中的"任意终止"条款约定：任何一方可随时出于任何原因提前 90 天书面通知另一方，且仅在支付所有到期应付款之后，终止本订购单。订购单还包含附件 A《高级约定服务项目章程》（具体内容略）。其中约定：4.1 项目计划中阶段一为主体业务实施，共 9 个月时间，关键里程碑约定：业务蓝图签署时间点为 2016 年 11 月 15 日。注：假定 2016 年 9 月 1 日项目正式启动，以上时间点会根据实际开始时间可能会有所变化，具体上线日期可根据实际业务情况进行商定。

其中，"项目假设和限制"约定：被告的上述交付内容基于以下项目假设和约束条件：5.1 一般项目假设：项目实施过程中，原告需避免有影响项目范围和项目进度的组织架构变革和业务流程变革；原告需为项目组提供集中的项目办公室，以确保全体项目成员集中办公，便于项目组成员相互配合、沟通，更有利于项目组与业务人员的沟通及及时得到相关信息。项目实施的详细计划将由双方项目关键人员共同制定，双方项目经理可以在项目实施过程中做适当调整，但不能影响总体实施周期基线或实施工作量基线。项目开展必需的软硬件环境需要按项目计划预定的时间要求就位，比如系统部署所需硬件、网络、机房建设、服务器及相关软件等。合适的项目办公环境需要在项目开始前就位，比如电话、台式计算机以及登录被告系统的通路。项目实施过程中涉及的包括物料、供应商、合作方等在内的主数据梳理与迁移由原告主导、推进并保证数据质量，数据导入模板和工具由被告提供。项目实施过程中涉及的外围系统改造需配合整体项目进度，所需开发资源配合由原告协调管理。对于可能会影响项目如期按计划完成的下列因素，客户应严格控制，具体如硬件采购、数据整理清洗完成、外围系统按照项目进度改造完成、参加项目实施人员按照计划要求投入等。如果发现可预测的延期风险，需提前一到两周将延期影响由双方项目经理评估风险及建议应对方案，提交项目指导委员会，确定应对策略。5.2 人员及组织条件假设：原告应确保其项目实施团队成员所具备的知识及时间。主要参加人员（关键用户、内部顾问）须全职投入到项目之中，所谓需具备的知识是指对于原告相关业务及系统的理解和熟悉，包括对北京及外埠门店的业务。项目组实施团队成员一旦正式确定，双方任何人员变动均需提前一个月获得双方项目经理、项目总监的批准，以确保人员变动给项目带来的风险降到最低。项目期间，要由双方项目经理制定合理的考勤制度，明确双方的顾问延期到场、离职、请假、调离等管理条例，确保项目进度不受影响。

附录1《高级约定服务组成部分》中约定了服务配额（具体内容略）。

附录4《开发服务协议》约定在被告已有的标准软件产品的基础上开发并交付特定的非标准软件（具体内容略）。其中：2.2.2 如发生任何终止，先前依据本开发服务支付的任何款项均不予退还。此外，如终止是因双方无法就功能说明达成一致，或因被许可方原因而终止，则（i）截至终止生效日期，被许可方的任何应付款项或被告所产生的费用应根据本开发服务（其仍然有效）予以支付；以及（ii）被许可方应按完成比例为所有截至终止生效日期已履行的服务（包括但不限于任何已部分完成的交付物和/或功能）向被告进行交付。

《开发服务协议》亦附有附件1《项目工作说明 SOW》、附件2《变更订单程序》、附件3《验收证书》等文件和模板。（具体内容略）

二、本案合同履行之相关事实

2016年9月，被告项目人员开始就本案合同履行开展工作，并持续以电子邮件方式向原告发送项目进展及沟通意见。

2016年11月16日，原告向被告支付了第一笔2016年9月1日至2016年11月30日的服务和开发费共5933799元。

被告为证明合同履行延期的原因在于原告，向法院提交双方当事人之间往来电子邮件予以证明，邮件内容主要包括：（1）工时统计：（2封，具体内容略）截至2016年12月30日，被告项目组累计投入共1243.5人/天，额外投入191人/天，合计为1434.5人/天。（2）例会纪要及沟通意见：（28封，具体内容略）。

针对被告上述邮件，原告对真实性均无异议，但认为：（1）对于工时统计，原告无法核实。（2）对于会议纪要和沟通意见：①被告很多要求原告确认的内容已经在招投标方案中明确过。即使需要落实细节，原告认为被告应该以其业内丰富经验和过往案例给予指引和可供选择的参考方案，而不是提出客户看不懂的问题或者要求客户按被告标准流程改变现有业务模式，以降低开发的工作量。②原告希望被告能先搭平台架构，再搞细节流程。而当时被告的工作就是写邮件、制作 PPT 和要求开会。在项目进度已经落后的情况下，原告认为原因在于被告作为经验丰富的开发方没有积极主动提供可行性解决方案供委托方选择，而总是要求用户落实流程。③被告对于无法实现的需求，推荐原告购买被告推荐的第三方软件/第三方解决方案或者放弃需求，或者按被告的标准化流程改变现有业务模式，但对原告而言，这不仅意味着要增加额外的费用，也达不到用一个软件开发商作集成开发，以降低系统和软件因不同开发方产生冲突的合作目的，上万人的企业不可能因适应软件需要去调整业务/会计模式，或者再斥巨资购买硬件，或降低中标方案的需求。

经释明，原告未提交在履行过程中回复被告邮件的证据或其他沟通记录证据。

三、关于被告主张本案合同已经解除的相关事实

2017年4月13日，原告向被告发送《终止合同通知书》，告知其未提交任何原告签字确认的交付物，违反合同中关键里程碑约定的工作义务，在合同约定已非常明确的情况下仍不断要求原告在合同约定之外对整体系统应用架构和项目事实施范围进行确认，导致项目推进没有进展，故通知被告终止含订购单、附录4等4个附属协议在内的专业服务协议，并要求返还开发服务费。

2017年6月7日，原告再次向被告发函，提出因被告未依照合同中里程碑约定的时间完成工作，应退还原告已支付的服务费用5933799元；原告已向案外人被告的代理商支付被告ERP软件许可使用费17354125元，但因被告未依约履行开发义务，导致该软件既未使用，对原告亦无商业价值，要求被告协调其代理商退还该软件许可费。被告收到函件后回复认为，根据前期沟通原告已经单方解除了合同，但不能说明被告的软件无法使用或存在质量问题，表示可协助原告重新寻找实施方或自建团队帮助其使用被告软件。

审理中，原告主张其于2017年4月13日发送解除合同通知并非基于合同中约定的任意解除条款，而是认为被告根本违约，故依据法定解除权发送解除合同通知。

四、原告向案外人被告软件代理商支付 ERP 软件许可费的相关事实

2016年7月28日，被告通过电子邮件方式向原告发送被告软件产品订单合同模板。

2016年8月18日，被告向原告发送了代理商对于部分合同条款修改的意见。

2016年8月19日，原告与案外人被告软件代理商签订了《软件产品代理销售合同》，合同约定代理商向原告销售ERP软件产品，软件许可费

总金额为 17354125 元。

同日，代理商就原告上述订单向被告进行下单，合同总金额为 15242900.34 元。代理商向被告支付了上述款项。

被告亦于 2016 年 8 月 19 日以电子邮件方式向原告交付了上述销售合同中约定的软件下载用户名和密码，并与原告签订了《软件许可附录》。

2016 年 10 月 8 日，原告向代理商支付了 ERP 软件许可使用费 17354125 元。

另查，原告在北京市朝阳区人民法院提起本案诉讼时，曾将被告与案外人代理商一并列为被告，要求解除其与代理商所签订的《软件产品代理销售合同》。北京市朝阳区人民法院认为该合同与原告所诉本案合同不属于同一法律关系，于 2020 年 4 月 30 日作出（2018）京 0105 民初 12300 号民事裁定书，裁定驳回原告对代理商的起诉，同时出具（2018）京 0105 民初 12300 号之一民事裁定书裁定将本案移送北京知识产权法院处理。北京知识产权法院审理中，经释明及询问，截至本案审理终结时，原告未就其与代理商的合同另行提起诉讼或仲裁。

审理中，原告陈述其对于所购买的被告软件仅依据被告提供的用户名和密码进行了下载，但并未安装和使用。被告则认为无论原告是否实际使用上述软件，均无权主张由被告赔偿其软件许可费用。

五、关于被告与原告之间签订《软件许可附录》的相关事实

被告于本案开庭审理结束后，向北京知识产权法院提交其与原告于 2016 年 8 月 19 日签订的《软件许可附录（供分销商渠道）》（以下简称许可协议）以供参考。许可协议中载明协议受被告分销渠道软件许可协议一般条款和条件以及软件使用权附录的约束，上述二文件载于被告官网并构成该文件的一部分。协议第 12.9 条约定："凡因本协议引起的或与本协议有关的任何争议均应提交上海国际仲裁中心，按照申请仲裁时该中心现行有效的仲裁规则在上海进行仲裁……本第 12.9 条中规定的义务在本协议终止或有效期届满后继续有效。"

就上述争议解决条款的问题，北京知识产权法院于 2023 年 2 月 2 日组织双方当事人进行谈话，经询问，双方当事人均表示：许可协议系独立于本案合同之外的另一合同法律关系，与本案合同无关，故未将该协议作为

本案证据提交；与该许可协议相关的纠纷依据协议约定应提交上海国际仲裁中心仲裁解决；许可协议中的仲裁条款效力不及于本案合同；本案合同纠纷不受许可协议的约束，认可北京知识产权法院对本案有管辖权。双方当事人目前均尚未就该许可协议提请仲裁裁决。

六、其他事实

原告在终止与被告本案合同的履行后，另行招标选定案外人埃某某公司进行 ERP 系统建设项目。审理中，原告提交埃某某公司出具的书面说明，陈述埃某某公司告知其无法使用原 ERP 项目中标方的软件执行实施开发工作。

北京知识产权法院于 2023 年 3 月 29 日作出（2020）京 73 民初 798 号民事判决：一、确认原告某投资公司与被告某有限公司签订的《高级约定服务协议订购单编号 1》及其附录 1《高级约定服务协议》、附录 2《补充高级约定服务》、附录 4《开发服务协议》自 2019 年 10 月 29 日解除；二、被告某有限公司于本判决生效之日起七日内返还原告某投资公司软件开发费3560279.4 元；三、驳回原告某投资公司的其他诉讼请求。

一审宣判后，被告提起上诉。2024 年 3 月 20 日，北京市高级人民法院作出（2023）京民终 581 号民事判决：驳回上诉，维持原判。

裁判理由

法院生效裁判认为：本案纠纷发生于 2021 年 1 月 1 日《民法典》施行前，故本案仍适用《合同法》的相关规定。

本案争议焦点为：（1）双方当事人合同权利义务确定的依据；（2）原告是否享有合同法定解除权；（3）涉案合同是否已经解除或应当予以解除；（4）被告是否应当返还原告合同款及赔偿其主张的软件许可使用费损失。

一、关于双方当事人合同权利义务确定的依据

本案中，双方当事人通过招投标方式最终签订本案合同及附件。在法律性质上，招标文件属于要约邀请，投标文件属于要约，中标通知书属于承诺。本案合同内容对比于招投标文件，除未包括被告 ERP 软件的许可使

用部分外，仅在实施服务履行阶段的划分、实施服务的范围的细化等方面有少量调整，合同内容与招投标文件内容不存在实质性区别。而对于 ERP 软件许可，原告亦通过被告的代理商渠道订购了相关软件。故本案合同不存在《招标投标法》及其实施条例规定的背离合同实质性内容之处。本案合同系双方真实意思表示，不违反法律、行政法规的规定，合法有效，双方当事人均应按照合同履行各自义务。但是，招标文件和投标文件均具有《招标投标法》规定的法律效力，作为合同订立过程中之意思表示，在认定当事人合同目的、违约行为的主观过错等情节时亦应综合考量。

二、原告是否享有本案合同的法定解除权

本案中，被告对迟延履行的事实不持异议，但认为造成迟延履行的原因在于原告，故，判断被告的迟延履行行为是否构成根本违约，以及是否导致原告不能实现合同目的，是认定原告是否享有合同法定解除权的前提。

计算机软件的开发和实施有赖于双方当事人的高度配合、共同推进。本案合同所涉 ERP 软件属于较为复杂和具有一定难度的软件开发、实施项目。开发方的履行工作更加有赖于双方密切配合，共同推进。从双方当事人电子邮件所载明的沟通情况可知，在 2016 年 1 月至 2017 年 3 月的合同履行过程中，被告多次对原告的配合工作提出异议。故原告存在未能依约履行合同约定的配合义务的违约情形，对软件开发和实施履行迟延应承担一定责任。但同时，被告作为软件行业专业服务企业，具有更丰富的软件产品和实施服务从业经验，在 ERP 软件的实施上显然更具有专业优势，理应对所中标的本案项目具有相应了解和对项目复杂性的预判。其在订立合同时将提交业务蓝图的时间暂估为一个月，而在实际履行中，其前期调研工作及业务蓝图绘制的实际履行时间远远超出其在投标文件和合同里程碑约定中向原告展示的预期。故对合同的履行迟延，被告亦负有相应责任。

导致合同履行迟延的另一个重要原因在于：被告认为原告组织架构发生变革，业务情况也发生变化，使得项目范围和假设有变化，产生新的开发需求，但原告对于因上述变化产生的新需求拒绝进行确认；而原告则认为，开发应遵循现有的业务模式及为未来的业务提供可操作空间，而不是为了迁就软件去改变现有的财务记账准则。上述分歧产生的更深层次原因

在于双方当事人对于涉案项目，即 ERP 软件实施项目的认识不一致，未能达成统一。双方当事人均本应在订立合同之初即进行充分协商，以减少实际履行中的分歧。对此，原告和被告各自均负有相应责任。

综上所述，法院认为，造成合同迟延履行的原因不能仅归结于被告一方，原告不享有本案合同的法定解除权。

三、本案合同是否已经解除或者应当解除

法院认为，因原告不享有合同的法定解除权，其于 2017 年 4 月 13 日向被告发出的解除通知不发生合同解除的法律效力。虽然双方当事人均已停止履行合同义务，但涉案合同并未于诉讼前解除。但是，本案合同履行已经陷入僵局；双方当事人虽然均有违约行为，但并无证据证明当事人在主观上存在恶意违约的故意；双方当事人亦均同意解除合同，且事实上已经终止合同履行。本案合同已经不再具有继续履行的可能性和实际意义。故法院认为，综合上述因素考虑，本案合同可以解除，对于合同解除后的法律后果，可根据双方当事人各自违约行为予以判定。

四、被告是否应当返还原告开发费及赔偿软件许可费损失

法院认为，本案双方当事人在合同履行中均存在违约行为，对于本案合同的解除均应依法各自承担相应的责任。

（一）关于开发费部分

关于开发费用部分，应由当事人根据各自责任进行分担。法院认为，被告工时统计邮件可以证明其相应工作量投入，可以作为本案合同解除后果中对履行成本和当事人直接损失的考量因素之一，但不应以此直接对应原告应当支付的费用，且其未考虑软件实施中业务蓝图绘制与具体实施不同阶段的工作量和人员成本差异等因素，计算方式不合理。综上，法院结合合同约定和实际履行情况、当事人应承担的责任比例等综合考量，对被告已收取的开发费，酌情判决其部分返还。

（二）关于软件许可使用费损失部分

法院认为，虽然原告并非直接与被告签订软件许可合同，而是与被告

的代理商签订合同并付款，但应考虑以下因素：（1）该笔软件许可费用属于原告履行本案合同的必要支出。（2）原告与被告代理商的合同与本案合同具有高度牵连性。（3）软件许可费用相关成本支出和利润获得均在双方当事人可预期范围内。（4）合同解除后，原告再利用被告 ERP 软件的可行性较低。故，原告该部分支出可能成为其损失，但并不能简单地将该金额作为确定其已发生损失的当然依据，该损失的具体金额目前尚未确定，且无法在本案审理中确定。

综上，法院认为，对于本案合同解除的后果，应综合合同具体履行情况和当事人各自违约责任，将被告在涉案软件开发、实施中的成本，对涉案项目包括实施和许可两部分在内的预期可得利益，原告已支付的开发费用和软件许可费用等一并纳入考量范围。对于原告要求返还已付开发费的诉讼请求，对合理部分予以支持；对于其关于赔偿软件许可费用损失的诉讼请求，因该损失尚未确定，对该项诉讼请求，不予支持。原告可待损失确定后另行主张。

裁判要旨

1. 招标文件属于要约邀请，投标文件属于要约；投标人中标后，招标人和中标人应当依法签订书面合同，合同的主要条款应当与招标文件和中标人的投标文件的内容一致；合同是确定双方当事人权利义务的依据，但招投标文件中相关说明和商务承诺，具有《招标投标法》规定的法律效力，在认定当事人合同目的、违约行为的主观过错等情节时亦应一并综合考量。

2. 大型、复杂的 ERP 软件二次开发和实施中，软件功能的个性化需求和技术开发风险均较高，需要双方当事人高度配合、相互推进。对于软件开发方迟延履行开发义务是否构成根本违约的认定，需要从以下几个方面综合判断：（1）合同中对于开发周期以及是否存在延期履行即可据此解除合同的约定；（2）开发方迟延履行是仅有其自身原因还是委托方亦存在过错；（3）是否存在导致开发方不能正常履行的不可抗力或情势变更等因素、是否存在第三方原因导致的履行客观障碍；（4）开发方的迟延履行行为是否影响委托方合同目的的实现。

3. 如果涉案合同已经陷入履行僵局，继续履行已经不再具有实际意义和现实可能性的情况下，可根据实际情况支持违约方要求解除合同的诉讼请求。据此确认合同解除的，不影响当事人违约责任的承担。

4. 在计算机软件合同案件纠纷中，对于合同解除的后果，可考虑以下因素：（1）合同关于解除后果的约定；（2）合同解除的原因和当事人各自是否存在违约行为以及违约程度；（3）已履行部分所对应的履行成本或合同价款部分；（4）已开发成果是否具有可利用价值；（5）当事人的直接损失和可得利益损失等。

5. 当事人为履行计算机软件开发合同而与案外人签订通用 ERP 软件许可使用合同，在合同解除的情况下，可结合其与软件开发合同的高度牵连性、当事人可预期性和 ERP 软件价值和再利用时的商业风险等因素综合考虑，认定为为履行软件开发合同的必要准备和支出，纳入当事人损失的范畴予以处理。但处理的前提是该损失已经实际发生，且金额具体明确。

关联索引

《中华人民共和国合同法》第九十七条、第一百零七条、第一百一十条、第一百一十三条第一款、第一百二十条

一审： 北京知识产权法院（2020）京 73 民初 798 号（2023 年 3 月 29 日）

二审： 北京市高级人民法院（2023）京民终 581 号（2024 年 3 月 20 日）

法官评析

计算机软件开发合同案件的合同解除认定和解除后果处理一向是审理的重难点问题。本案案情和争议焦点除了体现一般计算机软件开发合同案件的典型特点外，还具有大型、复杂 ERP 软件二次开发和实施的专有特点。此外，当前大量软件企业在当前业务发展形势下，利用拆分不同合同主体、分别约定不同管辖等方式，将"产品"与"服务"进行隐形切割，将经营风险更多地转移至用户企业。本案在准确认定双方当事人违约责任的基础上，对已陷入履行僵局的合同判决确认解除，同时，在处理合同解除后果时，穿透性地将用户企业因本案软件开发合同解除，导致另行购买开发使用的通用 ERP 软件的情形纳入损失考量范围，基于仲裁管辖条款的客观障碍和损失数额尚未明确的现实因素，虽未在本案中一并处理，但进行了认定并为当事人指明了另案救济途径。

一、双方违约情形下合同解除的认定

（一）法定解除权是否成立的认定

根据原《合同法》和现《民法典》的规定，法定解除需要满足相应要件。《合同法》第九十四条规定："有下列情形之一的，当事人可以解除合同：（一）因不可抗力致使不能实现合同目的；（二）在履行期限届满之前，当事人一方明确表示或者以自己的行为表明不履行主要债务；（三）当事人一方迟延履行主要债务，经催告后在合理期限内仍未履行；（四）当事人一方迟延履行债务或者有其他违约行为致使不能实现合同目的；（五）法律规定的其他情形。"根据以上规定，只有在当事人存在根本违约，导致对方当事人无法实现合同目的时，才成立守约方的合同法定解除权。

计算机软件开发合同在一定程度上具有承揽定作合同的特点。在合同履行中，开发方进行开发工作，很大程度上有赖于委托方的高度配合。因此，在委托方主张开发方迟延履行时，一般也不宜简单以超出合同约定的开发时间为由来认定委托方据此享有合同的法定解除权。对于开发方迟延交付开发成果是否构成根本违约，需要从以下几个方面综合判断：首先，合同中对于开发周期以及是否存在延期履行即可据此解除合同的约定；其次，开发方迟延履行是仅有其自身原因还是委托方亦存在过错；再次，是否存在导致开发方不能正常履行的不可抗力或情势变更等因素、是否存在因第三方原因导致的履行客观障碍；最后，开发方的迟延履行行为是否影响委托方合同目的的实现。据此来分析导致延期履行的原因和当事人各自过错，准确认定违约责任。

具体到本案中，本案合同系原告选择被告 ERP 软件作为企业全新的管理信息平台，围绕三大业态核心业务实施的大型项目，所涉 ERP 软件本身就包括 VE、RM、CRM、Hybris Marketing、CAR、BW 和 BO 等多个模块和组件，又需要与原告原有系统之间实现对接，进行二次开发，属于较为复杂和具有一定难度的软件开发、实施项目。

"ERP"不仅是对一类标准通用软件的常见简称，也是一个企业管理范畴的概念，其中文翻译一般为"企业资源计划"，即建立在信息技术的基础上，利用现代企业的管理思想，通过系统化的计算机软件，全面地集成企业物流、资金流和信息流等所有资源信息进行综合调配，协调企业内外各部门围绕市场导向开展业务，提升企业管理质效和经济效益。ERP 软件的实施具有不同于一般软件开发合同履行的特点。在一般软件开发合同订立之前，双方当事人已经就软件开发的基本功能和主要需求进行了充分的协商，故在订立合同时，软件的需求文档、工作说明书的内容往往大体上已经确定，合同订立后，开发方可以依照工作说明书的范围进行开发工作。而对于 ERP 软件的实施合同，合同订立前的商务磋商、招标投标行为的最主要意义在于企业据此决定 ERP 软件的选型。在订立合同前，开发方对于委托方企业的具体业务流程无法实际、全面和具体地了解，需要在实施过程初期进行大量的访谈和调研。

ERP 软件二次开发和实施合同的履行，通常来说，关键因素包括人、数据和技术。其中，"人"的因素往往被认为是最关键的因素。项目参与方尤其是委托方企业，首先应该对项目有清晰的认识并且确保已完成初始评估和先行教育。企业高层管理者的参与程度、各部门中层负责人的积极性以及企业全体员工对企业实施 ERP 的认识和配合程度，是已被公认的 ERP 软件实施获得成功的必要因素。第二个重要因素是"数据"，要进行 ERP 软件的二次开发和实施，需要有准确的数据，这就需要对企业生产经营各个业务流程和环节的具体情况进行调研和数据准备，包括且不限于对组织架构、业务流程、财务制度、人事管理、现有软硬件系统环境等情况的调研。数据的准确性和完备性亦是 ERP 软件开发、实施必不可少的条件之一。第三个是关于"技术"的因素，主要是指软件产品的价值和软件企业的服务能力，在项目中起到把控整个开发和服务整体推进节奏的重要作用，另一方面也包括软件实施所必需的软硬件环境的匹配。因此，上述三个因素中虽然各有侧重，但均不是完全归属于委托方或开发方一方的义务，需要双方密切配合，共同推进。

通常而言，招投标文件中虽然也包括关于需求的内容，但更主要体现的是招标企业对于 ERP 软件实施在企业愿景等实施目标和效果等方面的描述，而要在实践中实现 ERP 软件开发和实施，必然需要将企业愿景和各个业务目标进一步细化，落实到更具体的需求清单中。被告在前期调研阶段进行大规模访谈，与原告的关键用户就业务的细节和各业务的集成关系进行深入了解和讨论，梳理出现有业务过程中以及涉及的业务数据，进而在调研结果的基础上设计各模块的业务蓝图，均属于履行合同的必要性的工作，且需要原告各个部门、相关人员的高度配合。

本案双方当事人在合同中对于原告公司应承担的配合履行义务通过附件 A《高级约定服务项目章程》第 5.1 条"一般项目假设"和第 5.2 条"人员及组织条件假设"进行了约定。从双方当事人电子邮件所载明的沟通情况可知，在 2016 年 1 月至 2017 年 3 月的合同履行过程中，被告多次对原告的配合工作提出异议，而原告则一直坚持认为对软件开发的需求已经在招投标文件中予以体现，被告不应过于关注具体细节。可见，原告未能依约履行合同约定的配合义务，系导致软件开发和实施履行迟延的原因之一，应承担一定责任。但同时，被告作为软件行业专业服务企业，相对于原告，其具有更丰富的软件产品和实施服务从业经验，在 ERP 软件的实施上显然更具有专业优势，理应对所中标的本案项目具有相应了解和对项目复杂性的预判。其前期调研工作及业务蓝图绘制的实际履行时间远远超出其在投标文件和合同里程碑约定中向原告展示的预期，其中固然有原告一方的原因，但显然也存在被告自身履行能力方面的原因。对合同的履行迟延，被告亦负有相应责任。

ERP 不仅是一套软件，更是现代企业管理理念和管理方式。表面上看，ERP 软件实施的目的是打破企业上下游的信息壁垒，重造供需链信息管理，就更深层次而言，ERP 软件实施的价值在于管控企业的业务流程以及各部门的职责分工、管理模式，通过制度变革来提高企业效能。在此意义上，ERP 软件并不仅是一个软件系统，其本质在于企业管理和业务流程的现代化转型。企业选择 ERP 软件，其根本目的并不在于仅选择使用企业管理软件本身，而在于通过信息化手段，实现企业管理的现代化。

在 ERP 软件的实施案例中，往往会呈现出用户企业原有管理模式、业务流程、规章制度与 ERP 软件所体现的企业现代化管理模式和业务流程规范性的冲突，其本质上是企业传统管理模式与 ERP 软件所承载的现代企业管理模式之间的冲突。

此外，企业文化差异也会成为 ERP 能否成功实施的重要影响因素。不同文化背景下语言文化、法律政策、市场环境的不同，导致不同国家公司管理模式、财务管理、项目管理、成本控制等业务流程和组织结构之间存在本质区别。而 ERP 软件属于标准通用软件，不是通用的万能模板，不同行业、不同市场、不同企业的管理需求和信息化建设的内容和要求也会有很大的差别，需要对功能选择进行适时调整。

业务流程的优化重组推进困难、产品和实际需求不符等，是项目难以成功实施的重要原因。这既有引进企业管理基础薄弱、管理理念未同步跟进的原因；也有 ERP 软件企业未深入了解企业的生产管理模式，未结合企业基础管理状况和需求确定切实可行的 ERP 实施计划的原因。因此，ERP 项目的推进，一方面，需要用户企业更新管理理念、优化业务流程、做好组织配合；另一方面，也需要 ERP 软件企业提高服务水平，做好沟通对接工作，从企业实际管理需求出发，提供专业建议与服务。而在实践中，软件企业往往会建议企业用户变更业务流程，进行管理变革，由此必然产生软件实施过程中新的开发需求，但企业基于原有业务流程便利性和实施成本的考虑，会认为新增需求加重了企业实施 ERP 的成本，而且对于新的业务流程是否必定优于原有业务流程和是否存在不确定的风险等不可避免会产生疑虑。正如本案中，原告认为，其进行 ERP 项目的目的是提升其管理和经营效率，上万人的企业不可能因为适应软件需要而去改变自身原有的业务和会计模式，或再斥巨资购买硬件，或降低中标方案的需求。

本案合同履行陷入僵局，无法顺利推进，很大一部分原因正是基于双方当事人对 ERP 软件实施的认识所体现出的企业管理理念上的不一致，致使本案合同在履行中发生争议。对于该分歧，双方当事人均本应在订立合同之初即进行充分协商，以减少实际履行中的分歧。

根据既往案例，目前国内 ERP 软件实施的成功案例并不算多。企业规模越大，组织机构和流程越复杂，在 ERP 软件实施时存在的困难和风险就越大。对用户企业而言，实施 ERP 项目，从一定角度而言，意味着企业组织机构、业务流程、财务制度、管理模式乃至企业理念、文化的重新梳理和构建。新制度和流程的"立"，必然意味着旧制度、旧流程的"破"，在这"破"和"立"之间，当然地需要付出非常大的软硬件配置、业务流程调整等带来的成本，而且对于实施后是否必然带来管理效率和经营利润提升的不确定性及风险，不可避免地成为企业在 ERP 软件实施时要进行的商业判断和考量。

本案从法律角度深刻分析了此类大型、复杂 ERP 软件二次开发和实施项目的风险及软件企业、用户企业在履行此类合同时双方各自应承担的合同义务，并进行了充分的法律风险提示，对行业有较大的规范和指引作用。

（二）合同僵局下违约方合同解除权的适用

本案中，原告不享有合同的法定解除权，但法院适用《合同法》第一百一十条，确认了涉案合同可以解除。

《合同法》第一百一十条规定："当事人一方不履行非金钱债务或者履行非金钱债务不符合约定的，对方可以要求履行，但有下列情形之一的除外：（一）法律上或者事实上不能履行；（二）债务的标的不适于强制履行或者履行费用过高；（三）债权人在合理期限内未要求履行。"

在2019年最高人民法院印发的《全国法院民商事审判工作会议纪要》中，对违约方起诉解除合同的情形进行了阐述："在一些长期性合同如房屋租赁合同履行过程中，双方形成合同僵局，一概不允许违约方通过起诉的方式解除合同，有时对双方都不利。在此前提下，符合下列条件，违约方起诉请求解除合同的，人民法院依法予以支持：（1）违约方不存在恶意违约的情形；（2）违约方继续履行合同，对其显失公平；（3）守约方拒绝解除合同，违反诚实信用原则。人民法院判决解除合同的，违约方本应当承担的违约责任不能因解除合同而减少或者免除。"

在此基础上，《民法典》施行后，同样在第五百八十条中进行了规定，第一款同《合同法》第一百一十条，并增加了第二款："有前款规定的除外情形之一，致使不能实现合同目的的，人民法院或者仲裁机构可以根据当事人的请求终止合同权利义务关系，但是不影响违约责任的承担。"明确了在符合合同僵局的情形下，守约方和违约方均可主张终止合同权利义务关系。但守约方依据的是《民法典》第五百六十二条和第五百六十三条规定的约定解除权或法定解除权，而违约方可依据《民法典》第五百八十条，请求法院或仲裁机构通过裁判的方式终结双方合同关系，摆脱合同僵局，实现减损。

本案中，首先，合同履行已经陷入僵局。从合同履行中双方当事人沟通情况看，就被告提出的确认需求问题，因双方对 ERP 软件实施的理解不一致，由此对成本、收益等所作出的商业判断不能统一意见，在此情形下，ERP 软件实施项目无法继续推进，合同履行已经陷入僵局。其次，双方当事人虽然均有违约行为，但并无证据证明当事人在主观上存在恶意违约的故意。在业务蓝图绘制阶段，因双方对被告相关调研工作及对于涉案项目的理解上存在分歧等诸多原因导致合同履行延期，并无证据证明双方当事人对此存在主观上的违约故意。最后，双方当事人亦均同意解除合同，且事实上已经终止合同履行。自 2017 年 4 月 13 日原告向被告发送《终止合同通知书》后，双方当事人均已停止本案合同的履行。原告亦已另行选择案外其他方进行涉案项目的开发和服务。合同已经不再具有继续履行的可能性和实际意义。综合上述因素考虑，本案合同可以解除。

二、合同解除后果的处理

《合同法》第九十七条规定："合同解除后，尚未履行的，终止履行；已经履行的，根据履行情况和合同性质，当事人可以请求恢复原状或者采取其他补救措施，并有权请求赔偿损失。"第一百一十三条第一款规定："当事人一方不履行合同义务或者履行合同义务不符合约定，给对方造成损失的，损失赔偿额应当相当于因违约所造成的损失，包括合同履行后可以获得的利益，但不得超过违反合同一方订立合同时预见到或者应当预见到的因违反合同可能造成的损失。"《合同法》第一百二十条规定："当事人双方都违反合同的，应当各自承担相应的责任。"

在计算机软件合同案件纠纷中，对于合同解除的后果，需要考虑以下几个因素：一是合同关于解除后果的约定；二是合同解除的原因和当事人各自是否存在违约行为以及违约程度；三是已履行部分所对应的履行成本或合同价款部分；四是已开发成果是否具有可利用价值；五是当事人的直接损失和可得利益损失等。

本案中双方当事人在合同履行中均存在违约行为，故对于本案合同的解除均应依法各自承担相应的责任。原告相应诉讼请求包括已支付的合同款和软件许可费支出两部分。

（一）关于本案原告主张的已付开发费用的返还

该主张属于计算机软件开发合同中常见的解除后果处理问题。一般情况下，需综合当事人违约责任的比例、已完成工作成果情况、已完成部分的可利用价值和再利用的成本及便利性等因素予以考虑，以确定是否应当返还以及返还比例。

本案中，根据被告的邮件证据，其在履行阶段向原告发送过相应工时统计，原告并未举证证明其收到邮件后提出过异议，故被告上述证据可以证明其相应工作量投入作为本案合同解除后果中对于履行成本和当事人直接损失的考量因素之一。但是，一方面，合同中约定的开发、实施费用系固定金额，并非约定按照实际履行中的投入的人/天数计算，而根据已履行阶段情况看，被告实际投入人/天数也明显已超出合同预定人/天数，不应以此直接对应原告应当支付的费用；另一方面，被告主张的人员工时费系按照合同约定的全部实施服务费除以合同约定的人/天数平均计算，未考虑软件实施中业务蓝图绘制与具体实施不同阶段的工作量和人员成本差异，计算方式不合理。因此，被告关于人/天数的统计可以作为确定其履行投入成本的参考，另需结合合同约定和实际履行情况、当事人应承担的责任比例等对此综合考量，对被告已收取的开发费，酌情判决其部分返还。

（二）关于原告所主张的因履行本案开发合同而向案外人购买软件的费用

该部分是否应当纳入其可主张的损失范围，是本案合同解除后果处理的疑难重点问题。赔偿损失，是指违约方不履行合同或不按合同约定履行时，以金钱或实物方式弥补受损失方损失的责任。成立的条件在于：（1）当事人有违约行为；（2）损害事实客观存在，且与违约行为存在因果关系；（3）违约方无免责事由。而在确定赔偿损失的范围时，由于合同立法和合同法理论研究使用的概念不一致，致使在谈及赔偿范围时，往往出现较混乱的概念，如实际损失与可得利益损失、直接损失与间接损失等。根据法律规定可明确的是："损失赔偿额应当相当于因违约所造成的损失，包括合同履行后可以获得的利益，但不得超过违反合同一方订立合同时预见到或者应当预见到的因违反合同可能造成的损失。"

目前 ERP 软件市场上，常见软件企业将"产品"与"服务"进行业务拆分。这可能与当前中国软件市场发展的大形势相关，但落实到具体企业的项目实施中，尤其是传统民企与国际化软件和咨询服务公司的合作案例中，就有可能因合同条款约定的复杂性，在项目实施失败，处理合同解除后果时产生各种合同条款障碍和法律程序障碍。如本案中，被告在签订合同时将 ERP 软件的二次开发与实施单独签订合同，而利用价格优势指示原告与被告软件代理商另行签订购买通用 ERP 软件的合同，在不同合同中约定不同管辖条款等。由此导致的结果就是如果项目实施失败，原告已支出的软件许可使用费在形式上成为与开发实施合同相隔离的其他合同项下费用，维权受阻。

本案中，法院运用穿透性审判思维，结合法律纠纷的商业化运行背景，对涉案合同及关联合同进行分析，准确认定原告该部分支出存在构成其因合同解除导致的损失的可能性和合理性：

（1）该笔软件许可费用属于原告履行本案合同的必要支出。本案双方当事人基于招投标项目签订系列合同及附件，进行 ERP 软件的实施，系以被告原有 ERP 软件为基础，故无论原告从何处订购此 ERP 软件，均属于为履行本案合同的必要准备和为此支出的必要成本。

（2）原告与被告代理商的合同与本案合同具有高度牵连性。本案合同无论是原告出于价格更优考虑自行选择交易相对方，还是基于被告的安排和指示，从合同订立目的、合同磋商过程、软件账号和密码的交付方式，以及合同之外被告与原告又再签署许可协议等情况看，该合同与本案合同紧密相关，具有高度牵连性。

（3）软件许可费用相关成本支出和利润获得均在双方当事人可预期范围内。对于本案项目的交易双方，为实施 ERP 软件，关于 ERP 软件的许可费用对于原告属于实施成本中的重要部分。同样，对于被告而言，其通过涉案项目所获取的收益不仅包括实施费用部分，也包括软件许可业务的盈利，作为商业交易的主体，双方当事人对此均有或应当有正常预期，未超出当事人可预见范围。

（4）ERP 软件对当事人的可利用价值。固然，如被告所主张，ERP 软件属于标准通用软件，即便不基于本案合同项下的二次开发和实施，其本身就具有独立的使用价值，但是，对于规模越大、实施项目越复杂的企业而言，ERP 软件在一般情况下很难直接予以利用。对于原告而言，其并非软件开发或经营企业，其自身显然不具备独立实施 ERP 软件的能力，也没有便利地将软件转许可给其他方的业务途径，而如果另行选择其他软件企业来实施，不可避免地存在交易对象选择范围受限和商业风险不确定性增加等情况。

综上，原告该部分损失可以且应当作为其因本案合同解除造成的损失予以考虑。

但是，法院同样认为，并不能简单地将该金额作为确定其已发生损失的当然依据。该损失的具体金额目前尚未确定，且基于客观障碍，目前尚无法在本案审理中确定。

其一，该费用的发生系基于软件许可使用合同，无论原告认为其合同相对方是被告的代理商还是通过代理商与被告成立软件许可使用合同关系，该合同均属于独立于本案的另一合同法律关系。案外人代理商亦非本案符合法律规定的第三人，而是另一独立合同的合同当事人。目前软件许可合同并未发生效力变化，未解除或予以撤销，无法在本案中直接予以处理。基于软件许可使用合同，相关 ERP 软件已经交付给原告，原告依据许可合同取得软件的许可使用权利并支出费用，其欲主张许可费用的返还，应当首先在该合同项下提出主张。但原告经法院多次释明，至本案审理终结时尚未就该合同提出主张，导致对于其依据该合同支付的费用能否返还及返还的具体金额在本案审理中仍处于未确定状态，即原告是否必然发生该损失及损失的具体金额尚不确定。

其二，基于原告与被告另行签订的许可协议及附录，其中约定"因本协议引起的或与本协议有关的任何争议均应提交上海国际仲裁中心"。被许可使用的 ERP 软件已交付至原告。经法院询问，原告和被告一致认为软件许可协议独立于本案合同，如有争议应申请仲裁裁决。即便认为本案中处理的系本案合同解除后的当事人损失承担的问题，但亦不可避免地涉及软件许可协议中双方权利义务的认定和处理，故在当事人之间就此存在仲裁条款的情况下，法院无法在本案中对软件许可协议项下的费用问题进行单独处理。

此外还考虑到，计算机软件著作权许可使用合同系双务合同，在处理合同解除的后果以及当事人违约责任承担时，亦需根据履行情况和合同性质，考虑恢复原状、采取补救措施、赔偿损失等处理方式。从程序权利角度，原告固然有权提出其主张，其合同相对方无论是被告还是其代理商，亦有权提出主张，一并处理的方式显然更为适宜。

综上，对于本案合同解除的后果，应综合合同具体履行情况和当事人各自违约责任，将被告在涉案软件开发、实施中的成本，对涉案项目包括实施和许可两部分在内的预期可得利益，原告已支付的开发费用和软件许可费用等一并纳入考量范围。对于原告要求返还已付开发费的诉讼请求的合理部分予以支持；对于原告关于赔偿软件许可费用损失的诉讼请求，因该损失尚未确定，对该项诉讼请求，不予支持。原告可待损失确定后另行主张。

一审法院合议庭成员　冯　刚　左慧玲　程　力
二审法院合议庭成员　杨绍煜　毛天鹏　刘君婕
编写人　左慧玲

程序事项

40. 上海某影视文化传播有限公司、某科技（北京）有限公司诉北京某科技有限公司侵害作品信息网络传播权及不正当竞争纠纷行为保全案

——著作权侵权案件行为保全的替代实施方式

关键词　行为保全　当事人承诺　难以弥补的损失　替代实施

基本案情

上海某影视文化传播有限公司（以下简称某影视公司）、某科技（北京）有限公司（以下简称某科技公司）申请称：某影视公司、某科技公司享有《扫黑风暴》电视剧（以下简称涉案作品）的信息网络传播权。2021年8月9日起，涉案作品在某视频全网独播，并由中央电视台、东方卫视、北京卫视三台联播，持续受到各大媒体关注及报道，具有较高知名度和市场价值。某影视公司、某科技公司在涉案作品开播前，已经向某平台发送侵权预警函，且自涉案作品开播以来，连续向某平台发送侵权通知。但是，某平台上存在大量实质呈现涉案作品内容的侵权视频，且播放量极高。北京某科技有限公司作为某平台运营者，明知上传用户并非权利人，在已经收到侵权预警函和侵权通知的情况下，没有采取屏蔽措施禁止用户上传侵权内容，甚至采取推送、编辑整理、设置榜单等手段教唆、引诱、鼓励用户上传侵权视频，造成侵权视频在某平台上迅速、广泛传播，构成

侵权。涉案作品目前正在热播期内，传播价值极高，某平台侵权视频数量多、播放量大，受众广泛，如不立即采取行为保全措施，将严重分流申请人平台流量、收视率和市场占有率，造成难以弥补的损害。请求法院判令：（1）北京某科技有限公司立即采取有效措施删除某 App 和某网站中所有侵害涉案电视剧信息网络传播权的视频；（2）北京某科技有限公司立即采取有效措施过滤和拦截用户上传和传播侵害涉案作品信息网络传播权的视频。

北京某科技有限公司辩称：（1）某影视公司、某科技公司起诉后，北京某科技有限公司已经采取积极措施，删除涉嫌侵权的内容。截至 2021 年 8 月 22 日，某平台已经按照申请人的侵权投诉，下架 8400 余条视频，涉及 470 多个账号。被申请人主动清理某平台上的 7 万余条涉嫌侵权视频，涉及 4900 多个账号，目前某平台上已经没有明显侵权内容。即使存在极少量的漏放情况，亦不会对申请人利益造成严重影响。（2）某影视公司、某科技公司主张删除"所有侵害涉案作品信息网络传播权的视频"指向不明，实际上要求某平台判断"侵权内容"，超出某平台能力和义务。（3）某影视公司、某科技公司提交的侵权通知中包含大量不构成侵权或者申请人本身不主张侵权的用户，难以进行有效清理。采取"一刀切"的方式对平台内容进行概括性处理，将会导致数量众多的错误删除。

法院经审理查明：

一、关于涉案作品著作权和播出情况

涉案作品片尾载有"本剧信息网络传播权由上海某影视文化传播有限公司独占所有"字样。2021 年 8 月 7 日，上海某影视文化传播有限公司出具授权书，授权某科技公司、深圳市某计算机系统有限公司（以下简称某深圳公司）享有涉案作品非独占的信息网络传播权及维权权利。2021 年 8 月 9 日，某深圳公司出具版权声明，表明某深圳公司仅享有涉案作品的署名权，不享有其他著作权权利。涉案作品片尾载有某深圳公司、某影视公司、中央电视台等八家出品公司和联合出品公司。申请人陈述会陆续提供其他出品公司仅享有署名权的声明。涉案作品共 28 集，首播日期为 2021 年 8 月 9 日，2021 年 8 月 19 日在某视频上进入超前点播期。2021 年 8 月 11 日涉案作品在某视频平台登上热搜总排行首位。截至 2021 年 8 月 10 日上午 9 时，涉案作品开播 12 小时，某视频平台的观看次数超 1.1 亿次。截至 2021 年 8 月 11 日，涉案作品开播第 3 天，某视频平台观看次数超 2.3 亿，居于某视频热搜总排行榜第一位、电视剧排行榜第二位。涉案作品的授权播放电视台，如北京卫视、东方卫视分别在某平台上对涉案作品进行了宣传推广。

二、与被诉侵权行为相关的事实

（一）申请人发出侵权预警函、侵权通知情况

2021 年 8 月 7 日至 9 日在涉案作品播出前，申请人委托北京中视瑞德文化传媒股份有限公司三次向某平台公开的举报邮箱 jubao@××××.com 发出侵权预警，内容为函请被申请人采取有效措施防止某平台传播侵权视频、对反复侵权账号采取管理措施等。

涉案作品上线后，申请人委托北京中视瑞德文化传媒股份有限公司向某平台公开的举报邮箱 jubao@××××.com 发送下线通知函，要求被申请人采取删除侵权视频、屏蔽重点用户等阻止侵权视频传播的必要措施。发送的下线通知函附件中包括作品名称、侵权地址、标题、作者等内容。

（二）申请人起诉某平台涉嫌侵权的具体内容

（1）某平台内存在大量合集形式的侵权视频，合集名称大多完整包含涉案作品名称"扫黑风暴"，随着某视频的更新，合集中不断上传侵权内容，播放合集内的视频时，每播放完一集均自动跳转至下一集。

（2）某平台内包含大量直接搬运、剪切涉案作品并生成短视频的内容，此部分内容直接披露涉案作品的高光片段及核心情节，构成对涉案作品的实质性呈现。

（3）某平台内设置榜单，"扫黑风暴"相关词条频繁登上热榜，且在某网页中可选择点击发布同款热榜视频，发布后相关视频自动关联入"扫黑风暴开播"；对涉案作品侵权内容设置索引，在"扫黑风暴"话题下集中展示，并将侵权内容推荐给用户；某平台对涉嫌侵权视频的主题、内容进行选择、编辑、整理、推荐。

三、被申请人采取措施的情况

被申请人陈述其对于申请人投诉中能明确定位的侵权内容，在收到符合法律规定的投诉后均已经进行了删除，并提交了采取删除措施的信息列表，截至 2021 年 8 月 22 日，根据申请人的侵权投诉，下架 8400 余条视频，涉及 470 多个账号；截至 2021 年 8 月 22 日，被申请人主动清理平台上的 7 万余条涉嫌侵权视频，涉及 4900 多个账号。

四、被申请人的承诺函

2021 年 8 月 27 日，被申请人向法院提交了包含如下内容的承诺函：

（1）针对《扫黑风暴》电视剧，某平台进一步加强对用户上传内容的版权管理，使用关键词等技术进行主动事前筛查，对用户上传、涉嫌侵权的《扫黑风暴》电视剧片段内容进行删除。

（2）针对《扫黑风暴》电视剧，某平台进一步加强对用户上传内容的版权管理，使用关键词等技术进行主动事后筛查，对用户上传、涉嫌侵权的《扫黑风暴》电视剧片段内容进行删除。

（3）对于申请人符合法律规定且明确提供了涉嫌侵权链接的《扫黑风暴》电视剧投诉，在该剧电视台首轮播放期间及结束后×周内，某平台在收到投诉后，在法院要求的期限内，对涉嫌侵权链接进行及时删除；在电视剧首轮播放结束×周后，按照法律法规要求进行及时处理。

（4）针对《扫黑风暴》电视剧，某平台对于申请人符合法律规定的投诉中，明确多次上传涉嫌侵权内容的用户，结合该用户每日被投诉视频量和被投诉次数进行处理。对于投诉情节轻微的，删除涉嫌侵权内容；对于被投诉视频量（涉嫌侵权视频>×）和被投诉次数（>×）都较高的，对用户封禁投稿；对于被投诉视频量和被投诉次数较高，持续×天及以上的，对用户账号进行永久封禁。

北京知识产权法院于 2019 年 9 月 2 日作出（2021）京 73 民初 1016 号民事裁定：驳回申请人上海某影视文化传播有限公司、某科技（北京）有限公司的申请。当事人未对该行为保全裁定申请复议，该裁定生效。

裁判理由

法院生效裁判认为：《民事诉讼法》第一百条第一款规定，人民法院对于可能因当事人一方的行为或者其他原因，使判决难以执行或者造成当事人其他损害的案件，根据对方当事人的申请，可以裁定对其财产进行保全、责令其作出一定行为或者禁止其作出一定行为；当事人没有提出申请的，人民法院在必要时也可以裁定采取保全措施。《最高人民法院关于审查知识产权纠纷行为保全案件适用法律若干问题的规定》（以下简称《知识产权行为保全司法解释》）第七条规定："人民法院审查行为保全申请，应当综合考量下列因素：（一）申请人的请求是否具有事实基础和法律依据，包括请求保护的知识产权效力是否稳定；（二）不采取行为保全措施是否会使申请人的合法权益受到难以弥补的损害或者造成案件裁决难以执行等损害；（三）不采取行为保全措施对申请人造成的损害是否超过采取行为保全措施对被申请人造成的损害；（四）采取行为保全措施是否损害社会公共利益；（五）其他应当考量的因素。"

伴随着互联网发展，平台经济兴起，随之而来的著作权保护问题日益突出。网络传播平台开始介入影视剧创作，带动巨额投入，成为原创文化产品的提供者，急需有效控制作品传播渠道，确保及时获得广告收益、会员收益、流量收益，为持续进行影视剧创作开发创造条件。同时，随着网络传播的技术更新，在网络传播平台上，通过短视频、自媒体等方式，利用影视剧资源制作衍生品的方式层出不穷，创造了巨大的二次创作市场。无论是网络传播平台直接投资进行影视剧创作，还是传播使用他人作品进行二次创作的短视频、自媒体内容，对于满足人民群众精神文化需求，都作出了贡献，特别是短视频、自媒体等现代传播方式，适应了快节奏、精准化的文化消费需求，深受群众喜爱，展现出了巨大的生命力。同时也应当看到，短视频、自媒体等利用他人作品进行剪辑、拼接，甚至直接进行转播录播等行为，存在侵害原创作品著作权的风险，影响原创作者的权利保障。放任短视频、自媒体制作者任意使用原创作品进行简单剪辑、拼接，甚至直接转播录播并通过平台大范围传播，损害了原创作者的合法权利，打击原创作者的积极性，妨碍持续向社会提供高质量的文化产品。长此以往，依赖原创作品进行二次创作的短视频、自媒体产品及相关网络传播平台也会成为无源之水、无本之木，最终影响社会文化产品供给，使广大公众的精神文化生活受到影响。因此，短视频、自媒体产品制作者和网络传播平台，均应当尊重原创作者的合法权利，采取有效措施制止侵权行为。《著作权法》以及相关司法解释对构成合理使用的情形进行了限制，明确规定了网络传播平台的监管责任。网络传播平台对于原创作者，特别是高质量影视剧原创作者的维权行动，应当积极响应，采取有效措施遏制侵权行为，净化网络空间，这也可以为网络传播平台自身长远发展打好基础。对于原创作者依法进行的维权诉求，平台的经营者应当从保护知识产权、共同树立维护知识产权形象的立场积极履行法律规定的责任义务。

本案中，申请人在涉案作品开播前进行了侵权预警提示，涉案作品开播初期，某平台上存在大量未经授权使用涉案作品内容的短视频，申请人迅速发出侵权通知，提起诉讼后随即申请法院采取行为保全措施，都是作为权利人积极有效维护自身合法权利的行为。在目前的商业模式和传播条件下，电视剧作品的热播期有限，在热播期内严防侵权行为，对于回收投资成本，提高平台关注度和会员黏性均具有重要意义。热播期内遭受大规模侵权，对于电视剧作品权利人的影响甚巨。显效快、时间短、力度大的行为保全措施，正是有效的救济方式，其对于权利人的意义甚至不亚于最终的胜诉判决。同时也需要看到，行为保全措施对被实施方可能造成的影响也是巨大的，不适当地采取或扩大行为保全措施范围，除了可能妨碍被申请人的正常经营活动外，甚至会限制公众获取、欣赏文化产品的自由。因此，法律和司法解释对于适用行为保全措施进行了诸多限制，包括限定了相对严格的适用条件，可以要求申请人对申请行为保全错误可能造成的损失提供充分担保，都体现了法律上的利益衡量。在本案中，申请人提起本案诉讼及申请行为保全措施后，被申请人收到警示，主动采取措施删除了一定数量的涉嫌侵权视频，某平台上涉嫌侵权的视频数量显著减少，且不在明显位置，表现出某平台经营者对法律的尊重。特别是被申请人在法院审理中作出四项承诺，其承诺履行的义务高于信息存储空间服务提供者必须承担的通知删除义务，涵盖了主动审查过滤、阻拦遏制侵权行为的内容，展现了主动作为、履行平台管理责任的诚意。在此情况下，即使由于技术原因，某平台上可能仍存在少量未能及时处理的涉嫌侵权的视频，但其数量和浏览量一般不大，可以经过案件实体审理以损害赔偿的方式救济，不宜认定为《知识产权行为保全司法解释》第七条规定的难以弥补的损失。

裁判要旨

法院在审查行为保全措施必要性时，应充分考虑被申请人已经采取的和向法院承诺采取的预防和制止著作权侵权的措施及效果。在某平台经营者主动采取措施删除了一定数量的涉嫌侵权视频，并作出四项可检验、可执行的预防、制止著作权侵权具体承诺的基础上，没有必要再采取行为保全措施。

关联索引

2017年《中华人民共和国民事诉讼法》第一百条第一款

2022年《最高人民法院关于审查知识产权纠纷行为保全案件适用法律若干问题的规定》第七条

一审：北京知识产权法院（2021）京73民初1016号（2019年9月2日）

法官评析

知识产权行为保全是人民法院在裁判之前，根据当事人的申请，对侵权行为作出的禁止令状，允许被申请人为或者不为某种行为的强制措施。最高人民法院通过司法解释的方式，具体化了人民法院知识产权行为保全应当考虑的因素。司法实践中对于互联网平台适用行为保全措施的条件长期以来存在较大争议。一方面，影视剧的热播期很短，热播期可以赚取的收益对于实现权利人利益至关重要，网络平台传播的速度和规模，使得热播影视剧一旦在互联网平台大范围传播，必然极大影响权利人利益的实现，权利人有及时寻求法院给予行为保全救济的需求；另一方面，互联网平台作为信息存储空间服务提供者，其义务主要是履行通知删除义务，一旦作出行为保全的裁定，实际上是要求网络平台经营者自主判断侵权内容，主动对内容进行过滤，超出了其通常需要履行的通知删除义务，还有可能误伤合理使用、传播作品的公众。

本案争议双方均为知名互联网企业，是著作权领域关注度较高的"长短视频"之争的典型案件。法院审查行为保全申请时，充分考虑了权利人保护和公众正常利用、传播作品之间的利益平衡。本裁定首先肯定权利人提出保全措施申请的必要性，认为显效快、时间短、力度大的行为保全措施，对于权利人的意义甚至不亚于最终的胜诉判决。同时，法院通过辨法析理促使短视频传播平台主动作为，作出可执行、可检验的承诺，在平台方展现了主动作为、履行平台管理责任的诚意的情况下，没有采取行为保全措施。本案以短视频传播平台主动强化版权保护，积极遏制侵权行为替代采取行为保全措施，体现了法院在精准理解法律和司法解释规定精神的前提下，变被动制裁为主动治理，引导互联网平台主动完善平台合规自治，履行市场主体责任，强化知识产权合规审查，为处理针对短视频平台的行为保全申请提供了新的解决方案，也为互联网平台完善治理，积极履行合规义务作出了指引，取得了良好的社会效果和法律效果。

一审法院合议庭成员 张晓霞　冯　刚　李志峰

编写人　高瞳辉

41. 某系统公司诉某技术公司侵害
计算机软件著作权纠纷案

——利用技术措施妨害证据保全的认定及
损害赔偿数额计算方式

关键词　侵害计算机软件　最终用户类　证据妨害　证据保全
损害赔偿

基本案情

原告某系统公司称其系某系列计算机软件的合法著作权人。某系列计算机软件是全球领先的计算机辅助设计、制造软件，可以支持从项目前阶段、具体的设计、分析、模拟、组装到维护在内的全部工业流程。某系统公司主张某技术公司未经授权，擅自复制、安装、商业使用某系统公司的某系列计算机软件，侵害了某系统公司对某系列计算机软件依法享有的著作权，应当承担停止侵权和赔偿损失的法律责任。某系统公司主张以某技术公司违法复制某系统公司某软件的数量，参照软件许可使用费来计算赔偿基数，并主张 2 倍的惩罚性赔偿金额，据此计算的赔偿金额远超某系统公司 2000 万元的诉讼请求金额及相应合理支出 80500 元。经某系统公司申请，法院对某技术公司经营场所内的计算机和服务器进行了证据保全。经双方同意，采取抽样方式对某技术公司办公场所内 343 台办公计算机中的 54 台进行了证据保全操作。某系统公司主张某技术公司在证据保全过程中利用虚拟桌面软件实施了证据妨碍行为。

某技术公司答辩称：其使用的软件均为向原告授权经销商采购的正版

软件，系合法使用，本案证据保全中发现的涉案软件均为采购的正版软件。某系统公司主张的损害赔偿没有事实和法律依据。

法院经审理查明：

一、涉案软件著作权登记情况

本案中，某系统公司主张的权利软件为 CATIA V5 软件，包括四个版本：V5-6R2016、V5-6、V5.18、V5.19。上述版本均于美国版权局进行登记，著作权人及版权申请人为某系统公司。

二、被诉侵权行为相关事实

（一）关于某技术公司发布招聘信息的事实

某技术公司官网"招贤纳士"页面显示，"造型设计师"要求能够使用三维软件 Alias、Rhino、Catia、UG、ProE 中的一种；"数字模型师"要求熟练使用 alias、catia、icem-surf 等设计软件中的一种；"汽车车身设计工程师"要求精通 CATIA、UG 或 Pro-E 等三维设计软件；"汽车总布置设计工程师"要求熟练使用 CATIA、UG、Pro-E 等三维设计软件中的一种；"汽车底盘设计工程师"要求熟练使用 CATIA、UG、Pro-E 等三维设计软件中的一种；"发动机设计工程师"要求熟练使用 CATIA 绘图软件；"电气设计工程师"要求熟练使用 CATIA、UG、Pro-E 等三维设计软件中的一种。第三方招聘网站显示内容相同。

（二）证据保全现场检查情况

本案审理中，某系统公司向法院提出证据保全申请。2021 年 4 月 25 日，法院作出证据保全裁定，裁定对某技术公司经营场所内的计算机和服务器内使用的 CATIA 系列计算机软件的情况进行证据保全。

2021 年 4 月 25 日，法院在某技术公司两处经营场所，双方当事人一致同意采用随机抽样的方式对经营场所内的 343 台办公计算机中的 54 台进行证据保全操作。经双方当事人同意，上述计算机中，计算机室 5 台计算机全部检查，其余计算机采取抽查方式进行检查。办公地址 1 共计检查计算机 23 台，编号为 A1、A2、A4、B1、C2 的 5 台计算机中分别安装有 1

套、3套、2套、1套、1套软件，共计8套。办公地址2显示为工程研究一院，下设项目管理室、总体设计部、电器设计部等部门，共有计算机191台，检查31台计算机，未发现涉案软件。

办公地址1首张保全照片拍摄时间为上午10：58，电脑上未见启用某桌面虚拟化客户端，至11：21后出现显示某桌面虚拟化客户端的计算机终端系统，至办公地址1保全结束时可见多台显示某虚拟桌面系统的计算机。办公地址2上，除编号为A18的计算机外，其余检查的计算机均显示为安装有某V桌面虚拟化客户端。

经统计，某技术公司两个办公地址共计计算机343台，共检查54台计算机，其中5台计算机显示有8套涉案软件但未见某桌面虚拟化软件，7台计算机中未见某桌面虚拟化软件也未发现涉案软件，42台可见某桌面虚拟化软件的计算机中未发现安装有涉案软件。

办公地址1"机房"内有一台显示为"某桌面虚拟化系统"的服务器，其中安装有某桌面虚拟化软件。打开该软件可见，"系统使用情况"下显示主机5个，管理终端共计749台，已启动终端259台，关机490台；系统10个。

（三）双方当事人关于某技术公司是否实施证据妨碍行为逃避证据检查的相关主张事实

证据保全后，某系统公司主张某技术公司在法院实施证据保全时采取了证据妨碍行为逃避检查。

1. 某技术公司购买及使用桌面虚拟化软件的相关事实

2018年1月26日至2021年4月21日，某技术公司与案外人签订《采购合同》，购买桌面虚拟化软件。

2. 某系统公司关于其与某桌面虚拟化软件公司联系并取证的相关事实

2021年6月28日，某系统公司申请试用某桌面虚拟化软件，获得试用并安装；2021年8月11日，某系统公司通过邮件从某桌面虚拟化软件公司获得相关资料，资料显示该软件核心功能包括"桌面集中管理"，即将终端原有的传统模式桌面系统（散落的、不受控的），统一放到服务端上进行标准化管理，所有终端改为使用服务端上集中管理的模板镜像（也可称为虚拟操作系统），只需通过对服务端上的系统镜像进行维护管理，即可完成所有终端桌面系统的维护管理；"个人虚拟磁盘"，即分配给个人使用的个人数据磁盘，每个用户拥有自己独立的存储空间以及账号密码，每个账户的个人数据，均存储在服务器端的加密文件中，互不干扰。

2021年11月4日，通过IP360取证显示，某桌面虚拟化软件公司工作人员就该软件一键切换大量计算机终端虚拟镜像进行说明，"这个办公环境可能是他来的时候我们是装的盗版，对吧，但是要是他来之前我们装的盗版，但他来了以后呢，我现在把它换成另外一个环境，默认配置或者默认配置它里面不含盗版软件，我一点击确定，然后我在那个所有的里面重启一下客户端，然后一重启，就是给我大概不到一分钟的时间，我这个公司不论你是500台计算机还是1000台计算机，我都可以瞬间把这个切换掉，你来了以后你查什么都查不到"，还提及"我在北京，上个月一个设计公司，他全国是有20多家设计企业，他们就是被查了，他们就用我们产品规避的……他们是设计软件的，是CAD、MAYA、CATIA那种，他一个软件是几十万元到二三十万元的，他们当时进门来检查，然后就是门卫通知那个管理员，然后他进门以后，他们就在我们平台点一下重启，什么软件查都查不到了"。

2022年3月22日，通过IP360取证浏览某桌面隐藏化软件公司官网，其"成功案例"的"案例列表"中，企业办公板块客户包括某技术公司。

三、当事人主张CITIA软件许可使用价格的相关事实

2016年12月5日，某系统公司与案外人签订了《CATIA软件销售合同》，软件单价为292232元、37768元，合同总金额为人民币33万元。该合同的履行有增值税专用发票以及上海浦东发展银行贷记通知佐证。

某系统公司通过IP360进行取证，以录像方式展示CATIA V5R2022软件AB3、AM2、AL2和AL3产品包中包含的模块，经与该公司产品包价格表比对，显示AB3产品包价格为人民币691100元，AM2产品软件包单价为人民币442320元，AL2\AL3软件产品包单价均为人民币10465758元。

四、某系统公司主张的维权费用支出相关事实

某系统公司提交了公证书发票及律师费发票共计80500元。

五、其他事实

（1）截至开庭审理时，某技术公司办公场所内的计算机中安装、使用 CATIA 软件的情况与证据保全时没有变化。

（2）法院要求某系统公司核实本案 CATIA V5 软件 4 个版本之间的关系，如果购买其中低版本后，需要获得更新版本是否需要另行支出购买费用，对此某系统公司陈述，目前对 CATIA V5 软件实施的规定是可以在维护期内支付一定费用以升级到更高版本，在以前对于不同版本可能是需要独立购买的，但对于本案软件的 4 个版本，因部分版本发布时间太早，已经无法核实是否需要付费升级的情况了。

（3）法院另查明，中华人民共和国与法兰西共和国及美利坚合众国均为《伯尔尼公约》成员国，中华人民共和国与法兰西共和国及美利坚合众国均为《与贸易有关的知识产权协定》的成员方。

经法院释明涉外民事案件法律适用相关规定，双方当事人一致表示同意本案适用中华人民共和国法律。

北京知识产权法院于 2023 年 4 月 24 日作出（2021）京 73 民初 345 号民事判决：一、某技术公司自本判决生效之日起，立即删除其办公计算机中的未经授权复制、安装使用的某软件及销毁含有前述软件复制件的载体；二、某技术公司于本判决生效之日起十日内，赔偿某系统公司经济损失人民币 2000 万元；三、某技术公司于本判决生效之日起十日内，赔偿某系统公司诉讼合理支出人民币 80500 元。最高人民法院于 2024 年 1 月 3 日作出（2023）最高法知民终 2572 号民事裁定：准予某技术公司撤回上诉，一审判决自送达之日起生效。

裁判理由

法院生效裁判认为：

一、关于某技术公司是否侵害某系统公司涉案软件著作权的认定

某技术公司未经授权复制安装并使用了涉案某系列计算机软件。根据保全事实，可以认定某技术公司未经授权复制安装并使用了涉案某系列计

算机软件。

某技术公司实施了妨碍证据保全行为。在本案证据保全过程中，发现保全检查的 54 台计算机中有 42 台显示启用某虚拟桌面软件，其余 12 台计算机未启用该软件，法院认为可以推定某技术公司在保全现场启用了某虚拟桌面软件，42 台启用该软件的计算机处于非正常办公状态，12 台未启用该软件的计算机处于正常办公状态下。在案证据显示，某技术公司的主营业务包括汽车产品策划、造型设计、整车/发动机/变速器/零部件工程设计、CAE 分析、NVH 优化、新能源汽车开发、电控技术开发、同步工程分析、模/夹具设计制造、展车制造、整车及部件试验评价与咨询等，覆盖汽车设计的整个过程。通常情况下其与研发设计相关的部门需使用相关专业设计软件，以完成设计、分析、仿真等汽车产品开发流程。但在法院保全的其与研发设计相关的部门中，启用某虚拟桌面软件的 42 台计算机中未见任何与汽车研发设计相关的专业软件，明显不符合某技术公司汽车研发设计的业务需求，而某技术公司并未作出合理解释。故认为，某技术公司并未如实披露涉案软件复制安装事实，构成证据妨碍。

某技术公司未经授权复制涉案软件为 103 套。北京知识产权法院以 3 套涉案软件在处于正常办公环境状态的 7 台计算机中的比例，计算 338 台计算机中复制使用的涉案软件，再加上计算机室检查到的 1 套涉案软件，计算出某技术公司复制安装涉案软件总数量为（3/7）×338＋1＝146 套。另，在案证据可以证明某技术公司已采购正版 CATIA V5 软件 48 套，其中有 5 套明确布置在长春，某技术公司位于北京的办公地址存在安装该 43 套正版软件的可能性，故应在计算侵权软件总数量时扣减 43 套，即侵权软件总数量为 146－43＝103 套。故，北京知识产权法院认定某技术公司未经授权复制使用的侵权软件数量为 103 套。

某技术公司复制涉案软件的行为属于商业使用。首先，从某技术公司经营范围、企业介绍、招聘信息等内容来看，其是一家专业从事汽车设计的商业公司，属于某系列软件的商业用户。其次，涉案某软件是一款工业设计软件，其用途与某技术公司的经营业务密切相关。最后，证据保全资料显示，安装有涉案软件的电脑处于某技术公司产品设计部门，且上述涉案软件处于可使用状态。综上，某技术公司未经某系统公司许可商业使用涉案某计算机软件的行为，侵害了某系统公司对该软件享有的复制权，构成侵权。

二、某技术公司应当承担损害赔偿数额的计算方式

某系统公司主张按照所得的侵权软件数量乘以软件权利使用费，即合理价格，计算损害赔偿数额。法院考虑到，首先，某系统公司在中国大陆是以许可方式授权被许可人使用某软件，而非将某软件所有权对外转让至某个特定主体，故某系统公司主张以权利使用费计算损害赔偿数额具有法律依据。其次，终端用户计算机软件侵权案件与软件开发类案件不同，终端用户无需进行研发、销售，其获取侵权软件为自用且没有任何成本。由于终端用户实际上与权利人之间是软件许可关系，权利人的实际损失与侵权人获利均体现为正版软件的许可使用费。以某技术公司使用软件数量乘以涉案软件合理价格，其结果高于某系统公司诉讼请求，故对某系统公司主张的损害赔偿金额予以支持。

裁判要旨

1. 当事人无正当理由拒不配合、妨害证据保全，不如实披露证据的，人民法院可以确定由其承担不利后果。掌握证据的一方当事人通过诸如销毁文件、隐匿信息等方式对事实证明形成妨碍，则负有证明责任的一方尽管已穷尽方法提供证据，仍会使案件事实陷于真伪难辨的状态。故，在负有证明责任的一方已初步证明待证事实具有可能性，法院则需借助证明妨碍的举证责任，使裁判结果符合公平原则。以远程操控终端计算机系统从而使侵权事实无法显现是一种新型证据妨碍方式。该种行为在隐匿侵权事实的程度以及效率方面较传统证据妨碍方式更高，在妨害诉讼方面造成的后果更为严重。

2. 侵害计算机软件著作权的复制权的案件中，侵权人应当按照权利人因此受到的实际损失或者侵权人的违法所得给予赔偿。原告主张以侵权复制软件的数量乘以正常市场条件下软件许可使用费用来计算损害赔偿金额的，在上述事实证据明确、充分的情况下，应予支持。

关联索引

2020 年《中华人民共和国著作权法》第五十四条

2020 年《最高人民法院关于民事诉讼证据的若干规定》第九十五条

2020 年《最高人民法院关于知识产权民事诉讼证据的若干规定》第十三条

一审：北京知识产权法院（2021）京 73 民初 345 号（2023 年 4 月 24 日）

二审：最高人民法院（2023）最高法知民终 2572 号（2024 年 1 月 3 日）

法官评析

本案涉国际著名工业设计软件公司的著作权侵权纠纷。本案中被告利用技术措施实施妨害证据保全行为，法院依据知识产权民事证据相关规则对该证据妨碍行为进行认定与处理。同时，在原告提供了充足证据证明其实际损失的情况下，法院依照原告主张的侵权复制软件的数量乘以正常市场条件下软件许可使用费用计算方法，全额支持原告主张的损害赔偿数额，有力打击了未经许可使用他人计算机软件的侵权行为，保护了权利人的软件著作权。

一、关于妨碍证据保全的认定

在知识产权案件诉讼中，在权利人完成其基本的举证责任（对其享有知识产权及被告存在侵权行为等尽到初步举证责任）后，由于侵权事实及获利相关证据当事人可能无法获取，可以向法院请求责令对方当事人出示相关证据，对于易于灭失或日后难以取得的证据，当事人通常提起证据保全申请，请求人民法院保全相关证据，或由于关键证据掌握在被告及案外人手中无法获取，而申请法院调查取证。法院经审查后，可以责令控制证据的一方提交证据或依申请进行证据保全或调查取证。举证妨碍是指不负有证明责任的一方当事人通过作为或者不作为阻碍负有证明责任的一方当事人对其事实主张的证明。[①] 在实践中，举证妨碍行为多样，主要包括以下几种：（1）有证据而拒不提交；（2）毁灭、毁损证据；（3）不配合对方当事人的举证；（4）过失遗失证据。[②]

---

① 张卫平：《证明妨害及时策探讨》，载何家弘主编：《证据法学论坛》（第 7 卷），中国检察出版社 2004 年版，第 157 页。

② 张广良：《举证妨碍规则在知识产权诉讼中的适用问题研究》，载《法律适用》2008 年第 7 期。

关于举证妨碍，《最高人民法院关于民事诉讼证据的若干规定》第九十五条规定，一方当事人控制证据无正当理由拒不提交，对待证事实负有举证责任的当事人主张该证据的内容不利于控制人的，人民法院可以认定该主张成立。《最高人民法院关于知识产权民事诉讼证据的若干规定》第十三条规定，当事人无正当理由拒不配合或者妨害证据保全，致使无法保全证据的，人民法院可以确定由其承担不利后果。构成《民事诉讼法》第一百一十一条规定情形的，人民法院依法处理。

《与贸易有关的知识产权协议》（以下简称 TRIPS）在知识产权公平合理的执法程序方面作出了规定，亦蕴含了举证妨碍规则的基本理念。TRIPS 第 43 条规定：（1）若一方当事人要提交的其能够合理获取的证据足以支持其主张，并向司法当局指明了与实现其主张相关联的、由对方当事人控制的证据，则司法当局在确保秘密信息受到保护的前提下，应有权责令对方当事人出示上述证据；（2）若一方当事人无正当理由自愿拒绝接受，或者在合理期限内不提供必要信息，或者严重阻碍执法程序的进行，司法当局可以现有信息包括因此受到不利影响的当事人的陈词为依据。在保证当事人的陈词或证据得以听证的前提下，有权作出初步的或者终局性裁决，此种裁决可以是肯定性的，也可以是否定性的。

司法实践中，在"谁主张，谁举证"的一般民事举证责任分配规则下，掌握证据但不负有证明责任的一方当事人通过诸如销毁文件、隐匿信息等方式对事实证明形成妨碍，则负有证明责任的一方尽管已穷尽方法提供证据，仍会使案件事实陷于难以证明、真伪难辨的状态。故，在负有证明责任的一方已初步证明其主张的待证事实具有一定的可能性，法院则需借助证明妨碍的制度的运用，使裁判结果符合公平原则。此外，随着科技的发展和技术的进步，证据妨碍行为的具体方式不再局限于传统的销毁文件、拒绝提供开机密码、断电、暴力抗法等方式，以远程操控终端计算机系统从而使侵权事实无法显现是一种新型证据妨碍方式。该种行为下控制证据的一方表面予以配合，实则利用技术措施实施证明妨碍行为，其行为在隐匿侵权事实的程度以及效率方面较传统证据妨碍方式更高，在阻碍司法工作人员执行职务、妨害民事诉讼方面造成的后果更为严重，从而使证据保全这一民事诉讼活动中的重要措施的效力显著降低。

本案中，在法院证据保全过程中发现某技术公司大量安装并使用某桌面虚拟化软件且"机房"内有一台显示为"某桌面虚拟化系统"的服务器,其中安装有某桌面虚拟化软件。该软件本身具有的通过服务器上虚拟操作系统对所有终端桌面系统进行维护管理的功能不具有法律上的可责性,但核心问题在于该技术公司是否通过该功能隐匿了相关侵权证据。某技术公司的主营业务包括汽车产品策划、造型设计、整车/发动机/变速器/零部件工程设计、CAE 分析、NVH 优化、新能源汽车开发、电控技术开发、同步工程分析、模/夹具设计制造、展车制造、整车及部件试验评价与咨询等,覆盖汽车设计的整个过程。通常情况下其与研发设计相关的部门需使用相关专业设计软件,以完成设计、分析、仿真等汽车产品开发流程。但在法院保全的与研发设计相关的部门中,启用桌面虚拟化软件的 42 台计算机中未见任何与汽车研发设计相关的专业软件,明显不符合该公司设计的业务需求,而该公司并未作出合理解释。故法院认为,某技术公司并未如实披露涉案软件复制安装事实,构成证据妨碍。其无正当理由拒不配合、妨害证据保全,不如实披露证据的,可以确定由其承担不利后果,认定某技术公司的行为侵害某系统公司对涉案软件的复制权。

最终,由于某系统公司对其由于某技术公司侵权遭受的损失予以充分证明,以某技术公司使用软件数量乘以涉案软件合理价格其结果高于某系统公司诉讼请求,故对某系统公司主张的损害赔偿金额予以全额支持。

一审法院合议庭成员　宋鱼水　冯　刚　左慧玲
二审法院合议庭成员　余晓汉　何　隽　欧宏伟
编写人　左慧玲　张嘉艺